北大社·"十四五"普通高等教育本科规划教材
高等院校汽车专业"互联网+"创新规划教材

新能源汽车动力电池技术
（第3版）

麻友良　主编

北京大学出版社
PEKING UNIVERSITY PRESS

内 容 简 介

本书在简要介绍电动汽车发展概况的基础上,总结了动力电池的特点与要求,重点介绍了铅酸蓄电池、镍氢电池、锂离子电池等蓄电池及辅助储能装置的工作原理、结构类型、关键部件构成、性能特点等;较详细地介绍了燃料电池的类型、工作原理及在电动汽车上的使用情况;简单介绍了蓄电池的性能参数、检测方法、充电方法及蓄电池管理系统的功能与构成。

本书力求文字表达通俗、简明,使读者能系统地了解电动汽车用动力电池的工作原理、结构类型和关键技术。

本书可作为高等学校本科车辆工程及相关专业、高职新能源汽车相关专业的教材,也可作为汽车类专业的研究生及相关专业的工程技术人员的参考书。

图书在版编目(CIP)数据

新能源汽车动力电池技术/麻友良主编. --3版. --北京:北京大学出版社,2025.7.
(高等院校汽车专业"互联网+"创新规划教材). -- ISBN 978-7-301-36519-9

Ⅰ. U469.720.3

中国国家版本馆 CIP 数据核字第 2025CB3469 号

书　　　名	新能源汽车动力电池技术 (第3版)
	XINNENGYUAN QICHE DONGLI DIANCHI JISHU (DI-SAN BAN)
著作责任者	麻友良　主编
策 划 编 辑	童君鑫
责 任 编 辑	孙　丹
数 字 编 辑	蒙俞材
标 准 书 号	ISBN 978-7-301-36519-9
出 版 发 行	北京大学出版社
地　　　址	北京市海淀区成府路 205 号　100871
网　　　址	http://www.pup.cn　新浪微博:@北京大学出版社
电 子 邮 箱	编辑部 pup6@pup.cn　总编室 zpup@pup.cn
电　　　话	邮购部 010-62752015　发行部 010-62750672　编辑部 010-62750667
印 刷 者	北京飞达印刷有限责任公司
经 销 者	新华书店
	787 毫米×1092 毫米　16 开本　18.5 印张　462 千字
	2016 年 3 月第 1 版　2020 年 3 月第 2 版
	2025 年 7 月第 3 版　2025 年 7 月第 1 次印刷
定　　　价	58.00 元

未经许可,不得以任何方式复制或抄袭本书之部分或全部内容。
版权所有,侵权必究
举报电话: 010-62752024　电子邮箱: fd@pup.cn
图书如有印装质量问题,请与出版部联系,电话: 010-62756370

第 3 版前言

新能源汽车逐渐替代传统燃油汽车是现代汽车发展的主旋律，新能源汽车的主力军是电动汽车，而动力电池是电动汽车发展的关键技术之一。动力电池的性能逐渐接近或达到人们的预期，使得电动汽车的动力性、经济性显著提升。近年来，电动汽车进入发展的快车道，纯电动汽车和增程式混合动力电动汽车的占比迅速增大，燃料电池电动汽车朝着商用化的方向迈进。随着动力电池及其他关键技术难题逐个被突破，电动汽车的技术性能将进一步提高，而其制造和使用成本将更低。

为适应电动汽车的发展，2016 年编者编写并出版了《新能源汽车动力电池技术》，主要内容包括各类电动汽车的特点及对动力电池的要求，动力电池的工作原理、结构类型、部件构成、检测与充电、使用方式及管理系统等，读者可以系统地了解动力电池及辅助储能装置，为电动汽车或动力电池的研究与开发、正确使用电动汽车等打好了基础。为更好地满足教学需要，2020 年编者进行了改版，对第 1 版的内容及文字的表述进行了调整和修改，并增加了相关的视频和动画。近年来，动力电池技术有了新的发展，刀片电池、固态电池等成为动力电池研究与开发的热点，且成功应用于电动汽车。为适应这些变化，编著者在第 2 版的基础上又进行了改版，增加了刀片电池、固态电池、钠离子电池等内容，并精简了电动汽车和动力电池发展过程的相关内容。

本书根据编者多年的教学经验和相关科研经历，并参考了大量书籍和资料写成。本书可作为高等学校车辆工程及相关专业、高职新能源汽车专业的教材，也可作为汽车类专业的研究生及相关专业工程技术人员的参考书。

本书由武汉科技大学麻友良任主编，严运兵、郭健忠、游彩霞、胡溧等也参与了编写和其他相关工作，具体编写分工如下：麻友良编写了第 1~5 章，严运兵编写了第 6 章和第 8 章，郭健忠编写了第 7 章，游彩霞编写了第 9 章。

在本书的编写过程中，编者参考了大量相关文献，在此向其作者表示衷心的感谢。由于编者水平有限，书中疏漏之处在所难免，恳请广大读者批评指正。

编者
2025 年 3 月

【资源索引】

目 录

第1章　电动汽车与动力电池概述 …… 1

- 1.1 发展电动汽车的意义 ………… 2
  - 1.1.1 汽车的发展概况及其在社会中的地位 ………… 2
  - 1.1.2 汽车对环境和石油资源的影响 ………… 6
  - 1.1.3 电动汽车的优势 ………… 8
- 1.2 电动汽车的发展概况 ………… 9
  - 1.2.1 电动汽车的发展历史 ………… 9
  - 1.2.2 电动汽车的现状 ………… 10
  - 1.2.3 电动汽车的展望 ………… 13
  - 1.2.4 电动汽车尚需解决的关键问题 ………… 14
- 1.3 电动汽车的类型与特点 ………… 15
  - 1.3.1 纯电动汽车 ………… 15
  - 1.3.2 混合动力电动汽车 ………… 20
  - 1.3.3 燃料电池电动汽车 ………… 22
- 1.4 动力电池的工作特点与类型 ………… 24
  - 1.4.1 动力电池的工作特点与要求 ………… 24
  - 1.4.2 动力电池的类型 ………… 24
- 小结 ………… 25
- 思考题 ………… 25

第2章　蓄电池概述 ………… 27

- 2.1 蓄电池的构成条件、组成与类型 ………… 28
  - 2.1.1 蓄电池的构成条件 ………… 28
  - 2.1.2 蓄电池的组成 ………… 30
  - 2.1.3 蓄电池的类型 ………… 37
  - 2.1.4 蓄电池的发展概况 ………… 38
- 2.2 蓄电池的性能参数与常用术语 ………… 40
  - 2.2.1 蓄电池的缺点 ………… 40
  - 2.2.2 蓄电池的命名与分类 ………… 41
  - 2.2.3 蓄电池的性能参数 ………… 42
  - 2.2.4 蓄电池的常用术语 ………… 43
  - 2.2.5 电动汽车对蓄电池的性能要求 ………… 44
  - 2.2.6 蓄电池的展望 ………… 45
- 小结 ………… 48
- 思考题 ………… 48

第3章　铅酸蓄电池 ………… 49

- 3.1 铅酸蓄电池概述 ………… 50
  - 3.1.1 铅酸蓄电池的基本原理 ………… 50
  - 3.1.2 铅酸蓄电池的结构 ………… 53
  - 3.1.3 铅酸蓄电池的极板构成 ………… 55
  - 3.1.4 铅酸蓄电池的类型 ………… 55
  - 3.1.5 密封式铅酸蓄电池的密封技术与特点 ………… 60
- 3.2 铅酸蓄电池的正、负极 ………… 65
  - 3.2.1 铅酸蓄电池的正极 ………… 65
  - 3.2.2 铅酸蓄电池的负极 ………… 73
- 3.3 铅酸蓄电池的特性 ………… 76
  - 3.3.1 铅酸蓄电池的内阻 ………… 76
  - 3.3.2 铅酸蓄电池的充、放电特性 ………… 77
  - 3.3.3 铅酸蓄电池的容量及影响因素 ………… 80
  - 3.3.4 铅酸蓄电池硫化的影响及原因 ………… 82
  - 3.3.5 铅酸蓄电池的使用寿命及失效原因 ………… 83
  - 3.3.6 铅酸蓄电池的优缺点 ………… 84
- 小结 ………… 84
- 思考题 ………… 84

第4章　镍氢电池 ………… 86

- 4.1 镍氢电池的基本原理与结构 ………… 87
  - 4.1.1 镍氢电池的基本原理 ………… 87
  - 4.1.2 镍氢电池的结构类型 ………… 88
  - 4.1.3 镍氢电池的组成部件 ………… 89
- 4.2 镍氢电池的正极 ………… 90
  - 4.2.1 镍电极反应 ………… 90

4.2.2	高密度球形 Ni(OH)$_2$ 正极材料	93	5.3.2 碳负极材料	130
4.2.3	纳米 Ni(OH)$_2$	98	5.3.3 合金类负极材料	134
4.2.4	α-Ni(OH)$_2$ 简介	101	5.3.4 氮化物负极材料	136
4.2.5	镍电极小结	102	5.3.5 氧化物负极材料	137

4.3 镍氢电池的负极 …………………… 102
　4.3.1 储氢电极反应 …………………… 103
　4.3.2 储氢合金的要求、组成与
　　　　类型 ………………………………… 103
　4.3.3 储氢合金的性能提高处理 …… 105
　4.3.4 储氢合金的制备 ……………… 107
4.4 镍氢电池组 ………………………… 107
　4.4.1 镍氢电池组的要求与类型 …… 107
　4.4.2 双极性镍氢电池组 …………… 108
4.5 镍氢电池的特性 …………………… 109
　4.5.1 镍氢电池的充电特性 ………… 109
　4.5.2 镍氢电池的放电特性 ………… 111
　4.5.3 镍氢电池的内压与内阻 ……… 111
　4.5.4 镍氢电池的容量及其影响
　　　　因素 ………………………………… 114
　4.5.5 镍氢电池的储存特性与
　　　　自放电特性 …………………………… 115
　4.5.6 镍氢电池的特点 ……………… 116
小结 ………………………………………… 117
思考题 ……………………………………… 117

第5章 锂离子电池 …………………… 118

5.1 锂离子电池的基本原理、
　　结构与类型 ………………………… 119
　5.1.1 锂离子电池的基本原理 ……… 119
　5.1.2 锂离子电池的结构与类型 …… 120
5.2 锂离子电池的正极 ………………… 122
　5.2.1 锂离子电池对正极
　　　　材料的要求 ……………………… 122
　5.2.2 氧化钴锂电极材料 …………… 123
　5.2.3 氧化锰锂电极材料 …………… 124
　5.2.4 磷酸（亚）铁锂电极材料 …… 124
　5.2.5 电极材料的性能比较 ………… 125
　5.2.6 氧化镍锂电极材料 …………… 126
　5.2.7 其他电极材料 ………………… 126
5.3 锂离子电池的负极材料 …………… 128
　5.3.1 锂离子电池对负极材料的
　　　　要求 ………………………………… 129

　5.3.6 过渡金属磷族化合物负极
　　　　材料 ………………………………… 139
5.4 锂离子电池的电解质 ……………… 140
　5.4.1 对电解质的要求 ……………… 140
　5.4.2 电解质的类型 ………………… 141
　5.4.3 液态电解质 …………………… 141
　5.4.4 聚合物电解质 ………………… 145
5.5 隔膜与黏结剂 ……………………… 147
　5.5.1 隔膜 …………………………… 147
　5.5.2 黏结剂 ………………………… 148
5.6 锂离子电池的特性 ………………… 149
　5.6.1 锂离子电池的充、放电特性 … 149
　5.6.2 锂离子电池容量的影响因素 … 150
　5.6.3 锂离子电池的内阻及其影响
　　　　因素 ………………………………… 152
　5.6.4 锂离子电池的自放电速率与
　　　　储存性能 ………………………… 154
　5.6.5 锂离子电池的优缺点 ………… 155
5.7 刀片电池与固态电池 ……………… 156
　5.7.1 刀片电池 ……………………… 156
　5.7.2 固态电池 ……………………… 158
小结 ………………………………………… 159
思考题 ……………………………………… 159

第6章 其他蓄电池 …………………… 161

6.1 其他镍系蓄电池 …………………… 162
　6.1.1 镍镉电池 ……………………… 162
　6.1.2 镍锌电池 ……………………… 165
　6.1.3 镍铁电池 ……………………… 166
6.2 金属空气电池 ……………………… 168
　6.2.1 锌空气电池 …………………… 168
　6.2.2 铝空气电池 …………………… 172
　6.2.3 其他金属空气电池 …………… 174
6.3 钠离子电池 ………………………… 178
　6.3.1 钠离子电池的基本组成和充、
　　　　放电原理 ………………………… 178
　6.3.2 钠离子电池的组成部件和
　　　　优势 ………………………………… 179
小结 ………………………………………… 181
思考题 ……………………………………… 181

目录

第7章　辅助储能装置 …………… 183

- 7.1　概述 …………………………… 184
  - 7.1.1　蓄电池的性能特点与缺点 …… 184
  - 7.1.2　应用于电动汽车的其他电源装置 ………………………… 185
- 7.2　超级电容 ……………………… 186
  - 7.2.1　超级电容的储能机理与充、放电原理 ……………………… 186
  - 7.2.2　超级电容的结构类型 ……… 187
  - 7.2.3　超级电容的性能特点与应用 … 192
- 7.3　飞轮电池 ……………………… 193
  - 7.3.1　飞轮电池概述 ……………… 193
  - 7.3.2　飞轮电池的基本组成与充、放电原理 ……………………… 194
  - 7.3.3　飞轮电池的结构 …………… 195
  - 7.3.4　飞轮电池的技术现状 ……… 196
  - 7.3.5　飞轮电池的优缺点与应用 … 198
  - 7.3.6　飞轮电池的关键技术 ……… 198
- 小结 ………………………………… 199
- 思考题 ……………………………… 199

第8章　蓄电池的使用 …………… 201

- 8.1　蓄电池的充电 ………………… 202
  - 8.1.1　蓄电池的基本充电方法 …… 202
  - 8.1.2　蓄电池充电可接受电流与快速充电 ……………………… 203
  - 8.1.3　蓄电池组的不一致性与均衡充电 ……………………… 206
  - 8.1.4　蓄电池的浮充电 …………… 208
- 8.2　蓄电池性能与状态测试 ……… 209
  - 8.2.1　蓄电池性能检测的相关标准 … 209
  - 8.2.2　蓄电池充、放电性能测试 … 210
  - 8.2.3　蓄电池容量测定 …………… 212
  - 8.2.4　蓄电池的寿命测试及其影响因素 ………………………… 212
  - 8.2.5　蓄电池内阻及自放电测定 … 214
  - 8.2.6　蓄电池安全性测试 ………… 215
  - 8.2.7　蓄电池荷电状态检测 ……… 217
- 8.3　蓄电池管理系统 ……………… 219
  - 8.3.1　蓄电池管理系统概述 ……… 219
  - 8.3.2　蓄电池管理系统的具体项目与硬件构成 ………………… 221
  - 8.3.3　蓄电池热管理 ……………… 223
  - 8.3.4　蓄电池组绝缘检测 ………… 225
  - 8.3.5　蓄电池组的充电管理 ……… 228
  - 8.3.6　能量回馈制动 ……………… 230
- 小结 ………………………………… 233
- 思考题 ……………………………… 233

第9章　燃料电池 ………………… 235

- 9.1　燃料电池概述 ………………… 236
  - 9.1.1　燃料电池的基本概念及特点 … 236
  - 9.1.2　燃料电池的类型 …………… 239
  - 9.1.3　燃料电池的工作原理、电动势与工作电压 ………………… 241
- 9.2　质子交换膜燃料电池 ………… 243
  - 9.2.1　质子交换膜燃料电池的基本组成与工作原理 …………… 243
  - 9.2.2　质子交换膜燃料电池单体的组成 ………………………… 244
  - 9.2.3　质子交换膜燃料电池系统 … 249
  - 9.2.4　质子交换膜燃料电池的工作特性及影响因素 …………… 251
- 9.3　碱性燃料电池 ………………… 253
  - 9.3.1　碱性燃料电池概述 ………… 253
  - 9.3.2　碱性燃料电池的组成 ……… 255
  - 9.3.3　碱性燃料电池的优缺点 …… 260
- 9.4　磷酸燃料电池 ………………… 261
  - 9.4.1　磷酸燃料电池概述 ………… 261
  - 9.4.2　磷酸燃料电池的组成 ……… 262
- 9.5　直接甲醇燃料电池 …………… 265
  - 9.5.1　直接甲醇燃料电池概述 …… 265
  - 9.5.2　直接甲醇燃料电池的组成 … 268
- 9.6　燃料电池电动汽车概述 ……… 271
  - 9.6.1　燃料电池电动汽车的组成 … 271
  - 9.6.2　燃料电池电动汽车的储氢方式与工作方式 …………… 276
  - 9.6.3　燃料电池电动汽车的性能与存在的问题 ………………… 279
- 小结 ………………………………… 283
- 思考题 ……………………………… 283

参考文献 …………………………… 284

附录 ………………………………… 285

第1章 电动汽车与动力电池概述

教学目标

了解汽车的发展概况及其在社会中的地位；
深刻认识汽车对人类造成的负面影响；
了解电动汽车的优势和类型；
了解电动汽车发展过程和尚需解决的关键问题；
熟悉动力电池的类型与特点。

教学要求

知识要点	能力要求	相关知识
电动汽车的优势	了解汽车发展概况及负面影响，熟悉各类电动汽车的特点	石油矿产资源、汽车的废气排放与环境污染、汽车发展历史
电动汽车发展的关键问题	了解各类电动汽车对动力电池的要求，了解动力电池的特点与类型	电动汽车的定义、各类电动汽车的组成及特点

1.1 发展电动汽车的意义

1.1.1 汽车的发展概况及其在社会中的地位

汽车是现代文明的重要标志,现代汽车结合先进的科学技术,在国防建设和人类生产生活等方面起着重要作用。

1. 汽车的发展概况

"车"是一种有轮子的道路交通工具。最早的车辆是人力车和畜力车,此后陆续出现蒸汽机汽车、电动汽车、内燃机汽车。

(1) 人力车和畜力车。

人类最早使用的车辆是用人拉的人力车 [图 1.1 (a)],以及用马、牛、驴、骆驼等拉的畜力车 [图 1.1 (b)]。在现代文明前,这种以人力或畜力为动力的车辆是人类生产生活中的重要交通工具。即使是高度文明的当今社会,在一些偏远的地区和某些场合,人力车和畜力车也依然可见。

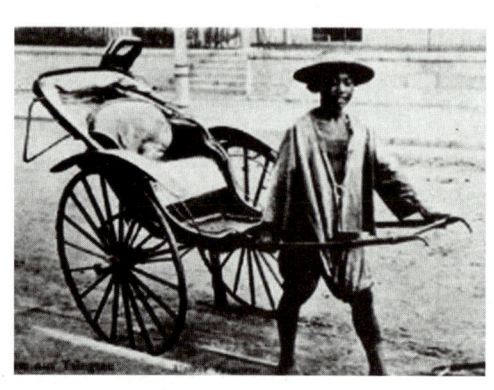

(a) 人力车　　　　　　　　　　　　(b) 畜力车

图 1.1　人力车和畜力车

(2) 蒸汽机汽车。

18 世纪蒸汽机的发明使人类进入现代文明。蒸汽机作为驱动机器的动力装置,不但被应用于工业生产,而且被用作车辆的动力源。以蒸汽机为动力的车辆是世界上最早的机动车辆,被称为"汽车"。世界上第一辆蒸汽机汽车如图 1.2 所示。

蒸汽机通过外部燃料燃烧产生水蒸气,再利用水蒸气的压力推动活塞做功将内能转化为机械能,其效率较低,并且车载燃料的储存量有限,车辆不易操纵。正因如此,这种以蒸汽机为动力的汽车未得到广泛应用。但作为铁路机车的动力装置,其直到 20 世纪 70 年代还被广泛应用。

(3) 电动汽车。

电力驱动的汽车在内燃机汽车出现之前就有了。早在 19 世纪 30 年代,英国、法国等

图 1.2 世界上第一辆蒸汽机汽车

国家就有人研究电动汽车。最初的电动汽车采用干电池作为电源,但这种电动汽车的实用性不强。1881年,在法国巴黎出现了世界上第一辆以蓄电池为动力电源的电动汽车,如图 1.3 所示。这辆电动三轮汽车是由法国工程师古斯塔夫·特鲁维(Gustave Trouvé)制造的,其电源是可充电的铅酸蓄电池。1882年,英国人制造出一辆电动三轮汽车。此后几年,电动汽车逐渐流行,并在道路交通运输中发挥了重要作用。但是,受石油的大量开采和内燃机汽车具有的种种优势的影响,电动汽车逐渐被人们淡忘。

【拓展图文】

图 1.3 世界上第一辆电动汽车

20世纪70年代的能源危机和石油短缺使世界各国遭受了较大打击,人类开始考虑替代石油的其他能源,如风能、太阳能、电能等可再生能源,因此,许多国家纷纷开始研制电动汽车。但是,随着能源危机的消失,石油价格开始下降,而攻克电动汽车关键技术的难度很大,且电动汽车的开发成本和生产成本很高,电动汽车的产业化进程再次失去动力,电动汽车的发展又走入低谷。

20世纪80年代,随着全球汽车保有量的不断增大,人类不得不面对日益严重的内燃机汽车问题,如不可再生的石油资源逐渐枯竭、内燃机汽车废气对环境造成的污染及温室效应对环境的影响。因此,开发和使用不消耗石油资源且可实现对环境零污染的电动汽车又成为世界各国关注的焦点。时至今日,电动汽车已成为未来汽车发展的主要方向。

(4)内燃机汽车。

1886年,德国人卡尔·本茨(Karl Benz)将一台四冲程的内燃机安装在一辆三轮车的后车架上，通过链传动驱动后轮，如图1.4所示。这辆三轮汽车采用单缸四冲程汽油机，磁电机用于点火，化油器用于油气混合，这是现代汽车的雏形。因此，该三轮汽车被公认为世界上第一辆内燃机汽车，卡尔·本茨也被誉为"汽车之父"，1886年1月29日（卡尔·本茨的三轮汽车申请专利批准日）成为汽车诞生日。

【拓展图文】

图1.4　世界上第一辆内燃机汽车

美国福特汽车公司的创始人亨利·福特（Henry Ford）在1896年制造出第一辆四轮汽车，并于1908年推出了T型车（图1.5）。亨利·福特首创流水线生产方式，使得汽车的价格降低到大众能接受的水平。前后共生产1500万辆T型车，这个纪录直到几十年后才被大众汽车集团的"甲壳虫"汽车打破。业界给亨利·福特的评价是"为世界装上轮子的人"。

【拓展图文】

图1.5　福特T型车

此后100多年，汽车技术不断发展，发动机、底盘及车身结构、材料及制造工艺不断完善，使得汽车的燃油消耗量和排气量逐渐降低，而汽车的安全性和舒适性不断提高。20世纪后半叶开始，电子控制技术在汽车上广泛应用，使得汽车的经济性及排放量控制达到更高水平，汽车的安全性和舒适性更高。

在内燃机汽车迅速发展的同时，电动汽车没有完全销声匿迹。为解决石油资源日益匮乏和内燃机汽车的环境污染问题，从20世纪末开始，人们又开始关注电动汽车，并使电动汽车得到较快发展。

2. 汽车在社会中的地位

现代汽车在国民经济、国防建设和人们生活等方面起着重要作用，汽车的制造和应用也是衡量一个国家发展水平的重要标志。汽车从诞生到现在,对人类文明的影响极大,它改变了社会形态,影响着人们的学习、工作乃至生活观念和生活方式。

(1) 汽车优化了交通结构。

作为道路交通工具,汽车具有较高的灵活性,承担了十分广泛的运输任务。汽车运输的突出优点是可以"全面铺开",实现"门对门"运输,其活动范围比火车、轮船和飞机大,并且可以非常方便地将乘客和货物运送到目的地。因此,汽车早已成为最主要、最受人们青睐的交通工具,在全社会运输中占据主导地位。

(2) 汽车生产促进了社会经济的发展。

纵观世界历史,20世纪20年代美国经济的兴起,50年代德意志联邦共和国、意大利、法国经济的腾飞,60年代日本经济的繁荣,无不以汽车工业的高速增长为前提。汽车已经成为一些国家的支柱产业。

我国汽车产业高速发展,已成为全球最大的汽车市场和汽车生产基地,汽车工业成为国民经济支柱产业。2009年我国汽车产量和销量均超过1350万辆,首次位居世界第一;2010年我国汽车产量和销量超过1800万辆,再次巩固了作为世界最大汽车市场的地位。此后几年,我国汽车产量和销量都居世界前列。汽车产量和销量的增长对国民经济增长的拉动作用十分明显。汽车工业在制造业和国内生产总值(gross domestic product,GDP)中的占比越来越大。2010年,我国汽车工业总产值超过20000亿元,而汽车工业的增加值占GDP的比率超过了2.5%。

汽车工业发展对扩大就业有很大的促进作用,主要汽车生产国家的汽车工业和相关产业提供的就业机会约占全国总就业机会的10%。据初步估计,汽车工业就业人数与相关产业就业人数之比为1:2~1:4,生产汽车人数与销售和使用汽车人数之比为1:100~1:200。我国汽车产业直接和间接就业人数超过全国城镇就业总人数的2%~3.56%。

(3) 汽车工业的发展带动了相关产业的发展。

汽车工业对相关产业的影响不仅表现在生产过程中,还表现在使用过程中。汽车工业涉及原材料工业、设备制造业、配套产品业、公路建设业、能源工业、销售业、服务业、交通运输业等行业,涉及范围很广。在我国,汽车工业消耗的橡胶占全国橡胶销量的30%~40%,钢铁占全国钢铁销量的8%~15%。据统计,汽车工业每增值1元,则汽车制造的上游产业增值0.7元、下游产业增值0.8元。

我国汽车工业在国民经济中占据重要地位,汽车工业产值的增长可使相关产业的产值随之增长。

(4) 汽车产业推动了科学技术的发展。

现代汽车采用了大量的新材料和新结构,特别是应用了现代电子技术,都极大地提升了汽车的性能。而在开发汽车新材料、新结构及新控制技术的过程中,需要集中一大批优秀的科技人才,开展相关研究工作,应用最先进的理论、最精确的计算技术、最现代化的设计方法和最完善的测试手段。在制造汽车的过程中,通常应用冶炼、铸造、锻压、机械加工、焊接、装配、涂装等领域的最新技术成果,在工厂中采用数以百计的自动化生产线,并且应用科学的生产管理手段。汽车毫无疑问是一种高科技产品,它足以体现一个国家的科学技术水平,同时汽车工业的发展促进了科学技术的繁荣。

(5) 汽车提高了人们的生活质量。

汽车对人们生活产生了重要影响。汽车的应用明显改变了人们的生活方式,使人们的生活空间更加广阔、交流更加便利、生活半径更大，同时在一定程度上影响了人们的思维方式。拥有私家汽车从某种意义上反映了人们的生活水平和社会地位，并且给人们生活带来了如下便利。

① 汽车自由灵活，具有独立性，汽车能随时停留、任意选择目的地，从而使人们的活动范围从点扩大到面，提高了生活质量，扩大了生活空间。因此，汽车改变了人们的出行时间、生活方式和生活质量。

② 汽车出行具有其他交通工具无法比拟的方便性，汽车可以到达火车、轮船和飞机不能到达的地方，同时是其他交通方式的有效补充和连接工具。汽车更有利于旅游者游览沿途风光。

1.1.2 汽车对环境和石油资源的影响

如今，人们的生产生活离不开汽车。毋庸置疑，汽车对现代文明作出了巨大贡献，但也有严重的负面影响，如汽车使人类不得不面临环境污染、石油资源短缺、道路交通事故等方面的严峻挑战。

1. 汽车对环境的影响

汽车行驶时发动机排放的废气和产生的噪声会对环境造成严重污染，虽然可以运用现代科学技术将汽车发动机的废气排放量和噪声降得很低，但由于城市街道上的车流过于密集，因此废气排放和噪声对人类的生存环境造成严重影响。

（1）汽车废气排放污染。

汽车废气排放污染物有100多种，其中对人体危害较大的有一氧化碳（CO）、碳氢化合物（HC）、氮氧化物（NO_x）、二氧化硫（SO_2）和碳微粒等。

CO是一种无色无臭味的有毒气体，是内燃机燃油不完全燃烧的产物。CO被人体吸入后，能以比O_2强240倍的亲和力与血液中的血红蛋白结合形成碳氧血红蛋白，阻碍血液向肺、脑等器官输送O_2，从而使人产生头痛、恶心、头晕、无力、活动后呼吸困难等症状，严重时使人昏迷甚至死亡。

HC来自未燃烧和未完全燃烧的燃油、润滑油及其裂解产物与部分氧化产物，包含多环芳烃、醛、酮、酸等200多种成分（简称未燃烃）。当人吸入较多未燃烃时，造血机能受到破坏，造成贫血和神经衰弱，并降低肺的抵抗力。多环芳烃中的苯并芘及硝基烃已经被确定为致癌物质。

NO_x是内燃机高温燃烧的产物，包括NO、NO_2、N_2O_4、N_2O、N_2O_3、N_2O_5等。内燃机排放的NO_x绝大多数为NO，NO_2次之。NO是无色且具有轻度刺激性气味的气体，浓度高时能造成人和动物的中枢神经系统障碍。尽管NO的直接危害性不大，但在大气中可与臭氧发生氧化反应，生成具有毒性的NO_2。NO_2是一种呈红棕色且具有刺激性气味的气体，人吸入NO_2后，NO_2在人体内与血液中的血红蛋白结合，使血液的携氧能力下降。NO_2对人的心、肝、肾等也有影响。

SO_2是燃料中硫燃烧的产物，其无色且具有强烈刺激性气味。SO_2的浓度低时，主要刺激人的上呼吸道黏膜；SO_2的浓度较高时，对呼吸道深部有刺激作用，会使人呼吸困难、咽喉及胸部疼痛、肺部受损；SO_2的浓度达到$300×10^{-6}$时会引发肺水肿，使人随时有生命危险；SO_2的浓度高于$1000×10^{-6}$时，会使人立即窒息而死亡。

碳微粒是柴油机工作时柴油不完全燃烧的产物,它的直观表现是黑烟,黑烟中未燃烧的多孔性碳微粒直径为 0.01~10μm,通常在其上附有苯并芘等致癌物质,会对人体造成伤害。

汽车排放的大量二氧化碳(CO_2)会造成温室效应,使地球变暖。汽车废气中的 NO_x 和 SO_x 还会造成酸雨,污染土地、湖泊、河流等。

内燃机汽车排放的有害物质随着汽车的行驶散布于其经过的地方,并集中于离地面 1~2m 的空气层中不易散发,而这些空间正是人类生活的区域。因此,汽车排放污染已超过工业排放污染,成为城市中对人类造成危害的主要污染源。近几年,我国汽车保有量迅速上升,城市大气污染由煤烟型污染转向煤烟和汽车尾气混合型污染,一些大城市的大气污染主要是汽车尾气污染。

(2) 汽车噪声污染。

汽车噪声是汽车的第二公害,其随着汽车发动机功率、汽车速度及汽车流量的提高而增大,汽车噪声约占城市噪声的 75%。噪声对人的影响很复杂,它的影响程度不仅与噪声的性质有关,还与每个人的心理状态、生理状态及社会生活等因素有关。

汽车噪声大致可分为发动机噪声和整车噪声。发动机噪声与发动机转速有关,整车噪声与车速有关。发动机噪声包括进气噪声、排气噪声、风扇噪声、发动机表面辐射噪声和发动机驱动的附件(如发电机、空调压缩机、动力转向油泵等)运转噪声;整车噪声包括传动噪声、轮胎噪声、车身产生的空气动力噪声等。在城市街道两侧,由于汽车的行驶速度不高,因此汽车噪声主要是发动机工作时发出的噪声。

汽车噪声会产生噪声污染,使人心绪不安、烦躁、疲倦、工作效率下降;还会干扰人与人的语言交流和通信联络,影响人们的工作和生活;噪声污染严重时,还会降低人的听力,甚至致人耳聋。此外,汽车噪声会使驾驶人的反应时间增加,从而影响行车安全。

2. 汽车加剧了石油资源的短缺

内燃机汽车消耗的能源主要来自石油,而地球上的石油是有限且不可再生的。2018 年全球探明的石油储量约为 16966 亿桶,即使发现新的石油储量,随着石油消耗量的不断增大,石油资源也必将有枯竭的一天。

虽然我国是石油生产大国,但也是石油消耗大国,总体来看,我国属于缺油的国家。我国探明的石油储量约占全球储量的 1.4%~2%,有工业开采价值的更少。从 1994 年开始,我国成为石油纯进口国。随着汽车保有量的迅速增加,我国石油缺口将越来越大。近几年,我国石油产量基本维持在 1.8 亿吨,但石油进口数量以每年上千万吨的速度增大。我国已成为世界第二的石油消耗大国,约 60% 的石油依赖进口。

预计到 2030 年全球汽车保有量将突破 20 亿辆,其增量主要来自发展中国家。国际能源机构(international energy agency,IEA)的统计数据表明,全球交通领域的石油消耗量占总石油消耗量的 57%(美国达 67%)。2030 年,交通领域的石油消耗量占比将超过 62%。我国汽车保有量达 3.53 亿辆,随着我国汽车保有量的持续增长,石油需求量将增大。有关部门统计,到 2030 年,我国超过 80% 的石油依赖进口,石油已成为影响我国长远经济发展的资源。因此,探求石油以外的汽车动力能源是 21 世纪人们需要迫切解决的问题。

3. 汽车带来了道路交通事故

汽车在行驶过程中发生道路交通事故在所难免，这是人类不得不面对的现实。大量汽车行驶造成交通拥堵，致使交通事故频发，每年约有数百万人遭受车祸的伤害。有关专家统计的数据表明，道路交通事故已成为"世界第一公害"。

道路交通事故是在人、车、路及交通环境等因素的共同影响下发生的。针对汽车的影响因素，在现代汽车的车身结构方面，充分考虑了汽车发生碰撞时尽可能降低车内驾乘人员的受伤程度，并采用防滑技术、安全气囊等电子控制技术以提高汽车的主动安全性能和被动安全性能，尽可能减少道路交通事故或发生道路交通事故后尽可能降低车内乘员的伤害程度。除此之外，还必须将人、车、路及交通环境作为一个整体综合考虑，如提高行人和驾驶人的安全意识、提高道路交通环境、增强汽车的安全检测与维护、完善交通管理措施等，以更加有效地降低道路交通事故率。

1.1.3 电动汽车的优势

电动汽车是一种从车载电源获得电力，由电动机驱动行驶，且与内燃机汽车有相同使用功能，必须满足道路交通安全法规要求的电动车辆。 这里的电动汽车与机场、码头、车站、仓库用的电动车，残疾人用车，高尔夫球场用车，观光游览车，电动叉车等低速电动车不同，且不包含城市街道的有轨电车或无轨电车。与内燃机汽车相比，电动汽车的优势如下。

1. 电动汽车可缓解环境污染问题

（1）电动汽车可减少废气排放污染。

电动汽车使用的车载电源有蓄电池、燃料电池、超级电容、飞轮电池等，这些电源在使用过程中不会排放有害气体。为蓄电池充电的电力可以来自不对大气造成污染的绿色能源（如水能、核能、风能、地热、潮汐等）。即使用煤发电，除 SO_2 及碳微粒外，其排放的 CO、HC、NO_x、CO_2 等也比内燃机汽车少，而且大多电厂离人口密集的城市较远，对居民的伤害较少。此外，电厂的煤燃烧采用固定集中排放，易控制燃烧过程，易清除有害物质。因此，电动汽车被称为"绿色汽车"。

（2）电动汽车可减少噪声污染。

与内燃机汽车的内燃机相比，电动汽车的电动机工作噪声小，电动汽车可减少噪声污染。

2. 电动汽车对石油资源的依赖小

电动汽车用车载电源有蓄电池、燃料电池、飞轮电池、太阳电池和车载发电机组等，蓄电池充电所需的电能可由水能、核能、风能、地热、潮汐、太阳能等转换而来。也就是说，电动汽车可以不依赖石油资源。

3. 电动汽车可节约能源

利用夜晚富余的电力为电动汽车用蓄电池充电，可以避免电力浪费，提高电网电能的利用率。电动汽车在减速、制动和下坡时，电动机转换为发电机，以实现能量回收，进一步提高能量利用率。在城市道路交通拥堵的情况下，电动汽车停驶时不消耗电能，不仅避免了密集的内燃机汽车发动机怠速运行造成的排气污染,还节约了能源。

1.2 电动汽车的发展概况

1.2.1 电动汽车的发展历史

虽然电动汽车比内燃机汽车出现得早,但其发展过程几经起伏,在 100 多年的发展历程中有三次发展机遇。

1. 第一次发展机遇

1859 年,法国著名物理学家古斯塔夫·普兰特(Gustave Planté)发明了第一块铅酸蓄电池,为后续电动汽车的实用化创造了必要条件。由于当时蓄电池和电动机的发展比内燃机成熟,蒸汽机汽车的性能和操纵难以让人接受,因此电动汽车成为取代马车的首选。

自 1881 年法国工程师古斯塔夫·特鲁维制造的第一辆电动三轮汽车在巴黎的街道上出现后,电动汽车很快进入发展期,英国、美国等先后制造出电动汽车,电动汽车的性能逐渐提高。例如,1890 年在美国艾奥瓦州诞生的美国第一辆电动汽车的速度可达 23km/h;1899 年法国人考门·吉纳驾驶一辆以 44kW 双电动机为动力的后轮驱动电动汽车,创造了车速 106km/h 的纪录。

19 世纪末是电动汽车的兴盛时期。相关资料记载,1890 年电动客车就已在法国和英国投入使用。1890 年,全世界汽车保有量约为 4200 辆汽车,其中 38% 为电动汽车,40% 为蒸汽机汽车,22% 为内燃机汽车。1899 年,美国电动汽车年产量为 1575 辆,而当时内燃机汽车年产量只有 936 辆。1911 年,在巴黎和伦敦的街头出现运营的电动出租汽车。1912 年,美国至少有 3.4 万辆电动汽车。1915 年,美国电动汽车年产量达到 5000 辆。

20 世纪 30 年代末,以蓄电池为电源、由直流电动机产生驱动力的电动汽车逐渐消失,其主要原因是当时的蓄电池性能较差,电动汽车的成本太高且续驶里程太短。在该时期,油田被大量开发,廉价的石油降低了汽车的使用成本,加上内燃机技术及汽车底盘技术不断发展,实现了以流水线生产方式大规模批量生产,内燃机汽车在市场竞争中占据绝对优势,电动汽车被无情地淘汰。

2. 第二次发展机遇

20 世纪 70 年代,世界性的能源危机和石油短缺使电动汽车重新获得生机,人们又想起了无需消耗石油资源的电动汽车。20 世纪 70 年代初,一些汽车工业发达国家(如美国、英国、法国、意大利和日本等)开始研发电动汽车。20 世纪 70 年代后期,除上述国家外,澳大利亚、比利时、巴西、保加利亚、加拿大、中国、丹麦、荷兰、印度、墨西哥、芬兰、瑞士等国家开始研发和生产电动汽车。20 世纪 70 年代末,石油价格开始下降,在电动汽车成为商业化产品之前,能源危机和石油短缺问题不再严重,电动汽车又受到冷落,其发展又走入低谷。

3. 第三次发展机遇

20 世纪 80 年代以来,随着汽车保有量的不断增加,内燃机汽车排放的有害气体对人类健康的影响日益突出，且内燃机汽车需要消耗大量有限且不可再生的石油资源。因此，人们又想起了无需消耗石油资源不会造成环境污染的电动汽车。电动汽车又进入了较快的发展时期。在该时期，世界各大汽车公司纷纷投入人力和资金，除了研究与开发以蓄电池为车载电源的纯电动汽车（battery electric vehicle，BEV），还将混合动力电动汽车（hybrid electric vehicle，HEV）和燃料电池电动汽车（fuel cell electric vehicle，FCEV）列为研发重点。虽然电动汽车不足以与内燃机汽车抗衡，但在各国政府政策的扶持下，电动汽车保有量不断增加。

随着电动汽车关键技术难题的解决、电动汽车技术性能的提高、电动汽车制造成本和使用成本的降低，电动汽车得到迅速发展。

1.2.2 电动汽车的现状

电动汽车主要有纯电动汽车、混合动力电动汽车和燃料电池电动汽车。

1. 纯电动汽车

纯电动汽车以蓄电池为电源，由电动机产生驱动力，是新能源汽车发展的主要方向。

（1）国外纯电动汽车。美国纯电动汽车研发走在了世界前列，以特斯拉纯电动汽车为代表，其动力性、安全性和舒适性可与高级的内燃机汽车媲美。

图 1.6 所示为特斯拉 Model X 纯电动汽车其采用锂离子电池，一次充电后的续驶里程可超过 500km，配备制动能量回收系统，采用前后双电机全轮驱动技术，最高车速达 262km/h，前后电动机总转矩达 967N·m，0～100km/h 的最低加速时间为 2.5s。

【拓展视频】

图 1.6 特斯拉 Model X 纯电动汽车

国外各汽车公司都有自己的纯电动汽车产品，如丰田 RAV4、本田 EV Plus、奥迪 A6 e-tron、宝马 BMW i5、奔驰 EQS 等，但其产销量都不如特斯拉纯电动汽车。

（2）国内纯电动汽车。近年来，国内纯电动汽车发展迅速，不仅动力电池技术全球领先，还建立了完备的电动汽车各总成部件产业链，纯电动汽车产销量居世界第一。

图 1.7 所示的比亚迪 e6 是国内量产较早的纯电动汽车，其采用自主研发生产的磷酸铁锂电池，最高车速超过 160km/h，续驶里程在 60km 等速的情况下为 400km，是当时世界上续驶里程较长的纯电动汽车。后续推出的比亚迪海豚电动汽车的续驶里程达到 520km，并具有智驾功能。

比亚迪最早是研发与生产动力电池的，后来研发和生产的 e6 电动汽车是最早用作出租车的纯电动汽车，许多城市的纯电动公共汽车也都产自比亚迪。国内各汽车公司都有纯电动汽车产品，如吉利帝豪 EV450、奇瑞智界 S7、东风风神 L7、一汽奔腾 B30、广汽

【拓展视频】

图 1.7 比亚迪 e6 电动汽车

埃安 RT、上汽五菱星光 S、长安深蓝 L07 等。一些非传统意义上的汽车制造公司也陆续研发电动汽车产品，如蔚来 ES6、小米 SU7、小鹏 G3、威马 EX6、零跑 C01 等。

2. 混合动力电动汽车

混合动力电动汽车是在一辆汽车上同时配备电力驱动系统和辅助动力单元（如柴油机、汽油机、燃汽轮机）的电动汽车。增程式电动车（extended range electric vehicles，EREV）已成为混合动力电动汽车发展的主要方向。

（1）国外混合动力电动汽车。

丰田 Prius 混合动力电动汽车如图 1.8 所示。其第一代为混联式驱动，采用排量为 1.5L（45kW）的汽油发动机、30kW 永磁无刷直流电动机、密封的镍氢电池。在 10~15 工况下的油耗为 3.57L/100km，CO、NO_x 和 HC 的排放水平较低，CO_2 排放量也较低。

【拓展视频】

图 1.8 丰田 Prius 混合动力电动汽车

通用雪佛兰 Volt 插电式混合动力电动汽车如图 1.9 所示。其由 120kW 的电动机驱动，电源为锂离子电池，配备 1L 的三缸发动机，工作时主要驱动发电机为蓄电池充电，以延长电动汽车的续驶里程，因而被称为增程式电动车。该电动汽车在不充电的情况下可

图 1.9 通用雪佛兰 Volt 插电式混合动力电动汽车

行驶 64km,而当发动机持续工作时,其续驶里程与燃油箱的容量相关。

(2)国内混合动力电动汽车。国内混合动力电动汽车发展较早,其产销量曾远高于纯电动汽车。随着普通混合动力电动汽车的减少、纯电动汽车的快速崛起,我国电动汽车转为以纯电动汽车为主导、以增程式混合动力电动汽车为辅助的格局。

华为问界新 M7 Ultra 后驱智驾版增程式混合动力版电动汽车如图 1.10 所示。其配备 1.5T 发动机、容量为 42kW·h 三元锂离子电池;采用永磁同步电动机,最大功率为 200kW,最大转矩为 360N·m,0~100km/h 的加速时间为 7.8s,纯电动续驶里程为 240km,综合续驶里程为 1300km,能源模式有强制纯电、纯电优先、自动和燃油优先四种。

图 1.10 华为问界 M7 Plus 增程式混合动力电动汽车

国内混合动力电动汽车品牌有比亚迪、吉利、理想、蔚来、岚图等,除纯电动汽车外,它们都有一款或多款混合动力电动汽车。混合动力电动客车主要用作城市公共汽车,如东风 EQ6121HEV 混合动力城市电动公共汽车曾在些城市得到规模化使用。

3. 燃料电池电动汽车

燃料电池通过电化学过程直接将燃料(氢、甲醇、汽油等)转换为电能,属于一次电池。相比于内燃机汽车,燃料电池电动汽车的效率和排污方面都具有较大优势。由于车载制氢技术离实用化还有较长距离,因此,目前开发的燃料电池电动汽车大多采用高压氢气罐或液氢罐向燃料电池供氢。

(1)国外燃料电池电动汽车。德国、美国、日本等国家都十分重视燃料电池电动汽车,其燃料电池及燃料电池电动汽车技术都具有较高水平。

奔驰 B 级 F-CELL 燃料电池电动汽车(图 1.11)采用新型燃料电池,其电池容量为 1.4kW·h,最大功率为 100kW,峰值转矩达 291N·m。氢燃料储满的续驶里程达 400km,在城市路况下可行驶 100km,行驶 100km 的成本仅相当于消耗 3.3L 燃油的水平。

图 1.11 奔驰 B 级 Class F-CELL 燃料电池电动汽车

福特汽车公司推出过 P2000 四门燃料电池电动汽车（P2000），本田汽车公司推出过 FCX Clarity 燃料电池电动汽车，丰田汽车公司、戴姆勒·克莱斯勒公司也都推出过燃料电池电动汽车。这些燃料电池电动汽车均采用质子交换膜燃料电池，车载氢气高压储存方法供氢。

（2）国内燃料电池电动汽车。国内研究与开发燃料电池电动汽车较早，并具有较高的技术水平。

上海大众 PASSAT 领驭燃料电池电动汽车如图 1.12 所示。其采用 40kW 质子交换膜燃料电池（proton exchange membrane fuel cell，PEMFC），车载高压氢气供氢，储气压力为 35MPa，容量为 154L（3.9kg），配备的动力电池为 7.5A·h、375V（2.812kW·h）锂离子电池，续驶里程不小于 300km，最高车速为 145km/h。

图 1.12　上海大众 PASSAT 领驭燃料电池电动汽车

国内燃料电池电动汽车还有福田欧 V 氢燃料电池电动客车（图 1.13）等。由于燃料电池电动汽车的燃料电池关键技术待突破，且氢气的制备、储存及运输等问题尚需解决，因此国内燃料电池电动汽车未形成规模。

【拓展视频】

图 1.13　福田欧 V 氢燃料电池电动客车

1.2.3　电动汽车的展望

1. 电动汽车的前景

电动汽车发展至今，改变了内燃机汽车一统天下的局面，美国、法国、日本、德国、英国、意大利、瑞士等国家都跨入电动汽车产业化、商品化的行列，并将逐步扩大电动汽车占比。我国电动汽车已经形成产业化，除传统的汽车公司研发和推出电动汽车产品外，一些非造车企业也开始研发电动汽车。如今，我国电动汽车的年产销量在全球遥遥领先，不但国内电动汽车保有量的占比逐年上升，而且电动汽车的出口量逐年增大。

随着动力电池技术的进一步成熟，刀片电池、固态电池等性能更好、更安全、价格更低的动力电池被陆续推出，电动汽车将有更快的发展。

2. 电动汽车发展的方向

在纯电动汽车、混合动力电动汽车和燃料电池电动汽车中，由于纯电动汽车和燃料电池电动汽车均存在关键的技术难题且短期内不能很好地解决，混合动力电动汽车作为纯电动汽车的一种过渡车型得到了较快发展，也是近年来产业化率最高的电动汽车。但是，混合动力电动汽车还需要以内燃机为动力源，不能实现零排放，且依赖石油资源，因而混合动力电动汽车不可能是长期发展的目标。

美国、日本等汽车工业发达国家将纯电动汽车和燃料电池电动汽车作为产业化的重点。我国电动汽车的发展方向也是以纯电动汽车为我国汽车工业转型的主要战略方向，重点推进纯电动汽车、增程式电动汽车的产业化，同时继续研究燃料电池技术。

1.2.4　电动汽车尚需解决的关键问题

电动汽车的发展面临许多需要解决的关键问题，如车载电源、电动机及驱动控制系统、能量管理系统等。

1. 车载电源

车载电源的性能及成本是制约电动汽车发展的关键问题，并成为电动汽车产业化的瓶颈。

（1）蓄电池。纯电动汽车产业化的最大问题是一次充电续驶里程、汽车的价格和使用成本，而蓄电池是解决这些问题的关键。要实现电动汽车市场化，对蓄电池的比能量和能量密度、比功率和功率密度、快速放电和深放电的能力、自放电率、充电效率、使用寿命、安全性、成本、环保、可回收性等均有较高要求。但是，目前没有蓄电池可同时达到以上要求。

最早在电动汽车上使用的铅酸蓄电池具有比功率高、价格低等优点，但由于其质量比能量低，一般为 40（W·h）/kg，因此采用铅酸蓄电池的电动汽车的车载能量少、续驶里程短，最高车速、最大加速能力、最大爬坡能力受限。鉴于铅酸蓄电池性能提高的潜力不大，世界各国开始研究与开发新的蓄电池，如镍氢蓄电池、钠硫电池、锂聚合物电池和锂离子电池等。相比于铅酸蓄电池，这些蓄电池具有比功率大、使用寿命长、充放电效率高、可快速充电等优点，已在一些电动汽车上得到应用。但是要使电动汽车更快地发展，研究与开发蓄电池还有许多工作要做。

（2）燃料电池。燃料电池将燃料的化学能直接转换为电能。虽然质子交换膜燃料电池是较有前途的汽车动力源，但是相关领域的许多关键技术尚未完全突破：① 未找到可以完全替代稀有贵金属铂（Pt）的催化剂；② 由于技术不成熟，因此质子交换膜和极板不能实现大批量工业化生产；③ 电堆的热管理系统处于实验室阶段；④ 制备、储存和运输氢燃料的基础设施投资巨大，在关键技术和成本等方面存在需要解决的难题；⑤ 成本高是制约燃料电池电动汽车发展的最大障碍。因此，燃料电池电动汽车要实现产业化，还有许多需要攻克的难关。

2. 电动机及驱动控制系统

电动机的作用是将电源的电能转换为机械能，并通过传动机构驱动车轮转动。电动机及驱动控制系统的性能对电动汽车的动力性能和经济性能均有较大影响。对电动汽车电动机及驱动控制系统的基本要求如下。

（1）起动转矩大且具有较大的恒功率范围。

（2）功率密度高，转速范围（足以覆盖恒转矩区和恒功率区）较大。

（3）转矩响应特性较高。

（4）在转矩特性、转速特性的较大范围内效率高。

（5）再生制动时的能量回收效率高。

（6）在各种工作环境下的工作可靠性都高，并且工作噪声小。

（7）尺寸小，质量轻，成本低。

20世纪60年代到80年代初，电动汽车大多采用有刷直流串励电动机，这种电动机的控制较简单，但受电刷的限制而转速不高，因此其质量大、尺寸大、效率较低、故障率高。20世纪80年代后期到90年代，滑差控制、矢量控制、直接转矩控制等交流电动机的调速技术日趋成熟，交流电动机驱动系统在电动汽车上的应用逐渐增加。近年来，开关磁阻式电动机驱动系统开始应用于电动汽车，它具有效率高、动态响应特性好、起动转矩高和起动功率低等优点，但在降低噪声和转矩波动、电动机模型和控制技术等方面有待提高。

研发更高效的电动机，匹配最佳控制技术，使电动汽车的驱动控制系统达到最理想的工作状态是电动汽车发展过程中必须解决的问题。

3. 能量管理系统

由于能量管理系统的作用是充分发挥电动汽车有限的车载能量，延长电动汽车的续驶里程和蓄电池的使用寿命，因此能量管理系统需具有以下功能。

（1）监测蓄电池组的电压与电流。

（2）控制蓄电池终止充放电。

（3）监测蓄电池组中单体蓄电池的状态，并控制蓄电池均衡充电。

（4）在减速与制动情况下进行能量回收控制等。

由于蓄电池模型的建立技术、蓄电池荷电状态（state of charge，SOC）的监测技术等有待进一步提高，因此研究并开发理想的电动汽车能量管理系统是今后电动汽车产业化进程中需要攻克的技术难题。

1.3 电动汽车的类型与特点

从前面的相关内容中我们了解到，电动汽车可分为纯电动汽车、混合动力电动汽车和燃料电池电动汽车。

1.3.1 纯电动汽车

纯电动汽车是指以蓄电池为车载电源、以电动机为唯一驱动力的电动汽车。

1. 纯电动汽车的特点

与内燃机汽车和其他类型的电动汽车相比，纯电动汽车具有如下特点。

（1）工作时无污染且噪声小。

由于纯电动汽车工作时不产生排气污染,因此是真正意义上的零污染汽车。此外,纯电动汽车电动机的工作噪声比内燃机的小很多,因而纯电动汽车在行驶过程中的噪声很小,提高了乘车舒适性。

(2) 能源效率高且多样化。

总体上,纯电动汽车的能源效率高于内燃机汽车,尤其是在城市街道等行驶工况变化频繁的情况下,纯电动汽车的优势更加明显。低速状态下的电动机效率比小负荷状态下的发动机效率高,而且纯电动汽车停驶时不消耗电能,在汽车制动过程中可以实现制动能量回收利用。此外,纯电动汽车的车载电源为蓄电池,其充电的电力可由煤炭、天然气、水力、核能、太阳能、风力、潮汐等转换而来。因此,纯电动汽车可有效减小对石油资源的依赖,将有限的石油资源用于其他场合;还可利用夜晚电网用电的低谷期为蓄电池充电,有利于电网均衡负荷、提高电力资源的利用效率、降低汽车的使用成本。

(3) 结构简单且使用、维修方便。

与内燃机汽车、混合动力电动汽车和燃料电池电动汽车相比,纯电动汽车的结构简单,且操纵较容易。此外,纯电动汽车的动力传动部件较少,维护与保养工作量小,当电动机采用无刷永磁直流电动机、交流感应电动机或开关磁阻电动机时,电动机本身无须维护与保养,且纯电动汽车的动力驱动系统、电子控制系统的故障检修比发动机及其电子控制系统简单得多。

(4) 动力电源使用成本高且续驶里程短。

纯电动汽车用蓄电池的多项技术性能指标未达到人们的预期,并且价格高、使用寿命短,不仅提高了纯电动汽车本身的价格,而且使用成本较高。由于蓄电池的能量密度低,储存的能量有限,一次充电续驶里程不理想,而且充电时间长,因此从汽车价格、使用成本等方面看,纯电动汽车还不能完全取代内燃机汽车。

2. 纯电动汽车的结构

纯电动汽车主要由主能源子系统、电力驱动子系统和辅助控制子系统组成,如图1.14所示。

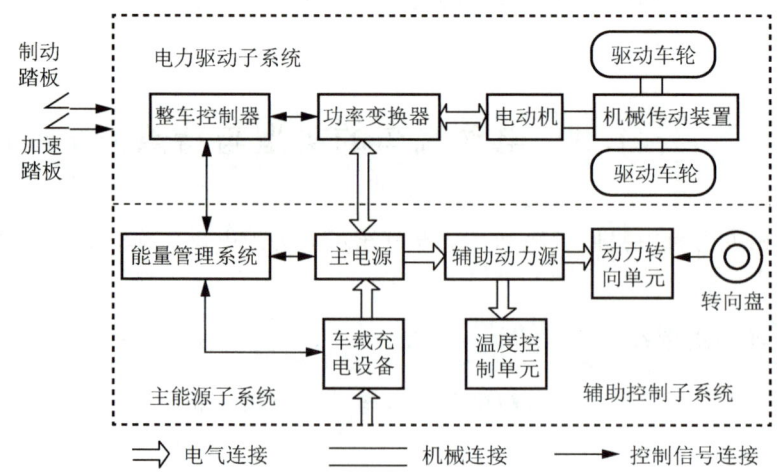

图1.14 纯电动汽车的结构

(1) 主能源子系统。

主能源子系统包括主电源（蓄电池）、能量管理系统、车载充电设备。

① 主电源（蓄电池）。蓄电池是纯电动汽车的能量来源，其主要作用是通过功率变换器向电动机提供电能。蓄电池也是能量管理系统和整车电子控制系统的电源，汽车上的其他用电设备都由蓄电池供电。纯电动汽车的主电源通常采用铅酸蓄电池、镍氢蓄电池、锂离子电池等，有些纯电动汽车还配备超级电容或飞轮电池等辅助储能装置，以提高主电源的瞬时供电能力和能量回收效率。

② 能量管理系统。能量管理系统的主要作用是监测与管理蓄电池，包括对蓄电池荷电状态、电压、电流、温度等参数的监测和存电量显示，终止放电显示与报警，能量回收控制，充放电控制等。对于配备辅助储能装置的纯电动汽车，能量管理系统还具有能量协调控制功能。

③ 车载充电设备。车载充电设备用于向主电源充电，充电电源为工业或民用电力电网。配备车载充电设备的纯电动汽车可以不依赖充电桩充电。车载充电设备应具有变压、调压、整流、滤波等基本功能。功能较完备的车载充电设备受能量管理系统的控制，可自动选择充电方式（定压充电、定流充电、均衡充电等），判别充电终了和控制自动停止充电，判别充电异常（温度、电压、电流异常）和控制自动停充保护等。

(2) 电力驱动子系统。

电力驱动子系统由整车控制器、功率变换器、电动机、机械传动装置和驱动车轮组成，其中机械传动装置因纯电动汽车的结构类型不同而不同。

① 整车控制器。整车控制器根据制动踏板和加速踏板的信号发出相应的控制指令，以控制功率变换器中功率开关的通断、电动机的转速和转矩。整车控制器通过对能量管理系统和功率变换器的协调控制，实现能量回收控制和能量匹配控制。

② 功率变换器。功率变换器也称电动机驱动器，其主要功能是控制电动机与电源之间的功率流。当电动机在驱动工况下工作时，功率变换器中的功率开关在整车控制器输出的控制信号触发下适时通断，以控制电动机的转矩、转速及转向；当电动汽车制动时，整车控制器使功率变换器的功率流方向相反，电动机在发电状态下工作将汽车的动能转换为电能，并为主电源充电。

(3) 辅助控制子系统。

辅助控制子系统包括辅助动力源和车载用电设备。

① 辅助动力源。辅助动力源用于向电动汽车上的电器和电子控制装置提供电力。辅助动力源通常配备 DC/DC 变换器，以将主电源的电压转换为车载用电设备所需的电压。

② 车载用电设备。车载用电设备除包括照明装置、信号装置、仪表等汽车必须装备的电器外，还包括刮水器、电动车窗、电动门锁、收放机等辅助电器。由于现在纯电动汽车的安全性和舒适性可与内燃机汽车媲美，因此汽车空调装置、动力转向单元、防抱装置等成为车载用电设备的一部分。

3. 纯电动汽车的类型

纯电动汽车的种类较多，分类方法如图 1.15 所示。

(1) 按汽车用途分类。

① 纯电动轿车。纯电动轿车是保有量最多的纯电动汽车。

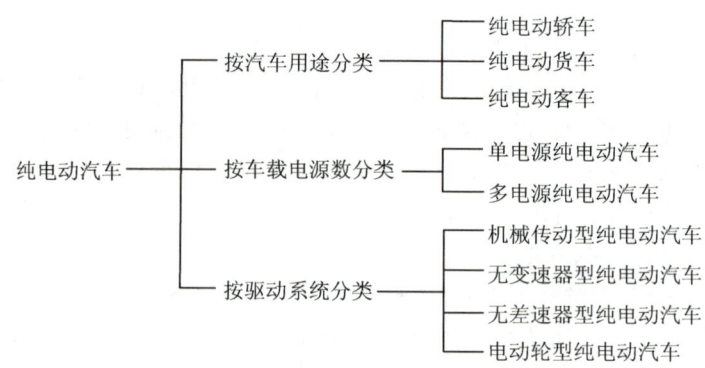

图 1.15　纯电动汽车的分类方法

② 纯电动货车。用作公路运输的纯电动货车较少，但在城区短途运输的纯电动货车日渐增多。

③ 纯电动客车。纯电动小型客车较少；而纯电动大型客车近年来发展很快，多用作公共汽车。

（2）按车载电源数分类。

① 单电源纯电动汽车。单电源纯电动汽车的主电源是蓄电池，蓄电池可选择铅酸蓄电池、镍氢蓄电池、锂离子电池等。单电源纯电动汽车的结构较简单，控制也较简便；但主电源的瞬时输出功率易受蓄电池性能的影响，制动能量回收效率受制于蓄电池的最大可接受电流及荷电状态。单电源纯电动汽车的电源数量与功率流如图 1.16（a）所示。

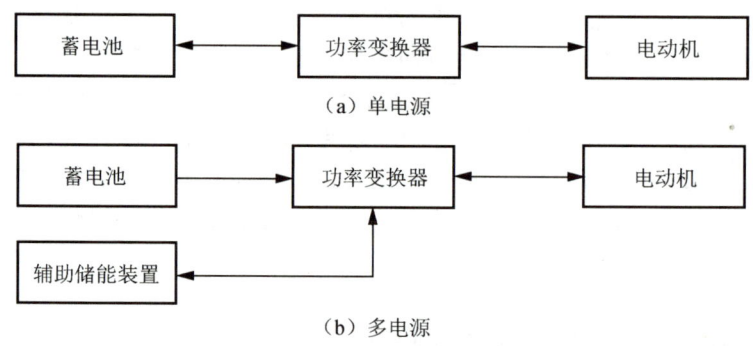

图 1.16　纯电动汽车的电源数量与功率流

② 多电源纯电动汽车。多电源纯电动汽车采用蓄电池加辅助储能装置（超级电容或飞轮电池）的电源组合，在汽车起步、加速、爬坡等工况下，可利用超级电容或飞轮电池在短时间内输出大功率，协助蓄电池供电，提高电动汽车的动力性能，并可以降低对蓄电池的容量、比能量、比功率等的要求。此外，在汽车制动工况下，利用辅助储能装置可接受大电流充电，提高制动能量回收效率。多电源纯电动汽车的电源数量与功率流如图 1.16（b）所示。

（3）按驱动系统分类。

① 机械传动型纯电动汽车。机械传动型纯电动汽车大多由发动机前置、后轮驱动的内燃机汽车发展而来。这种纯电动汽车保留了内燃机汽车的传动系统，只是把内燃机换成

电动机，可以提高纯电动汽车的起动转矩及低速时的后备功率，对驱动电动机要求低，可选择功率较小的电动机。机械传动型纯电动汽车电力驱动系统的结构形式如图1.17（a）所示。

② 无变速器型纯电动汽车。无变速器型纯电动汽车的驱动系统取消了离合器和变速器，采用固定速比减速器，通过控制电动机实现变速功能。这种结构形式的优点是机械传动装置的质量较轻、体积较小；但对电动机的要求较高，不仅要求有较高的起动转矩，而且要求有较大的后备功率，以保证纯电动汽车在起步、爬坡、加速工况下的动力性能。无变速器型纯电动汽车电力驱动系统的结构形式如图1.17（b）所示。

无变速器型纯电动汽车电力驱动系统的另一种结构形式如图1.17（c）所示。这种结构形式与发动机横向前置、前轮驱动的内燃机汽车的布置方式类似，电动机、固定速比减速器和差速器集成一体，两根半轴连接驱动车轮，在小型电动汽车上应用普遍。

③ 无差速器型纯电动汽车。无差速器型纯电动汽车有两个电动机，通过固定速比减速器分别驱动两个车轮，每个电动机的转速都可以独立调节，汽车转向时由电子控制系统实现电子差速，因而这类纯电动汽车的电动机控制系统比较复杂。无差速器型纯电动汽车电力驱动系统的结构形式如图1.17（d）所示。

④ 电动轮型纯电动汽车。电动轮型纯电动汽车中，电动机直接装在驱动轮内（也称轮毂电动机），可进一步缩短电动机与驱动车轮的动力传递路径，但需要增设高效的行星齿轮减速器，以便将电动机转速降低到理想的车轮转速。这种结构形式对控制系统的控制精度和可靠性要求较高。电动轮型纯电动汽车电力驱动系统的结构形式如图1.17（e）所示。

电动轮型纯电动汽车电力驱动系统的另一种结构形式如图1.17（f）所示。这种结构形式采用低速外转子电动机，去掉了减速齿轮，电动机的外转子直接安装在车轮轮缘；电动机与驱动车轮之间无任何机械传动装置，无机械传动损失，空间利用率较高。这种由电动机直接驱动车轮的纯电动汽车对电动机的性能要求非常高，要求电动机有较大的起动转矩和后备功率。

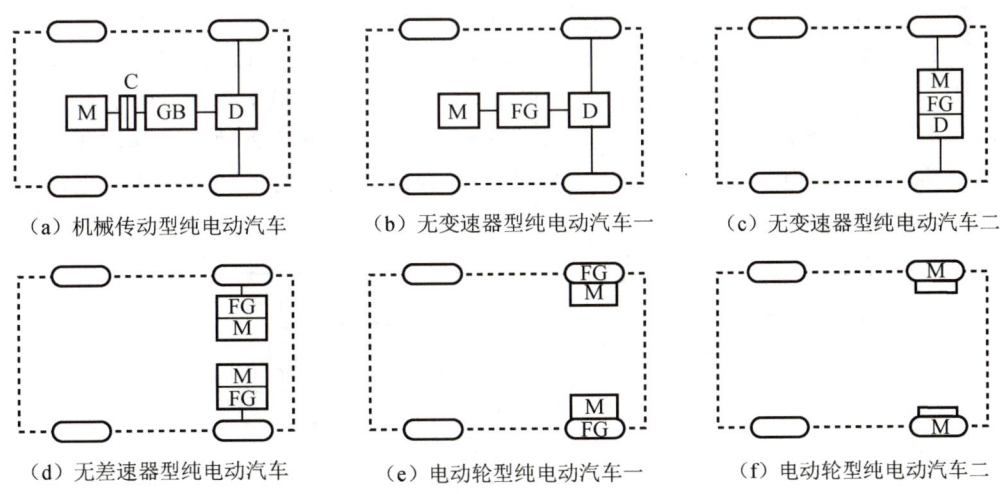

(a) 机械传动型纯电动汽车　　(b) 无变速器型纯电动汽车一　　(c) 无变速器型纯电动汽车二

(d) 无差速器型纯电动汽车　　(e) 电动轮型纯电动汽车一　　(f) 电动轮型纯电动汽车二

M—电动机；C—离合器；GB—变速器；D—差速器；FG—固定速比减速器。

图1.17　纯电动汽车电力驱动系统的结构形式

1.3.2 混合动力电动汽车

混合动力电动汽车是指在一辆汽车上同时配备电力驱动系统和辅助动力单元（Auxiliary Power Unit，APU），其中辅助动力单元是燃烧某种燃料的原动机或由原动机驱动的发电机组。

1. 混合动力电动汽车的特点

混合动力电动汽车兼具内燃机汽车和纯电动汽车的优点，并最大限度地克服了它们的缺点。

（1）与纯电动汽车相比，混合动力电动汽车拥有辅助动力单元，因此对蓄电池的容量、能量密度等的要求降低，续驶里程延长2～4倍，而且能快速添加汽油或柴油，避免纯电动汽车因充电时间长而影响正常使用的不足。

（2）与内燃机汽车相比，混合动力电动汽车用内燃机能以比较高效的模式工作，在相同续驶里程的条件下，燃油消耗量和废气排放量减少，能以纯电动方式工作，从而实现零排放。总体上讲，混合动力电动汽车的热效率可至少提高10%，废气排放量可至少减少30%。可见，混合动力电动汽车具有性能高、能耗低及污染少的特点，在技术、经济及环境等方面具有优势。

（3）混合动力电动汽车的不足。由于同时配备了电力驱动系统和辅助动力单元，因此混合动力电动汽车的结构和控制均较复杂。此外，在燃油发动机参与工作的情况下需要消耗石油资源，仍然存在废气排放问题。因此，混合动力电动汽车只是电动汽车发展过程中的"临时替代品"，当蓄电池和燃料电池的关键技术被突破、成本大幅度下降时，混合动力电动汽车将被纯电动汽车和燃料电池电动汽车所取代。

2. 混合动力电动汽车的类型

混合动力电动汽车的类型有很多，根据发动机和电动机能量流动及连接关系，混合动力电动汽车可分为串联式混合动力电动汽车（serial hybrid electric vehicle，SHEV）、并联式混合动力电动汽车（parallel hybrid electric vehicle，PHEV）和混联式混合动力电动汽车（parallel-serial hybrid electric vehicle，PSHEV）三类，这是最常用的分类方法。

（1）串联式混合动力电动汽车。串联式混合动力电动汽车的驱动方式如图1.18所示，发动机带动发电机发电，电能通过传输线路及整车控制器直接输送到电动机，电动机产生驱动力矩，从而驱动汽车。

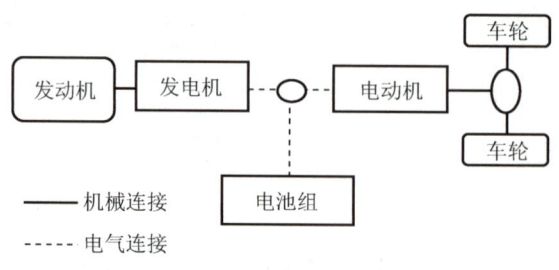

图1.18 串联式混合动力电动汽车的驱动方式

（2）并联式混合动力电动汽车。并联式混合动力电动汽车的驱动方式如图 1.19 所示，汽车可由发动机和电动机共同驱动或各自单独驱动。当电动机只作为辅助驱动系统时，功率比较小。

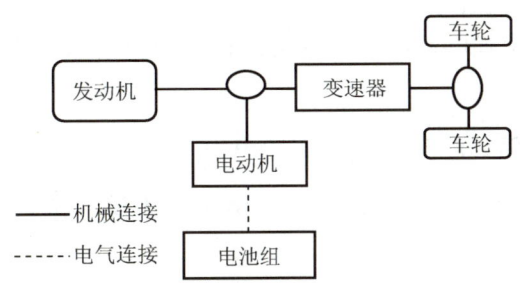

图 1.19　并联式混合动力电动汽车的驱动方式

（3）混联式混合动力电动汽车。混联式混合动力电动汽车有时也称复杂混合动力电动汽车、复合混合动力电动汽车（complex hybrid electric vehicle，CHEV），其驱动方式如图 1.20 所示。

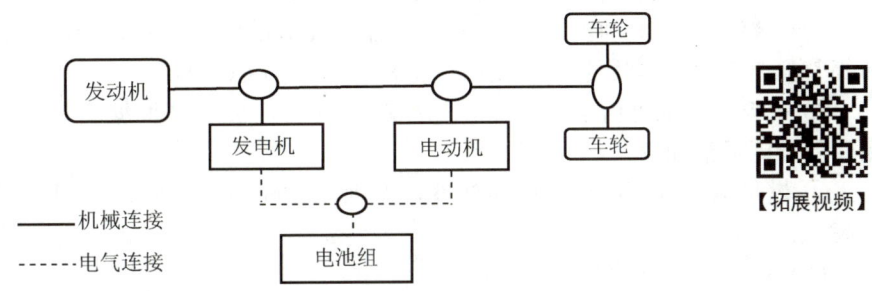

图 1.20　混联式混合动力电动汽车的驱动方式

混联式混合动力电动汽车的驱动系统是串联式混合动力电动汽车与并联式混合动力电动汽车的综合。发动机发出的功率一部分通过机械传动输送给驱动桥；另一部分驱动发电机发电。发电机发出的电能输送给电动机或电池组，电动机产生的驱动力矩通过动力合成装置传送给驱动桥。

3. 增程式混合动力电动汽车

增程式混合动力电动汽车是一种配备车载辅助发电系统（又称增程器）的混合动力电动汽车，与纯电动汽车相同，电动机产生唯一驱动力。

（1）增程式混合动力电动汽车的结构特点。

① 发动机只与发电机连接，工作时驱动发电机发电，可为电动机提供动力，也可为电能不足的蓄电池充电。

② 匹配的动力电池容量较小，汽车可以仅靠蓄电池的容量行驶一定距离。当电池电量不足时，发动机起动，为蓄电池充电而延长汽车的续驶里程。

（2）增程式混合动力电动汽车的性能特点。

① 续驶里程延长。由于存在增程器，因此蓄电池电量不足时可以通过增程器继续驱动汽车行驶，延长了汽车的续驶里程。

② 环保节能。增程式电动汽车在行驶过程中采用纯电力驱动时不排放尾气，当增程器工作时，发动机在最佳状态下稳定运转，因而空气污染少、能耗较低。

③ 能量补充方便。增程式电动汽车可以通过充电桩快速充电，也可以在加油站加燃油，汽车的能量补充更加方便。

④ 驾驶体验好。增程式电动汽车在行驶过程中动力输出平稳、噪声低，驾驶体验优于内燃机汽车。

1.3.3 燃料电池电动汽车

【拓展视频】

燃料电池电动汽车以燃料电池为动力源，是一种很有发展前途的电动汽车。

1. 燃料电池电动汽车的优缺点

（1）燃料电池电动汽车的优点。

与内燃机汽车相比，燃料电池电动汽车的主要优点如下。

① 因燃料直接通过电化学反应产生电能，无热能转换过程，故不受卡诺循环限制，能量转换效率高，实际能量转换效率为50%～70%。

② 当燃料电池电动汽车使用氢燃料时，汽车排放的是水，无污染；当使用甲醇、燃油等其他燃料时，排放的 CO_2 比内燃机汽车排放的 CO_2 少。

③ 燃料电池堆可由若干单体电池串联或并联而成，可根据质量分配均衡和空间有效利用的原则灵活配置。

④ 燃料电池电动汽车无运动部件，振动小、噪声小，零部件对机械加工精度的要求不高。

（2）燃料电池电动汽车的缺点。

燃料电池电动汽车的主要缺点如下。

① 燃料电池的关键技术有待突破，燃料电池的成本高。

② 燃料电池管理系统较复杂。

③ 燃料电池氢燃料的储存较困难，高压储氢必须有相应安全措施。

2. 燃料电池电动汽车的分类

与纯电动汽车相比，燃料电池电动汽车无须依赖蓄电池技术性能的提高；与内燃机汽车相比，燃料电池电动汽车具有环保、节能的优势。因此，燃料电池电动汽车成为新能源汽车开发热点，并不断涌现出不同车型。燃料电池电动汽车的分类方法如图1.21所示。

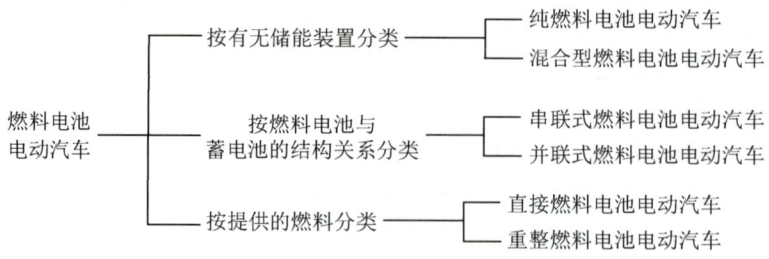

图1.21 燃料电池电动汽车的分类方法

（1）按有无储能装置分类。

① 纯燃料电池电动汽车。燃料电池是纯燃料电池电动汽车上的唯一电能来源，其功率大，并且无法回收制动能量。因此，纯燃料电池电动汽车应用较少。

② 混合型燃料电池电动汽车。混合型燃料电池电动汽车除配备燃料电池外，还配备储能装置（如蓄电池、超级电容和飞轮电池等）。由于储能装置可协助供电，因此可适当降低燃料电池的功率。储能装置还可用于汽车制动能量回收，从而提高燃料电池电动汽车的能量利用效率。因此，混合型燃料电池电动汽车应用较多。

（2）按燃料电池与蓄电池的结构关系分类。

① 串联式燃料电池电动汽车。串联式燃料电池电动汽车的动力系统如图1.22（a）所示，燃料电池相当于车载发电装置，通过DC/DC电源变换器后为蓄电池充电，蓄电池向电动机提供驱动汽车的全部电力。串联式燃料电池电动汽车的特点与串联式混合动力电动汽车的特点相似，其优点是可采用小功率燃料电池；但蓄电池需要足够大的容量和功率，而且燃料电池发出的电能需要经过蓄电池的电化学转换过程，存在能量转换损失。串联式燃料电池电动汽车应用较少。

② 并联式燃料电池电动汽车。并联式燃料电池电动汽车的动力系统如图1.22（b）所示，燃料电池和蓄电池共同向电动机提供电力。根据燃料电池与蓄电池能量的配置不同，并联式燃料电池电动汽车又可分为大燃料电池型并联式燃料电池电动汽车和小燃料电池型并联式燃料电池电动汽车两种。大燃料电池型并联式燃料电池电动汽车主要由燃料电池提供电力，蓄电池的容量较小，只在汽车起步、加速、爬坡等工况下协助供电，以及汽车减速与制动时回收能量；小燃料电池型并联式燃料电池电动汽车必须使用容量大的蓄电池，蓄电池提供主要电力，燃料电池协助供电。并联式燃料电池电动汽车应用较多。

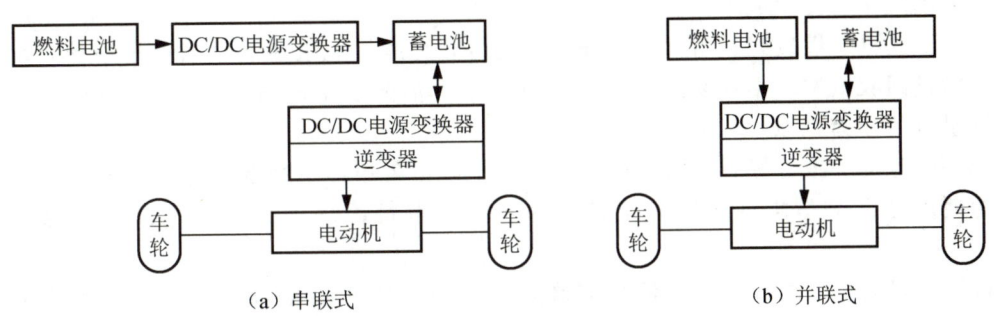

图1.22 串联式燃料电池电动汽车和并联式燃料电池电动汽车的动力系统

（3）按提供的燃料分类。

① 直接燃料电池电动汽车。直接燃料电池电动汽车的主要燃料是纯氢，也可以是甲醇等燃料。采用纯氢做燃料的燃料电池电动汽车，氢燃料的储存方式有压缩氢气、液态氢和合金（碳纳米管）吸附氢等。

② 重整燃料电池电动汽车。重整燃料电池电动汽车的主要燃料有燃油、天然气、甲醇、甲烷、液化石油气等。重整燃料电池电动汽车的结构比氢燃料电池电动汽车的结构复杂得多。例如，甲醇重整燃料电池电动汽车需要对甲醇进行200℃左右的加热以分解出氢，燃油重整燃料电池汽车需要对燃油进行1000℃左右的加热以分解出氢。无论采用哪种燃料，重整燃料电池电动汽车都需要重整装置，以将其他燃料转换为燃料电池所需的氢。

1.4 动力电池的工作特点与类型

1.4.1 动力电池的工作特点与要求

动力电池是电动汽车的核心部件,动力电池技术取得突破是电动汽车发展的关键。

1. 动力电池的工作特点

动力电池与内燃机汽车用蓄电池不同。内燃机汽车用蓄电池为起动型蓄电池,要求瞬间提供大电流,因此,起动型蓄电池的内阻很小;动力电池要具备较强的持续供电能力,其内阻往往比起动型蓄电池的内阻大。

动力电池在工作时,主要以较长时间的中等电流持续放电,短时间(如起动、加速)以大电流放电,并以深循环(深度放电)为主。

2. 对动力电池的要求

为使电动汽车具有良好的使用性能,对动力电池(主要指蓄电池)有如下要求。

(1) 能量密度高。高的能量密度可以使蓄电池的质量减小,从而降低电动汽车的自重,延长电动汽车的续驶里程。

(2) 功率密度大。蓄电池的功率密度大,提供的瞬时功率大,从而提高电动汽车的动力性能。

(3) 循环寿命较高。蓄电池以循环寿命衡量使用寿命。如果蓄电池的循环寿命高,就可降低电动汽车的使用成本。

(4) 充放电特性较好。蓄电池的充电特性好,可缩短充电时间;当汽车制动时,可提高制动能量回收效率;不容易过充电,可延长蓄电池的使用寿命。蓄电池的放电特性好,其持续供电的能力就强。

(5) 电池的一致性好。一致性好是指蓄电池组中各单体电池的性能差异小,可减轻蓄电池组使用过程中单体电池性能差别迅速扩大的恶性循环,有利于延长蓄电池的使用寿命。

(6) 价格较低。由于动力电池成本高是造成电动汽车价格高、使用成本高的主要原因,因此降低动力电池成本可提高电动汽车的市场竞争力。

(7) 使用和维护方便。动力电池的使用和维护方便,可提高电动汽车的使用性能。

1.4.2 动力电池的类型

除蓄电池和燃料电池外,动力电池还有超级电容、飞轮电池、太阳电池等。

1. 蓄电池

蓄电池也称二次电池,是可循环充放电的化学电池,即电池放电后,可通过充电的方式恢复电能。在电动汽车中,蓄电池应用最广泛。蓄电池是纯电动汽车唯一或主要的电源,混合动力电动汽车和燃料电池电动汽车也需要蓄电池。

2. 燃料电池

燃料电池是通过电极的氧化还原反应，直接将储存在燃料和氧化剂中的化学能量转换为电能的发电装置，属于一次电池。燃料电池的基本化学原理是水电解反应的逆过程，即氢和氧发生氧化还原反应而产生电、水和热。

燃料电池电动汽车以燃料电池为车载电源，具有绿色、环保的特点，其也是新能源汽车的发展方向。

3. 超级电容

超级电容是介于普通电容器与化学电池之间的储能装置，通常用作辅助储能装置。它具有可大电流充放电的特点，在混合动力电动汽车和纯电动汽车中可提供瞬时大电流，以提高汽车的动力性能；能接受大电流充电，以提高制动能量回收效率。

超级电容是一种化学电容，兼具化学电池和物理电容的优点。

4. 飞轮电池

飞轮电池是 20 世纪 90 年代提出的新概念电池，它突破了化学电池的局限，用物理的形式实现了能量储存。飞轮电池以飞轮旋转的方式储存能量，通过飞轮带动发电机发电输出电能，其充电是发电的逆过程。

由于飞轮电池是一种机械电池，充放电电流大，因此常被用作辅助储能装置，以提高电动汽车的动力性能及制动能量回收效率。

5. 太阳电池

太阳电池是将光能转换为电能的发电装置。受光电转换效率、电池系统的配置复杂性、价格及汽车的特殊使用环境等的影响，太阳电池在电动汽车上只能作为补充电源。

一些太阳能电动汽车装有锂离子电池或其他类型的蓄电池，太阳电池将太阳能转换成电能来协助供电或为蓄电池充电。尤其当电动汽车在郊外停驶时，可利用太阳电池发电，及时、有效地为蓄电池充电，从而延长电动汽车的续驶里程。

小　　结

本章简要介绍了汽车发展过程，突出汽车在人类生产与生活中的重要地位；总结了汽车造成的负面影响，结合电动汽车的特点，使读者较好地理解发展电动汽车的重要意义，真正认识到汽车的发展方向是电动汽车。除此之外，本章还介绍了电动汽车的类型与特点，并总结了动力电池的工作特点、要求与类型，使读者认识到动力电池在电动汽车中的重要性。

1. 世界上最早出现的汽车是内燃机汽车吗？
2. 电动汽车经历了哪几个兴衰过程？

3. 汽车对人类的贡献体现在哪些方面？
4. 内燃机汽车对人类有哪些负面影响？
5. 电动汽车的优势体现在哪几个方面？
6. 电动汽车的发展趋势是什么？
7. 电动汽车发展尚需要解决哪些关键问题？
8. 什么是纯电动汽车？纯电动汽车的特点是什么？
9. 纯电动汽车由哪几个部分组成？各部分的作用分别是什么？
10. 按驱动系统分类，纯电动汽车分为哪几种？
11. 什么是混合动力电动汽车？混合动力电动汽车有哪些特点？
12. 按发动机和电动机能量流动及连接关系分类，混合动力电动汽车分为哪几种？
13. 增程式混合动力电动汽车的结构特点是什么？有哪些优点？
14. 燃料电池电动汽车的特点是什么？分为哪几种？
15. 动力电池有哪些特点？电动汽车对动力电池有什么要求？
16. 在电动汽车上使用的动力电池有哪几种？

第 2 章
蓄电池概述

教学目标

熟悉蓄电池的组成和类型；
掌握蓄电池的性能参数和常用术语；
了解蓄电池的缺点和电动汽车对蓄电池的性能要求；
了解蓄电池的展望。

教学要求

知识要点	能力要求	相关知识
电极、电解质及隔膜的作用和类型	熟悉电极活性物质、电解质的作用与类型、隔膜的作用与类型	电化学原理、热力学、化学电源的组成与原理
蓄电池的性能参数与常用术语	熟悉蓄电池的性能参数和常用术语，了解蓄电池的缺点、类型及发展趋势	蓄电池的类型、特性，电动汽车用蓄电池的工作环境

2.1 蓄电池的构成条件、组成与类型

蓄电池是一种以化学方式储存能量的电源装置,也称化学电池。蓄电池既可以通过电化学氧化还原反应将内部物质的化学能直接转换成电能,又可以通过充电的方式恢复化学能。

2.1.1 蓄电池的构成条件

蓄电池依靠内部物质的化学反应放出电能或恢复化学能,但不是所有的化学反应都能产生电流。要使物质通过化学反应产生电流并向外提供电能,必须具备以下几个条件。

1. 在两个不同区域发生氧化还原反应

电池内部的化学反应经历了氧化还原过程,并且在组成化学电源的正、负两个电极(两个分离的区域)上发生氧化还原反应。铜锌原电池的氧化还原反应如图2.1所示。

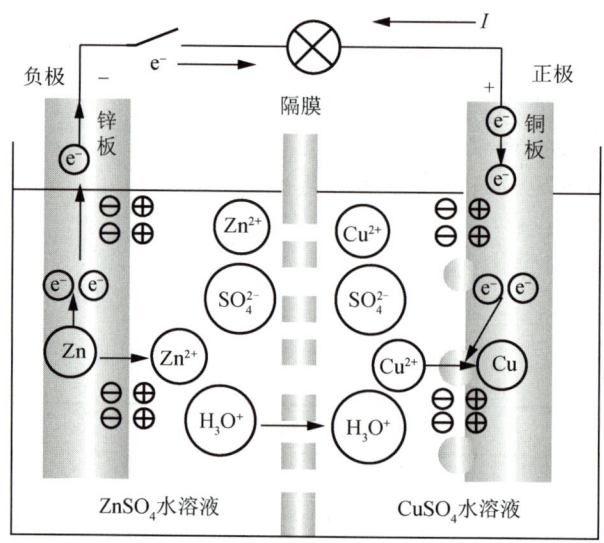

图 2.1 铜锌原电池的氧化还原反应

铜锌原电池的氧化还原反应为

$$Zn+CuSO_4=ZnSO_4+Cu \tag{2-1}$$

或

$$Zn+Cu^{2+}=Zn^{2+}+Cu \tag{2-2}$$

在上述氧化还原反应中,还原剂 Zn 失去电子(发生氧化反应),生成 Zn^{2+}($Zn \rightarrow Zn^{2+}+2e^-$)并进入电解液。电子沿正、负极板之间的导线移向铜板,使铜板附近电解液中的 Cu^{2+} 得到电子(发生还原反应)而生成 Cu($Cu^{2+}+2e^- \rightarrow Cu$),并沉积于铜板。锌板经导线流向铜板的电子就是该电池通过内部氧化还原反应产生的电流。

如果直接将锌板浸入 $CuSO_4$ 水溶液,就按式(2-2)自发发生反应,Zn 被 $CuSO_4$ 氧化成 Zn^{2+} 而溶于电解液;$CuSO_4$ 水溶液中的 Cu^{2+} 获得电子而被还原,在锌板上析出 Cu。在 Zn 置换 Cu 的氧化还原反应中,氧化剂与还原剂接触,电子直接转移。由于电子只在体

系内部流动，因此化学能只能转换为热能，外部电路无法获得电能。

实际上，隔膜将蓄电池的两个电极反应分开，使得自发进行的氧化还原反应分别发生在正、负电极上，负极产生的电子经导线流入正极，因此能从蓄电池外部获得电能。

通常将发生氧化反应的电极称为阳极，将发生还原反应的电极称为阴极。当电池内部发生氧化还原反应时，阳极产生的电子经外电路流入阴极，同时电池内电解液中的阴离子向阳极迁移，阳离子向阴极迁移，该过程称为放电。一般放电电流由电势高的阴极流向电势低的阳极。一般电势低的电极称为负极，电势高的电极称为正极。

在铜锌原电池中，在负极（阳极）上发生氧化反应，强还原剂 Zn 失去电子而变成与之共轭的弱氧化剂 Zn^{2+}，Zn 和 Zn^{2+} 构成一个电对；在正极（阴极）上发生还原反应，强氧化剂 Cu^{2+} 得到电子而变成与之共轭的弱还原剂 Cu，Cu 和 Cu^{2+} 构成另一个电对。氧化反应与还原反应同时进行，构成电池反应。为区别于一般意义上的氧化还原反应，通常将电池中的氧化还原反应称为成流反应。

通过内部的成流反应，电池中的物质（化学能量）以电能的形式释放到电池外部。**通常将电池正极和负极上能通过化学反应向外部输出电能的物质称为活性物质，正极的活性物质是氧化剂，负极的活性物质是还原剂。**无论是固体、液体还是气体，只要能构成氧化还原电对，理论上都可以作为电池电极的活性物质。如果电极的活性物质本身不是导体，就必须借助其他物质的导电作用。

2. 电池发生氧化还原反应时电子的传递必须通过外部线路

当两个电极的活性物质发生氧化还原反应时，电子只能通过电池外部线路传递，以实现输出电能。如果电子只在电池内部转移，电池内部就形成闭合回路，造成短路，类似于电池自放电，电池内部的化学能量自行消失。因此，电池只有在正极与负极之间连接导线和负载的情况下才能输出电能。

3. 电池内部的氧化还原反应必须自发发生

理论上，只要把发生氧化反应的电对设计成电池的负极（阳极），把发生还原反应的电对设计成电池的正极（阴极），任何一个氧化还原反应就都可以构成电池，但电池反应取决于反应体系的吉布斯自由能变化。

根据电化学和热力学知识，在等温等压条件下，当电池工作时，可将体系吉布斯自由能的降低值与电动势的关系表述为

$$\Delta G_{T,p} = -nEF$$

即

$$E = \frac{-\Delta G_{T,p}}{nF} \qquad (2-3)$$

式中，$-\Delta G_{T,p}$ 为化学反应在等温等压条件下体系吉布斯自由能的降低值（J/mol）；n 为电池反应输出基元电荷的物质的量（mol）；E 为电池的电动势（V）；F 为法拉第常数，即 1mol 质子的电量（1mol 电子所带电量的绝对值），$F \approx 96500 C/mol$。

只有体系的 $\Delta G_{T,p}$ 为负值时，电池反应才自发发生。只有将降低的吉布斯自由能转换为电能，电池的电动势为正值，才能产生持续的电流。对于上述铜锌原电池，$\Delta G_{T,p} = -212550 J/mol$，$E \approx 1.1V$。当电池正极与负极之间的电路接通时，电池输出电流，使电路中的灯泡发光，此时电池对外做功。

由此可见，电池反应的 $-\Delta G_{T,p}$ 必须是正值，并且其值越大，电池的电动势越高。从另一个角度看，电池的电动势取决于正、负电极的电势差，阳极的电势越低，阴极的电势越高，电池的电动势就越大。因此，要提高电池的电动势，正极活性物质就应为电子亲和能大、氧化性强的物质；负极活性物质应为电子亲和能小、还原性强的物质。

4. 两电极间必须有电解质

由于电池反应过程需要阳离子和阴离子的迁移，因此电池的正、负极之间必须有使离子迁移的物质（电解质），以提供电池内部离子迁移的通道（导电），使正、负极活性物质发生正常的氧化还原反应。

如果满足上述4个条件就能构成电池，但为使电池满足实际需要，除必须具备上述条件外，还对电池性能有更高要求：电动势高、放电时的电压下降平缓、质量比容量或体积比容量大、维护方便、储存性及耐久性优异、价格低等。对于可充电的蓄电池，还要求充、放电反应可逆性好，充、放电的能量效率高。

2.1.2 蓄电池的组成

蓄电池都是由电极、电解质、隔膜、壳体及其他附件组成的。电极和电解质是蓄电池的基本组成部分。

1. 电极

（1）电极的组成。

正、负电极是电池的核心部件。电极的主要成分是活性物质，其次是导电骨架等辅助材料，一些电极的活性物质还含有添加剂。

① 活性物质。正、负极上的活性物质是参加成流反应的物质，决定了电池的基本性能。对活性物质的具体要求如下：在电解液中的化学稳定性好；组成电池的电动势高；电化学活性高，即自发发生反应的能力强；电子导电性好；质量比容量和体积比容量大；资源丰富，价格低。

以水溶液为电解质的电池，要求其正极活性物质的氧化性不能高于氧的氧化性；负极活性物质的还原性不能高于氢的还原性，以保证活性物质的稳定性。对于以非水溶液为电解质的电池，活性物质的稳定性条件比较容易满足，因而其活性物质选择的范围较大。

图2.2所示为电池（质量/体积）比容量与电动势的关系曲线。理论上，图2.2中右上方电池的（质量/体积）比容量、电动势及（质量/体积）比能量均高，是具有发展前景的高能化学电池。

② 辅助材料。虽然电极的辅助材料不参与电化学反应，但是不可或缺。例如，将辅助材料用作支撑活性物质的导电网、极板栅架等，除可提高电池极板的机械强度外，还可兼作集流体。

③ 添加剂。虽然电极中的添加剂很少，但是具有特定的作用。电池电极中常用的添加剂有阻化剂、去钝剂、电催化剂等。

a. 阻化剂。将阻化剂加入负极活性物质，可提高氢的超电势，减少电池的自放电或防止氧化；也可制成干荷电极板，使电池极板在干燥状态下长时间保持荷电能力。

b. 去钝剂。去钝剂也称膨胀剂，将其加入负极活性物质，可防止在充放电过程中电极表面积减小，以避免负极在低温、大电流放电时钝化。

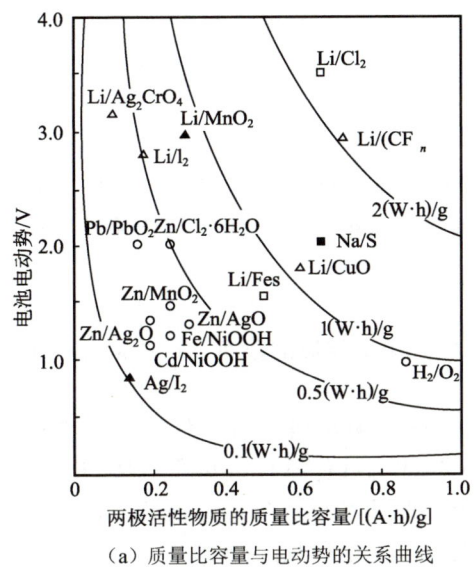 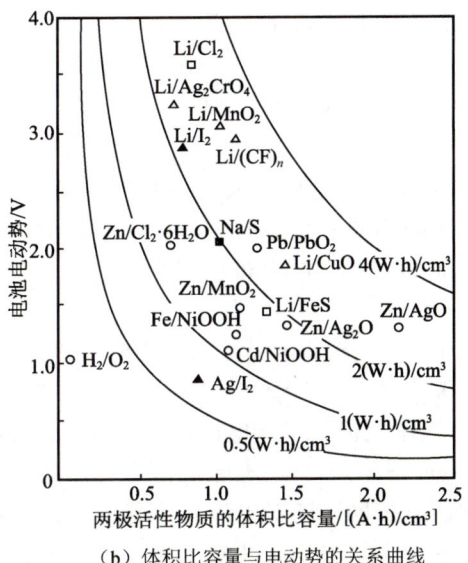

(a) 质量比容量与电动势的关系曲线　　(b) 体积比容量与电动势的关系曲线

○—常温水溶液系列电池；△—常温非水溶液系列电池；▲—常温固体电解质系列电池；
□—高温熔融盐系列电池；■—高温固体电解质系列电池。

图 2.2　电池（质量/体积）比容量与电动势的关系曲线

c. 电催化剂。电催化剂的作用是促进电极反应，以减轻极化。例如，常在气体扩散电极中使用铂、钯（Pd）、氧化物、复合氧化物等电催化剂。

（2）电极的类型。

根据电极反应性质的不同，电极可分为第一类电极、第二类电极、氧化还原电极、气体电极等。

① 第一类电极。第一类电极由金属浸入含有金属离子的溶液组成，如 Zn^{2+}/Zn、Cu^{2+}/Cu 等，电极反应分别为

$$Zn^{2+} + 2e^- \longrightarrow Zn$$
$$Cu^{2+} + 2e^- \longrightarrow Cu$$

若为非金属，则由非金属浸入该非金属负离子的溶液组成，如 Se^{2-}/Se，电极反应为

$$Se + 2e^- \longrightarrow Se^{2-}$$

第一类电极的电势只与相应离子的活度有关。对于金属电极，金属正离子的活度决定电极电势；对于非金属电极，非金属负离子的活度决定电极电势。

② 第二类电极。第二类电极由金属上覆盖一薄层该金属的难溶化合物（如盐、氧化物和氢氧化物），再浸入含有与该难溶化合物阴离子相同的溶液组成，如氯化银（AgCl）电极、甘汞（Hg_2Cl_2）电极等，电极反应分别为

$$AgCl + e^- \longrightarrow Ag + Cl^-$$
$$Hg_2Cl_2 + 2e^- \longrightarrow 2Hg + 2Cl^-$$

第二类电极的电势与金属难溶盐的阴离子的活度有关。换言之，第二类电极的电势相对于难溶化合物的负离子是可逆的。由于第二类电极的电势稳定、易重现，因此常代替氢电极作为参比电极。

金属/难溶金属氧化物电极属于第二类电极，由金属表面覆盖一薄层该金属的氧化物，

再浸入含有 H^+ 或 OH^- 的溶液组成，如 $OH^-|Ag+Ag_2O$ 的电极反应为

$$Ag_2O+H_2O+2e^- \longrightarrow 2Ag+2OH^-$$

电极 $H^+|Ag+Ag_2O$ 的电极反应为

$$Ag_2O+2H^++2e^- \longrightarrow 2Ag+H_2O$$

③ 氧化还原电极。氧化还原电极又称第三类电极，由惰性金属（如铂片）插入含有某种离子的不同氧化态的溶液组成。其中，金属只起导电作用，而氧化还原反应在溶液中发生，如 $Fe^{3+}|Pt$ 的电极反应为

$$Fe^{3+}+e^- \longrightarrow Fe^{2+}$$

氧化还原电极的电势与离子不同氧化态的活度有关。类似的还有 Sn^{4+}/Sn^{2+}、Tl^{3+}/Tl^+、$[Fe(CN)_6]^{3-}/[Fe(CN)_6]^{4-}$ 电极等。

④ 气体电极。气体电极由气体和含有其离子的溶液组成。由于气体是非导体，因此需借助铂、石墨等第一类电极作为气体的载体。气体的载体不仅提供了气体与含有其离子溶液间的电接触，还对电极反应起催化剂的作用，但其本身不参加电极反应，并对其他可能发生的反应呈惰性，如氢电极、氧电极、氯电极等，电极反应分别为

$$2H^++2e^- \longrightarrow H_2$$
$$O_2+2H_2O+4e^- \longrightarrow 4OH^-$$
$$Cl_2+2e^- \longrightarrow 2Cl^-$$

气体电极的电势不仅与离子活度有关，还取决于气体的压力。此外，如果选用的电极载体不具备优良的催化性能，则反应很难达到平衡，实际的气体电极可能达不到平衡电极的电势值。这一点对氧电极特别突出，因此，合理选择氧电极的催化剂十分重要。

【拓展视频】

（3）电池和电解池中电极的命名。

电池和电解池是两种电化学装置。**电池是通过电极上的活性物质自发发生电化学反应而对外电路做功的化学装置；电解池是借助外电源使电极上发生电化学反应的电化学装置**，如电镀槽。

根据上述定义，电池是一种直接将化学能转换为电能，并通过外电路的放电输出电能的电化学装置；电解池是一种将电能转换为化学能的装置。可见，可通过充电恢复电极活性物质的蓄电池在放电过程中为电池，而在充电过程中可以看作电解池。

无论是电池还是电解池都有正极和负极两个电极，但电极命名方法不同。

① 以电流方向命名。这种电极命名方法以电流方向为依据，将电势较高的电极称为正极，将电势较低的电极称为负极。也就是说，电流总是从正极流向负极。

② 以电极反应性质命名。这种电极命名方法以电极反应性质定义电极的名称，电极上发生氧化反应并放出电子的电极称为阳极，发生还原反应并获得电子的电极称为阴极。

通常对电池采用正负极命名法，而对电解池采用阴阳极命名法。此外，当讨论电极过程或金属腐蚀时往往与电极反应联系，也经常采用阴阳极命名法。表 2.1 列出了电池和电解池中的电极名称及电极反应性质。

表 2.1 电池和电解池中的电极名称及电极反应性质

项目	电极名称	电子得失	电极反应性质	应用实例
电池（放电）	正极	获得电子	还原反应	$PbO_2+3H^++HSO_4^-+2e^- \longrightarrow PbSO_4+2H_2O$
	负极	失去电子	氧化反应	$Pb+HSO_4^- \longrightarrow H^++PbSO_4+2e^-$

续表

项目	电极名称	电子得失	电极反应性质	应用实例
电池（充电）	阳极	失去电子	氧化反应	$PbSO_4 + 2H_2O \longrightarrow PbO_2 + 3H^+ + HSO_4^- + 2e^-$
	阴极	获得电子	还原反应	$H^+ + PbSO_4 + 2e^- \longrightarrow Pb + HSO_4^-$
电解池（电解槽）	阴极	获得电子	还原反应	$ZnO_2^{2-} + 2H_2O + 2e^- \longrightarrow Zn + 4OH^-$
	阳极	失去电子	氧化反应	$Zn + 4OH^- \longrightarrow ZnO_2^{2-} + 2H_2O + 2e^-$

2. 电解质

(1) 电解质的作用与要求。

电解质是电池的基本组成部分，在正、负极之间起传递电子的作用，通常选用离子导电性好的物质作为电解质。 电解质不参加电极反应，可在电池内部长期保存。有些电池（如铅酸蓄电池）中的电解质也参加电极反应而被消耗。

电池电极反应对电解质的要求如下。

① 稳定性好。由于电解质长期保存在电池内部，因此必须具有稳定的化学性质，以与活性物质界面的电化学反应速度足够低，从而使电池的自放电容量损失减少。

② 电解质的电导率高、电压降小，以提高电池的放电特性。

③ 对于固体电解质，要求它只具有离子导电性，而不具有电子导电性。

(2) 电解质的类型。

常用的电解质有水溶液电解质、非水溶液电解质、固体电解质和熔融盐电解质。

① 水溶液电解质。水溶液电解质是大多化学电池采用的电解质，其优点如下。

a. 与其他溶剂相比，水具有较大的介电常数，溶解和离解电解质的能力强。

b. 水溶液电解质的黏度小，离子迁移受到的阻力较小，因而电导率高。

c. 由于不必考虑大气中水的影响，因此电池可以在非完全密闭、常温下工作，成本较低。

d. 对于可充电的蓄电池来说，充电时的副反应常常使电解质分解，但用水作溶剂时分解的产物是氢和氧，对电池和环境无污染，充电时消耗的溶剂也易补充。

水溶液电解质离解后的离子与水形成水合离子，离子运动速度可用极限摩尔电导率衡量。不同离子在水溶液中的极限离子电导率（25℃）见表2.2。

表 2.2 不同离子在水溶液中的极限离子电导率（25℃） 单位：$(S \cdot cm^2)/mol$

阳离子	λ_+°	阴离子	λ_-°	阳离子	λ_+°	阴离子	λ_-°
H^+	350	OH^-	198	Rb^+	76	ClO_4^-	67
Li^+	39	F^-	55	NH_4^+	74	$\frac{1}{2}SO_4^{2-}$	80
Na^+	50	Cl^-	76	$\frac{1}{2}Ca^{2+}$	60	$\frac{1}{2}CO_3^{2-}$	69
K^+	74	Br^-	78	$\frac{1}{2}Zn^{2+}$	50	$\frac{1}{2}PO_4^{2-}$	69

由表2.2可知，H^+ 和 OH^- 的运动速度最高，其他离子的运动速度较低。一般来说，在外界条件相同的情况下，离子的运动速度取决于离子半径、离子水合程度及离子所带电荷数等。离子半径越小，水合程度越高，所带电荷越多，其运动时的阻力就越大，运动速度越低。

电解液的阳离子和阴离子的运动速度越高，其电导率越大；而且溶解的离子越多（浓度越大），其电导率越大。但是，当溶解的离子非常多时，由于符号相反的离子集聚成离子氛，对离子的运动造成阻碍，从而影响离子的运动速度。因此，随着电解液离子浓度的增大，其电导率增大，但电解液离子浓度有一个最大值，达到最大值后，如果电解液浓度继续增大，则其电导率减小。

许多碱性动力电池采用氢氧化钾（KOH）水溶液做电解液，由于KOH水溶液含有摩尔电导率大的 K^+，因此比氢氧化钠（NaOH）水溶液、氢氧化锂（LiOH）水溶液等的电导率大。一次电池和蓄电池通常采用浓度约为30%（质量分数）的KOH水溶液作电解液。由于用KOH水溶液浸润金属，电解液容易沿金属表面漫延而泄漏到电池外部，因此，一些一次电池为抑制电解液外泄而采用NaOH水溶液作电解液。

与其他类型的电解质相比，水溶液电解质的缺点如下。

a. 水溶液电解质含有水，在标准大气压下水会在0℃结冰，在100℃沸腾。因此，用水溶液作电解液的电池不能在寒冷的极地和宇宙空间等环境下使用。此外，由于在几十摄氏度的高温下电解液的水分蒸发，因而水溶液电解质的电池储存性较差。

b. 以水溶液为电解质的电池，原则上负极活性物质不能采用比氢还原性强的物质，正极活性物质不能选择比氧氧化性强的物质，因而其电极活性物质的选择受到限制。

c. 如果选用氢和氧以外的材料作正、负极材料，电池在储存期间电极活性物质就会与水发生反应而被消耗。对于蓄电池，由于充电时只生成氢和氧，因此不能使活性物质恢复。

d. 水溶液电解质电池的单体电池能提供的电压，以氢和氧组成的燃料电池的电压为极限，最高为2.0V；对储存性能要求高的电池，电压最高为1V。

除氢外，实际使用的电池负极活性物质只能是比氢还原性强的物质，但与水反应生成氢的速度很低，即析氢过电动势高的材料，如 Pb、Cd、Zn 等。同理，正极活性物质可采用析氧过电动势较高、在水溶液中稳定且溶解度小的金属氧化物，如 MnO_2、Ag_2O、NiOOH、PbO_2 等。这些物质可以组成电动势为1~2V的电池。

② 非水溶液电解质。非水溶液电解质采用比水更不容易氧化还原的溶剂溶解电解质，活性物质的选择范围扩大，并可使电池工作时的极化减小。电池使用非质子性溶剂后，可使用比氢还原性强的负极活性物质，使得电池的电动势增大。

溶质在溶剂中的溶解性与溶剂的介电常数及离解后阳离子和阴离子的性质有关。在相对介电常数为 ε_r 的溶剂中，如果存在符号相反的静电荷 q^+、q^- 且其距离为 r，则两静电荷之间的库仑力为

$$F = \frac{q^+ q^-}{4\pi\varepsilon_0 \varepsilon_r r^2} \qquad (2-4)$$

式中，ε_0 为真空介电常数；ε_r 为相对介电常数。

由式（2-4）可知，当溶剂的相对介电常数较大时，阳离子与阴离子之间的库仑力较小。一般来说，如果溶剂的相对介电常数小于10，电解质就难以在该溶剂中离解为离子。

水的相对介电常数在 25℃下为 78.3，易使大多数电解质离解。

溶剂的黏度会以黏性阻抗的形式影响溶剂中离子的移动。黏度较小的溶剂的离子易运动，电导率较大。因此，要使电解质容易离解为离子，且离解后的离子易运动，则要求溶剂的相对介电常数大、黏度小。

溶质的溶解度还与溶剂的偶极矩等有关。溶剂对溶解在其中的电解质的作用可用溶剂给出电子（施主）数和接受电子（受主）数衡量。施主数与阳离子的溶剂化有关，即与溶剂化阳离子的尺寸有关；受主数与溶剂化阴离子的尺寸有关。溶剂化离子的尺寸与离解成离子的难易程度及离子的运动有关。

不同种类的非质子性的有机化合物和无机化合物溶剂很多，但可用作电池电解质溶剂、不含 H_3O^+ 的稳定溶剂不多。与水相比，这些有机化合物的熔点低、沸点高，可在较大的温度范围内使用。但是由于有机溶剂的相对介电常数一般比水小且黏度大，因此溶解电解质盐的能力和调节电解质电导的能力较弱。

在有机化合物中，具有羰基结合的酯类化合物的相对介电常数比醚类化合物的大，而醚类化合物的黏度比酯类化合物的小。因此，将二者按适当比例组成混合溶剂时，可得到电导率大的电解液。由于相对介电常数和黏度对溶液电导率的影响相反，因此只有当相对介电常数大且黏度小时，溶液的电导率才最大。通常，当酯类化合物与醚类化合物的体积比约为 1:3 时，溶液的电导率最大。

在非质子性溶剂中，电池的负极活性物质主要使用还原性强且在溶剂中稳定的锂（Li），通常使用锂盐作为电解质，要选择溶剂化程度小的阴离子（离子半径大的，其离子中的电荷密度较小，溶剂化程度小），如 ClO_4^-、BF_4^-、PF_6^- 和 AsF_6^- 等。这种有机电解质可制得单体电池电压为 3~4V 的锂离子电池。

无机化合物 SO_2 和 $SOCl_2$ 也可作为电解质溶剂或正极活性物质。在负极活性物质锂上容易生成表面保护膜，可使用具有氧化活性的电解液。例如，可使用 SO_2 与乙腈的混合溶剂，电解质使用 $LiAlCl_4$。

非质子性电解液应具有大的电导率，且不与电池活性物质发生反应，在较大电势范围内的氧化还原性能稳定。在以锂为负极活性物质的一次电池中，由于锂的表面会形成保护膜，因此选择溶剂比较容易。但在蓄电池中，要求溶剂在强的还原气氛中也能保持稳定性。由于具有羰基结构的聚碳酸酯和 γ-丁内酯（gamma-utyrolactone，GBL）与锂的反应大，因而不能使用，必须使用四氢呋喃（tetrahydo furan，THF）或 1，4-二氧六环等醚类化合物。当采用这些溶剂并以 $LiAsF_6$ 为电解质时，锂的表面生成保护膜，阻止溶剂分解。

③ 固体电解质。在水溶液和有机非质子性电解液中，离子在液态溶液中迁移；而固体电解质中，离子在固体中迁移。因为一般离子在固体中的运动速度要比在液体中低得多，所以固体电解质中的离子电导率通常比液体电解质的小得多，实用性电池很少采用固体电解质。

近年来，科学家发现许多只让特定离子选择透过而不呈电子导电性的无机固体电解质，其电导率为 10^{-3}~10^{-1} S/cm。

固体电解质电池的特点如下。

a. 不必担心漏液问题，电池可以向小型化、微型化的方向发展。

b. 高离子导电性固体的开发使得电池材料全部固体化成为可能。

c. 固体电解质本身可作为防止两极活性物质混合的隔膜,随着耐蚀性、离子选择透过性好的固体电解质被发现,直接使用气体和液体做活性物质成为可能。

d. 进一步研究在高温下,使用不与强还原性物质或强氧化性物质发生反应的电解质,即可开发出直接使用强氧化剂和强还原剂做活性物质的新型蓄电池,从而使蓄电池的输出功率和能量密度显著提高。

④ 熔融盐电解质。由于熔融盐的电导率大且可在高温下工作,因此用熔融盐做电解质的电池输出功率大、能量转换效率高。

由稳定、分解电压大的碱金属卤化物(熔融盐)制成的电池的电动势高、能量密度大,但活性物质或电解质在高温下的腐蚀性强,使得寻找适宜的隔膜、电极和容器等电池材料较困难。近年来,随着材料科学的发展,熔融盐电解质在化学电池和燃料电池中的应用具有广阔的发展前景。

实用型熔融盐电解质电池应选用低熔点、液态稳定、难以气化、不被氧化还原的熔融盐。通常选用几种稳定的、难以被还原的碱金属盐或碱土金属盐做成混合熔融盐。此外,在实用型熔融盐电解质电池中,电解质层要尽可能薄。

3. 隔膜

隔膜(又称隔离物)在电池两电极之间,其作用是防止正、负极活性物质直接接触而造成电池内部短路,并且正、负极的距离尽可能小,使电池内阻较小。隔膜有薄膜、板材、棒材等形式,根据实际需要选择。

为保证电池正常工作和具有良好的性能,对隔膜的要求如下。

(1) 在电解液中具有良好的化学稳定性和一定的机械强度,并能耐受电极活性物质的氧化或还原作用。

(2) 具有足够的孔隙率和吸收电解液的能力,以保证隔膜具有足够强的离子通过能力,即隔膜对电解质离子运动的阻力小,以减小电池内阻。

(3) 应是电子的良好绝缘体,以防止正、负极间的电子传递,并能抑制从电极上脱落的活性物质微粒和枝晶生长。

(4) 材料来源丰富,价格低。

在电池中实际使用的隔膜材料有棉纸、微孔橡胶、微孔塑料、玻璃纤维、接枝膜、聚酰胺(俗称尼龙)、水化纤维素、石棉、聚丙烯、聚氯乙烯等,可根据需要选取相应的材料制成电池隔膜。

4. 壳体及电池附件

(1) 壳体。壳体既是电池的外壳,又是电池中盛放电解液的容器。对于电动汽车用动力电池,通常要求其壳体具有较高的机械强度,抗振动与冲击,耐酸碱腐蚀、耐高温、耐低温。

在蓄电池中,除碱性锌锰电池可用锌电极制作壳体外,其他蓄电池均根据实际情况选择相应的材料制作外壳。铅酸蓄电池通常用硬橡胶制作壳体,碱性蓄电池常用镀镍钢材制作壳体。近年来,工程塑料也常被用作蓄电池壳体的材料,如聚酰胺、丙烯腈-丁二烯-苯乙烯(acrylonitrile - butadiene - stryrene,ABS)树脂、聚丙烯(polypropylene,PP)、聚苯乙烯(polystyrene,PS)等。

(2) 电池附件。除上述主要组成部分外,一些电池中还有导电栅、汇流体、端子等零件。蓄电池通常由多个单体电池（一对正、负极板构成的电池）串联而成，以满足所需的输出电压，因此，这些蓄电池通常还有联条（串联单体电池）和极桩（连接外电路）等附件。

电池的形状和结构多种多样，且用不同方式密封，以防漏液和干涸。图 2.3 和图 2.4 所示分别为常见干电池（一次电池）和蓄电池（二次电池）的外形。

图 2.3　常见干电池（一次电池）的外形

图 2.4　常见蓄电池（二次电池）的外形

2.1.3　蓄电池的类型

蓄电池按工作性质和使用特征的不同，可分为一次电池、二次电池、储备电池、燃料电池等。实际上，储备电池和燃料电池属于特殊的一次电池。

1. 一次电池

一次电池又称原电池（primary battery）。一次电池工作时化学变化体系的自由能逐渐降低，它是一个将降低的自由能直接转换成电能输出的装置。一次电池经过连续放电或间歇放电后，不能用充电的方式使两电极的活性物质恢复到初始状态，即发生不可逆反应，电极活性物质只能利用一次，用完即废弃。非液态电解质的一次电池又称干电池。

常用的一次电池有碱性锌锰电池、锌银电池、锌空气电池、锂二氧化锰电池和锂亚硫酰氯电池等。20 世纪 60 年代以来，人们研发出锂一次电池，其负极活性物质为锂，正极活性物质有二氧化锰、聚氟化石墨、氧化铜、亚硫酰氯等，相应的电池分别称为锂二氧化锰电池、锂聚氟化石墨电池、锂氧化铜电池、锂亚硫酰氯电池等。

一次电池的优点是电动势高、内阻小、质量（或体积）比能量大、价格低；不工作时自放电少、活性物质的消耗少，保存性能好；制造简单，形状多样；耐漏液性能高，容器的密封性好。一次电池的缺点是不能用于大电流放电。

2. 二次电池

二次电池又称蓄电池或储能电池，由于其工作时内部的电化学反应为可逆反应，因此可通过充电的方式恢复活性物质的初始（化学能量）状态。二次电池可反复多次放电和充电，在电动汽车上使用的就是二次电池。

二次电池的种类很多，常见的有铅酸蓄电池、镍氢电池、镍镉电池、锂离子电池、锌空气电池、铝空气电池、铜镍电池、锌银电池等。

3. 储备电池

储备电池是特殊的一次电池，与普通一次电池不同的是，其在储存期间储备电池正、负极的活性物质不与电解质直接接触，只有使用时才借助动力源作用于电解质，以激活电池。因此，储备电池又称激活电池。由于使用时注入清水、电解液或海水来激活电池，因此储备电池又称注水电池（或注液式电池、水激活电池）。使用时将电解质加热至熔融状态的称为热激活电池（或热电池）。

典型的储备电池有海水激活的镁银电池、用氢氧化钾溶液激活的锌银电池、用高氯酸溶液激活的铅高氯酸电池、用热激活的热电池等。由于储备电池在使用前处于惰性状态，因此可以储存较长时间（几年甚至十几年）。

4. 燃料电池

燃料电池也是一次电池，与普通一次电池不同的是，其正、负极本身不包含活性物质，而是储存在电池外部，因此只有将活性物质连续注入电池才能使电池持续放电。从工作形式上看，燃料电池类似于燃油发动机与发电机组，但其工作原理和特性有很大差别。

2.1.4 蓄电池的发展概况

意大利物理学家伏特（Volta）发现，当两种金属相对叠放且中间放置用盐水浸过的纸和草时会产生电，为了取得一定的电压，伏特用两种金属与用盐水浸过的草组成电池的多层重叠（电堆），进而研究金属的组合，即按锌、锡、铅、铁、黄铜（Cu-Zn）、青铜（Cu-Sn）、铜、铂、金、银、石墨的顺序两两组合，两种金属在金属活动性顺序表中相距越远，其组成的电池电动势越大。根据该发现，伏特在1800年发明了图2.5所示的伏打电池，这是世界上最早出现的蓄电池。在伏打电池中，氢从正极的铜表面析出，其逸散速度较低，当电池输出电流时，电池正极的极化增大，电压下降较快。为使电池具有实际使用意义，人们开始研究长时间放电后电压仍能保持稳定的电池。

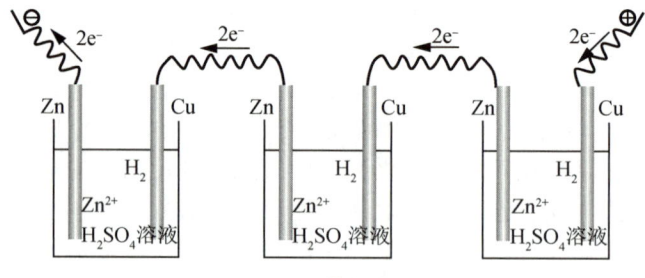

图 2.5　伏打电池

1836年，丹尼尔（Daniel）改良了伏打电池，用酸性的硫酸锌（$ZnSO_4$）水溶液与硫酸铜（$CuSO_4$）水溶液替代稀硫酸（H_2SO_4）溶液，以硫酸铜为正极的去极化剂，并加入一个多孔性隔板，将正、负极板隔开，这种锌铜电池又称丹尼尔电池。丹尼尔电池是世界上最早的能长时间工作的实用型蓄电池。

1844 年雅克比（Jacobi）提出了以中性的氯化铵（NH_4Cl）水溶液拌砂为电解液的方案。法国的勒兰社（Leclanche）巧妙地采用了这些提案，并于 1868 年以锌为负极活性物质，以二氧化锰为正极活性物质，以氯化铵水溶液为电解液，并拌以细砂或木屑做成糊状，制造出锌二氧化锰电池。电池的电解液糊化后便于携带，应用更加方便。这种电池又称勒兰社电池，其结构与如今干电池的结构相同。

1859 年，法国物理学家普兰特（Planté）发明了第一块铅酸蓄电池。自发明伏打电池之后，人们就已开始研究能反复使用的蓄电池。1854 年，辛斯特登（Sinsteden）将两块铅板浸入稀硫酸溶液并通以直流电，发现该电池可充电。普兰特进行了进一步实验，并在 1859 年成功研制出实用型蓄电池。最初的可充电铅酸蓄电池是由在两块铅板的中间夹一层布，将其卷起放入容器，再注入 10% 的稀硫酸溶液制成的。在此期间出现了以多块平板状的铅板并列组成的蓄电池，其正极为二氧化铅，负极为海绵状纯铅。这种铅酸蓄电池是最早应用于电动汽车的蓄电池，直到内燃机汽车开始使用起动机时，这种内阻小、可提供稳定大电流的铅酸蓄电池才被用作汽车发动机的起动电源。铅酸蓄电池不仅在内燃机汽车上得到普遍应用，而且由于其使用安全、耐用、价格较低，在将近一个世纪的时间里都是电动汽车动力电池的首选。

1888 年，加斯纳（Gassner）对电池进行了改进，研制出携带方便的锌锰电池，其用途广泛。

1889—1901 年，容纳（Jungner）和爱迪生（Edison）先后研制出镍铁电池和镍镉电池。在实际应用中，这两种蓄电池的结构、工艺、材料等都经历了多次改进，性能大幅度提高。20 世纪先后出现了几十种蓄电池，其中镍锌电池、镍镉电池、镍铁电池、锌空气电池、铝空气电池等作为大容量的动力电池，在电动汽车中得到广泛应用。

20 世纪 80 年代出现了镍氢电池，由于其性能和使用寿命都优于铅酸蓄电池及已应用于电动汽车中的其他碱性电池，因此逐渐替代铅酸蓄电池和其他碱性电池，在电动汽车中得到广泛应用。

锂电池是以金属锂或含锂物质为负极材料的化学电池的总称。锂电池的研制始于 20 世纪 60 年代，最先提出锂电池研究计划的目的是发展高比能量的锂蓄电池。然而由于当时选择的高电势正极活性物质（如 CuF_2、NiF_2 和 $AgCl$ 等）会在有机电解质中溶解，因此无法构成能长期储存和使用寿命长的实用型蓄电池。1970 年前后，随着嵌入化合物研究的深入，人们发现锂离子可在 TiS_2 和 MoS_2 等嵌入化合物的晶格中嵌入或脱嵌。1971 年，松下电器公司的福田雅太郎发明了锂氟化碳电池并获得应用。从此，锂电池开始走向实用化和商品化。

1990 年前后，在前期锂电池研发的基础上，人们发明了实用型锂离子电池，并于 1991 年实现商品化。1995 年出现了以凝胶聚合物电解质为隔膜和电解质的聚合物锂离子电池，并在 1999 年实现商品化。索尼发明并推出了比能量高、使用寿命长的锂离子电池，使锂离子电池得到了长足发展，逐渐取代常用的铜镍电池和金属氢化物镍电池，并用作手机、数字照相机及其他便携式设备的电源，而大容量锂离子电池在电动汽车中得到广泛应用。

但是，锂离子电池的安全性、续航能力、环保性及充电速度远没有达到人们的预期。石墨烯作为一种碳材料，由单层石墨片组成，自 2004 年问世以来在全世界掀起一股研究热潮。石墨烯是一种原子结构较独特、比表面积较大的二维材料。石墨烯电池是利用锂离子在石墨烯表面与电极之间快速、大量穿梭运动的特性而开发出的一种新能源电池。石墨烯被认为是未来较具潜力的材料，新型石墨烯电池无疑将成为高性能电池的一个重要突破口。

相比于液态电池，固态电池电解质的离子导电率低，但容易实现更高的能量密度，因而成为电池研究与开发的热点。新开发的固态电池因具有能量密度高、安全性能好等优点而在一些电动汽车上得到应用。

2.2 蓄电池的性能参数与常用术语

2.2.1 蓄电池的缺点

自铅酸蓄电池问世以来，不断有其他蓄电池出现，蓄电池的结构、材料等不断得到完善。相比初期的蓄电池，如今蓄电池的整体性能较高，但应用于电动汽车上的蓄电池（称为动力电池）还存在如下缺点。

1. 质量比能量和体积比能量低

因为电动汽车用蓄电池的质量比能量和体积比能量均很低，而电动汽车的自身质量大，所以电动汽车的续驶里程短。要使电动汽车达到一定的续驶里程，就不得不配备大量蓄电池，而配备过多蓄电池会使电动汽车的自身质量过大，不但消耗部分蓄电池的电能，而且使汽车的动力性能、行驶效率及制动性能等下降。此外，蓄电池组的质量和体积给整车设计增大了难度。

2. 充电时间长

由于蓄电池充电时可接受的最大电流都有限，因此，要为放完电的蓄电池充足电需要较长时间。即使采用快速充电方法，其充电时间也比为内燃机汽车加燃油的时间长。蓄电池的充电时间长会间接影响电动汽车的使用性能。

3. 价格高且使用寿命短

铅酸蓄电池是较便宜的蓄电池，但一辆续驶里程约为100km的纯电动客车配备的铅酸蓄电池组的价格约为2万元。如果使用锂离子电池，电动汽车的续驶里程比使用铅酸蓄电池高很多，但价格高几倍。

蓄电池的使用寿命均低于电动汽车的其他总成部件。也就是说，一辆电动汽车在使用寿命期限内，需要多次更换蓄电池。因此，不仅电动汽车本身的成本高，而且在使用过程中更换蓄电池的费用很高。

4. 汽车附件的使用受到限制

由于蓄电池的能量有限，因此选用能量消耗较大的辅助装置（如空调、动力转向装置、制动助力装置等）时必须充分考虑对蓄电池电能消耗的影响。

总之，蓄电池的上述缺点导致电动汽车的使用性能和价格不能与内燃机汽车抗衡，使电动汽车的产业化困难重重。但是，随着科学技术的不断发展，电动汽车用蓄电池的技术难关必将被突破，蓄电池的性能和价格问题必将被解决。

2.2.2 蓄电池的命名与分类

1. 蓄电池的命名

蓄电池有很多种，其基本组成均是正极、负极和电解液。为了表示和阅读方便，通常采用下列书写方式表示蓄电池的电化学体系：

$$(-)负极 | 电解液 | 正极(+)$$

从左向右依次为负极、电解液和正极，电解液两侧的"|"不仅表示电极与电解质的接触界面，而且表示正极与负极必须隔开。

例如，正极和负极的活性物质分别为二氧化铅和纯铅、电解液为稀硫酸溶液的蓄电池可表示为

$$(-)Pb | H_2SO_4 | PbO_2(+)$$

正极和负极的活性物质分别为氧化银和锌、电解液为氢氧化钾水溶液的蓄电池可表示为

$$(-)Zn | KOH | AgO(+)$$

任何一种化学电池均可用上述形式表示。对化学电池名称的统一规定是负极在前，正极在后。例如，上述两种蓄电池的名称分别为铅酸蓄电池和锌银电池。但也存在不按此规定命名的电池，如镍氢电池、镍镉电池等。

2. 蓄电池的分类

前面按工作性质和使用特征将蓄电池分成四种类型，下面按电解液和正、负极材料对蓄电池分类。

(1) 按电解液分类。

蓄电池按电解液不同可分为酸性电池、碱性电池、中性电池和有机电解液电池。

① 酸性电池：主要以稀硫酸溶液为电解液，如铅酸蓄电池。

② 碱性电池：主要以氢氧化钾水溶液为电解液，如锌锰电池、镍镉电池、镍氢电池等。

③ 中性电池：以盐溶液为电解液。由于中性电池的稳定性较差，因此在电动汽车上很少使用。

④ 有机电解液电池：主要以有机电解液为电解液，如锂离子电池等。

(2) 按正、负极材料分类。

蓄电池按正、负极材料不同可分为锌系电池、镍系电池、铅系电池、锂系电池、金属空气电池等。

① 锌系电池：负电极材料为锌的蓄电池，如锌锰电池、锌银电池等。

② 镍系电池：电极材料有镍的蓄电池，如镍镉电池、镍锌电池、镍氢电池等。

③ 铅系电池：电极材料为铅的蓄电池，如铅酸蓄电池。

④ 锂系电池：电极材料有锂的蓄电池，如锂离子电池、锂聚合物电池、磷酸铁锂电池等。

⑤ 金属空气电池：有空气电极的蓄电池，如锌空气电池、铝空气电池等。

2.2.3 蓄电池的性能参数

蓄电池的性能参数主要有电压、内阻、容量、能量、功率、使用寿命等。

1. 电压

蓄电池的电压（端电压）是指正极与负极的电位差，单位为伏特（V），是表示蓄电池性能与状态的重要参数。

（1）开路电压。开路电压是指蓄电池未向外电路输出电流时正极与负极的电位差，与蓄电池的静止电动势相等。一般用高输入阻抗的电压表测量开路电压，如果电压表的输入阻抗不够大，则测得的开路电压偏小。

蓄电池的开路电压与正、负极材料的性质及电解液、温度条件等有关，而与几何结构及尺寸无关。蓄电池的开路电压还与放电程度有关，蓄电池在充足电状态下的开路电压最高，随着蓄电池放电程度的增大，开路电压降低。

（2）额定电压。额定电压也称公称电压或标称电压，是指某蓄电池开路电压的最小值（保证值），或在规定条件下电池工作的标准电压。不同类型的蓄电池，其额定电压有所不同，如铅酸蓄电池的额定电压为 2.0V、镍氢电池的额定电压为 1.2V、锂离子电池的额定电压为 3.6V。

（3）放电电压。放电电压也称工作电压，是指蓄电池向外输出电流时的电压。由于蓄电池存在内阻，因此蓄电池的放电电流越大，放电电压越低；在相同放电电流下，随着蓄电池放电程度的增大，其放电电压降低。

（4）充电电压。充电电压是指充电电源为蓄电池充电时蓄电池的电压。充电电流越大，蓄电池内的极化（欧姆极化、浓差极化、电化学极化）越大，充电电压越高；在相同充电电流下，蓄电池充电初期的充电电压较低，当蓄电池充足电时充电电压达到最大值。

2. 内阻

蓄电池输出电流时，电流在电池内部受到阻力，使电压降低，此阻力称为蓄电池的内阻。蓄电池的内阻也是表示蓄电池性能与状态的重要参数，其单位为欧姆（Ω）。蓄电池的内阻包括欧姆电阻和极化内阻两部分。

（1）欧姆内阻。欧姆内阻主要与蓄电池电极的材料、结构及装配工艺等有关，不同电解液呈现的电阻不同。因此，不同类型的蓄电池，其内阻不同。无论是哪种蓄电池，随着放电程度的增大，其内阻都会相应增大。

（2）极化内阻。极化内阻指化学电源的正极与负极在电化学反应进行时，由极化（电化学极化和浓差极化）引起的内阻。极化内阻除与活性物质的性质、电极的结构、电池的制造工艺等有关外，还与蓄电池的工作条件与状态有关，因此极化内阻也是动态变化的。在大电流充放电时，电化学极化和浓差极化均较大，因而极化内阻增大；温度降低对电化学极化、离子的扩散均有不利影响，因而在低温条件下蓄电池的内阻也会增大。蓄电池的内阻直接影响蓄电池的工作电压、输出电流、输出能量和功率等。蓄电池的内阻越小，蓄电池的充放电性能越好。

3. 容量

蓄电池的容量是指充足电的蓄电池在允许放电范围内所能输出的电量，单位为安·时

（A·h）。容量表示蓄电池的放电能力，在不同条件下蓄电池所能输出的电量（容量）不同。

（1）理论容量。理论容量是假设蓄电池极板上的活性物质全部参加电化学反应而输出电流，根据法拉第定律计算的电量。理论容量通常用质量比容量［（A·h）/kg］或体积比容量［（A·h）/L］表示。

（2）实际容量。实际容量是指充足电的蓄电池在一定条件下所能输出的电量，其值等于在允许放电范围内放电电流与放电时间的乘积。蓄电池的实际容量小于理论容量，当放电电流和温度不同时，其实际容量不同。

（3）i 小时放电率容量。充足电的蓄电池以某恒定电流放电 i 小时至终止电压，蓄电池所能输出的电量称为 i 小时放电率容量，通常用 C_i 表示。

（4）额定容量。额定容量是指充足电的蓄电池在规定条件下所能输出的电量。额定容量是制造厂标明的蓄电池容量，作为蓄电池性能的重要技术指标。在我国国家标准中，用 3 小时率额定容量（C_3）定义电动汽车用蓄电池的额定容量；用 20 小时率额定容量（C_n）定义汽车起动用铅酸蓄电池的额定容量。

4. 能量

蓄电池的能量是指在一定的放电条件下蓄电池所能输出的电能，单位为瓦·时（W·h）或千瓦·时（kW·h）。蓄电池的能量表示供电能力，是反映蓄电池综合性能的重要参数。

（1）标称能量。标称能量是指在规定的放电条件下蓄电池所能输出的电能，其值等于额定容量与额定电压的乘积。

（2）实际能量。实际能量是指在一定的放电条件下蓄电池所能输出的电能，其值等于实际容量与放电过程的平均电压的乘积。

（3）质量比能量。质量比能量是指蓄电池单位质量所能输出的电能，单位为（W·h）/kg 或（kW·h）/kg。蓄电池的质量比能量越大，充足电后电动汽车的续驶里程越长。

（4）体积比能量。体积比能量是指蓄电池单位体积所能输出的电能，单位为（W·h）/L 或（kW·h）/L。蓄电池的体积比能量越大，电动汽车的装载质量和车内的空间越大。

5. 功率

蓄电池的功率是指在规定的放电条件下蓄电池单位时间所能输出的电能，单位为 W 或 kW。蓄电池的功率会影响电动汽车的加速度和最高车速。

（1）比功率。比功率即质量比功率，是指蓄电池单位质量所能输出的功率，单位为 W/kg 或 kW/kg。蓄电池的比功率越大，汽车的加速和爬坡性能越好，最高车速越高。

（2）功率密度。功率密度即体积比功率，是指蓄电池单位体积所能输出的功率，单位为 W/L 或 kW/L。蓄电池的功率密度越大，电动汽车的装载质量和车内的空间越大。

6. 使用寿命

蓄电池的使用寿命通常用使用时间或循环寿命表示。蓄电池经历一次充电过程和放电过程称为一个循环或一个周期。在一定的放电条件下，蓄电池的容量减小到规定限值时，蓄电池所能经历的充放电循环次数称为蓄电池的循环寿命。不同类型的蓄电池，其循环寿命有所不同。蓄电池的循环寿命与充放电电流、蓄电池的温度、放电深度等有关。

2.2.4 蓄电池的常用术语

在使用蓄电池的过程中，通常采用如下术语描述其状态和工作条件。

1. 终止电压

终止电压是指充电或放电应该结束时的电压,分为充电终止电压和放电终止电压。

(1) 充电终止电压。蓄电池充电结束(充足电)时,其充电电压上升至极限值,继续充电将使蓄电池处于过充电状态,该极限值称为充电终止电压。当蓄电池的充电电流较大时,在蓄电池的充电过程中(蓄电池还未充足)可能达到充电终止电压,而且充电电流越大,越快达到充电终止电压。

(2) 放电终止电压。蓄电池放完电时,其放电电压已下降至极限值,继续放电将使蓄电池过度放电,该极限值称为放电终止电压。放电电流越大,放电终止电压越低。

2. i 小时放电率

i 小时放电率是指蓄电池以恒定电流放电 i 小时,正好使蓄电池放电至终止电压(放完电)。因此,i 小时放电率的放电电流

$$I_i = \frac{C_i}{i} \qquad (2-5)$$

式中,C_i 为 i 小时放电率容量(A·h)。

3. i 小时充电率

i 小时充电率是指蓄电池以恒定电流充电,i 小时充电率的恒定电流与 i 小时放电率的恒定电流相等。

4. 过充电与过放电

(1) 过充电。蓄电池充足电后的充电即过充电。此外,充电电流大于蓄电池充电可接受电流时,继续以该电流充电也属于过充电。

(2) 过放电。蓄电池放电至放电终止电压(放完电)时,继续放电即过放电。

5. 荷电状态

蓄电池的荷电状态(state of charge,SOC)用于描述蓄电池在充放过程中的存电状态,其值等于蓄电池的剩余容量与额定容量的比值。

6. 放电深度

蓄电池的放电深度(depth of discharge,DOD)用于描述蓄电池在放电过程中达到的放电程度,其值等于蓄电池已放出的电量与额定容量的比值。

7. 不一致性与均衡充电

(1) 不一致性。不一致性是指蓄电池组中单体蓄电池的电压、容量、内阻等存在差异,蓄电池组存在不一致性,在使用过程中不一致性增大,并导致性能较差的蓄电池迅速损坏,最终导致整个蓄电池组报废。

(2) 均衡充电。均衡充电是针对存在不一致性的蓄电池组进行的特殊充电方法,旨在减小或消除蓄电池组的不一致性。

2.2.5 电动汽车对蓄电池的性能要求

不同类型的电动汽车,对蓄电池的性能要求不同。

工业生产、交通运输、国防及人们生活中的实际应用情况，相信蓄电池将有更好的发展。

（1）新型电器与电子设备的开发和应用促进蓄电池的发展。

从蓄电池的发展过程可以看出，蓄电池的不断发展与新型电器及电子设备的开发和应用密切相关。例如，20世纪50年代后各种低压电器的普及，特别是半导体收音机的出现带动了一次电池的发展。20世纪60年代半导体应用广泛，促进了纸板电池的发展。20世纪70年代后，发光二极管、集成电路和CMOS集成电路陆续出现，促进了蓄电池的微型化发展。为了适应高负荷需求，锌锰电池的性能提高，锂氟化碳电池和锂二氧化锰电池体系陆续商品化，完成了由单一的水溶液电解质电池到非水溶液电解质电池的飞跃。20世纪90年代后，移动电话促使镍氢电池性能提高和商品化，并出现了高能量密度的锂离子电池。

随着笔记本计算机、手机、摄像机等便携电子设备的广泛应用，蓄电池的需求量飞速增长，同时要求提高蓄电池的综合性能。再如，集成电路的发展，要求蓄电池向小型化方向发展；电子器械、医疗器械和家用电器的普及，不仅要求蓄电池体积小，而且要求其能量密度高、储存性能好。这些都需要人们改进现有的蓄电池或开发性能优异的新型蓄电池，也是促进高性能蓄电池发展的原动力。

（2）电动汽车发展是蓄电池发展的最强推动力。

为解决能源危机和排气污染问题，电动汽车替代内燃机汽车是必然趋势。然而现有大容量蓄电池的性能不能满足电动汽车的要求，开发性能优良、价格低的大容量蓄电池是电动汽车进一步发展的关键。因此，电动汽车（尤其是纯电动汽车）的发展成为进一步研究与开发蓄电池的最强推动力。

（3）环保问题为蓄电池的发展提出新要求。

一次电池的大量使用造成了资源浪费，为了节约资源，20世纪80—90年代各国的研究重点转向了可重复使用的蓄电池。

（4）新型材料的开发利用为蓄电池的发展提供必要条件。

碱性锌锰电池性能的提高得益于电解二氧化锰，吸氢材料促进了镍氢电池的兴起，锂离子电池的开发依赖碳素研究，导电聚合物材料的研究可能会使固态电池的性能提高。随着科学技术的不断进步，科技工作者不断研究与开发新材料，为蓄电池的性能提高和新型蓄电池的开发提供必要条件。

2. 蓄电池发展的趋势

随着新材料的开发和应用、新理论的提出和一些技术问题的突破，必将出现更多性能优异的新型蓄电池。发展性能更好的蓄电池体现在如下几个方面。

（1）从理论体积比能量方面挖掘现有蓄电池的潜力。

根据现有蓄电池的反应式，并通过公式估算蓄电池的理论体积比能量。从理论体积比能量挖掘现有蓄电池的潜力基于两点：一是当数据来源不同时，理论计算结果相差较大，这与反应中物质的状态和反应条件有关；二是实用型蓄电池中的实际体积比能量只为理论体积比能量的 $1/4.5 \sim 1/3$。

因此，根据蓄电池体积比能量的理论计算公式，寻求提高蓄电池体积比能量的方法与措施是蓄电池进一步发展的有效途径。

（2）从电池活性物质方面看蓄电池的发展前景。

由于电池活性物质是影响蓄电池性能的最关键因素,因此未来蓄电池的发展离不开对电池活性物质的研究。自然资源是有限的,合成材料的广泛应用将是电池技术发展的必由之路。今后蓄电池的研究可能会从分子工程出发,开发合成导电聚合物材料。除化学合成外,材料的电化学制备、电化学表面处理、导电聚合物、新型电极材料、新型电解液的开发等都将使蓄电池具有广阔的发展前景。

此外,纳米材料因具有独特性质和全新规律而成为科学研究的热点。钱学森在1991年就预言:"我以为纳米左右和纳米以下的结构将是下一阶段科技发展的重点,会是一次技术革命,从而将是21世纪又一次产业革命。"纳米微粒作为蓄电池正、负极材料的可能性是存在的。例如,石墨烯是最薄、最坚硬、导电性能和导热性能最好的一种新型纳米材料,石墨烯电池也是研究与开发热点。作为锂离子电池负极材料的碳纳米管,其管壁厚度、管径、管腔长度都可通过改变合成条件调控,以提高蓄电池的性能。此外,纳米材料的催化性质已被证实,为构成燃料电池电极的催化性质提供了新的选择,如果纳米材料在电池中得到使用,蓄电池的性能可能达到前所未有的高度。

(3) 非可燃性有机电解液将解决锂离子电池的安全问题。

锂离子电池的性能好、使用广泛,但存在安全隐患。虽然使用碳素代替锂提高了电池的安全性,但锂离子电池的安全性问题没有完全解决。锂离子电池采用的有机电解液可燃,即使使用聚合物电解质,只要掺入可燃性液体就会丧失聚合物电解液的优点。因此,开发非可燃性有机电解液可能是提高锂离子电池安全性的重要措施。

人们对有机电解液性质的了解还不够深入,而电极材料与电解液的匹配性和兼容性对电池性能有直接影响,因此,人们可以通过更深入地研究有机电解液提高电池性能。例如,有机溶剂除具有基本物理性质外,有的研究者还提出了施主数(donor number,DN)的概念。它不是一个物理常数,从某种意义上说是一个与焓变有关的化学常数。为了增大锂盐的溶解度,需要使用施主数大的溶剂,使锂离子溶剂化,以调节电解液的电导率。

以高离子电导率的固体电解质为隔膜制备全固态电池,可提高大容量锂离子电池的安全性。研究开发新型固态电解质可能是解决一系列问题、开创蓄电池新阶段的关键。由于锂离子电池性能的提高与有机电解液密切相关,因此近年来相关研究迅速增多。

(4) 电动汽车的发展将促进蓄电池技术的全面发展。

电动汽车的发展方向主要是纯电动汽车和燃料电池电动汽车,混合动力电动汽车只是为缓解动力电池技术难题的过渡车型。对于纯电动汽车,蓄电池技术仍然是其发展瓶颈。使电动汽车的动力性、经济性(续驶里程)、安全性、成本等与内燃机汽车抗衡的关键是蓄电池。蓄电池性能的提高在于多方面,如要求蓄电池的比功率与比能量有突破性提高、循环寿命更高、充电时间更短、使用更安全、更环保。

要提高纯电动汽车的动力性、续驶里程和缩短充电时间,除提高蓄电池性能外,研究蓄电池的充电方法、蓄电池的性能测试与管理等也至关重要。因此,有关蓄电池快速充电技术及均衡充电技术的研究、蓄电池工作时的动态性能参数监测及能量管理的研究等均是研究的关键项目。

由此可见,电动汽车的发展将促使蓄电池性能、蓄电池充电技术、蓄电池测试与管理的全面提高。

电动汽车电源的另一个发展方向是燃料电池。燃料电池效率高、对环境友好、发电安静且可靠性高,因而被认为是21世纪重要的能源技术之一。

小 结

本章简单介绍了蓄电池的构成条件及组成,使读者了解蓄电池的组成、原理、类型等;介绍了蓄电池的优缺点及电动汽车对蓄电池的性能要求,使读者初步了解电动汽车用蓄电池;介绍了蓄电池的性能参数、常用术语,为读者以后的学习打下了坚实基础。

1. 蓄电池的构成条件有哪些?蓄电池的组成是怎样的?
2. 蓄电池电极的活性物质有什么作用?对电极活性物质有哪些要求?
3. 蓄电池电极有哪几种?
4. 电池与电解池有什么不同?
5. 电解质的作用是什么?对电解质有哪些要求?
6. 什么是水溶液电解质?水溶液电解质的特点是什么?
7. 什么是非水溶液电解质?非水溶液电解质的特点是什么?
8. 什么是固体电解质?固体电解质的特点是什么?
9. 隔膜的作用是什么?对隔膜有什么要求?
10. 蓄电池有哪几种?什么是一次电池?什么是二次电池?
11. 电动汽车用蓄电池主要有哪些缺点?
12. 蓄电池有哪些性能参数?这些性能参数的作用及意义分别是什么?
13. 蓄电池有哪些常用术语?这些常用术语分别表示什么含义?
14. 纯电动汽车对蓄电池有哪些性能要求?
15. 混合动力电动汽车对蓄电池有哪些性能要求?
16. 插电式混合动力电动汽车对蓄电池有哪些性能要求?
17. 蓄电池的发展趋势主要体现在哪几个方面?

第3章 铅酸蓄电池

教学目标

熟悉铅酸蓄电池的基本原理、结构、极板构成、类型；
了解铅酸蓄电池的正、负极；
理解铅酸蓄电池的特性。

教学要求

知识要点	能力要求	相关知识
铅酸蓄电池的组成、电动势的建立、成流反应	熟悉铅酸蓄电池的组成，了解铅酸蓄电池的正、负极反应	铅酸蓄电池的组成、电化学原理
密封式铅酸蓄电池的密封技术与特点	了解富液铅酸蓄电池和贫液铅酸蓄电池的结构差异与性能特点，熟悉贫液铅酸蓄电池的密封原理	铅酸蓄电池隔膜的作用与类型，电解液的作用
铅酸蓄电池的特性及性能影响因素	理解铅酸蓄电池的性能特点及影响因素	铅酸蓄电池的内阻、容量及使用寿命等

铅酸蓄电池是最早用于电动汽车的蓄电池，与其他蓄电池相同，其内部化学能与直流电能相互转换，即电池在放电后能够通过充电恢复而重复使用，其必要条件如下。

（1）电极反应可逆。电池的两电极在放电时的电极反应结果是将化学能转换成电能，放电后的电极产物可借助充电电源的作用通入反向电流，电极发生逆向反应，将电极放电生成物恢复为可放电的活性物质。

（2）只能采用一种电解液。电池内有不同的电解质，容易造成电解质之间的不可逆扩散。因此，蓄电池只能采用一种电解液。

（3）放电生成难溶于电解液的固体物质。电池放电后生成难溶于电解液的物质，可避免充电时过早形成枝晶及两极产物相互转移。

3.1 铅酸蓄电池概述

3.1.1 铅酸蓄电池的基本原理

铅酸蓄电池的基本组成为正极板、负极板及电解液。铅酸蓄电池的化学体系可表示为 $(-)Pb\,|\,H_2SO_4\,|\,PbO_2(+)$。

1. 铅酸蓄电池电动势的建立

铅酸蓄电池正极板上的活性物质为二氧化铅（PbO_2），负极板上的活性物质为纯铅（Pb），电解液为稀硫酸（H_2SO_4）溶液。PbO_2 和 Pb 均为难溶物质，将极板浸入电解液后，正极板和负极板上的少量活性物质均被溶解电离（图3.1）。

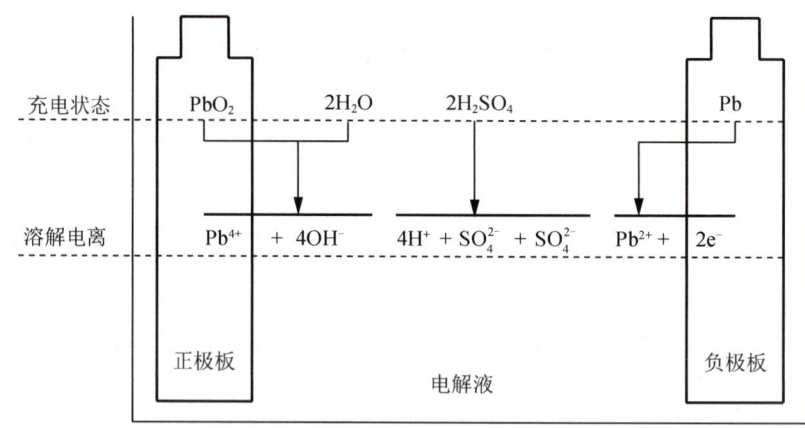

图 3.1 铅酸蓄电池电动势的建立过程

在正极板，PbO_2 的溶解电离过程为

$$PbO_2 + 2H_2O \longrightarrow Pb(OH)_4$$
$$Pb(OH)_4 \longrightarrow Pb^{4+} + 4OH^-$$

氢氧根离子（OH^-）溶入电解液，带正电的四价铅离子（Pb^{4+}）沉附于正极板，使

正极板的电位升高（标准电极电动势 $E_+^0=1.685\text{V}$）。

在负极板，Pb 的溶解电离过程为

$$\text{Pb} \longrightarrow \text{Pb}^{2+} + 2e^-$$

二价铅离子（Pb^{2+}）溶入电解液，带负电的电子（e^-）留在负极板，使负极板的电位下降（标准电极电动势 $E_-^0=-0.315\text{V}$）。

铅酸蓄电池通过极板上少量活性物质的溶解电离，使正极板集聚正电荷（Pb^{4+}）、负极板留下负电荷（e^-），正、负极之间形成电位差，即铅酸蓄电池的电动势。 极板上活性物质的溶解电离过程是可逆的，当溶解电离的速率与其逆过程速率达到动态平衡时，正、负极板上的电荷（Pb^{4+} 和 e^-）数量处于动态稳定状态。充足电的铅酸蓄电池在静止状态下的标准电动势为 $E=E_+^0-E_-^0 = 1.685V-(-0.315V)=2.000\text{V}$。

2. 铅酸蓄电池的放电过程

在铅酸蓄电池的正、负极板之间接负载后，在电动势的作用下，在外电路形成放电电流。铅酸蓄电池的放电过程如图 3.2 所示。

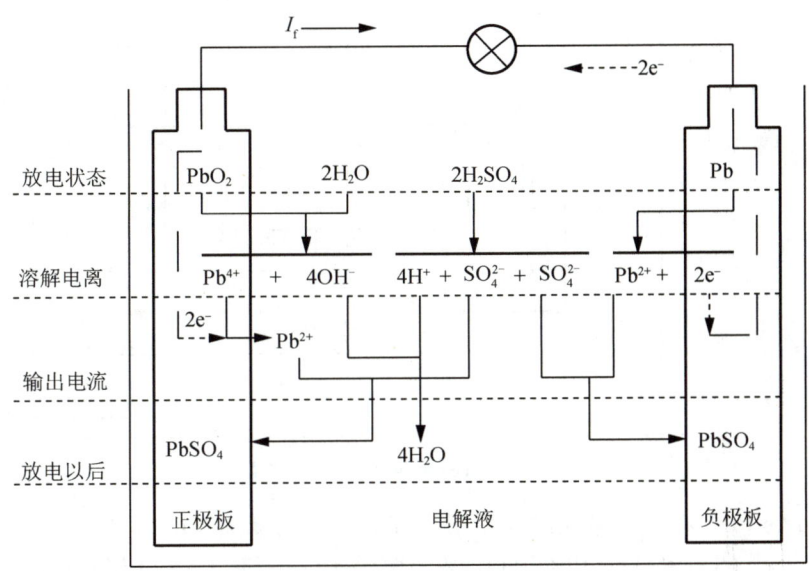

图 3.2 铅酸蓄电池的放电过程

放电电流使正极板上的 Pb^{4+} 得到 2 个 e^- 而变为 Pb^{2+}，并溶于电解液。正、负极板上的 Pb^{4+} 和 e^- 减少，破坏了正、负极板活性物质原有的溶解电离动态平衡，正、负极板上的 PbO_2、Pb 继续溶解电离，以补充正、负极板上的 Pb^{4+} 和 e^-。在电解液中，当 Pb^{2+} 的浓度增大至一定值时与 SO_4^{2-} 生成硫酸铅（PbSO_4），并沉附于正、负极板表面。铅酸蓄电池放电过程的电化学反应如下。

正极板：
$$\text{Pb}^{4+}+2e^- \longrightarrow \text{Pb}^{2+}$$
$$\text{Pb}^{2+}+\text{SO}_4^{2-} \longrightarrow \text{PbSO}_4$$
$$\text{PbO}_2+2\text{H}_2\text{SO}_4 \longrightarrow \text{Pb}^{4+}+2\text{SO}_4^{2-}+2\text{H}_2\text{O}$$

负极板：
$$\text{Pb}^{2+}+\text{SO}_4^{2-} \longrightarrow \text{PbSO}_4$$
$$\text{Pb} \longrightarrow \text{Pb}^{2+}+2e^-$$

铅酸蓄电池的放电过程：正、负极板上的活性物质 PbO_2 和 Pb 通过不断地溶解电离维持电动势，并逐渐转变为 $PbSO_4$；电解液中的 H_2SO_4 减少、H_2O 增加，电解液的密度减小。

由于放电过程中沉附于正、负极板表面的 $PbSO_4$ 会阻碍电解液与极板内层的活性物质接触，从而极板内层的活性物质不能溶解电离，因此在铅酸蓄电池放电过程中极板内层的活性物质不能被全部利用。通常，"蓄电池放完电"只是利用了极板活性物质的表层部分。

3. 铅酸蓄电池的充电过程

铅酸蓄电池放电后，正、负极板上的少量 $PbSO_4$ 呈离子状态。接通充电电源后，充电电流形成，e^- 从正极板经充电电路流向负极板。铅酸蓄电池的充电过程如图3.3所示。

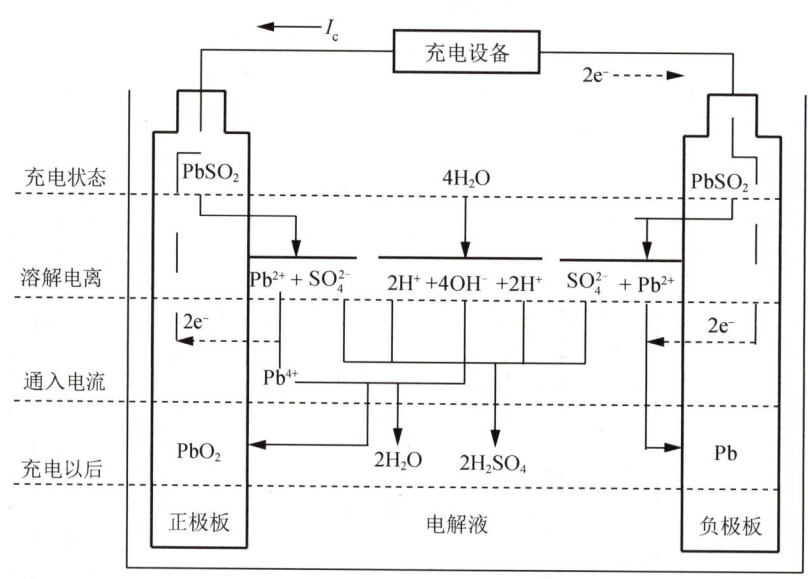

图 3.3　铅酸蓄电池的充电过程

正极板处的 Pb^{2+} 在充电电流的作用下被夺走 $2e^-$ 而变为 Pb^{4+}，Pb^{4+} 与电解液中水解的 OH^- 结合生成 $Pb(OH)_4$，$Pb(OH)_4$ 又分解为 PbO_2 和 H_2O，PbO_2 沉附于正极板上。充电电流使负极板附近的 Pb^{2+} 得到 $2e^-$ 而变为 Pb，并沉附于负极板表面。正、负极板附近的 SO_4^{2-} 与电解液中的 H^+ 结合生成 H_2SO_4。充电电流使电解液中的 Pb^{2+}、SO_4^{2-} 减少，极板上的 $PbSO_4$ 继续溶解电离。铅酸蓄电池充电过程的电化学反应如下。

正极板：
$$PbSO_4 \longrightarrow Pb^{2+} + SO_4^{2-}$$
$$Pb^{2+} - 2e^- \longrightarrow Pb^{4+}$$
$$Pb^{4+} + H_2O + SO_4^{2-} \longrightarrow PbO_2 \downarrow + H_2SO_4$$

负极板：
$$PbSO_4 \longrightarrow Pb^{2+} + SO_4^{2-}$$
$$Pb^{2+} + 2e^- \longrightarrow Pb \downarrow$$

铅酸蓄电池的充电过程：正、负极板上的 $PbSO_4$ 逐渐溶解电离，并转变为正极板上的 PbO_2 和负极板上的 Pb，电解液中的 H_2O 减少、H_2SO_4 增加，电解液的密度增大。

当充电接近终了时，由于极板上的 $PbSO_4$ 较少，正、负极板处的 Pb^{2+} 较少，部分充电电流使水（H_2O）分解成氧气（O_2）和氢气（H_2），并从电解液中逸出，电化学反应如下。

$$2H_2SO_4 + 2H_2O \longrightarrow 2H_2SO_4 + 2H_2\uparrow + O_2\uparrow$$

因此，当充电至蓄电池电解液开始冒出气泡时，说明充电接近终了。

铅酸蓄电池总的电化学反应如下。

$$PbO_2 + Pb + 2H_2SO_4 \underset{充电}{\overset{放电}{\rightleftharpoons}} PbSO_4 + PbSO_4 + 2H_2O \tag{3-1}$$

　　　正极板　负极板　电解液　　　正极板　　负极板　电解液

铅酸蓄电池放电过程和充电过程的电化学反应形成了电子的转移过程。在该电化学反应（成流反应）过程中，参加电池成流反应的是 HSO_4^-，而不是 SO_4^{2-}，因为 H_2SO_4 的二级解离常数 K_1 相差较大。

$$H_2SO_4 \longrightarrow H^+ + HSO_4^- \quad (K_1 = 10^3)$$

$$HSO_4^- \longrightarrow H^+ + SO_4^{2-} \quad (K_1 = 1.02 \times 10^{-2})$$

因此，在铅酸蓄电池常用的 H_2SO_4 浓度范围（5～6mol/L）内，可以认为参加成流反应的是 HSO_4^-。

3.1.2　铅酸蓄电池的结构

铅酸蓄电池的结构如图 3.4 所示。铅酸蓄电池除有正极板、负极板和电解液外，还有隔板、壳体、联条、极桩、加液盖等附件。

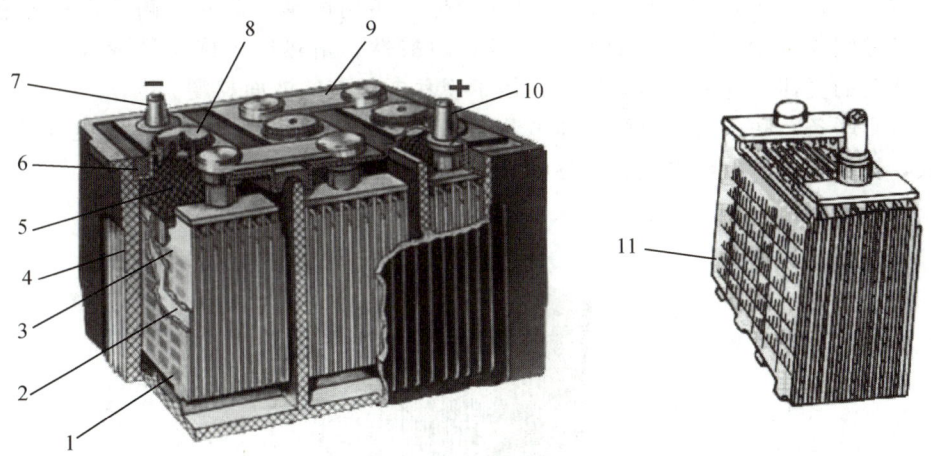

1—负极板；2—隔板；3—正极板；4—壳体；5—护板；6—封料；7—负极桩；
8—加液盖；9—联条；10—正极桩；11—极板组。

图 3.4　铅酸蓄电池的结构

1. 正、负极板

（1）正极板。正极板上的活性物质是 PbO_2，PbO_2 在电解液中溶解电离后在极板上留下 Pb^{4+}，使正极板相对于电解液有正电位。

（2）负极板。负极板上的活性物质是 Pb，Pb 在电解液中溶解电离后在极板上留下一定数量的电子，使负极板相对于电解液有负电位。

2. 电解液

铅酸蓄电池的电解液是稀硫酸溶液，它是铅酸蓄电池的重要组成部分。铅酸蓄电池的正、负极板都必须浸入电解液，电解液可使极板上的活性物质溶解电离，它除承担使正、负极间离子导电的作用外，还参加电化学反应。

为避免铅酸蓄电池内部自放电，并利于提高电极的电压、减小内阻、提高电池的容量和使用寿命，对电解液的纯度和密度要求比较严格。因此，铅酸蓄电池的电解液是将纯净的硫酸与蒸馏水按一定比例配制而成的。

3. 隔板

正、负极板之间有一块绝缘的隔板，其作用是避免正、负极板接触而造成短路，并可使电池装配紧密，体积缩小，防止极板变形、弯曲和活性物质脱落。

隔板具有多孔性，以便电解液渗透和流通，减小电池的内阻。此外，隔板材料还应具有良好的耐酸性和抗氧化性。常用的隔板材料有木质板、微孔橡胶、微孔塑料（聚氯乙烯、酚醛树脂）、玻璃纤维等，其中微孔塑料隔板应用较普遍。有些铅酸蓄电池的隔板是呈袋状的微孔塑料隔板，可将正极板紧紧地套在里面，能很好地防止正极板活性物质脱落。

4. 壳体、联条、极桩、加液盖

（1）壳体。壳体用于盛放电解液和极板组，壳体由间壁分成多个互不相通的单体电池，底部有凸棱，以搁置极板组，凸棱间的凹槽可积存极板上脱落的活性物质，以免沉积物造成正、负极板短路。铅酸蓄电池的壳体大多由耐酸、耐热、耐振的硬橡胶制成。如今，工程塑料（聚丙烯）在韧性、强度、耐酸性、耐热性等优于硬橡胶，且可以制成壁薄、透明的壳体，这种壳体质量轻，便于观察电解液的液面高度。

（2）联条。联条用于串联单体电池。图 3.4 所示的联条露在铅酸蓄电池盖表面，联条较长，耗材较多，电阻也较大，逐渐被图 3.5 中的穿壁式联条取代。

1—负极桩；2—正极桩；3—极板组；4—穿壁式联条。
图 3.5　铅酸蓄电池的穿壁式联条

（3）极桩。铅酸蓄电池的各单体电池串联后，两端单体电池的正极和负极分别穿出铅酸蓄电池盖，形成正极桩和负极桩。正极桩标"＋"号或涂红色，负极桩标"－"号或涂蓝色、涂绿色等。

（4）加液盖。单体电池的加液盖都有一个通气孔，用于在铅酸蓄电池充电时及时排出电解水产生的氢气和氧气，以防气体集聚而增大电池内部压力，涨破容器甚至造成爆炸事故。

3.1.3 铅酸蓄电池的极板构成

1. 正、负极板的构成

由于电动汽用铅酸蓄电池的正、负极通常呈板状结构，因此称为极板。呈板状结构的铅酸蓄电池的正、负极板采用涂膏式，由板栅和活性物质构成。板栅除起固定和支撑活性物质的作用外，还起导电作用。板栅一般由铅锑合金制成，有时使用纯铅或其他铅合金。常见的板栅结构形式如图 3.6 所示，板栅上部的凸起与横板焊接，以将多片正极板或负极板并联，增大铅酸蓄电池的容量。在板栅上填充铅膏（铅粉、稀硫酸及少量添加剂的混合物），经化成工艺处理后形成正极板（PbO_2）和负极板（Pb）。

正极板的活性物质为 PbO_2，负极板的活性物质为海绵状 Pb，而在放电状态下正极板和负极板的活性物质均为 $PbSO_4$。为使正、负极板上内层的活性物质与电解液接触，以提高正、负极板活性物质的利用效率，化成后的 PbO_2 和 Pb 较疏松。正、负极板活性物质的孔隙率会直接影响铅酸蓄电池的容量。

2. 极板组的构成

将多片正极板和负极板分别用横板焊接并联，就组成了正极板组和负极板组（图 3.7）。由于正极板的活性物质比负极板的活性物质疏松，如果单面放电极板就容易拱曲而造成活性物质脱落。因此，负极板组要比正极板组多一块极板，以使正、负极板组嵌合组装后，每块正极板的两面都有负极板。工作时，正极板组的每块极板都是两面均匀放电的，不容易拱曲。

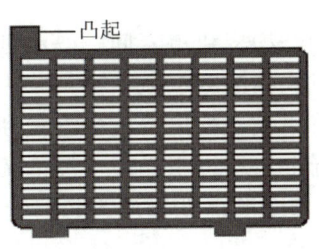

图 3.6 常见的板栅结构形式

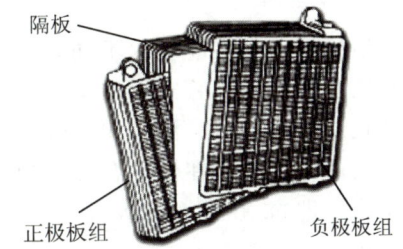

图 3.7 正极板组和负极板组

3. 单体电池的构成

将正、负极板组嵌合组装，并用隔板隔开，置于存有电解液的容器就构成了一个单体电池。由于单体电池的标称电压为 2V，因此一个从正、负极桩输出 12V 电压的铅酸蓄电池需要串联 6 个单体电池。

3.1.4 铅酸蓄电池的类型

铅酸蓄电池有多种类型，其分类方法如下。

1. 按用途分类

铅酸蓄电池的主要产品已成系列，按用途分为起动型铅酸蓄电池、动力型铅酸蓄电池、固定型铅酸蓄电池、铁路客车用铅酸蓄电池、船舶用铅酸蓄电池、摩托车用铅酸蓄电池、航标用铅酸蓄电池及其他用途的铅酸蓄电池 8 种。

（1）起动型铅酸蓄电池。起动型铅酸蓄电池用于汽车、拖拉机、柴油机、船舶等的起动和照明等。起动型铅酸蓄电池需要大的起动电流，要求其内阻小、极板薄，通常采用涂膏式极板。

（2）动力型铅酸蓄电池。动力型铅酸蓄电池用作电动汽车、叉车、铲车、矿用电机车、码头起重车、电动自行车等的动力牵引及照明电源。动力型铅酸蓄电池的极板较厚、容量较大，持续放电能力强。

（3）固定型铅酸蓄电池。固定型铅酸蓄电池用作发电厂、变电所、电报电话局、礼堂、医院、试验室等通信设备、开关控制设备、继电保护设备的直流电源。固定型铅酸蓄电池的正极板常用管式极板，电解液较稀，使用寿命较长，通常在浮充状态下使用。

（4）铁路客车用铅酸蓄电池。铁路客车用铅酸蓄电池用作铁路客车车辆照明及车内电器设备的电源，其正极板多为管式极板。

（5）船舶用铅酸蓄电池。船舶用铅酸蓄电池用作小型船只、渔船等的照明设备和通信设备的电源。

（6）摩托车用铅酸蓄电池。摩托车用铅酸蓄电池用于摩托车的起动和照明，要求其坚固、耐振、不漏电解液。

（7）航标用铅酸蓄电池。航标用铅酸蓄电池用于港湾和内河航道夜间航标照明，要求其连续工作半年以上，无须维护。

（8）其他用途的铅酸蓄电池。其他用途的铅酸蓄电池的尺寸、容量不相等，放电率不同，如摄像机、录像机、闪光灯、应急灯等。

2. 按极板结构分类

铅酸蓄电池的使用与性能要求不同，其极板的结构形式也不同。铅酸蓄电池按极板结构分为涂膏式铅酸蓄电池、管式铅酸蓄电池和形成式铅酸蓄电池三种。

（1）涂膏式铅酸蓄电池。涂膏式铅酸蓄电池将铅氧化物用稀硫酸溶液和其他添加剂调成糊状铅膏，然后将铅膏涂在由铅合金铸成的板栅上，经过干燥后，浸入稀硫酸溶液并通入直流电（化成处理），在正、负极板分别形成能放电的活性物质 PbO_2 和 Pb，这种极板称为涂膏式极板。

（2）管式铅酸蓄电池。管式铅酸蓄电池在铅合金导电骨架上套以编织的纤维管，在纤维管中装入活性物质，在纤维管的保护下活性物质不易脱落，这种极板称为铠甲式极板。对于管式铅酸蓄电池，通常只有正极板采用铠甲式极板，而负极板采用涂膏式极板。

（3）形成式铅酸蓄电池。形成式铅酸蓄电池的正极板由纯铅制成，其活性物质是由 Pb 本身在化成液中经反复充放电形成的 PbO_2 薄层；负极板为涂膏式极板。形成式极板也称普兰特式极板，它是一种最原始的极板。形成式极板按结构形式分为脱特（Tudor）型极板和曼彻斯特（Manchester）型极板两种。脱特型极板是由纯铅铸成的带有穿透棱片的极板；曼彻斯特型极板是将由纯铅制成的带有凹凸的板条卷成卷，并嵌入由耐腐蚀合金制成的支承板的圆孔。

3. 按极板的荷电状态、电解液和维护情况分类

铅酸蓄电池按极板的荷电状态、电解液和维护情况分为干放电式铅酸蓄电池、干荷电式铅酸蓄电池、湿荷电式铅酸蓄电池、带液充电式铅酸蓄电池、胶体式铅酸蓄电池、免维护或少维护式铅酸蓄电池等。

（1）干放电式铅酸蓄电池。干放电式铅酸蓄电池也称干封铅酸蓄电池，出厂的铅酸蓄电池极板处于干燥的放电状态，被放入无电解液的铅酸蓄电池槽。使用干放电式铅酸蓄电池时，加入密度适当的电解液后，只有进行较长时间的初充电后才可使用。由于干放电式铅酸蓄电池的比能量低、维护工作量大、使用寿命短，而且只有通过长时间的初充电才可使用，因而现已很少采用。

（2）干荷电式铅酸蓄电池。干荷电式铅酸蓄电池的极板组在干燥状态下能较长时间保持制造中得到的电荷（充电状态），在存放时间不超过两年的情况下加入密度适当的电解液，静置20～30min后可使用；如果存放时间超过两年，部分极板就会氧化，需要补充充电后使用。在制造干荷电式铅酸蓄电池的过程中对其负极板采取了能提高活性物质化学稳定性的工艺措施，从而提高了极板组在干燥状态下长期保持荷电的能力。

（3）湿荷电式铅酸蓄电池。湿荷电式铅酸蓄电池的极板组在湿润状态下可较长时间（6个月）保持制造中得到的电荷。在制造厂为湿荷电式铅酸蓄电池充电后，倒出其电解液，其内部还有少量电解液，其中大部分吸收在极板和隔板内，在存放期间加入密度适当的电解液即可使用。制造湿荷电式铅酸蓄电池的工艺与干荷电式铅酸蓄电池的有所不同，且保持荷电能力的存放期短一些。

（4）带液充电式铅酸蓄电池。带液充电式铅酸蓄电池在出厂时充足电，并且保留电解液，用户拿到后即可使用。带液充电式铅酸蓄电池不宜长时间存放，因为其出厂时处于激活状态，若长时间存放则会因自放电而处于亏电状态，并最终导致极板硫化，从而影响其容量和使用寿命。

（5）胶体式铅酸蓄电池。胶体式铅酸蓄电池的电解液呈胶体状，是通过在电解液中渗入硅酸溶胶形成的。其主要优点是电解液不会溅出，在使用、维护、保管和运输过程中可避免设备和人被腐蚀；胶状电解液可使极板活性物质不易脱落，延长铅酸蓄电池约20%的使用寿命。其缺点是胶状电解液的电阻较大，使铅酸蓄电池的内阻增大、容量减小；由于胶状电解液的均匀性较差，因此其自放电较大。

（6）免维护或少维护式铅酸蓄电池。出厂后的免维护或少维护式铅酸蓄电池处于带液充电态，但在其规定的使用寿命期间不需要日常维护，而且在长期存放状态下自放电很小。

富液式免维护铅酸蓄电池的结构、工艺和材料等有所提高，采用的措施如下。

① 加液盖通气孔采用安全通气装置，以阻止水蒸气和硫酸气体排出，减少电解液的消耗，并可避免气体与外部火花接触而爆炸，还减少了极桩的腐蚀。有的免维护铅酸蓄电池的通气塞中有催化剂——钯，可帮助水解的OH^-结合成水后回到铅酸蓄电池，以进一步减少电解液的消耗。

② 采用袋式微孔塑料隔板将正极板包住，可以避免容器底部出现凸筋，从而降低极板组的高度，使极板上部的容积增大，增大了电解液的储存量。

③ 极板栅架采用铅-钙-锡合金或低锑合金，可减少析气量，使电解液中水的消耗量降低，并使自放电减小。

除传统的富液式免维护铅酸蓄电池外，还有全封闭式免维护铅酸蓄电池和阀控密封贫液式免维护铅酸蓄电池。这些铅酸蓄电池的结构、材料及工艺等都有所提高，不仅在使用寿命内免维护，而且性能得到提高。

4. 按通气方式和排气栓结构分类

铅酸蓄电池按通气方式和排气栓结构分为开口式铅酸蓄电池、排气式铅酸蓄电池、防酸隔爆式铅酸蓄电池、防酸消氢式铅酸蓄电池、阀控密封式铅酸蓄电池等。

（1）开口式铅酸蓄电池。开口式铅酸蓄电池无永久性的盖子，产生的气体可以自由逸出，只装有与壳体不固定的盖板，以减少酸雾。其维护工作繁杂且污染环境，基本被淘汰。

（2）排气式铅酸蓄电池。排气式铅酸蓄电池的壳体与盖子通过热接或胶固定在一起，盖子的加液口上有排气栓。其使用过程中的氢气、氧气及酸雾均可自由排出，因此会导致电解液消耗和环境污染，已逐渐被阀控密封式铅酸蓄电池取代。

（3）防酸隔爆式铅酸蓄电池。防酸隔爆式铅酸蓄电池盖上有防酸阻火栓，只允许铅酸蓄电池排气，可防止酸雾逸出，且遇到火源时内部不会燃烧和爆炸。虽然设置了防酸阻火栓，但这种铅酸畜电池在使用中仍有酸雾逸出，环保与安全性能仍不能满足要求，被逐渐淘汰。

（4）防酸消氢式铅酸蓄电池。防酸消氢式铅酸蓄电池盖上有催化栓，可使析出的氢气和氧气重新生成水并返回电池槽，同时具有防酸隔爆性能。

（5）阀控密封式铅酸蓄电池。阀控密封式铅酸蓄电池盖上有单向安全阀，只有其内部压力过大时，安全阀才打开排气，减少或避免了气体的排出，而且外部气体不会进入。因此，阀控密封式铅酸蓄电池可以做到免维护或少维护，并且无环境污染，是应用较广泛的铅酸蓄电池。

【拓展图文】

5. 按电池盖结构形式及习惯分类

铅酸蓄电池按电池盖结构形式及习惯分为分体盖板式铅酸蓄电池、带加液孔整体盖板式铅酸蓄电池、全封闭式铅酸蓄电池、阀控式铅酸蓄电池、铅布式铅酸蓄电池等。

（1）分体盖板式铅酸蓄电池。分体盖板式铅酸蓄电池（图3.4）的每个单体电池上都有一个盖子，盖子与壳体间的缝隙由沥青封料密封。对于这种联条外露的铅酸蓄电池，联条的耗材较多，且电阻较大。此外，加液盖的通气孔可自由排出氧气、氢气及酸雾。分体盖板式铅酸蓄电池的缺点如下：

① 内阻较大，使得电池充放电时的效率降低。

② 在使用过程中需要经常检查电解液的液面，当电解液的液面过低（电解液不足）时，需及时补充蒸馏水。在电动汽车上成组使用的这种铅酸蓄电池组不仅多，而且安装位置通常不便于检查，因而这种铅酸蓄电池的日常维护较复杂且工作量较大。

③ 从加液盖的通气孔排出的氢气和氧气因通风不良而集聚时，若遇到明火则容易造成火灾。

④ 在搬移和使用过程中，如果加液盖关闭不严就可能使电解液泄漏，从而腐蚀其他部件。

⑤ 在较高的温度下逸出酸气时，有对周围物体造成腐蚀的风险。

因此，分体盖板式铅酸蓄电池基本被淘汰。

（2）带加液孔整体盖板式铅酸蓄电池。带加液孔整体盖板式铅酸蓄电池如图3.8所示。这种铅酸蓄电池的盖板通过热接或胶黏工艺与壳体黏合，每个单体电池都有一个加液孔,由带通气孔的加液盖密封。由于这种铅酸蓄电池在使用和存放过程中会从加液盖通气孔排出氧气、氢气和酸气,因此需要进行日常维护。带加液孔整体盖板式铅酸蓄电池只在一些低速电动车上使用,而电动汽车上通常使用密封式免维护铅酸蓄电池。

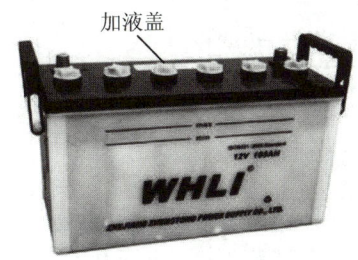

图 3.8　带加液孔整体盖板式铅酸蓄电池

(3)全封闭式铅酸蓄电池。全封闭式铅酸蓄电池(图 3.9)盖上无加液孔。由于这种铅酸蓄电池在使用过程中不排出氢气、氧气、酸气,因而在使用寿命内无须进行日常维护,避免了可燃氢气和氧气与外部火花接触而产生火灾的危险,还减小了极桩被腐蚀的可能性。

【拓展图文】

图 3.9　全封闭式铅酸蓄电池

由于全封闭式铅酸蓄电池无加液孔,当需要检测这种铅酸蓄电池的性能状态时,不能用常规方法检查其电解液的液面和密度。因此,在一些全封闭式铅酸蓄电池的盖板处安装小密度计,并可从其顶端的检视孔观察颜色来判断该铅酸蓄电池的性能状态。检视孔的颜色有如下三种。

① 绿色:表示铅酸蓄电池状态良好,可继续使用。

② 深绿色或黑色:表示电解液密度偏低,需要对铅酸蓄电池补充充电后使。

③ 浅黄色或无色:表示电解液液面过低,铅酸蓄电池不能继续使用。

(4)阀控式铅酸蓄电池。阀控式铅酸蓄电池如图 3.10 所示。在这种铅酸蓄电池盖板上有一个排气阀(安全阀),当内部气压达到限定值时阀打开,气体排出后自动关闭,防止空气进入。

阀控式铅酸蓄电池为密封结构,不漏酸,不排酸雾,减少了氢气和氧气的逸散,在使用过程中无须检查和补充电解液,属于免维护式铅酸蓄电池,在电动汽车上应用较多。

【拓展图文】

(5)铅布式铅酸蓄电池。铅布式铅酸蓄电池(图 3.11)是一种阀控式铅酸蓄电池,但其正、负极板和隔板采用卧式层叠组合。极板用高强度玻璃纤维和铅丝编织成的网状铅布作基体,在铅布上涂 PbO_2 和 Pb,构成"双层格网板",用作电池的正极和负极。

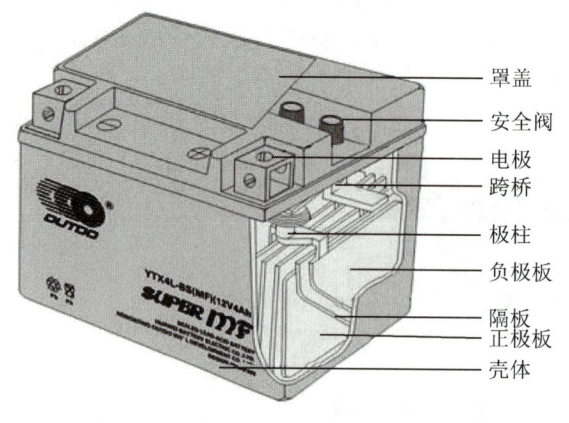

图 3.10　阀控式铅酸蓄电池　　　　图 3.11　铅布式铅酸蓄电池

铅布式铅酸蓄电池的比能量、比功率、使用寿命和快速充电性能等均优于普通铅酸蓄电池。由于铅布式铅酸蓄电池采用阀控密封式结构，在使用过程中不排出氢气、氧气及酸气，因此无须日常维护。

3.1.5　密封式铅酸蓄电池的密封技术与特点

1. 密封式铅酸蓄电池的密封技术

（1）阴极吸收式密封技术。阀控密封式铅酸蓄电池采用阴极吸收式密封技术，密封原理是使充电过程中因电解水而产生的氢气和氧气重新结合成水。例如，贫液设计的阴极吸收式密封技术如下。电池内部的隔板采用具有良好吸液能力的多孔玻璃毡，用于电池反应和导电的电解液完全被吸附在正、负极及多孔玻璃毡的孔隙中。这种贫液设计可使多孔玻璃毡隔板中仍有部分未充满液体的气体通道。在充电后期或过充电时产生的氧气通过多孔玻璃毡中的气体通道扩散到负极表面，并与海绵状金属 Pb 发生化学反应或电化学反应而被吸收。到达负极表面的氧，一部分通过氧化还原反应生成 H_2O，并回到电解液中；另一部分与负极的 Pb 反应生成 PbO，PbO 又立即与 H_2SO_4 反应生成 $PbSO_4$，最后还原为 Pb，实现了电池内部的氧循环。具体反应如下。

正极板：$$H_2O - 2e^- \longrightarrow 2H^+ + \frac{1}{2}O_2$$

负极板：$$\frac{1}{2}O_2 + Pb \longrightarrow PbO$$

$$PbO + H^+ + HSO_4^- \longrightarrow PbSO_4 + H_2O$$

$$PbSO_4 + H^+ + 2e^- \longrightarrow Pb + HSO_4^-$$

$$\frac{1}{2}O_2 + 2H^+ \longrightarrow H_2O$$

由于生成的氧气在负极被还原为水，电池内部压力不再增大，电池中的水不再被消耗或消耗很少，因此电池得以密封，且在工作中不会发生压力过大的情况。

（2）排气阀催化还原水。在排气阀处使用催化剂，利用催化剂促使氢和氧结合成水并回到电池槽，从而避免电解液中水的析出。

（3）设置安全阀，避免电池内部压力过大。由于铅的平衡电势比氢气小 350mV，因此当电池充电超过 90% 时可能析出氢气。为了安全，避免氢气在电池内积累，同时考虑有机物在正极氧化生成 CO_2，在密封式铅酸蓄电池中设置安全阀。当电池内积累的气体使电池内部压力大至限定值时，安全阀打开，排出气体，确保电池内部压力不致过大；当电池内部压力小于限定值时，安全阀关闭，以防止空气进入电池。在设置安全阀的密封式铅酸蓄电池中，不再出现传统铅酸蓄电池的析氢现象。

2. 阀控式密封铅酸蓄电池的密封技术

阀控式密封铅酸蓄电池实现密封设计的主要部件是隔膜，它能阻止电解液自由流动，从而不逸出酸气，且具有使正极析出的氧气到达负极得以重新结合成水的功能。阀控式密封铅酸蓄电池应用的密封技术有可吸收式玻璃纤维网（AGM）技术和胶体（GEL）技术两种。

（1）AGM 技术。AGM 技术采用可吸收式玻璃纤维网及贫液设计，通过气体通道实现电池内部氧气循环。使用 AGM 技术的铅酸蓄电池的结构如图 3.12 所示。

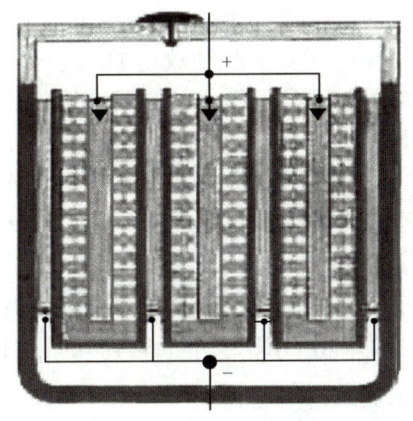

图 3.12　使用 AGM 技术的铅酸蓄电池的结构

对于采用 AGM 技术的铅酸蓄电池，可吸收式玻璃纤维网提供气体通道，其具有 93% 以上的孔隙率，可以吸收满足电池反应所需的电解液。因此，电池内部没有流动的电解液，吸收足够电解液的可吸收式玻璃纤维网仍保持 10% 左右的孔隙作为氧气的复合通道，使正极析出的氧气到达负极完成复合，以实现氧气的循环（$H_2O \rightarrow 1/2O_2 \rightarrow H_2O$），从而使电池密封。与富液式铅酸蓄电池相比，这种贫液设计的调控式密封铅酸蓄电池的电解液的密度较大，并具有以下优点。

① 采用无锑的 Pb-Ca 合金板栅和高纯度原材料，电池的自放电小，在 25℃ 下可储存 3 个月，自放电率小于 2.0%。

② 采用 AGM 技术的铅酸蓄电池具有较高的充电效率。

③ 极板组采用紧密装配，内阻较小（$0.2 \sim 0.4 m\Omega$），适合大电流放电。

④ 由于采用贫液设计，气体复合效率较高（大于 98%），因此无酸气逸出。

⑤ 电池使用初期的容量较大，第三个循环周期即可达到 100% 的额定容量。

⑥ 具有较好的低温放电性能。

以上优点使得采用AGM技术的阀控式密封铅酸蓄电池发展很快，国内外多数阀控式密封铅酸蓄电池制造厂家都采用AGM技术。

（2）GEL技术。GEL技术的密封原理与AGM技术的相似，也是通过氧气循环实现电池密封，但正极产生的氧气通过胶体电解质的裂纹传输到负极，胶体的裂纹是胶体形成时收缩产生的。使用初期，由于胶体的裂纹较少，氧气复合效率较低，因此电池内的气压较高，安全阀较易开启，电池逸出较多酸气。在使用铅酸蓄电池的过程中，随着胶体裂纹的增加，氧气复合效率提高，安全阀易打开，排气的现象逐渐消失。

胶体电解质的制备方法有三种：中和法、硅溶胶法和气相二氧化硅法。其中，采用气相二氧化硅法制备的胶体电解质稳定性较好。

采用GEL技术的阀控式密封铅酸蓄电池具有以下优点。

① 由于采用富液设计，因此深放电的恢复特性较好，而且电解液不易干涸。

② 由于胶体有固定作用，因此采用AGM几乎不存在电解液分层现象。

③ 在较高的环境温度下的使用寿命比技术的阀控式密封铅酸蓄电池长。

采用GEL技术的阀控式密封铅酸蓄电池具有以下缺点。

① 采用胶体和PVC隔板，胶体易堵塞隔板及活性物质中的孔，使得电池内阻较大。因此，在常温下，采用GEL技术的阀控式密封铅酸蓄电池的C_{20}比采用AGM技术的阀控式密封铅酸蓄电池小约15%，在-18℃下起动放电的端电压小20%。

② 在使用初期，胶体的裂纹较少，氧气复合效率较低，排出较多酸气。

③ 胶体电池对过充电较敏感，易导致电池过热失效。如果将电池倾斜或卧放就可能使电池内的胶体外漏。因此，采用GEL技术的阀控式密封铅酸蓄电池不适合快速充电和高倍率放电，特别是在低温环境下。

④ 不适合薄型极板设计。

与AGM技术相比，GEL技术发展较慢。总的来说，采用AGM技术的阀控式密封铅酸蓄电池的气体复合效率高，而采用GEL技术的阀控式密封铅酸蓄电池的失水率低。

3. 阀控式密封铅酸蓄电池极板的新型结构

为提高阀控式密封铅酸蓄电池的质量比能量和深循环寿命，一些新型结构的极板被陆续推出。

（1）连续辊压板栅结构。阀控式密封铅酸蓄电池采用铅钙合金板栅后，在使用过程中，板栅的伸长膨胀是铅酸蓄电池失效的一个重要原因。虽然铅钙合金的极限抗拉强度（UTS）高，但屈服强度（YS）较低。对于铅钙合金来说，YS是比UTS重要的参数。连续辊压板栅是铸造的板栅经连续辊压而成的。由于YS显著提高，UTS降低，因此在铅酸蓄电池工作期间极板很少伸长膨胀，从而可延长铅酸蓄电池的使用寿命。

（2）薄片电极。薄片正极的充放电性能比普通的铸造板栅或拉网板栅正极的充放电性能均匀，通过这种电极表面的充放电电流是很均匀的。另外，由于板栅有很大的表面积，因此比普通板栅的腐蚀电流密度低，从而降低极板的腐蚀速度。

（3）箔式卷状电极。箔式卷状电极由很薄的箔式电极卷成，板栅厚度仅为0.05～0.08mm，活性物质层的厚度也大致相等。这种铅酸蓄电池具有均匀的充放电性能，铅酸蓄电池的正极在一端引出，负极在另一端引出，有效提高了电极的高倍率放电性能，具有极高的比功率和优良的可再充电性能，特别适用于要求高功率输出、快速充电的混合动力电动汽车。

（4）平面式管状电极。由日本汤浅株式会社制造的平面式管状电极铅酸蓄电池已经应用于纯电动汽车、混合动力电动汽车等要求频繁充放电循环的使用场合。平面式管状电极的板栅可通过铸造或挤压而成，采用 Pb-Ca-Sn 合金。日本汤浅株式会社制造的板栅是由 Pb-0.07%Ca-1.5%Sn 合金经辊压而成的，且具有很高的强度。因其厚度仅为 0.75mm 而易被折弯，故改进为管状电极，质量轻，质量比能量高。由于活性物质在板栅周围分布均匀，因此电极截面具有均匀的充放电性能，提高了活性物质的利用效率。

（5）水平铅酸蓄电池。美国爱达荷大学的爱德华（Edwards）研制出涂膏式电极的水平铅酸蓄电池，并应用于纯电动汽车和混合动力电动汽车。这种铅酸蓄电池采用双极耳极板，极板水平放置，采用多孔 AGM 隔板，正极约含 30% 的玻璃微珠添加剂，板栅薄且镀铅。

美国 Electrosource 公司开发出铅布水平电池。铅布水平电池是在玻璃纤维丝上挤压镀覆 Pb-Sn 合金并拉成铅线，再用铅丝织成铅布，用铅布代替板栅；采用双极结构，铅布的一端涂正极铅膏，另一端涂负极铅膏，中间由铅丝连接，缩短了正、负极间的电子导电途径，因而电池内阻很小；为了防止两极中间的铅丝被电解液润湿后短路和自放电，铅丝的表面涂覆绝缘的高分子涂料。铅布水平电池的优点如下。

① 具有极高的质量比能量和质量比功率，质量比能量高达 45～50（W·h）/kg，80% DOD 时的质量比功率大于 225W/kg。

② 可快速充电，纯铅的高导电性铅布可在 30min 内充足电。

③ 质量比普通铅酸蓄电池轻 25%～50%；极板水平放置，无电解液分层现象和活性物质脱落。

（6）密封双极性铅酸蓄电池。美国 ARIAS 公司开发出双极性极板。富液式铅酸蓄电池和 AGM 密封铅酸蓄电池的正、负极板是独立的，而密封双极性铅酸蓄电池采用一块双面极板。双面极板的一面是负极活性物质，另一面是正极活性物质，两片双极性极板由玻璃棉隔板隔开，如图 3.13 所示。双极性结构使电流从一个单体到另一个单体的距离最小，消除了普通铅酸蓄电池在汇流排的电动势消耗。密封双极性铅酸蓄电池的优点是质量比能量和深循环寿命高、结构简单，特别是将其组合成 100V 以上的高电压电池组时结构更简单。

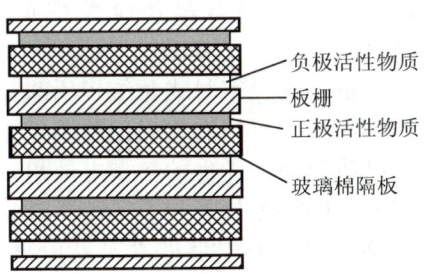

图 3.13　双面极板

板栅即双极性极板的导电基板。合格的板栅必须满足以下条件。

① 导电性好。

② 耐酸且耐 PbO_2 氧化。

③ 在电池中不参与电化学反应。

④ 不透酸，以免引起电池内部短路。

⑤ 与正极活性物质和负极活性物质的结合性好，在电池充放电过程中使得活性物质不会脱落。

⑥ 具有足够的机械强度。

密封双极性铅酸蓄电池适合在高电压、低电流的状态下工作。由于其结构紧凑，因此质量比能量很高。密封双极性铅酸蓄电池的充电方式与一般密封式铅酸蓄电池的相似，但内阻更小，可用大电流充电。

（7）螺旋卷状电极的圆筒式铅酸蓄电池。美国 EXIDE 电池科技公司推出了世界第一个采用螺旋卷状电极的圆筒式铅酸蓄电池。由于这种铅酸蓄电池有很大的电极表面积，采用机械方式将活性物质挤压到薄板栅上，利用新的连续制造技术，允许大的压缩比，减小了电极的厚度（1.3~1.4mm），因此这种铅酸蓄电池具有较高的质量比能量［达 34（W·h）/kg］，深循环寿命达 500 次以上。

4. 内催化排气阀结构

阀控式密封铅酸蓄电池密封的关键在于正极析出的氧气到负极复合，形成氧气循环反应，但同时带来一个严重问题——氧气对负极的去极化。析氢电势向负方向移动，整个电池的过电压全部由正极承担，在浮充电压恒定的情况下，正极电势升高，氧气析出更加严重，正极板栅加速腐蚀，电池加速失水，导致恶性循环，缩短了铅酸蓄电池的使用寿命。为解决该难题，Will Jones 发明了内催化技术，在阀控式密封铅酸蓄电池顶部安全阀上放置一个小的铂催化剂，使负极局部反应产生的氢气与正极电解水产生的氧气化合成水并回到电解液。这种氢的直接催化复合不仅减少了失水，而且部分正极析出的氧气被直接催化复合，而不必到负极复合，使负极的去极化减小、正极的过电势下降，减轻了正极的腐蚀程度和氧气析出。

内催化结构可明显提高铅酸蓄电池长时间浮充运行的性能，更好地防止大多数阀控式密封铅酸蓄电池因正极腐蚀、失水等而过早失效。

5. 阀控密封式铅酸蓄电池的简称与特点

（1）阀控密封式铅酸蓄电池的简称。有的免维护铅酸蓄电池被标注为 VRLA，有的被标注为 MF 或 SLA。MF（maintenance free）电池是免维护铅酸蓄电池的简称；SLA（sealed lead-acid）电池是密封铅酸蓄电池的简称；VRLA（value regulated lead-acid）电池是阀控式铅酸蓄电池的简称，也是阀控密封式免维护铅酸蓄电池最常用的名称。

（2）阀控密封式铅酸蓄电池的特点。阀控密封式铅酸蓄电池的出现和不断成熟，使铅酸蓄电池在镍氢电池、锂离子蓄电池等性能优良的新型电池出现并不断成熟的今天，仍然有用武之地。阀控密封式铅酸蓄电池的特点如下。

① 密封程度高。因为电解液像凝胶一样被吸收在高孔隙率的隔板内，不会轻易流动，所以电池可以横放，从而给阀控密封式铅酸蓄电池在电动汽车上的布置提供了更大的自由度。

② 阀控密封式铅酸蓄电池的极板板栅采用铅钙合金系列和低锑合金系列，加以其他措施，电池的自放电系数很小，电池的自放电和析气现象减少；采用 AGM 技术，实现了氧气内部循环，使蓄电池在使用寿命内不需要加水，从而实现蓄电池免维护。

③ 使用铅钙合金系列时，加入锡后可提高铅酸蓄电池在深循环充放电时容量快速降低的问题。低锑合金中的少量锑对极板活性物质与板栅结合的牢固性能有很大益处，使用低锑合金进行电池深循环放电时，铅酸蓄电池容量不会很快降低。

④ 阀控密封式铅酸蓄电池的正、负极板完全被隔板包围，活性物质不易脱落，延长了蓄电池的使用寿命。

⑤ 由于采用薄的极板，并与隔板紧密布置，因此阀控密封式铅酸蓄电池的体积小、容量较大。

⑥ 由于采用阀控密封形式，并采用排气栓催化剂催化氢气和氧化还原水的技术，因此阀控密封式铅酸蓄电池在长期运行中无须补充任何液体，同时在使用过程中不会排出酸气，从而不会对环境产生任何影响。

⑦ 阀控密封式铅酸蓄电池的内阻较小，大电流放电特性好，充电效率较高。

⑧ 与普通铅酸蓄电池相比，阀控密封式铅酸蓄电池的比功率、质量比能量及循环寿命都高。

3.2　铅酸蓄电池的正、负极

铅酸蓄电池极板的结构、隔板及电解液等对铅酸蓄电池的性能有很大影响，而极板的活性物质对铅酸蓄电池的性能起关键作用。

3.2.1　铅酸蓄电池的正极

1. 正极活性物质的晶型结构及其性能

铅酸蓄电池的正极活性物质为 PbO_2。PbO_2 属于多晶型化合物，有四种形态：斜方晶系 $\alpha\text{-}PbO_2$（铌铁矿型）、正方晶系 $\beta\text{-}PbO_2$（金红石型）、无定形的 PbO_2 和不稳定的假正方晶系。PbO_2 的不同晶型结构在不同的条件下形成和转变。$\alpha\text{-}PbO_2$、$\beta\text{-}PbO_2$ 与 $PbSO_4$ 的晶格参数见表 3.1。

表 3.1　$\alpha\text{-}PbO_2$、$\beta\text{-}PbO_2$ 与 $PbSO_4$ 的晶格参数

名称	所属晶系	晶格参数/nm		
		a	b	c
$\alpha\text{-}PbO_2$	单胞斜方晶系	0.4937	0.5939	0.5486
$\beta\text{-}PbO_2$	单胞正方晶系	0.4945		0.3378
$PbSO_4$	单胞斜方晶系	0.8516	0.5389	0.6989

经化学分析，化成结束后的正极活性物质含有 90% 的 PbO_2，采用 X 射线分析得到结晶成分如下：$\alpha\text{-}PbO_2$ 占 23%，$\beta\text{-}PbO_2$ 占 43%，无定形的 PbO_2 占 34%。

（1）PbO_2 两种晶型的密度。PbO_2 两种晶型结晶变体的密度不同，从表 3.2 中可以看出，$\alpha\text{-}PbO_2$ 的密度略大于 $\beta\text{-}PbO_2$。相对于 $\beta\text{-}PbO_2$，$\alpha\text{-}PbO_2$ 晶粒间的连接更紧密，机械强度更好。此外，$\alpha\text{-}PbO_2$ 和 $\beta\text{-}PbO_2$ 的结晶形貌不同：$\alpha\text{-}PbO_2$ 的晶粒尺寸较大，

晶粒表面光滑；β-PbO_2 的晶粒细小。

表 3.2　α-PbO_2 和 β-PbO_2 的密度　　　　　　　　　　（单位：g/cm^3）

序号	α-PbO_2	β-PbO_2	序号	α-PbO_2	β-PbO_2
1	9.530	9.375	3	9.760	9.648
2	9.876	9.695	4	9.866	9.523

（2）PbO_2 两种晶型的平衡电势。α-PbO_2/$PbSO_4$-H_2SO_4 和 β-PbO_2/$PbSO_4$-H_2SO_4 体系的平衡电势略有不同。

α-PbO_2：　　　　$E_\alpha = 1.697V - 0.118V\ \ pH + 0.0295Vlg\alpha_{SO_4^{2-}}$

β-PbO_2：　　　　$E_\alpha = 1.687V - 0.118V\ \ pH + 0.0295Vlg\alpha_{SO_4^{2-}}$

从上述方程式可知，在硫酸溶液中，α-PbO_2 的平衡电势比 β-PbO_2 高 0.01V，表明 β-PbO_2 的热力学稳定性略高于 α-PbO_2。两种晶型电极电势的温度系数不同，在 4.62mol/L 的硫酸溶液中，α-PbO_2 电极电势的温度系数比 β-PbO_2 小。

$$\left(\frac{dE_\beta}{dT}\right)_p = -0.2mV/℃$$

$$\left(\frac{dE_\alpha}{dT}\right)_p = -0.36mV/℃$$

由此可知，随着温度的升高，α-PbO_2 的电极电势比 β-PbO_2 下降得快。

（3）PbO_2 两种晶型的化学活性。尽管两种晶型的化学组成相同，但由于晶型结构不同，因此氧化还原能力不同，即电化学活性不同。

α-PbO_2 和 β-PbO_2 的电化学活性差异可以用放电特性表征。对于相同数量的 PbO_2，β-PbO_2 比 α-PbO_2 的放电容量高。图 3.14 至图 3.16 所示分别为 α-PbO_2 和 β-PbO_2 的质量比容量与电解液密度、放电电流密度、放电温度的特性曲线。

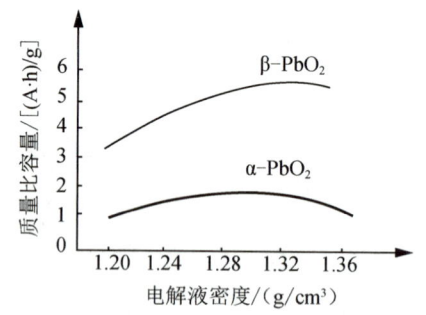

图 3.14　α-PbO_2、β-PbO_2 的质量比容量与电解液密度的特性曲线

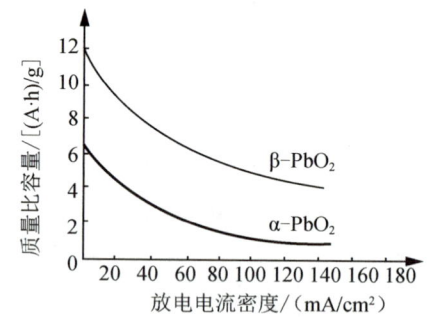

图 3.15　α-PbO_2、β-PbO_2 的质量比容量与放电电流密度的特性曲线

从这些特性曲线可以看出，随着电解液密度的增大，β-PbO_2 的质量比容量增大幅度比 α-PbO_2 大，并且两者都出现最高点。质量比容量最高点对应的电解液密度即电导率最高的密度范围。当相同数量的 PbO_2 在不同放电电流密度下放电时，β-PbO_2 比 α-PbO_2 的质量比容量高 1.5~3 倍；随着温度的升高，β-PbO_2 的质量比容量增大很快，α-PbO_2 的质量比容量在 20~30℃ 出现最高点，而且比 β-PbO_2 的质量比容量小得多。

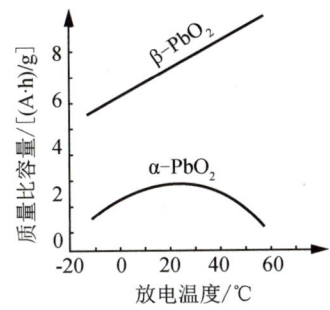

图 3.16　α-PbO$_2$、β-PbO$_2$ 的质量比容量与放电温度的特性曲线

之所以 β-PbO$_2$ 比 α-PbO$_2$ 的电化学活性好，是因为 β-PbO$_2$ 比 α-PbO$_2$ 的晶粒细小，从而 β-PbO$_2$ 比 α-PbO$_2$ 具有更大的实际表面积。此外，由于 α-PbO$_2$ 为斜方晶型，与 PbSO$_4$ 的晶格参数相近，二者属于同种晶型。因此，放电时，α-PbO$_2$ 可以作为 PbSO$_4$ 的晶种，细小的 PbSO$_4$ 层沿着 α-PbO$_2$ 生成，遮盖了 α-PbO$_2$ 晶体的表面，给硫酸溶液向活性物质的深处渗透造成障碍，从而使电化学反应仅发生在活性物质的有限深度，深处的活性物质不能被利用，输出的容量就小。β-PbO$_2$ 为四方晶型，与 PbSO$_4$ 的晶格参数差别较大，因而放电产物 PbSO$_4$ 不可能沿着 β-PbO$_2$ 晶格生长，或是形成新的晶种，或是在电极中残存的 PbSO$_4$ 上长大，导致 PbSO$_4$ 留有缝隙，硫酸溶液通过缝隙到达活性物质内层，因而 β-PbO$_2$ 的利用率高于 α-PbO$_2$ 的利用率。

2. 两种晶型的形成条件和转变

制备 PbO$_2$ 的方法有化学法和电化学法两种。但大量实验表明，采用化学法制备的 PbO$_2$ 的电化学活性较低，不适用于铅酸蓄电池中或正极活性物质中，只能采用电化学法制备。正极中 PbO$_2$ 不同变体的形成及含量因生产厂家的工艺不同而不同，一般认为溶液的 pH 会影响变体的类型。

（1）α-PbO$_2$ 的制备。α-PbO$_2$ 是在酸性溶液或中性溶液中制备的。例如，在饱和醋酸铅的醋酸铵溶液中，以 0.1~10mA/cm^2 的电流密度电解；或在饱和 2mol/L PbO 的过氯酸溶液中，以 1mA/cm^2 的电流密度电解，均可获得纯 α-PbO$_2$。

（2）β-PbO$_2$ 的制备。β-PbO$_2$ 主要是在酸性溶液中制备的。例如，在 0.7mol/L 的 Pb（NO$_3$）$_2$ 与 2mol/L 的 HNO$_3$ 的混合溶液中，以 5~10mA/cm^2 的电流密度电解；或将 100g 醋酸铅溶于 0.5mol/L 的乙酸溶液中，以 1mA/cm^2 的电流密度电解，均可获得纯 β-PbO$_2$。

（3）铅膏中的硫酸含量对产生 PbO$_2$ 晶型的影响。铅膏中的铅与碱式硫酸铅直接氧化时形成 α-PbO$_2$。高的 pH、较高的 Pb^{2+} 离子浓度和较低的电流密度均是促使 α-PbO$_2$ 生成的条件，而 PbSO$_4$ 的氧化促使 β-PbO$_2$ 生成。

提高正极铅膏中的硫酸含量，可提高正极的初始容量。因为铅膏中的硫酸含量高，所以 PbSO$_4$ 含量高，从而增大了化成后正极中的 β-PbO$_2$ 含量。另外，随着铅膏中硫酸含量的增大，化成后极板孔隙率增大，放电时有利于硫酸进入活性物质，从而提高活性物质的利用率。

（4）化成条件对产生 PbO$_2$ 晶型的影响。化成条件对变体含量有直接影响，特别是 pH。在开始化成的 7~8h 内，反应主要发生在极板内部，生成的产物主要是 α-PbO$_2$。

随后硫酸浓度提高、化成槽压增大，$PbSO_4$ 开始氧化，在极板表面生成 $β-PbO_2$。在化成过程中，硫酸浓度的变化同时影响化学反应速率和电化学反应速率的相对大小。当提高化成的电流密度时，硫酸的生成速度提高，化成中因发生化学反应而使硫酸浓度降低的延续时间缩短，从而增大化成后正极活性物质中 $β-PbO_2$ 的含量。

（5）充放电时 PbO_2 晶型的转化。在正极 PbO_2 中，$α-PbO_2$ 和 $β-PbO_2$ 的相对量不是固定不变的，随着铅酸蓄电池循环次数的增加，$α-PbO_2$ 逐渐转化为 $β-PbO_2$。在酸性较强的溶液中，由 $PbSO_4$ 氧化可生成 $β-PbO_2$，而铅酸蓄电池充电时溶液中的硫酸增加，正好满足 $β-PbO_2$ 的生成条件。铅酸蓄电池放电时，正极的 $α-PbO_2$ 转化为 $PbSO_4$；充电时，$PbSO_4$ 转化为 $β-PbO_2$。

3. 正极充放电机理

在充电状态下，铅酸蓄电池的正极活性物质是 PbO_2。铅酸蓄电池在充放电过程中，正极的氧化还原反应比较复杂，总的充放电反应如下。

$$PbO_2 + 3H^+ + HSO_4^- + 2e^- \underset{充电}{\overset{放电}{\rightleftharpoons}} PbSO_4 + 2H_2O \tag{3-2}$$

式（3-2）只表示铅酸蓄电池充放电时正极的充电物质和放电物质，而不表示充放电过程中正极的氧化还原反应。至于铅酸蓄电池正极反应机理，比较公认的是液相反应机理。液相反应机理也称溶解沉淀机理，认为反应通过电解液中的 Pb^{2+} 进行的氧化还原反应为中间步骤。

放电时，PbO_2 晶体中的 Pb^{4+} 接收外电路送来的两个电子而还原为 Pb^{2+} 且溶于电解液，并遇到 HSO_4^-，当溶液中的离子浓度达到饱和（$PbSO_4$ 溶度积常数）时 $PbSO_4$ 析出并附着于极板上。PbO_2 中的 O^{2-} 与溶液中的 H^+ 结合为水。随着放电的进行，不断有 $PbSO_4$ 附着于正极板表面。

充电时，溶液中的 Pb^{2+} 氧化，将电子传给外电路，同时溶液中的水将 H^+ 留在溶液中，O^{2-} 和 Pb^{4+} 进入 PbO_2 晶格。由于溶液中的 Pb^{2+} 被消耗，因此极板上的 $PbSO_4$ 不断溶解，使 Pb^{2+} 的氧化过程继续进行。显然，$PbSO_4$ 的溶解度、溶解速度及结晶过程对正极充放电均有直接影响。

铅酸蓄电池的放电曲线如图 3.17 所示。可以看出，在放电初期，铅酸蓄电池电压出现一个最小值，可用液相反应机理解释：放电时，Pb^{2+} 要形成 $PbSO_4$ 结晶，需要有

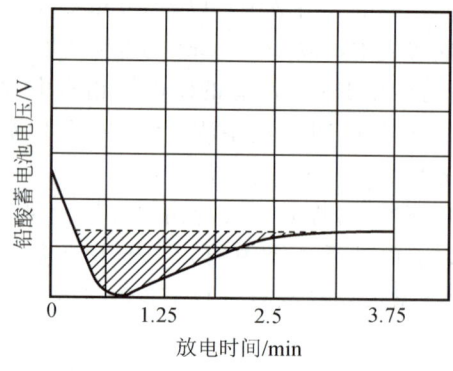

图 3.17　铅酸蓄电池的放电曲线

PbSO₄ 结晶的晶种形成时间，即诱导时间。在放电初期，由于正极没有足够的残余 $PbSO_4$ 作为新生相 $PbSO_4$ 的晶种，因此放电反应生成的 Pb^{2+} 在电极表面附近的液层中累积。只有当 Pb^{2+} 的浓度与 HSO_4^- 的浓度的乘积超过 $PbSO_4$ 溶度积常数，并且有相当的过饱和度时，才能促进 $PbSO_4$ 晶种的形成。过饱和的 Pb^{2+} 在电极表面附近液层中，使正极产生很大的浓差极化，再加上反应消耗了硫酸并生成水，进一步增大了正极的浓差极化，使动态电势下降，导致铅酸蓄电池端电压减小。一旦形成 $PbSO_4$ 晶种，$PbSO_4$ 晶体就开始长大，Pb^{2+} 的过饱和度下降，浓差极化减小，正极电势有所恢复，铅酸蓄电池的端电压有所回升，这就是在放电初期铅酸蓄电池的放电曲线上有最小电压值的原因。

4. 正极活性物质的性能变化

正极活性物质 PbO_2 的性能对铅酸蓄电池的容量及循环寿命影响极大。随着充放电循环次数的增加，正极活性物质的机械强度和反应活性逐渐降低，铅酸蓄电池的容量减小。导致正极活性物质性能下降的主要原因如下。

（1）PbO_2 两种晶型的转换。前面已经介绍过，$\alpha\text{-}PbO_2$ 和 $\beta\text{-}PbO_2$ 两种晶型的放电特性有差异，$\alpha\text{-}PbO_2$ 晶粒较大，比表面积较小，因此利用率低（只有 16%）；但 $\alpha\text{-}PbO_2$ 晶粒之间结合较紧密，使用期限较长，形成的多晶网络可以作为活性物质的骨架。由于 $\beta\text{-}PbO_2$ 晶型具有较小的晶粒尺寸和大的比表面积，因此利用率可达 70%～95%；但由于晶粒之间的结合较差，因而易脱落。

$\alpha\text{-}PbO_2$ 和 $\beta\text{-}PbO_2$ 的相对含量随充放电循环次数的增加而发生变化。通常，新制备的正极中 $\alpha\text{-}PbO_2$ 含量较高，在循环过程中 $\alpha\text{-}PbO_2$ 逐渐转化为 $\beta\text{-}PbO_2$。在循环初期，随着正极活性物质中 $\beta\text{-}PbO_2$ 含量的增大，孔隙率增大，有利于硫酸溶液渗透，可使铅酸蓄电池的初期容量随充放电循环的进行而逐渐增大。但是，随着铅酸蓄电池充放电循环次数的增加，$\beta\text{-}PbO_2$ 占比增大，活性物质之间的结合力逐渐减小。在充放电循环中 $\alpha\text{-}PbO_2$ 逐渐转化为 $\beta\text{-}PbO_2$，多晶网络受到削弱和破坏，并最终导致活性物质软化和脱落。

正极中的 $\alpha\text{-}PbO_2$ 和 $\beta\text{-}PbO_2$ 有一个最佳质量比，当其质量比为 0.8 时，铅酸蓄电池具有最佳深放电性能。

（2）充放电时，PbO_2 与 $PbSO_4$ 频繁转化。铅酸蓄电池放电时 PbO_2 转化为 $PbSO_4$，由于在相同质量下 $PbSO_4$ 的体积比 PbO_2 的大，因此随着放电程度的增大，整个正极物质体积增大。如果板栅格子容积不变，则 $PbSO_4$ 的增加只能使极板的孔隙率减小，表观体积不变。当板栅变形增大时，整个正极的体积增大，从而导致正极膨胀。在下一次充电时，$PbSO_4$ 又转化为 PbO_2，孔隙率增大。随着充放电循环的进行，正极严重膨胀，正极的孔隙率随着循环次数的增加而增大。孔隙率过分增大，活性物质晶粒之间的结合力减小，电接触被破坏，电阻增大，活性物质易脱落。

此外，在每次充电的后期，在正极活性物质的孔隙内都有氧气析出，造成活性物质之间的结合力减小，活性物质脱落。

（3）充放电条件及杂质的影响。充电时，在正极 $PbSO_4$ 上形成多孔的 PbO_2，而充电的真实电流密度取决于 $PbSO_4$ 的真实面积。在较小的真实电流密度下充电，可以获得致密的 PbO_2 层且不易脱落。如果充电的真实电流密度很大，就可能达到或超过 PbO_2 氧化的极限电流，形成疏松的 PbO_2 层且易脱落。颗粒细小、致密的 $PbSO_4$ 层易氧化形成疏松

的 PbO_2 层；而颗粒粗大、多孔的 $PbSO_4$ 层在充电时易获得结合牢固的 PbO_2 层。

$PbSO_4$ 的晶粒尺寸、孔隙率与铅酸蓄电池的放电条件有关。放电时的温度、电流密度、电解液的密度、放电深度都会影响 $PbSO_4$ 结晶。放电时，电流密度低、电解液密度低和温度较高均有利于生成多孔的 $PbSO_4$，有助于延缓正极脱落，从而提高铅酸蓄电池的循环寿命；大电流放电、低温状态下放电、深度放电均易导致正极活性物质脱落，使铅酸蓄电池的循环寿命缩短。

$PbSO_4$ 的同晶化合物 $BaSO_4$ 和 $SrSO_4$ 是铅酸蓄电池正极的有害杂质，会加速活性物质脱落。

5. 正极活性物质的添加剂

在正极活性物质中添加适当的添加剂，以提高正极活性物质的电导率、孔隙率、电化学活性、与板栅的结合力及 PbO_2 颗粒间的结合力或抑制板栅的腐蚀，从而提高活性物质的利用率或延长使用寿命。一些添加剂还可以影响氧气在 PbO_2 电极上的析出电势及 $PbSO_4$ 氧化成 PbO_2 的能力，从而改变铅酸蓄电池的自放电性能和充放电性能。因此，研究正极活性物质的添加剂是提高铅酸蓄电池性能和使用寿命的一项重要课题。

某种物质的添加剂可能对改善正极的某些方面有用，但不可能对各项性能指标均有改善作用，有的甚至还会有不良的副作用。因此，添加剂的选择受到一定的限制。

铅酸蓄电池正极活性物质的添加剂有多种，按添加剂自身的性质可分为导电添加剂、无机添加剂、有机和有机高分子材料添加剂三类。

（1）导电添加剂。

在正极铅膏中酸的含量增大会提高活性物质的利用率，但正极的使用寿命会随铅膏中酸的含量增大而缩短。为了解决这个矛盾，同时为克服放电产物 $PbSO_4$ 的隔离作用，在正极中加入导电材料，连接隔离的 PbO_2 区与邻近的反应区及板栅，使放电反应继续进行，以达到提高活性物质利用率的目的。

① 碳素材料。在碳素材料中，石墨具有最佳耐氧化能力。对天然石墨进行热处理，形成各向异性的石墨。将直径为 $250\sim1250\mu m$、质量分数为 $0.1\%\sim1.0\%$ 的高纯度各向异性石墨添加到铅粉中，石墨在硫酸中发生氧化反应时，生成石墨层间化合物并膨胀，在阀控式密封铅酸蓄电池中起紧装配的作用，并使正极保持高的孔隙率，从而提高活性物质的利用率。在任何放电倍率下，放电容量都随石墨添加量的增大而增大。放电倍率越高，放电容量增大的系数越大，尤其在低温高倍率放电时，放电容量的增大更加显著。

② 镀 SnO_2 导电玻璃小片。将添加量为 2%、厚度为 $0.3\sim0.5\mu m$ 且镀有 SnO_2 的导电玻璃小片添加到正极铅膏中，其主要作用是加速化成过程，以增大极板中 $\beta-PbO_2$ 的含量，提高化成活性物质的比表面积及活性物质的利用率。

（2）无机添加剂。

无机添加剂多为金属氧化物和硫酸盐，在正极添加剂中占比较大，添加方式有直接在铅膏中加入、在电解液中加入、在板栅合金中加入等。添加剂或溶于溶液或渗入正极活性物质，以提高正极性能。

① 铋（Bi）。由于合金的氧化反应，Bi 可溶于电解液或渗入腐蚀层和活性物质，从而对活性物质起掺杂作用。这种掺杂有利于活性物质在充放电过程中的结构恢复。例如，在管式电极中，管芯合金中 Bi 的含量为 $0.2\%\sim0.8\%$，可以改善 PbO_2 颗粒之间的接触，

从而提高正电极的循环寿命。此外，Bi 的掺入提高了电极的导电率，减小了腐蚀层电阻对电极容量的限制作用。

含 Bi 合金加速了电解液-铅芯-空气交界处的腐蚀，提高了板栅的腐蚀速率。鉴于此，板栅（Pb-Sn 合金）中 Bi 的含量不能大于 0.1%，而联条、端子合金中 Bi 的含量应小于 0.02%，以防止发生空气腐蚀。

② $CaSO_4$。在正极活性物质中添加 2% 的 $CaSO_4$，并用 $Ca(HNO_3)_2$ 处理正极，可极大地提高铅酸蓄电池的大电流放电特性，尤其是低温大电流放电特性的提高更明显。掺入正极活性物质的 $CaSO_4$ 可起晶核的作用，使 Pb^{2+} 迅速生成 $PbSO_4$，避免 Pb^{2+} 在正极表面附近集聚过多，从而降低结晶超电势和浓差超电势。由于 $CaSO_4$ 和 $PbSO_4$ 具有不同的晶型，因此与同晶型的 $BaSO_4$ 和 $SrSO_4$ 不同，$CaSO_4$ 不会对电极的循环寿命有严重的负面影响。

③ $Al_2(SO_4)_3$。在正极活性物质中添加 2% 的 $Al_2(SO_4)_3$，主要作用是增大铅酸蓄电池初期的充放电循环容量，而对其循环寿命没有明显影响。添加 $Al_2(SO_4)_3$ 能起到成孔作用，在极板化成和铅酸蓄电池使用过程中，将 $Al_2(SO_4)_3$ 溶入电解液，可提高活性物质的孔隙率。

④ 沸石。沸石具有多孔结构，而且有吸附 H_2SO_4 的作用，可以交换阳离子，是很好的离子导体。在正极活性物质中添加约 0.05%、粒度为 20～75μm 的沸石，可提高活性物质的利用率、铅酸蓄电池的容量和使用寿命。

⑤ 磷酸及硫酸盐。在正极铅膏中添加磷酸及硫酸盐的主要作用如下。

a. 减小铅酸蓄电池的自放电，抑制过程如下。

$$PbO_2 + H_2SO_4 \longrightarrow PbSO_4 + H_2O + \frac{1}{2}O_2$$

b. 增大板栅材料与腐蚀产物的结合力，以降低板栅合金的腐蚀程度，防止 $PbSO_4$ 阻挡层形成。

c. 减缓正极活性物质的软化过程，以减少活性物质脱落。

d. 减轻深度放电后搁置时极板的硫酸盐化。

e. 在胶体铅酸蓄电池中，磷酸盐可使胶体稳定。

但磷酸及硫酸盐也有不利影响，例如，当添加剂的含量超过 2% 时，初期容量减小，低温性能降低。

(3) 有机和有机高分子材料添加剂。

在正极活性物质中加入聚二氯乙烯、聚酯纤维、聚乙烯醇、聚丙烯酸、聚苯乙烯酸、氟塑料等有机高分子材料，作为黏结剂和支持网络的增强剂，以增强活性物质的强度，延长铅酸蓄电池的使用寿命。此类添加剂很少用来提高正极活性物质的利用率。

6. 正极板栅的腐蚀

铅酸蓄电池的正极板栅比负极板栅厚，原因是铅酸蓄电池在充电和静置时，正极板栅会被腐蚀而逐渐变细、变薄，最终失效。因此，正极板栅必须加粗、加厚。

(1) 板栅腐蚀的原因。

① 铅酸蓄电池开路时，正极板栅与活性物质 PbO_2 直接接触，并且共同浸入电解液（图 3.18），分别与电解液建立不同的平衡电极电势。由于电势有差别，且共同与活性物质

PbO_2 接触（$R_外=0$），因此形成短路微电池。短路微电池以活性物质 PbO_2 为正极，以 Pb 和 Sb 为负极。由于板栅上 Pb、Sb 分布和表面状态不均匀，因此这种短路微电池是极其复杂的，但总的结果是导致正极板栅的 Pb 和 Sb 不断溶解，而正极活性物质 PbO_2 不断被还原。铅酸蓄电池在开路状态下，正极板栅的腐蚀是不可避免的，不仅使板栅变薄，还使铅酸蓄电池的容量减小。

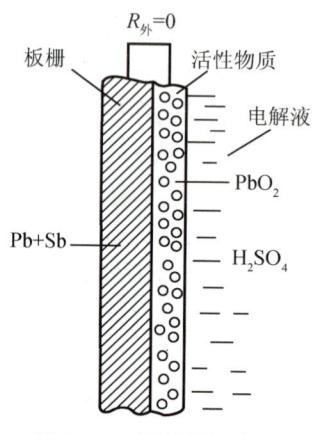

图 3.18　正极板栅腐蚀

② 铅酸蓄电池充电时，正极板栅能承受的电势比 Pb、Sb 的平衡电势正很多，使得正极板栅上的 Pb、Sb 均处于阳极极化状态，且超电势很大，Pb、Sb 将以很大的电流被腐蚀溶解。

总之，正极板栅无论是在搁置时还是在充电时都处于不稳定状态，总存在被氧化的趋势。当充电时，尤其是过充电时，铅锑合金正极板栅的腐蚀更严重。

（2）影响板栅腐蚀速率的因素。

使用金相显微镜观察到，在阳极极化过程中，铅及铅锑合金的腐蚀基本是沿着晶粒的边界进行的，晶粒之间的腐蚀速率比晶粒的腐蚀速率大很多。由于晶间夹层中的杂质较多、组织复杂，因此耐蚀性最差，发生腐蚀的概率最大。如果晶间夹层较薄，则腐蚀产物易把晶间夹层盖住，如果腐蚀产物致密完整，板栅就会被腐蚀产物保护，腐蚀速率降低；如果晶间夹层较厚，腐蚀产物就难以全部覆盖晶间夹层。因此，在外电流的阳极极化时，从未被覆盖的晶间夹层部位开始板栅继续被腐蚀。大量实验证实，正极板栅的金相结构与晶粒尺寸均对板栅腐蚀速率有影响。

（3）降低板栅腐蚀速率的措施。

从影响板栅腐蚀速率的因素可知，如果要减缓板栅的腐蚀，就要用金相组织细密的合金制造板栅。要制成这样的合金，一方面从铸造工艺上要掌握冷却速率，既要保证铸满型，又要使冷却速率尽量大，以获得晶粒细小、致密的合金金相组织；另一方面采用添加变晶剂的方法获得细小结晶，加入变晶剂可以增大合金晶体结构的分散度，保证晶间夹层形成致密的、耐腐蚀的惰性相，以降低板栅的腐蚀速率。

常用变晶剂有银、砷、碲、钙、钴、钛、硫等，而碱金属钠、锂、钾、镁、锌、铋等会加速腐蚀。在铅锑合金中添加银、砷、钴可降低板栅的腐蚀速率，但银会降低氢和氧的析出超电势，并将其转移到负极板，从而增大电池的自放电，因此不能用于全密封式铅酸蓄电池或免维护式铅酸蓄电池，而且银的价格高，因此很少被用作变晶剂。

3.2.2 铅酸蓄电池的负极

铅酸蓄电池的负极活性物质在充电状态下是海绵状金属铅,负极的充放电反应可写为

$$Pb + HSO_4^- \underset{充电}{\overset{放电}{\rightleftharpoons}} PbSO_4 + 2e^- + H^+ \tag{3-3}$$

式(3-3)只给出铅酸蓄电池负极放电和充电过程中活性物质的状态,不能说明其反应机理。比较公认的负极反应机理是溶解沉淀机理。

1. 负极溶解沉淀机理

负极放电是 Pb 的阳极氧化并伴随化学反应生成物沉淀的过程。放电时,负极板上的 Pb 在稀硫酸溶液中发生阳极氧化反应,当电势低于某临界值时溶解为 Pb^{2+} 或可溶的质点 Pb,并通过扩散离开电极表面。当遇到 HSO_4^- 且离子浓度超过其溶度积时有 $PbSO_4$ 沉淀,沉淀在扩散层内发生。当电极电势正向移动并达到某个数值,超过固相成核的超电势时发生固相反应,SO_4^{2-} 与 Pb 表面碰撞而直接形成固态 $PbSO_4$。

充电时,负极 $PbSO_4$ 先溶解成 Pb^{2+} 和 SO_4^{2-},Pb^{2+} 接受外电路送来的电子而还原为 Pb。这是一个伴随 $PbSO_4$ 溶解前置反应的还原过程。

铅电极进行阳极氧化反应时,$PbSO_4$ 沉淀前,HSO_4^- 离子只有达到一定的过饱和度才能生成 $PbSO_4$ 晶种,即需要晶核形成的时间。从负极的充放电过程可以看出,负极的电极反应主要是 $PbSO_4$ 的溶解和结晶过程。

2. 铅电极的钝化

阳极氧化反应受到阻碍,Pb 的溶解速度急剧下降甚至趋于停止,电极电势急剧变正的现象称为金属的阳极钝化。

(1) 铅电极钝化的原因。由于铅电极放电产物 $PbSO_4$ 的比容比 Pb 的比容大,因而放电后负极板的孔隙率减小,放电生成的 $PbSO_4$ 沉附在海绵状铅电极表面,形成一层绝缘、压实的 $PbSO_4$ 盐层,将电解液与 Pb 隔离。当生成的盐层全部覆盖于 Pb 表面时,稀硫酸溶液只能通过盐层小孔到达电极表面,使得电化学反应的电极面积大大减小,电流密度急剧增大,负极的电极电势明显向正向偏移,以致电极反应几乎停止,负极钝化。在电极上覆盖的 $PbSO_4$ 盐层通常称为钝化层。

(2) 影响铅电极钝化程度的因素。铅电极的钝化程度与覆盖在电极表面 $PbSO_4$ 层的致密程度有关,而致密程度取决于 $PbSO_4$ 沉淀时在电解液中的过饱和度,过饱和度越大,$PbSO_4$ 沉淀晶粒越细,形成的 $PbSO_4$ 层越致密。可见,影响 $PbSO_4$ 在电解液中过饱和度的因素也是影响铅电极钝化程度的因素。因此,铅电极的钝化与放电电流密度、放电温度、电解液密度有关。

可用过饱和度的观点解释影响铅电极钝化程度的因素。当放电电流密度大、放电温度较低、电解液密度较大时,溶液过饱和度较大,$PbSO_4$ 晶体主要平行于电极表面生成,而且形成晶粒小、孔径小、孔隙率低的钝化层。在低温下,$PbSO_4$ 平衡溶解度下降,过饱和度增大,形成较多尺寸较小的晶核,从而产生致密的钝化层。

3. 铅电极的自放电

(1) 铅自溶共轭反应。铅酸蓄电池在开路状态下,负极上的 Pb 发生自溶解,导致其

容量有所损失。与 Pb 溶解的共轭反应通常是稀硫酸溶液中 H^+ 的还原过程，即

$$Pb + H_2SO_4 \longrightarrow PbSO_4 + H_2 \uparrow$$

该还原过程的速度与电解液密度、储存温度、杂质和膨胀剂的类型有关。

溶解于稀硫酸溶液中的氧也可引起铅的自溶，其化学反应式如下。

$$Pb + \frac{1}{2}O_2 + H_2SO_4 \longrightarrow PbSO_4 + H_2O$$

该过程受控于氧气的扩散。一般情况下，自放电主要是负极的析氢反应引起的。

（2）铅电极中的杂质对自放电的影响。杂质对以析氢为主的铅自溶共轭反应影响很大。氢在铅电极上析出的超电势很高，而 Pb 在 4~5mol/L 的硫酸溶液中是高度可逆的体系，它的交换电流密度很大，氢在铅电极上的析出反应是一个超电势很高的过程，Pb 的阳极溶解是一个极化很小的过程。因此，在铅电极的溶解与析氢这对共轭反应中，Pb 的自溶速度完全受析氢过程控制，析氢超电势起决定性作用。

一些杂质沉积在铅电极表面，组成短路微电池。在这个短路微电池中 Pb 被溶解，氢在超电势小的杂质上析出，因而加速了自放电。

可见，提高氢析出的超电势、避免存在加速析氢的杂质，即可减小铅电极的自放电。氢超电势的顺序如下。

$$\underleftarrow{锡、铋、银、锑、铜、铁、钴、镍、金、铂}_{氢超电势增大}$$

4．铅电极添加剂

通常在铅电极中加入占铅膏千分之几的添加剂（如纯有机物质、表面活性物质和无机物质），以提高铅电极的性能。按作用分类，添加剂可分为膨胀剂和阻化剂两大类。

（1）膨胀剂。

① 膨胀剂的作用。在铅电极活性物质中加入膨胀剂，可提高电池的循环寿命和输出功率，特别是低温条件下的输出功率。

负极活性物质具有非常大的比表面积（0.5~0.8m^2/g）、50％的孔隙率（故呈海绵状）和很高的表面能量。在热力学上，这种高能量体系是不稳定的，有自发向能量降低方向变化的趋势。

当金属、溶液体系不变时，负极表面张力是一定的，只能通过颗粒合并以减小表面积来降低体系的能量。充电时，负极上发生 $PbSO_4$ 的还原和金属铅的电沉积，提供了体系向能量降低方向变化的条件，使得负极真实表面积减小。加入膨胀剂，可防止在充放电循环过程中负极活性物质表面积减小。这些物质可吸附在电极表面，以减小表面张力，从而降低体系的能量，使活性物质的真实表面积不减小，负极活性物质能保持大的比表面积。

膨胀剂还可以去钝化，即影响负极在放电过程中形成的 $PbSO_4$ 结构或 Pb 氧化成 $PbSO_4$ 的动力学过程。

② 膨胀剂的类型。铅酸蓄电池负极中常用的膨胀剂分为无机膨胀剂和有机膨胀剂两大类，前者是某些无机盐等无机物质，后者包括纯有机物质及表面活性物质。

常用的无机膨胀剂有硫酸钡、炭黑、木炭粉等。与无机膨胀剂相比，有机膨胀剂的作用更明显，概括如下。

a. 促使产生细晶 Pb，并减小表面张力，防止铅颗粒合并，维持多孔的海绵状结构。

b. 推迟铅电极的钝化，提高活性物质的利用率，增大放电容量。

c. 起阻化作用，减少充电过程中析出的氢气，减小铅的自溶，以减小水的消耗和电池容量的损耗。

总的来说，有机膨胀剂能提高负极的循环性能、增大输出电流、减小低温条件下的放电容量，但对铅酸蓄电池的充电过程有不利影响。有效的有机膨胀剂有腐殖酸、栲胶、合成鞣、甲基橙、生物碱等。

（2）阻化剂。

① 阻化剂的作用。阻化剂主要用于抑制铅电极在化成后干燥、储存过程中的氧化及氢气析出。作为膨胀剂加入负极活性物质中的腐殖酸和木素磺酸盐等添加剂，在负极中能提高析氢超电势，对负极氢的析出有一定的阻化作用。析氢阻化剂吸附在负极表面，但主要应优先吸附在析氢超电势低的质点（如锑、银、铜等）上，以抑制氢在这些质点上的析出。理想的析氢阻化剂应能对氢的析出起阻滞作用，而对 $PbSO_4$ 的还原过程及 Pb 的溶解不产生有害影响。

② 干荷电铅酸蓄电池的形成。在生产干荷电铅酸蓄电池的过程中通常使用阻化剂，因为涂膏后负极板的主要成分是 Pb、$PbSO_4$ 和 PbO 及膨胀剂等，这种没有电化学活性的铅膏经过化成后，转化为多孔的海绵状 Pb，具有很高活性的 Pb 就会被氧化。在干燥和组装等工序中，负极板与空气接触，由于负电极表面仅有一层薄的稀硫酸溶液膜，因此氧易与 Pb 接触而使 Pb 迅速被氧化。在这种状态下注入电解液，负极 Pb 的氧化物转化为 $PbSO_4$，导致部分负极容量损失，只有在初充电后才可使用。

在负极活性物质中加入抗氧化物质，可防止负极 Pb 发生氧化。将这种负极板组装成铅酸蓄电池后，由于负极板表面铅未被氧化，铅仍然保持化成后的活性，因此加液后不必初充电就能释放额定的容量，这种铅酸蓄电池称为干荷电铅酸蓄电池，加入的抗氧化物质就是阻化剂。在生产干荷电铅酸蓄电池的过程中添加的阻化剂有松香、α-羟基-β-萘酸（简称1,2-酸）、硼酸、甘油、木糖醇等。

（3）膨胀剂和阻化剂对铅酸蓄电池伏安特性的影响。

虽然添加膨胀剂和阻化剂能提高铅酸蓄电池的性能，但是负极的充电往往会变得更加困难，从而降低了负极低温下的荷电能力。可以从铅电极充放电循环的伏安特性曲线（图3.19）上看出一些膨胀剂的这种影响。图中，横坐标以上为 Pb 阳极氧化时的电流；横

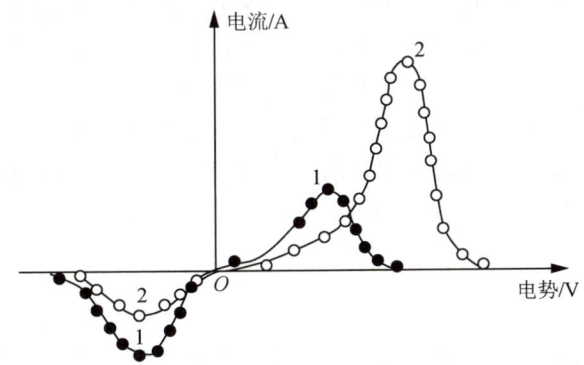

1—无膨胀剂伏安特性曲线；2—有膨胀剂伏安特性曲线。

图 3.19　铅电极充放电循环的伏安特性曲线

坐标以下为 $PbSO_4$ 阴极还原时的电流；上部曲线包围的面积是 Pb 阳极氧化过程释放的电量；下部曲线包围的面积是 $PbSO_4$ 阴极还原时的电量。

从图 3.19 可以看出，虽然添加膨胀剂促进了负极活性物质的阳极氧化过程，但阻碍了 $PbSO_4$ 的阴极还原过程。因此，当负极联合使用膨胀剂和阻化剂时，要注意合理选择，以适应不同的生产条件和使用要求，达到较理想的添加剂辅助效果。

3.3 铅酸蓄电池的特性

3.3.1 铅酸蓄电池的内阻

铅酸蓄电池的内阻较小，在小电流放电时内阻的电压降可忽略不计；但当充放电电流较大时，必须考虑铅酸蓄电池内阻对充放电性能的影响。

当铅酸蓄电池有电流输出时，其端电压比开路电压低，表明铅酸蓄电池有内阻。如果铅酸蓄电池的开路电压为 U_0、放电电流为 I 时的端电压为 U，则铅酸蓄电池的内阻为

$$R_0 = \frac{U_0 - U}{I}$$

铅酸蓄电池的内阻不是一个常数，在不同的工作状态和环境条件下内阻不同，采用不同的测试方法、不同的测试持续时间测得的内阻也不同。实际上，铅酸蓄电池的内阻成因复杂且是变化的。宏观上测得的铅酸蓄电池内阻（稳态内阻）包含欧姆内阻、浓差极化内阻和活化极化内阻三部分。

1. 欧姆内阻

欧姆内阻包括极板电阻、隔板电阻、电解液电阻、联条电阻等。隔板电阻主要取决于隔板的材料、厚度及多孔性。在常用的隔板中，微孔塑料隔板的电阻较小。联条电阻主要与联条长度有关，穿壁式联条因较短而电阻较小。铅酸蓄电池在使用过程中，隔板电阻和联条电阻不会改变，极板电阻和电解液电阻会随铅酸蓄电池的放电程度、电解液的温度和密度改变。

在放电过程中，极板上形成的 $PbSO_4$ 的导电性很差，会使极板电阻增大。极板电阻在充足电状态下最小，随着铅酸蓄电池放电程度的增大，覆盖在极板表面的 $PbSO_4$ 增加，极板电阻增大。放电初期极板的电阻增大缓慢，但接近放电终了时急剧增大。铅酸蓄电池放电终了时的极板电阻比充足电状态下的大 2~3 倍。

电解液的电阻与温度和密度有关。如果温度低或电解液的密度高，则电解液的黏度较大，影响离子的运动速率，呈现较大的电阻。电解液的密度过大或过小，还会因其离解度降低而增大电阻。当电解液密度为 1.208 g/cm^3（25℃）时，电解液的离解度最高，黏度不大，电阻最小。

2. 浓差极化内阻

由于浓差极化内阻由参加电极反应的离子浓度变化引起，因此，只要铅酸蓄电池内部进行电化学反应就存在浓差极化内阻。当铅酸蓄电池充放电的电流较小时，浓差极化内阻较小，随着充放电电流的增大，浓差极化内阻会增大，表现为需要更高的充电电压、放电

时端电压下降更多。

3. 活化极化内阻

活化极化内阻是由电化学反应体系的性质决定的，其值很小。一旦确定了电池体系和结构，活化极化内阻就确定了，只有在电池使用寿命后期或放电后期电极结构和状态发生变化而引起反应电流密度改变时，活化极化内阻才会改变，但其值仍然很小。

3.3.2 铅酸蓄电池的充、放电特性

1. 放电特性

铅酸蓄电池的放电特性是指以恒定电流 I_f 放电时，铅酸蓄电池的端电压 U_f、电动势 E 和电解液密度 ρ 随放电时间变化的规律。20小时率放电电流（$I_f=0.05C_n$）下的铅酸蓄电池恒定电流放电特性曲线如图3.20所示。

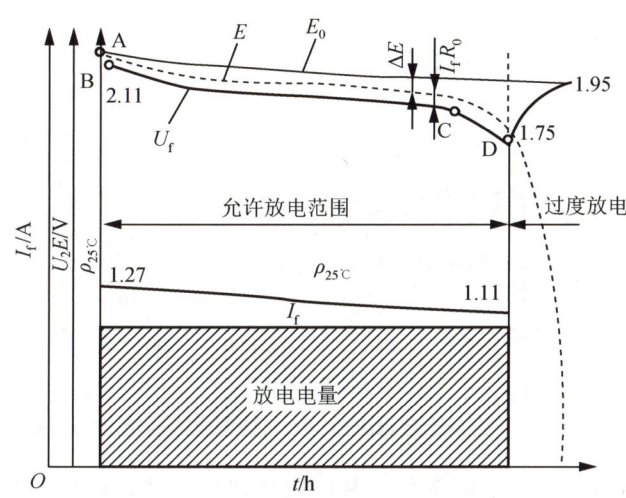

图 3.20　20h 放电率（$I_f=0.05C_n$）下的铅酸蓄电池恒定电流放电特性曲线

放电时，由于铅酸蓄电池内阻 R_0 有电压降，因此铅酸蓄电池端电压 U_f 低于电动势 E，即

$$U_f=E-I_fR_0$$

而 E 又低于静态电动势 E_0，即

$$E=E_0-\Delta E$$

铅酸蓄电池放电时的电化学反应在极板的孔隙内进行。铅酸蓄电池放电时，电动势 E 下降 ΔE 的原因是极板孔隙内的密度小于容器中的电解液密度，形成浓差极化内阻。

从图3.20可知，铅酸蓄电池在开始放电和放电接近终了时电压迅速下降，而在中间较长的一段时间内 U_f 下降比较缓慢。

开始放电时，U_f 迅速下降（AB段）是因为放电初期极板孔隙内的电解液硫酸迅速消耗，密度随迅速减小（ΔE 迅速增大）。极板孔隙内外的电解液有硫酸浓度差后，极板孔隙外的硫酸向孔隙内渗透，使孔隙内的电解液密度减小至与整个容器的电解液密度减小趋于一致（ΔE 基本稳定），因而 U_f 下降比较缓慢（BC段）。接近放电终了时，化学反应深入

极板内部,并且放电后生成的 $PbSO_4$ 使孔隙越来越小,电解液渗透困难,造成极板孔隙内的电解液密度迅速减小(ΔE 又迅速增大),U_f 迅速下降(CD 段)。

1.75V 是 20h 放电率下的终止电压(D 点),若继续放电则为过度放电,端电压会急剧下降。停止放电后,电解液的渗透使孔隙内外的电解液密度趋于一致,单体电池的电动势回升至 1.95V 的静止电动势(ΔE 消失)。

铅酸蓄电池过度放电会导致极板形成粗晶 $PbSO_4$,在充电时不易还原成活性物质而使铅酸蓄电池容量减小,使用寿命缩短。

恒定电流放电时,因每单位时间内硫酸转化为水的数量是一定的,故电解液的密度 ρ 呈线性减小。一般电解液密度每减小 $0.04g/cm^3$,铅酸蓄电池放电约为额定容量的 25%。因此,检测铅酸蓄电池电解液的密度,可大致估计铅酸蓄电池的放电程度。

从图 3.20 可知,可用两个参数判断铅酸蓄电池放电终了:① 单体电池的电压减小至放电终止电压;② 电解液密度减小至最小许可值。

2. 放电电流对放电特性的影响

以不同的恒定电流放电时铅酸蓄电池的放电特性曲线如图 3.21 所示。

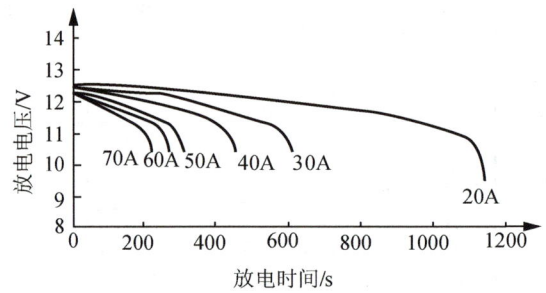

图 3.21 以不同的恒定电流放电时铅酸蓄电池的放电特性曲线

大电流放电时,由于硫酸浓度变化大和内阻造成电压降,因此放电开始后电压下降明显,曲线的平缓部分短,电压倾斜度较大,主要原因是电解液的扩散不能补充放电的消耗,从而引起较大的浓差极化电阻。

终止电压与放电电流有关,放电电流越大,放电时间越短,允许放电的终止电压越小。 放电电流与单体电池终止电压的关系见表 3.3。

表 3.3 放电电流与单体电池终止电压的关系

放电电流/A	$0.05C_{20}$	$0.1C_{20}$	$0.25C_{20}$	$1C_{20}$	$3C_{20}$
连续放电时间/min	1200	600	180	30	5.5
单体电池终止电压/V	1.75	1.70	1.65	1.55	1.50

3. 充电特性

铅酸蓄电池的充电特性是指以恒定电流 I_C 充电时,充电电压 U_C、电动势 E 及电解液密度 ρ 随充电时间变化的规律。20 小时率充电电流($I_C=0.05C_n$)下的铅酸蓄电池恒定电流充电特性曲线如图 3.22 所示。

充电电源要克服铅酸蓄电池内阻电压降,其充电电压 U_C 需高于铅酸蓄电池的电动势 E,即

$$U_C = E + I_C R_0$$

而

$$E = E_0 + \Delta E$$

充电时铅酸蓄电池电动势 E 升高 ΔE 的原因:一是铅酸蓄电池充电时极板孔隙内的电解液密度大于容器中的电解液密度,形成浓差极化;二是充电终期负极板附近集聚的 H^+ 引起附加电位差,即电化学极化。

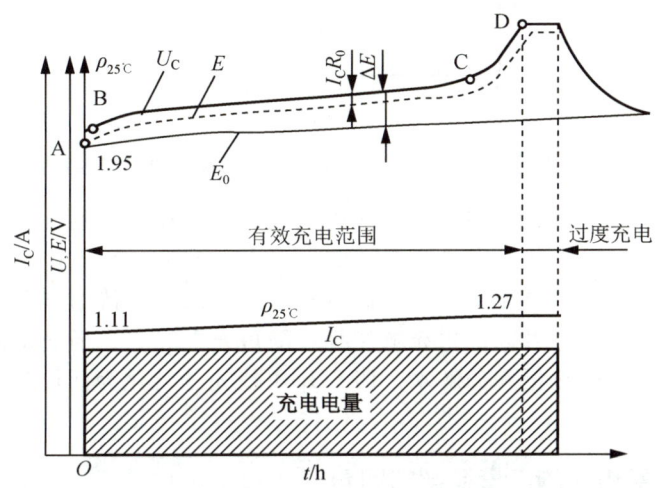

图 3.22 20h 充电率($I_C = 0.05C_{20}$)下的铅酸蓄电池恒定电流充电特性曲线

充电开始时(AB 段),铅酸蓄电池的充电电压 U_C 迅速上升,因为孔隙内电化学反应生成的硫酸使孔隙内的电解液密度迅速增大(ΔE 迅速上升)。极板孔隙内外电解液的硫酸产生浓度差后,极板孔隙内的硫酸向孔隙外扩散,此时 U_C 随着整个容器内的电解液密度的缓慢增大而逐渐上升(ΔE 基本稳定,即 BC 段)。当 U_C 上升至约 2.4V 时,电解液中开始冒出气泡,这是极板上的 $PbSO_4$ 基本被还原成活性物质、充电电流开始电解水的标志。继续充电,水的电解速度不断上升,气泡逐渐增加,使电解液"沸腾"。由于 H^+ 在极板上得到电子变成氢气的速度比水电解的速度低,因此在接近充足电时,负极板附近集聚越来越多的 H^+,使负极板与电解液之间产生一个迅速上升的附加电位差(电化学极化,CD 段),U_C 迅速上升。由于附加电位差最高约为 0.33V,因此,充电电压上升至 2.7V 后不再上升。

理论上,当 U_C 达到 2.7V(D 点)时应终止充电,否则将造成过充电。但在实际使用中,往往在充电电压达到最高值后继续充电 2~3h,以确保铅酸蓄电池充足电。

铅酸蓄电池过充电产生的大量气体会在极板孔隙内造成压力,加速极板活性物质脱落,导致铅酸蓄电池容量下降、使用寿命缩短。

由于采用恒定电流充电,因此铅酸蓄电池的电解液密度 ρ 呈线性增大。

铅酸蓄电池充足电的特征如下。

(1)铅酸蓄电池的端电压上升至最高值(单体电池电压为 2.7V)且 2h 内不再变化。

(2)电解液密度上升至最大值且 2h 内基本不变。

(3) 电解液中冒出大量气泡，呈"沸腾"状。

4. 充电电流对充电特性的影响

以不同充电率恒定电流充电时铅酸蓄电池的充电特性曲线如图 3.23 所示。

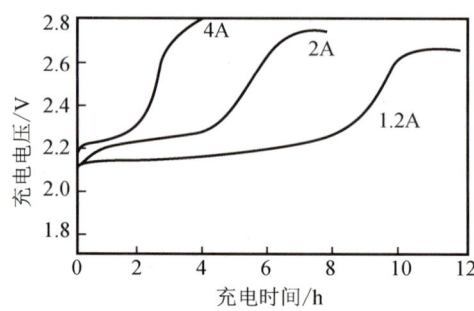

图 3.23 以不同充电率恒定电流充电时铅酸蓄电池的充电特性曲线

大电流充电时，在充电过程中单位时间内生成的硫酸和消耗的水较多，电池的动态电势上升快，充电电压上升较快。由于充电电流大，电池内部极化电阻增大，克服内阻的电压降也增大，因此不仅充电电压上升快，而且充电终期需要保持的充电电压较高。

可见，用较大电流充电可以加快充电过程，缩短充电时间，但充电效率较低。在充电终期大部分能量用于产生热量和分解水，$PbSO_4$ 不能充分转化为活性物质，应适当减小充电电流。

3.3.3 铅酸蓄电池的容量及影响因素

1. 铅酸蓄电池的容量

铅酸蓄电池的容量是在允许放电范围内输出的电量，可用下式表示。

$$C = \int_0^t i \mathrm{d}t$$

式中，C 为铅酸蓄电池的容量（A·h）；i 为放电电流（A）；t 为放电时间（h）。

如果铅酸蓄电池以恒定电流 I_f 放电，则其容量的表达式为

$$C = I_f t$$

铅酸蓄电池的容量表示其供电的能力。由于铅酸蓄电池实际能放出的电量与放电电流、温度及电解液密度等因素有关，因此铅酸蓄电池的标称容量具有一定的标准规范。例如，起动型铅酸蓄电池通常以 20 小时率额定容量 C_n 表示放电能力。

铅酸蓄电池的额定容量是检验新蓄电池的质量、衡量旧蓄电池能否继续使用的重要指标。 若新铅酸蓄电池达不到额定容量则为不合格产品，若旧铅酸蓄电池的实际容量减小至设定的低限值（定额容量的某个比例值，如 $0.8Cn$）则应报废。

动力型铅酸蓄电池通常用 C_5 表示放电能力（C_5 是指 5h 放电率蓄电池的容量）。同一块铅酸蓄电池在不同的放电率下容量不同。

2. 影响铅酸蓄电池容量的因素

铅酸蓄电池的实际容量取决于在允许放电范围内，极板上能参与电化学反应的活性物质的数量。因此，影响铅酸蓄电池容量的因素主要有如下四个。

（1）极板的构造。如果极板上活性物质与电解液接触的表面积大，在允许放电范围内能参与电化学反应的活性物质就多，容量就大。普通铅酸蓄电池一般只利用了极板上20%～30%的活性物质，采用薄型极板、增加极板及提高活性物质的孔隙率可有效提高铅酸蓄电池的容量。

（2）放电电流。放电电流越大，单位时间内消耗的硫酸越多，加之对极板孔隙起阻塞作用的$PbSO_4$产生速率高，孔隙内的电解液密度急剧减小，使铅酸蓄电池端电压很快下降至终止电压，缩短了允许放电时间，使得极板孔隙内的一些活性物质未能参加电化学反应，从而导致铅酸蓄电池容量减小。铅酸蓄电池容量与放电电流的关系曲线如图3.24所示。

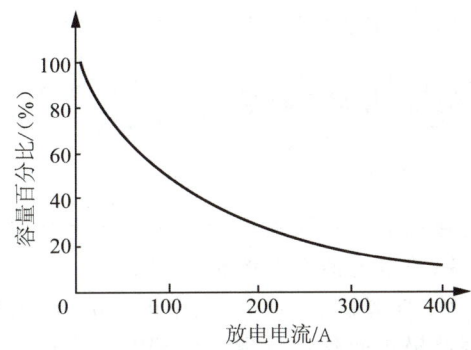

图 3.24　铅酸蓄电池容量与放电电流的关系曲线

（3）铅酸蓄电池的温度。若铅酸蓄电池的电解液温度低，则黏度大、渗透能力弱，极板内层的活性物质不能被充分利用而造成容量减小。此外，温度越低，电解液的溶解度和电离度越低，加剧了容量减小。铅酸蓄电池容量与温度的关系曲线如图3.25所示。

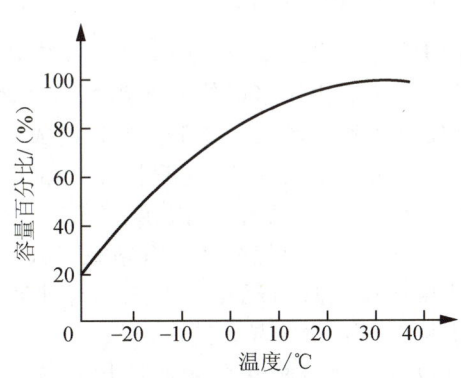

图 3.25　铅酸蓄电池容量与温度的关系曲线

温度每下降1℃，铅酸蓄电池的容量减小约1%（小电流放电）或2%（大电流放电）。因此，使铅酸蓄电池保持在适当的温度，有利于提高其实际容量。

（4）电解液密度。当电解液密度过小时，会因H^+、HSO_4^-数量少而导致容量减小；当电解液密度过高时会因黏度增大、渗透能力降低、内阻增大、极板易硫化而导致容量减小。铅酸蓄电池容量与电解液密度的关系曲线如图3.26所示。

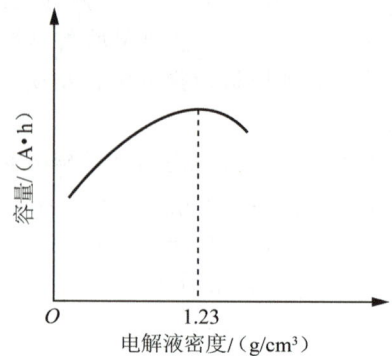

图 3.26 铅酸蓄电池容量与电解液密度的关系曲线

3.3.4 铅酸蓄电池硫化的影响及原因

1. 铅酸蓄电池极板硫化的影响

铅酸蓄电池硫酸不可逆盐化又称极板硫化,是指极板上产生白色、坚硬、不易溶解的粗晶粒 $PbSO_4$。极板硫化对铅酸蓄电池性能的影响如下。

(1) 由于粗晶粒 $PbSO_4$ 很难溶解电离,在充电时 $PbSO_4$ 不易被还原为活性物质,充足电后的活性物质减少,因此极板硫化会导致铅酸蓄电池容量减小。

(2) 生成的 $PbSO_4$ 沉附于极板表面,对极板的孔隙有阻塞作用,造成铅酸蓄电池的内阻增大、放电时端电压降低,从而影响放电性能。

(3) 极板上存在硬化的 $PbSO_4$,使铅酸蓄电池充电时可接受的电流减小,充电电压增大,充电效率下降,且易出现铅酸蓄电池温度过高的现象。

2. 铅酸蓄电池极板硫化的原因及处理措施

(1) 极板硫化的原因。$PbSO_4$ 硬化被认为是 $PbSO_4$ 重结晶引起的,因为重结晶易生成大颗粒 $PbSO_4$,使其溶解度减小。由于多晶体系在热力学上总是向减小表面自由能的方向进行,因此重结晶过程会使晶体颗粒增大。如下情况易造成铅酸蓄电池极板硫化。

① 铅酸蓄电池长时间处于亏电状态,致使极板上的 $PbSO_4$ 未能及时被还原为活性物质,由于 $PbSO_4$ 的溶解度随温度改变,因此,当温度降低时,电解液中的 $PbSO_4$ 因过饱和而析出。$PbSO_4$ 析出时会再结晶,形成粗晶体并沉附在极板表面,造成极板硫化。

② 电解液液面过低,使得极板外露而氧化。当汽车行驶颠簸时,电解液偶尔与极板上部已被氧化的部分接触而使 $PbSO_4$ 再结晶,造成极板硫化。

③ 小电流下的长时间过放电,使极板深层的活性物质转变为 $PbSO_4$,在汽车行驶过程中发电机向铅酸蓄电池充电不可能使这部分 $PbSO_4$ 复原,久而久之会变为粗晶粒 $PbSO_4$。

此外,电解液密度过大、电解液不纯、环境温度变化很大等也易造成极板硫化。

(2) 极板硫化的处理措施。当铅酸蓄电池极板硫化还不严重时,可以用去硫化充电法消除极板硫化:使用水或较稀的电解液,在比正常充电电流小一半或更小的电流下充电,之后放电,再充电,如此反复多次,达到应有容量后,将电解液密度调整到适当值。极板硫化严重的铅酸蓄电池只能报废。

3.3.5 铅酸蓄电池的使用寿命及失效原因

1. 铅酸蓄电池的使用寿命

在铅酸蓄电池使用初期，随着充放电循环次数的增加，其容量增大，逐渐达到最大值。此后，随着充放电循环次数的增加，容量逐渐减小。例如，在使用铅酸蓄电池的过程中，极板活性物质自然老化和脱落、极板腐化和变形、$PbSO_4$ 硫化等均会使铅酸蓄电池的放电能力降低。**当铅酸蓄电池容量减小至额定容量的 80% 以下时，认为达到了该铅酸蓄电池的使用寿命极限。**不同国家、不同类型的铅酸蓄电池都有相应的标准，对铅酸蓄电池性能评定方法和使用期限有明确的规定。

2. 铅酸蓄电池的失效模式及原因

由于极板种类、材质和制造条件、使用环境和方式等都有差异，因此铅酸蓄电池失效的原因不同，归纳起来主要有以下几种。

（1）正极板栅腐蚀变形。铅酸蓄电池的正极板栅在充电过程中会被氧化成 $PbSO_4$ 和 PbO_2，最后丧失支撑活性物质的作用而使铅酸蓄电池失效；或者因为正极板上的 PbO_2 形成腐蚀层而使板栅铅合金产生应力，板栅呈线性长大变形，活性物质与板栅因接触不良而脱落。

（2）正极活性物质软化脱落。除正极板栅变形长大会引起活性物质脱落外，随着充放电反复进行，正极 PbO_2 的结合松弛、软化，并从板栅脱落。

（3）极板产生不可逆硫化。极板上生成粗晶粒 $PbSO_4$，导致铅酸蓄电池无法充电，容量减小至使用寿命极限。

（4）锑在活性物质上积累。随着充放电循环进行，正极板栅上的部分锑迁移到负极活性物质表面，由于氢在锑上的超电势约比在铅上的超电势低 200mV，因此锑的积累使铅酸蓄电池充电电压降低，大部分电流用于分解水，铅酸蓄电池因不能正常充电而失效。

（5）热失控。由于调压装置失控，充电电压过高，充电电流过大，铅酸蓄电池电解液温度升高，导致铅酸蓄电池内阻减小，使充电电流进一步增大，因此进入了"铅酸蓄电池充电电流大→升温→充电电流增大"的恶性循环，致使铅酸蓄电池因温度过高而变形、开裂并最终失效。

（6）容量过早损失。当使用低锑合金或铅钙合金板栅时，在铅酸蓄电池使用初期（约 20 个循环）出现容量突然减小的现象，致使电池失效。

（7）负极汇流排腐蚀。在阀控式密封铅酸蓄电池中，当建立氧循环时，电池上部空间基本充满氧气，电解液沿极耳上爬至汇流排，汇流排的合金氧化形成 $PbSO_4$，腐蚀严重时极耳与汇流排脱开，负极板失效。

（8）隔膜穿孔造成短路。有些铅酸蓄电池的隔膜（如聚丙烯隔膜）孔径较大，在使用过程中聚丙烯丝移动而形成大孔，活性物质在充放电过程中穿过大孔，造成微短路，导致铅酸蓄电池失效。

（9）铅酸蓄电池漏液。在铅酸蓄电池极柱或安全阀四周出现爬酸现象，主要原因有电池密封不良、安全阀失效、充电电压太高等。

（10）铅酸蓄电池的不一致性。由于铅酸蓄电池各单体电池的内阻、容量、充电可接受电流等性能参数存在差异，因此在充放电时，性能差的单体电池更易过充电和过放电，进入性能迅速下降、各单体电池不一致性进一步扩大的恶性循环，最终使铅酸蓄电池报废。

铅酸蓄电池失效往往是许多因素综合作用的结果，既取决于极板的内在因素（如活性物质的组成、晶型、孔隙率、板栅材料和结构等），又取决于外在因素（如充放电电流、电解液密度和温度、放电深度、维护状况和储存时间等）。

3.3.6 铅酸蓄电池的优缺点

【拓展视频】

相比于其他类型的蓄电池，铅酸蓄电池的最大优点是内阻小，可输出大电流，常被用作发动机的起动电源。作为电动汽车的动力电池，铅酸蓄电池的优点如下。

（1）价格低，这是铅酸蓄电池用作动力电池的突出优势。
（2）单体电池的电压较高（可达 2.0V），相比于镍氢电池，相同输出电压的蓄电池组，铅酸蓄电池所需单体电池较少。
（3）适用性和可逆性较好。
（4）电能效率较高，可达 60%。
（5）易浮充使用，没有"记忆"效应。
（6）对温度的适应性较强，可在 -40～60℃下工作。
（7）工作时的荷电状态较易识别。
（8）可制成密封结构，以实现免维护。

铅酸蓄电池的缺点如下。
（1）质量比能量及体积比能量较低，在电动汽车上的质量和体积占比较大。
（2）使用寿命短，成本较高。
（3）充电时间较长。
（4）非密封式铅酸蓄电池维护较麻烦，充放电时析出的酸气会腐蚀设备并对环境造成污染。

小　　结

本章介绍了铅酸蓄电池的基本组成、成流反应、电池构成与类型等，使读者对铅酸蓄电池的基本结构及工作原理有较深入、全面的了解；介绍了阀控式密封铅酸蓄电池的构成、密封技术及相关原理，使读者理解全密封式铅酸蓄电池和阀控式铅酸蓄电池实现免维护的原因；介绍了铅酸蓄电池正、负极板的构成及特性，使读者较好地理解铅酸蓄电池的特点及失效原因。在此基础上，本章总结了铅酸蓄电池的特性，以便读者选用和管理铅酸蓄电池。

思考题

1. 铅酸蓄电池的基本组成是怎样的？其电动势是如何建立的？
2. 当铅酸蓄电池放电和充电时，正、负极分别有什么反应？极板和电解液分别有什么变化？

3. 为什么铅酸蓄电池在充电后期会电解水？
4. 铅酸蓄电池由哪些部件构成？这些部件各起什么作用？
5. 涂膏式极板是如何制成的？单体电池是如何形成的？
6. 按极板的荷电状态、电解液和维护情况分类，铅酸蓄电池分为哪几种？
7. 全封闭式铅酸蓄电池如何通过盖处的检视孔检查性能状态？
8. 为什么密封式铅酸蓄电池能够密封？有哪些密封方式？
9. 阀控式密封铅酸蓄电池的极板有哪几种结构类型？各有什么性能特点？
10. 阀控式铅酸蓄电池加安全阀起什么作用？这种铅酸蓄电池有什么特点？
11. 正极活性物质的 $\alpha-PbO_2$ 和 $\beta-PbO_2$ 的晶型有什么不同？两种晶型分别是如何形成和转变的？
12. 正极活性物质通常采用哪些添加剂？这些添加剂的作用分别是什么？
13. 什么是铅电极的钝化？铅电极的自放电是如何形成的？
14. 铅电极活性物质通常采用哪些添加剂？这些添加剂的作用分别是什么？
15. 铅酸蓄电池的内阻包括哪几个部分？内阻对铅酸蓄电池的充放电特性有什么影响？
16. 充放电电流对充放电特性有什么影响？
17. 影响铅酸蓄电池容量的因素有哪些？分别是如何影响的？
18. 什么是极板硫化？铅酸蓄电池极板硫化的影响和原因分别是什么？
19. 如何确定铅酸蓄电池的使用寿命极限？铅酸蓄电池失效的主要原因有哪些？
20. 相比于其他类型的蓄电池，铅酸蓄电池的优点和缺点分别是什么？

第 4 章 镍氢电池

熟悉镍氢电池的基本原理、结构类型、组成部件；
了解镍氢电池正、负极的构成，充放电过程；
理解镍氢电池的特性。

知识要点	能力要求	相关知识
镍氢电池的构成、成流反应	熟悉镍氢电池的构成，理解镍氢电池的成流反应	组成化学电池的必要条件、电化学原理
镍氢电池的正、负极反应，构成，性能改善	了解正极的充、放电反应及电极的构成、类型、性能改善；了解负极的充、放电反应，储氢合金的类型及特性	氢氧化镍的晶型及电化学特性，储氢合金的储氢方式及特性
镍氢电池的特性	了解镍氢电池的特性及其影响因素、特点	化学电池的内阻、容量及寿命等

镍氢（Ni-MH）电池自1988年进入实用化阶段，1990年在日本开始规模化生产以来，已经成为非常成熟的产品。镍氢电池作为动力电池，在低速电动车及电动汽车上得到广泛应用。

4.1 镍氢电池的基本原理与结构

4.1.1 镍氢电池的基本原理

镍氢电池又称镍金属氧化物电池，其基本组成有正极（氢氧化镍）、负极（储氢合金）及碱性电解液［氢氧化钾（KOH）水溶液］。镍氢电池的化学体系可表示如下。

$$(-)MH | KOH | NiOOH(+)$$

1. 镍氢电池的充、放电原理

镍氢电池正极的活性物质为 NiOOH（放电时）和 $Ni(OH)_2$（充电时），负极的活性物质为氢气（放电时）和水（充电时），在电解液（KOH水溶液）的作用下发生电化学反应，完成充电过程和放电过程。镍氢电池的充、放电原理如图 4.1 所示，其反应式如下。

$$MH + NiOOH \underset{充电}{\overset{放电}{\rightleftharpoons}} M + Ni(OH)_2 \tag{4-1}$$

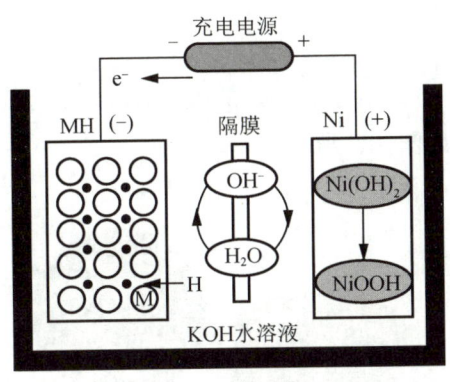
（a）充电原理

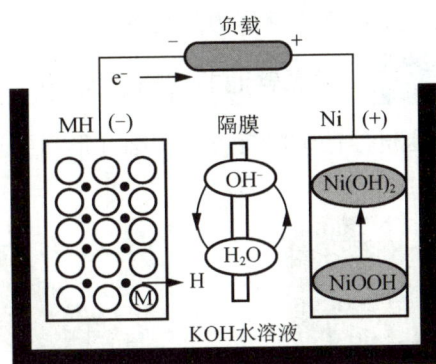
（b）放电原理

图 4.1 镍氢电池的充、放电原理

（1）充电。镍氢电池在充电过程中的正、负极电化学反应如下。

正极： $Ni(OH)_2 + OH^- \longrightarrow NiOOH + H_2O + e^-$

负极： $M + H_2O + e^- \longrightarrow MH + OH^-$

充电时，电解液中的水被分解为 H^+ 和 OH^- 离子，H^+ 被负极吸收，负极的金属转化为金属氧化物。

（2）放电。镍氢电池在放电过程中的正、负极电化学反应如下。

正极： $NiOOH + H_2O + e^- \longrightarrow Ni(OH)_2 + OH^-$

负极： $MH + OH^- \longrightarrow M + H_2O + e^-$

放电时，H^+ 离开负极，OH^- 离开正极，H^+ 和 OH^- 在电解液中结合成水，而在正、

【拓展视频】

负电极之间通过外电路释放电能。

2. 镍氢电池的过充电、过放电反应

镍氢电池过充电时，正、负极的电化学反应如下。

正极（析氧）： $4OH^- \longrightarrow 2H_2O+O_2+4e^-$

负极（耗氧）： $2H_2O+O_2+4e^- \longrightarrow 4OH^-$

总反应： 0

镍氢电池过放电时，正、负极的电化学反应如下。

正极（析氢）： $2H_2O+2e^- \longrightarrow H_2+2OH^-$

负极（耗氢）： $H_2+2OH^- \longrightarrow 2H_2O+2e^-$

总反应： 0

从镍氢电池的过充电、过放电反应可以看出，过充电时，正极析出氧气，而负极消耗氧气；过放电时，正极析出氢气，而负极消耗氢气。因此，镍氢电池具有长期过充电和过放电自我保护能力。

一般按正极容量的限制设计密封镍氢电池的容量，而负极容量超过正极容量的1.3倍甚至更高。正极达到完全充电状态后，析出的氧气可通过隔膜在负极表面被还原为水，使负极不会达到完全充电状态而析出氢气，避免或减缓了镍氢电池内部压力过高。

由于设计时将负极容量设计得足够大，过充电时正极放出的氧气可被负极中的氢气还原，因此无须担心充电时镍氢电池电极产生析气而引起内部压力过高。也就是说，密封镍氢电池不易出现内部压力过高现象。

4.1.2　镍氢电池的结构类型

镍氢电池的形状有方形、圆柱形和扣形等，如图4.2所示。

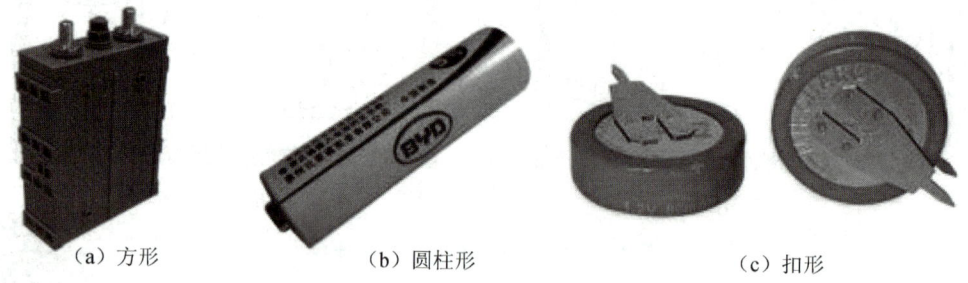

（a）方形　　　（b）圆柱形　　　（c）扣形

图4.2　镍氢电池的形状

根据国际电工委员会（international electrotechnical commission，IEC）标准，用HF表示方形镍氢电池；用HR表示圆柱形镍氢电池。镍氢电池尺寸资料包括圆形镍氢电池的直径和高度，以及方形镍氢电池的高度、厚度和宽度，数值之间用斜杠（/）隔开，单位为mm。例如，HF18/07/49表示方形镍氢电池的宽度为18mm、厚度为7mm、高度为49mm。

圆柱形镍氢电池和方形镍氢电池的结构如图4.3所示。构成镍氢电池极片的工艺方式有多种，主要有烧结式、拉浆式、泡沫镍式、纤维镍式、嵌渗式等。采用不同工艺制备的电极，其容量、大电流放电性能等均有较大差异。通常根据不同的使用条件，采用相应的

工艺制造镍氢电池。

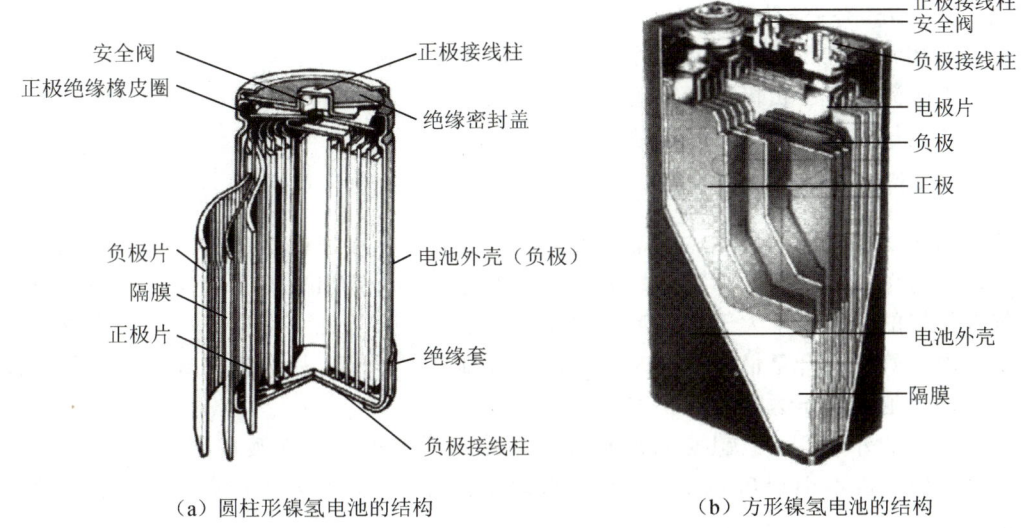

(a) 圆柱形镍氢电池的结构　　　　(b) 方形镍氢电池的结构

图 4.3　圆柱形镍氢电池和方形镍氢电池的结构

4.1.3　镍氢电池的组成部件

1. 正极的构成

镍氢电池的正极采用高孔隙率泡沫镍或纤维镍制造导电骨架，并涂敷高密度氢氧化镍粉末，其制造工艺可分为烧结式和泡沫镍式两大类。适用于制造镍氢电池正极的泡沫镍电极的厚度有 1.7mm、2.0mm、2.4mm 三种，其中 2.0mm 较常见。纤维镍电极是以活性物质、导电剂、添加剂为原材料，经电化学浸渍处理或涂膏处理而制成的。

正极活性物质氢氧化镍的制造方法很多，其中以球形结构的高容量氢氧化镍质量最佳。

制造正极片需要黏结剂［通常采用聚四氟乙烯（PTFE）加少量羧甲基纤维素（CMC）制成］，将一定量的黏结剂与正极活性物质混合，加入导电剂调成膏状并涂敷于泡沫镍或充孔镀镍铜带上，形成正极片。

2. 负极的构成

镍氢电池的负极主要由导电骨架和储氢合金两部分组成，储氢合金粉末与黏结剂混合成膏状物质并涂敷于泡沫镍基体，与导电骨架组合为一体，再经烘干、滚压。储氢合金主要由两类金属熔炼制得，大致分为稀土-镍系（AB_5）型、钛镍系（AB_2）型、稀土-镁系（A_2B）型及稀土-钛铁系（AB）型四类，其中 AB_5 型和 AB_2 型较常见。

制造负极片也需要黏结剂，用一定量由聚四氟乙烯加少量羧甲基纤维素制成的黏结剂与负极活性物质混合，加入导电剂并调成膏状涂敷于充孔镀镍铜带上，形成负极片。

3. 隔膜与电解液

镍氢电池的隔膜可由尼龙无纺布或聚丙烯无纺布等材料制成，但由于尼龙无纺布会在碱性电解液中发生解离，因此大多隔膜由聚丙烯无纺布制成。有些隔膜由表面性能改善的聚乙烯（PE）无纺布或薄且致密的微纤维织物制成。镍氢电池的聚丙烯无纺布隔膜厚度必须大于 0.1mm（一般为 0.12～0.13mm），以确保隔膜具有一定的强度。应用超细纤维技术可制造超细纤维无纺布，其已作为镍氢电池隔膜的材料。

电解液吸附于正、负极片及隔膜中间，镍氢电池一般以 KOH 水溶液为电解液，有的镍氢电池的电解液中含少量 LiOH 或 NaOH。

4. 安全阀和外壳

安全阀在镍氢电池的顶部，通常因过充电、过放电而在正极析出的气体可以在负极消耗，电池自行保持内部压力平衡。然而，在充电电流过大或出现不正确操作的情况下，如果氧气或氢气的生成速率大于自行消耗的速率，电池内部的压力就会过高。安全阀的作用是在电池内部气压上升至最高限值时打开，通过排气孔排气，使电池内部压力降低，以防电池爆裂。电池内部压力降低后，安全阀自动关闭。

镍氢电池的外壳多由镀镍薄钢板制成，在优质低碳钢外表面镀厚度为 3～5μm 的镍，内表面镀镍层厚度不小于 0.2μm，并且要求镀镍层均匀、致密，无锈点、擦伤、划痕等机械缺陷。

一些镍氢电池的负极没有极耳，只靠负极与外壳内部及底部接触而导电，其导电性比有极耳的负极差。因此，需要大电流放电的镍氢电池通常有电极极耳，以保证电池具有良好的放电性能。此外，正极帽中的排气阀多采用橡皮球式，可起到与弹簧式排气阀连通的作用。

4.2 镍氢电池的正极

4.2.1 镍电极反应

镍氢电池的正极为氧化镍电极。在碱性电解液中，正极在充电时为 NiOOH，放电时为 $Ni(OH)_2$。$Ni(OH)_2$ 是不导电物质，阳极氧化后 NiOOH 具有半导体性质。氧化镍电极为 P 型半导体，通过电子及电子缺陷（空穴）导电。

将 $Ni(OH)_2$ 浸于电解液中，在两相界面产生双电层，如图 4.4 所示。

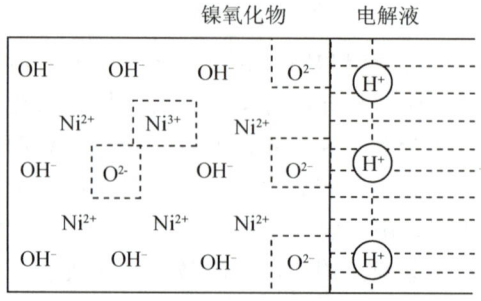

图 4.4 $Ni(OH)_2$ 电解液界面的双电层

P型半导体晶格中的 Ni^{3+} 比 Ni^{2+} 少一个电子,称为电子缺陷;O^{2-} 比 OH^- 少一个质子,称为质子缺陷。$Ni(OH)_2$ 与电解液中的 H^+ 构成双电层。电极的电化学过程及双电层的产生都是通过晶格中的电子缺陷和质子缺陷完成的。

1. 充电过程的电极极化过程

充电时,在电源力的作用下,电极发生阳极极化($Ni^{2+}-e^-\longrightarrow Ni^{3+}$),电子通过电极导电骨架迁移到外电路;氧化物中的 OH^- 失去 H^+ 而成为 O^{2-},质子通过界面双电层移动到电解液,并与电解液中的 OH^- 结合生成水($H^+_{固相}+OH^-_{液相}\longrightarrow H_2O$)。

受阳极极化的影响,在电极表面双电层发生反应。首先产生局部空间电荷内电场,界面上的氧化物表面一侧产生新的 O^{2-} 和 Ni^{3+}。阳极极化使得电极表面的质子(OH^- 中的 H^+)浓度降低,而内部仍保持较高浓度的 OH^-,从而形成 OH^- 浓度梯度,H^+ 由高浓度区(电极内部)向低浓度区(电极表面)扩散,相当于 O^{2-} 向晶格内部扩散。氧化镍电极的充电过程如图 4.5 所示。

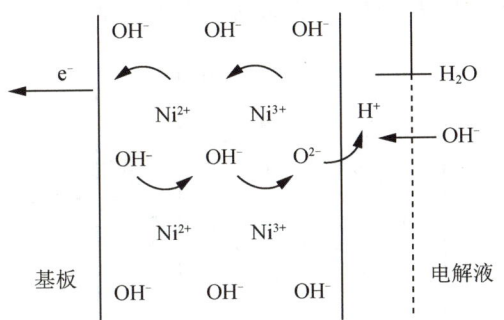

图 4.5 氧化镍电极的充电过程

随着充电过程的进行,正极表面的 Ni^{3+} 增加,电极电位不断升高。由于质子在固相中扩散且扩散速度很低,因此如果充电电流不是很小,迁移的电子多于扩散的质子,则电极表面的 Ni^{3+} 不断增加、H^+ 不断减少。在极限情况下,电极表面的质子可以减少为零,使得表面层中的 NiOOH 几乎全部转变成 NiO_2。当电流继续通过时,电解液中的 OH^- 放电,析出氧气,反应式如下。

$$NiOOH+OH^--e^-\longrightarrow NiO_2+H_2O$$
$$4OH^--4e^-\longrightarrow O_2\uparrow+2H_2O$$

上述析氧过程在充电后不久就开始了,氧化镍电极内部仍存在 $Ni(OH)_2$,并且充电时生成的 NiO_2 掺杂在 NiOOH 晶格中。因此,在充电过程中,虽然电极上析出氧气,但不能说明电池已经充足电,这是氧化镍电极的一个特点。

充电时生成的 NiO_2 可使电位达到约 0.65V,在电极停止充电后,由于 NiO_2 具有不稳定性,因此电极表面的 NiO_2 分解而析出氧气,反应式如下。

$$2NiO_2+H_2O\longrightarrow 2NiOOH+\frac{1}{2}O_2\uparrow$$

随着 NiO_2 浓度的下降,电极电势下降,电极容量有损失。

2. 放电过程的电极极化过程

NiOOH 电解液界面的双电层如图 4.6 所示。

外电路接通，氧化镍电极放电，进行阴极极化过程，反应式如下。

$$\beta-\text{NiOOH} + H_2O + e^- \longrightarrow \beta-\text{Ni(OH)}_2 + OH^-$$

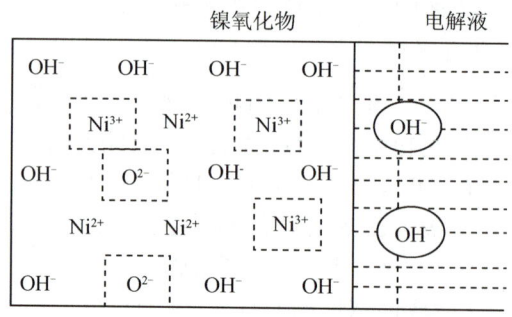

图 4.6　NiOOH 电解液界面的双电层

在氧化镍电极的放电过程（图 4.7）中，Ni^{3+} 得到电子而成为 Ni^{2+}，在电极固相表面层生成 H^+，H^+ 与 O^{2-} 结合生成 OH^-，并向固相内部扩散。

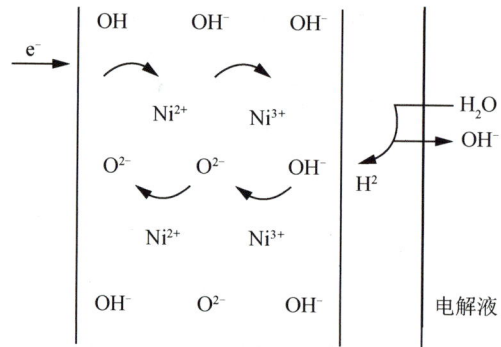

图 4.7　氧化镍电极的放电过程

质子来源于电解液中的水（$H_2O \longrightarrow H^+_{\text{固相}} + OH^-_{\text{液相}}$），质子在固相的扩散速度小于氧化镍电极的反应速度，为了维持反应速度，电极电势必须有相应的变化，这是氧化镍电极的另一个特点。

氧化镍电极的充、放电机理是固相质子扩散，起控制电极行为的作用。在充、放电过程中，水可以进入和离开氧化镍晶格而不改变半导体结构。氧化镍电极的充、放电反应式如下。

$$\beta-\text{NiOOH} + H_2O + e^- \underset{\text{充电}}{\overset{\text{放电}}{\rightleftharpoons}} \beta-\text{Ni(OH)}_2 + OH^-$$

一般在充、放电过程中会形成 $\beta-\text{NiOOH}$ 和 $\beta-\text{Ni(OH)}_2$，但在浓度较大的 KOH 水溶液或 NaOH 水溶液中长时间过充电、过放电后，可以形成 $\gamma-\text{NiOOH}$ 和 NiO_2，使得电极活性降低。

3. 氧化镍电极的充、放电特性曲线

氧化镍电极的充、放电特性曲线如图 4.8 所示。

氧化镍电极的充电反应在表面进行，表面层质子的浓度不断降低，氧化镍内部的质子在浓度梯度的作用下向电极表面扩散。由于质子在固相的扩散速度小于氧化镍电极的反应速度，因此表面层 H^+ 的浓度不断降低，空间正电荷不断减少。若要保持反应速度（充电电流 I_a 不变），则电极电势 φ 必须不断增大，于是氧化镍电极在充电过程中的电极电势不断增大，如图 4.8 中的充电特性曲线所示。

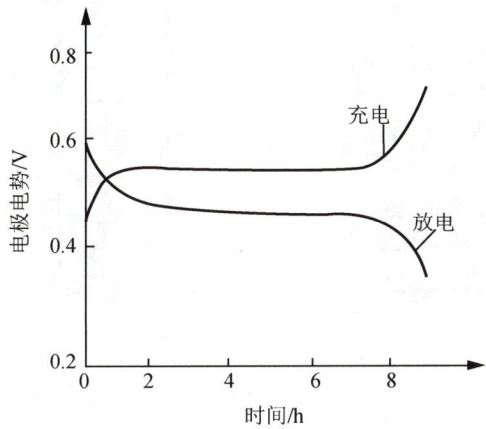

图 4.8　氧化镍电极的充、放电特性曲线

氧化镍电极在放电时，固相表面层 O^{2-} 的浓度不断降低，即 NiOOH 减少、$Ni(OH)_2$ 增加。如果进入固相的 H^+ 的扩散速度与氧化镍电极的反应速度相等，电极电势和 O^{2-} 的浓度就保持不变。由于 H^+ 在固相扩散困难，因此 O^{2-} 的浓度在表面层降低。若要维持反应速度，则电极电势 φ 需不断减小，即阴极电位不断向负方向移动。

当电极内部有大量 NiOOH，电池电压达到放电终止电压时，活性物质不能充分利用。可见，活性物质的利用率受放电电流（极化）的影响，并取决于氧化物固相中质子的扩散速度。

4.2.2　高密度球形 $Ni(OH)_2$ 正极材料

未充电状态下的 $Ni(OH)_2$ 通常是浅绿色粉末，传统的 $\beta-Ni(OH)_2$ 颗粒不规则，粒径范围较大，振实密度约为 $1.6g/cm^3$。与原有无规则形状的低密度 $Ni(OH)_2$ 相比，高密度球形 $Ni(OH)_2$ 呈粒状，尺寸多为 $1\sim20\mu m$，振实密度高（$1.9\sim2.08g/cm^3$）。高密度球形 $Ni(OH)_2$ 可提高电极单位体积的填充量（大于 20%）和体积比容量 $[(550mA\cdot h)/cm^3]$，且具有良好的填充流动性，在镍氢电池生产中是广泛应用的正极材料。

1. $Ni(OH)_2$ 的晶体结构

（1）$Ni(OH)_2$ 的晶体结构及转变。$Ni(OH)_2$ 有 $\alpha-Ni(OH)_2$ 和 $\beta-Ni(OH)_2$ 两种晶型（图 4.9），而其氧化态 NiOOH 有 $\beta-NiOOH$ 和 $\gamma-NiOOH$ 两种晶型。$\alpha-Ni(OH)_2$ 的层间有靠氢锭键合水分子的 $Ni(OH)_2$，具有六方晶格结构，一般在碱性溶液中不稳定，当结晶度较低时在碱性溶液中陈化，转变为 $\beta-Ni(OH)_2$。因此，在碱性溶液中陈化时控制温度、陈化时间、pH 等可实现 $\alpha-Ni(OH)_2$ 向 $\beta-Ni(OH)_2$ 转变。

镍氢电池使用的 $Ni(OH)_2$ 均为 $\beta-Ni(OH)_2$。结晶完好的 $\beta-Ni(OH)_2$ 由具有层状结构的六方晶胞组成，每个晶胞中都有一个镍原子、两个氧原子和两个氢原子。两个镍原子之间的距离为 $0.312nm$，两个 NiO_2 层间的距离为 $0.4605nm$。NiO_2 层中的 Ni^{2+} 与八面体

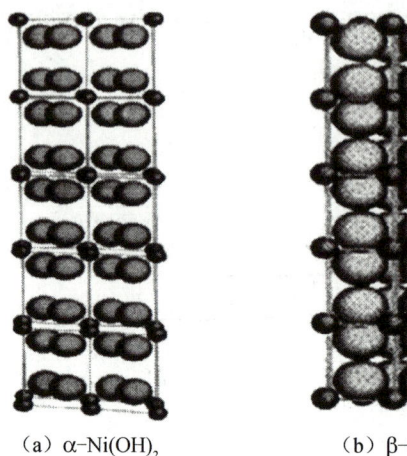

(a) α-Ni(OH)₂   (b) β-Ni(OH)₂

图 4.9 α-Ni(OH)$_2$ 和 β-Ni(OH)$_2$ 的晶体结构

间隙可能成为空穴,也可能被其他金属离子(如 Co^{2+}、Zn^{2+} 等)填充成 Ni^{2+} 的晶格缺陷。在 NiO_2 层间的八面体间隙中还可能填充 H_2O、CO_3^{2-}、SO_4^{2-}、K^+ 和 Na^+ 等。

(2) Ni(OH)$_2$ 与 NiOOH 的转变。在充、放电过程中,Ni(OH)$_2$ 与 NiOOH 存在一定的转变关系,如图 4.10 所示。

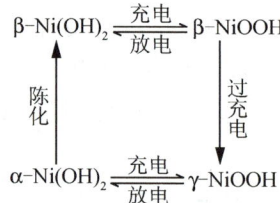

图 4.10 Ni(OH)$_2$ 与 NiOOH 的转变关系

β-Ni(OH)$_2$ 在正常充、放电条件下转变为 β-NiOOH,在转变过程中 H^+ 转移,NiO_2 层间距离从 0.460nm 增大至 0.486nm,Ni-Ni 原子间距离从 0.312nm 减小至 0.281nm。由于 Ni-Ni 原子间距离减小,因此 β-Ni(OH)$_2$ 转变为 β-NiOOH 后体积约减小 15%。但是,在过充电条件下,β-Ni(OH)$_2$ 转变为 γ-NiOOH,Ni 的价态从 2.90 增大至 3.67,NiO_2 层间距离增大至 0.69nm,Ni-Ni 原子间距离增大至 0.282nm,体积增大约 44%。生成 γ-NiOOH 时的体积增大会造成电极开裂、掉粉,从而影响镍氢电池的容量和循环寿命。

由于 γ-NiOOH 在电极放电过程中不能逆变为 β-Ni(OH)$_2$,因此电极中活性物质的实际存储量减小,电极容量减小。γ-NiOOH 放电后转变为 α-Ni(OH)$_2$,体积增大约 39%。由于 α-Ni(OH)$_2$ 极不稳定,在碱性溶液中很快就转变为 β-Ni(OH)$_2$,因此实际使用中应控制电极在 β-Ni(OH)$_2$ 和 β-NiOOH 及其他晶型间的循环。

Ni(OH)$_2$ 和 NiOOH 各晶型的密度、氧化态和晶胞参数等均有差异,在充、放电过程中,如果不考虑各晶型的相互转变,而只考虑镍价态的变化,就可用式(4-2)表示电极的化学反应。

$$\text{Ni(OH)}_2 + \text{OH}^- \underset{\text{放电}}{\overset{\text{充电}}{\rightleftharpoons}} \text{NiOOH} + \text{H}_2\text{O} + e^- \tag{4-2}$$

镍电极充电时，Ni(OH)_2 转变为 NiOOH，即 Ni^{2+} 被氧化成 Ni^{3+}；放电时，NiOOH 逆变为 Ni(OH)_2，即 Ni^{3+} 被还原成 Ni^{2+}。根据法拉第定律，Ni(OH)_2 在充、放电过程中，随着 Ni^{2+} 与 Ni^{3+} 的相互转变，产生的理论放电质量比容量为 $289(\text{mA·h})/\text{g}$。由于电化学反应不充分、过充电或过放电，因此 Ni(OH)_2 的实际放电质量比容量小于理论值。

2. 正极活性物质的制备方法

高密度球形 Ni(OH)_2 的制备方法有多种，如直接沉淀法（化学沉淀晶体生长法）、均相沉淀法、氧化法、离子交换树脂法、粉末金属法、电解法等，不同的制备方法及条件对 Ni(OH)_2 的活性和堆积密度有不同影响。常用水溶液法，其易操作、易实现，对工艺条件的控制要求严格。采用非水溶液法（如氧化法、离子交换树脂法）制备的 Ni(OH)_2 纯度高，但生产成本高。水溶液法中的直接沉淀法综合性能较好，应用较广泛。

（1）直接沉淀法。

① 直接沉淀法的原理及工艺。直接沉淀法是在特定结构的反应釜中进行的，将镍盐和碱直接加入耐碱反应器，主要通过控制反应温度、pH、加料量、添加剂、进料速度、反应时间、陈化时间和搅拌强度等工艺参数来控制晶核产生量、微晶晶粒尺寸、晶粒堆垛方式、晶体生长速度和晶体内部缺陷等，使镍盐或镍配合物与苛性碱发生复分解沉淀反应，生成的 Ni(OH)_2 微晶晶核在特定的工艺条件下生长成高密度球形 Ni(OH)_2 颗粒（图 4.11），颗粒达到一定尺寸后流出反应釜。随后对出釜产品进行混料、表面处理、洗涤、干燥、筛分、检测和包装。

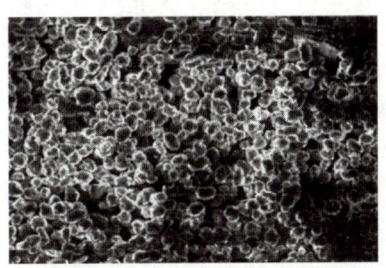

图 4.11　采用直接沉淀法生成的球形 Ni(OH)_2 颗粒

采用直接沉淀法制备 Ni(OH)_2 时，以 NiSO_4、NaOH、$\text{NH}_4·\text{H}_2\text{O}$ 和少量添加剂为原料，其工艺流程如图 4.12 所示。

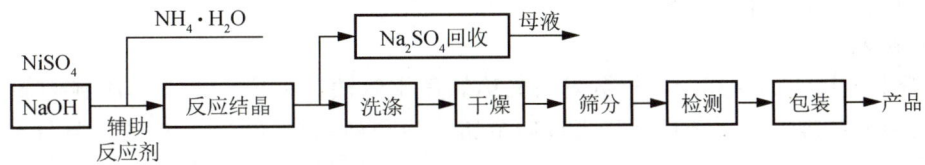

图 4.12　采用直接沉淀法制备 Ni(OH)_2 的工艺流程

② 直接沉淀法的特点。采用直接沉淀法制备 Ni(OH)_2 的工艺过程较简单、易操作、便于生产，Ni(OH)_2 粒度可控，而且纯度较高；缺点是若在制备过程中加入氨水（$\text{NH}_3·\text{H}_2\text{O}$）则会影响生产环境，并引起废水处理问题。

(2) 均相沉淀法。

① 均相沉淀法的原理。采用均相沉淀法制备 $Ni(OH)_2$ 的原理是通过向溶液中缓慢增加沉淀剂，使溶液中的沉淀处于平衡状态，并且沉淀能在溶液中均匀生成。由于缓慢释放沉淀剂，因此克服了向溶液中添加沉淀剂而造成 $Ni(OH)_2$ 不均匀的缺点。在采用均相沉淀法制备 $Ni(OH)_2$ 的过程中，通常使用尿素作为沉淀剂并与镍盐混合，尿素在加热条件下水解缓慢，释放出 NH_3，NH_3 与 H_2O 反应生成沉淀剂 $NH_3 \cdot H_2O$，将反应体系放置到 80~90℃的水浴中陈化、淬冷、分离，经去离子水洗涤后，将沉淀物重新分散在去离子水中，经超声波振荡清洗和烘干后得到高密度球形 $Ni(OH)_2$。

② 均相沉淀法的优点。采用均相沉淀法制备 $Ni(OH)_2$ 的优点是产品粒度较均匀，且可避免生成碱式硫酸盐。

(3) 氧化法。

① 氧化法的原理。氧化法的原理是金属镍粉在 HNO_3 水溶液中直接转换为 $Ni(OH)_2$。在反应过程中不需要氧气及催化剂，整个反应甚至可以在常温、常压下进行，反应式如下。

$$4Ni + HNO_3 + NH_3 \cdot H_2O + 4H_2O \longrightarrow 4Ni(OH)_2 + 2NH_3$$

在制备过程中，反应温度维持在 50~90℃，按化学计量比计算 Ni、HNO_3、$NH_3 \cdot H_2O$ 的用量。Ni 适当过量，通过 HNO_3 调节反应体系的 pH，移走 NH_3，以维持 pH 始终为 8.5~9.0，反应时间最好长于 24h。

② 氧化法的优点。由于在反应过程中不需要通入 O_2，因此可在常压下采用氧化法，生成物经滤、洗涤、烘干后得到高密度球形 $Ni(OH)_2$ 产品。可以用磁力分离器分离产品中的过量金属粉，并将其作为反应物再次参与反应，过程易控制。

(4) 离子交换树脂法。

① 离子交换树脂法的原理。离子交换树脂法的原理是利用硫酸盐、氯盐及硝酸盐与强碱性苯乙烯系阴离子交换树脂进行交换，生成金属氢氧化物溶胶，适用于 Ni、Mg、Co、Zn、Cu、Mn、Fe、Cr。

离子交换树脂法的具体操作过程：在恒温下搅拌时，将一定浓度的镍盐溶液加入具有一定交换容量的强碱性苯乙烯系阴离子交换树脂，用 6mol/L 的 $NH_3 \cdot H_2O$ 调整溶液到适宜的 pH，连续搅拌、反应 30min 后，从混合物中分离阴离子交换树脂，得到 $Ni(OH)_2$ 溶胶。然后在低温下脱水干燥，得到 $Ni(OH)_2$ 产品。

② 离子交换树脂法的特点。采用离子交换树脂法制备 $Ni(OH)_2$ 投入少、成本低，离子交换树脂经再生后可以循环使用。生成的高密度球形 $Ni(OH)_2$ 粒度较小，电化学活性高，但堆积密度低，不适合规模化生产。

(5) 粉末金属法。

① 粉末金属法的原理。粉末金属法又称高压水解法。采用粉末金属法制备 $Ni(OH)_2$ 时，在适当的物理、化学条件下，直接向金属镍粉和催化剂（如 γ）中通入氧气及水，反应生成高密度球形 $Ni(OH)_2$。当氧气的压力为 1~3.5MPa、温度为 180~230℃时，羰基镍粉转化为 $Ni(OH)_2$ 的转化率可达 87%。反应式如下。

$$Ni + \frac{1}{2}O_2 + H_2O + nNH_3 \longrightarrow Ni(NH_3)_n^{2+} + 2OH^-$$

$$Ni(NH_3)_n^{2+} + 2OH^- \longrightarrow Ni(OH)_2 \downarrow + nNH_3$$

② 粉末金属法的特点。采用粉末金属法制备高密度球形 $Ni(OH)_2$ 时,在反应过程中不生成以固态形式析出的副产物,制得的高密度球形 $Ni(OH)_2$ 纯度较高。但由于涉及的反应是一个气相、液相、固相共存体系,因此镍粉的转化率受到限制,未转化的镍粉混入生成的高密度球形 $Ni(OH)_2$ 中,易造成分离问题。

(6) 电解法。

① 电解法的原理。电解法的原理是在外加电流作用下,阳极镍被氧化成 Ni^{2+},水分子在阴极还原析氢生成 OH^-,两者反应生成高密度球形 $Ni(OH)_2$。利用恒流阳极极化和恒电位阳极电沉积法将高密度球形 $Ni(OH)_2$ 沉积到 Ni 基体上,电化学沉积得到水合 $\alpha-Ni(OH)_2$,吸附水嵌入 $\alpha-Ni(OH)_2$ 晶格。

醇盐电解法是一种非水体系电解法。在电解槽中,以纯金属镍板为阳极,以惰性电极(石墨、铂、银)为阴极,以醇为(如甲醇、乙醇、正丙醇、异丙醇、正丁醇、异丁醇及两种醇的混合物)为电解液,整个电解过程电解液均不能有水。由于醇不导电,因此必须加入支持电解质。支持电解质可选用铵盐或季铵盐,需在每升醇中加入 6~12g 支持电解质。采用直流电或整流交流电在醇沸点温度下加热电解,电流密度为 $7\sim200\text{mA}/\text{cm}^2$,电压为 40~50V,电解时间为 16~32h。电解槽需带有回流冷凝装置。

② 电解法的特点。电解法的电流效率高(可达 78%),并且生成的高密度球形 $Ni(OH)_2$ 纯度高。但由于要求设备密封,操作工艺严格,在操作过程中要严格控制无水,成本高,因此电解法制备高密度球形 $Ni(OH)_2$ 仍处于研究阶段。

化学组成和颗粒直径相同的 $Ni(OH)_2$,其电化学性能往往会存在相当大的差异,原因是 $Ni(OH)_2$ 晶体内部微晶晶粒尺寸和缺陷不同。在制备高密度球形 $Ni(OH)_2$ 的过程中,不同的反应工艺、反应物的处理方法、添加剂的种类和添加量都会对组成 $Ni(OH)_2$ 晶体的微晶晶粒尺寸及排列状态产生影响。微晶晶粒尺寸和排列状态又会引起 $Ni(OH)_2$ 晶体内部缺陷、孔隙和表面形貌等的差异,最终影响 $Ni(OH)_2$ 的电化学性能。

3. 高密度球形 $Ni(OH)_2$ 添加剂

由于高密度球形 $Ni(OH)_2$ 是一种导电性不良的 P 型半导体,因此其放电过程受控于固相质子扩散。在放电过程中,随着放电深度的增大,电极上导电性不好的 $Ni(OH)_2$ 增加,放电转变成固相质子扩散和电荷传递混合控制,使得正极的 $Ni(OH)_2$ 颗粒与颗粒之间及颗粒与泡沫镍基体之间的接触电阻增大。在充、放电过程中,若电子的传递受到影响,则会使 Ni^{2+} 不能充分氧化、Ni^{3+} 不能充分还原,活性物质的利用率低,因此纯 $Ni(OH)_2$ 的利用率约为 50%,$Ni(OH)_2$ 的容量难以提高。为了提高 $Ni(OH)_2$ 的电极性能,通常在活性物质中添加含 Co、Li、Zn、Cd、Ca 等元素的添加剂。添加剂对氧化镍电极性能的提高可概括为以下四个方面。

(1) 提高镍电极活性物质的利用率。

(2) 提高镍电极的放电电位。

(3) 抑制镍电极膨胀,以提高镍电极的循环寿命。

(4) 提高镍电极在大温度变化范围内的充、放电性能和大电流充、放电性能。

例如,美国某电池公司生产的 $Ni(OH)_2$ 通常含有五种添加剂,其中 AP52 球形镍粉在 65℃下的放电质量比容量可达室温下的 90%,而一般 $Ni(OH)_2$ 的放电质量比容量只有室温下的 50%左右。对 $Ni(OH)_2$ 正极材料进行掺杂和表面包覆的研究成为提高 $Ni(OH)_2$

性能的有效途径。

镍电极的添加剂种类很多,不同的添加剂及添加量均会对 $Ni(OH)_2$ 微晶结构产生一定的影响。镍电极添加剂在周期表中的分布见表 4.1。由于其他物质对镍电极作用的重复性很差,而且表格中的多数添加剂存在重复性差的局限性,因此深入研究仅局限于少数添加剂,其中 Co 是研究最多且最深入的添加剂。

表 4.1 镍电极添加剂在周期表中的分布

周期	I	II	III	IV	V	VI	VII	VIII
2	Li	Be	B					
3	Na	Mg	Al	Si				
4	K, Cu	Zn	Sc		As	Cr, Se	Mn	Fe, Co
5	Rb, Ag	Cd		Sn	Sb	Mo		
6	Cs	Ba, Hg	稀土元素	Pb	Bi	W		

4.2.3 纳米 $Ni(OH)_2$

1. 纳米 $Ni(OH)_2$ 的结构特性

纳米 $Ni(OH)_2$ 与普通 $Ni(OH)_2$ 相同,也有 α-$Ni(OH)_2$ 和 β-$Ni(OH)_2$ 两种晶型,属六方晶系,晶粒形状有球形、薄片形、针形、椭圆形等,呈浅绿色粉末,但其 X 射线衍射(X-ray diffraction,XRD)图谱峰明显变宽。小粒径的 $Ni(OH)_2$ 堆积密度较大,具有均匀的孔隙率和狭窄的孔径分布,比表面积和压实密度较大,热分解温度和热焓较低,从而具有比常规材料高的活性,体积比容量也较大。普通 $Ni(OH)_2$ 与纳米 $Ni(OH)_2$ 的主要物理性质比较见表 4.2。

表 4.2 纳米 $Ni(OH)_2$ 与普通 $Ni(OH)_2$ 的主要物理性质比较

类型	平均粒径 /μm	比表面积 /(m²/g)	压实密度 /(g/cm³)	体积比容量 /[(mA·h)/cm³]	质子扩散系数 /(cm²/s)	热分解温度/℃	热焓 /(J/g)
纳米 $Ni(OH)_2$	0.005~2.2	36.5	2.3~2.5	700	$1.1×10^{10}$	330.62	443.86
普通 $Ni(OH)_2$	10~20	9.9	2.0~2.1	500	$3.5×10^{11}$	334.63	484.61

由于纳米材料具有量子尺寸效应、量子限域效应和界面效应,因此与其他非纳米材料相比具有许多独特的物理性质和化学性质。将纳米 $Ni(OH)_2$ 用于镍电极,不仅可提高电极的填充密度,而且由于粒径小、比表面积大,还可增加电极与电解液的接触,减小质子在固相中的扩散距离,从而提高质子扩散速度,有利于提高镍电极的电化学性能。与普通 $Ni(OH)_2$ 相比,纳米 $Ni(OH)_2$ 具有更优异的电催化活性、更高的放电平台、更高的电化学容量及更高的密度,因此,它的制备方法和应用特性引起了众多研究者的关注。

2. 纳米 $Ni(OH)_2$ 的制备方法

纳米 $Ni(OH)_2$ 的制备方法有沉淀转化法、配位沉淀法、微乳液法、无水乙醇溶剂法、高能球磨法、固相反应法等。

(1) 沉淀转化法。

① 沉淀转化法的工艺特点。沉淀转化法是根据难溶化合物溶度积（K_{sp}）的不同，通过改变沉淀剂或沉淀剂的浓度、转化温度等转化条件，并借助活性剂来控制晶粒的尺寸及生长，防止晶粒团聚，从而获得分散性好的纳米晶粒。因为表面活性剂吸附在晶粒表面，形成微胞状态，使晶粒之间产生排斥力，晶粒间不能接触，所以防止了晶粒团聚。选择合适的表面活性剂浓度及转化温度对制备晶粒尺寸小的纳米 $Ni(OH)_2$ 很重要。该方法成本低、工艺简单、产量高，便于推广到工业化生产。

② 沉淀转化法的影响因素。镍盐与草酸盐反应生成草酸镍盐，通过控制反应温度、搅拌强度、pH 等，并加入一定量的表面活性剂和碱性溶液，可发生沉淀反应。

a. 表面活性剂的影响。表面活性剂要适量，加入过少，对生成的 $Ni(OH)_2$ 晶粒的包覆作用较弱，不能有效地抑制晶粒的继续生长，造成 $Ni(OH)_2$ 晶粒过大；加入过多，对纳米 $Ni(OH)_2$ 晶粒的包覆作用较强，$Ni(OH)_2$ 晶粒晶核生长缓慢，晶粒变小，镍离子的沉淀时间过长，草酸镍转化不完全。

b. 反应温度的影响。反应温度对纳米 $Ni(OH)_2$ 的生长有重要影响。反应温度过高，转化反应速率过高，甚至部分离子穿透晶粒表面的活性剂膜层继续生长，使晶粒生长失去控制，晶粒变大；反应温度过低，转化速率变低，反应时间延长。

(2) 配位沉淀法。

① 配位沉淀法的工艺过程。先在金属盐溶液中加入某种配位剂，使之转化为可溶的配位化合物，再加入沉淀剂并控制沉淀剂的加入方式或滴加速度，可获得纳米 $Ni(OH)_2$。

例如，在一定浓度的 $Ni(NO_3)_2 \cdot 6H_2O$ 溶液中加入稍过量的乙二胺，加热并搅拌 20min 后，冷却至室温，得到紫红色镍的乙二胺配合物溶液。然后加入 NaOH 溶液，继续搅拌 1h，经过滤、洗涤得到 $Ni(OH)_2$ 超微粉末，在 80℃ 真空中干燥 8h，经热处理后得到纳米 $Ni(OH)_2$。

② 配位沉淀法的影响因素。在采用配位沉淀法制备纳米 $Ni(OH)_2$ 的过程中，碱性溶液的滴加方式、沉淀温度等对 $Ni(OH)_2$ 的晶粒尺寸影响较大。

(3) 微乳液法。

① 微乳液法的原理。微乳液法又称反向胶束法。微乳液通常是由表面活性剂、助表面活性剂、有机溶剂和水组成的透明、具有各相同性、低黏度的热力学稳定体系，其中有机溶剂作为分散介质，水作为分散相，表面活性剂作为乳化剂。微乳液法的原理是利用金属盐和沉淀剂形成微乳液，在水核微区（微反应器）控制胶粒的成核生长，经热处理后得到纳米 $Ni(OH)_2$。

水核是指表面活性剂溶解在有机溶剂中，当其浓度超过临界胶束浓度时，形成亲水极性头朝内、疏水基链朝外的液体晶粒结构，即油包水（W/O）结构。

② 微乳液法的特点。微乳液法可有效避免晶粒团聚，易控制纳米晶粒尺寸，单分散性好，实验设备简单、容易操作。采用微乳液法制备的纳米 $Ni(OH)_2$ 的尺寸及结构与 pH、水与表面活性剂的比例、表面活性剂的性质及反应温度等有关。

(4) 无水乙醇溶剂法。

① 无水乙醇溶剂法的原理。以无水乙醇为溶剂,在体系中加入非离子表面活性剂聚乙二醇辛基苯基醚(TX-100),将 TX-100 和无水乙醇按 1∶16 的比例(体积比)配成溶液,加入一定浓度的氨水-乙醇溶液,使溶液透明,将温度控制在 25℃,以一定的速度滴加硝酸镍-乙醇溶液,并搅拌离心,即可制备纳米 $Ni(OH)_2$。

② 无水乙醇溶剂法的特点。加入非离子表面活性剂 TX-100 可对晶体的生成产生一定影响,尤其会影响沉淀颗粒的粒径,而且可防止分散的纳米晶粒团聚。因为表面活性剂吸附在晶粒表面,形成微胞状态,使晶粒之间产生排斥力而不能接触,所以可防止纳米晶粒团聚。

(5) 高能球磨法。

① 高能球磨法的原理。高能球磨法是一种物理方法,是一个无外部热能供给的高能球磨过程,也是一个大晶粒转变为小晶粒的过程。其原理是把样品放入高能球磨机,经过长时间运转,利用球磨机的转动或振动使硬球对原料进行强烈的撞击、研磨和搅拌,将回转机械能传递给样品,并在冷态下对其进行反复挤压和破碎,使其成为弥散状态分布的超微晶粒,直接把粉末粉碎成纳米级。

② 高能球磨法的特点。采用高能球磨法制备纳米 $Ni(OH)_2$ 工艺简单,条件易控制,易放大,适合批量生产,制得产品具有高熔点。该方法的主要缺点是晶粒尺寸不均匀,易引入某些杂质,因而需使用好的硬球材料(如使用不锈钢球、玛瑙球或硬质合金球等),并且需要控制球磨时间和球磨温度。

(6) 固相反应法。

① 固相反应法的原理。固相反应法的原理是将金属盐与金属氢氧化物按一定比例充分混合,发生复分解反应后生成前驱体,前驱体经多次洗涤、充分研磨后煅烧,研磨后得到纳米 $Ni(OH)_2$。

② 固相反应法的特点。固相反应法的设备投资少,工艺流程简单,反应条件易控制,产量高,成本低,对环境污染少;但得到的纳米 $Ni(OH)_2$ 超微粉粒度分布不均匀且极易团聚。

除上述制备纳米 $Ni(OH)_2$ 的方法外,在反应条件允许的情况下,制备高密度球形 $Ni(OH)_2$ 采用的均相沉淀法、离子交换树脂法等也可用于制备纳米 $Ni(OH)_2$。

3. 纳米 $Ni(OH)_2$ 的反应机理与性能提高

(1) 纳米 $Ni(OH)_2$ 的反应机理。

与普通 $Ni(OH)_2$ 相比,纳米 $Ni(OH)_2$ 具有更优异的电化学性能,可以从纳米材料本身和固相质子扩散的角度解释。

① 由于纳米 $Ni(OH)_2$ 表面存在大量的悬键和不饱和键,因此活性较高。

② 由于纳米 $Ni(OH)_2$ 的粒径小,比表面积更大,活性材料与电解液的接触增加,因而减小了电极在充、放电过程中的浓差极化,有利于提高纳米 $Ni(OH)_2$ 的利用率。

③ 纳米微粒可以减小质子在固相中的扩散距离,从而提高质子的扩散性能。

④ 根据粉末微电极循环伏安测试可知,纳米 $Ni(OH)_2$ 的质子扩散系数比普通 $Ni(OH)_2$ 的高近一个数量级,提高了镍电极的导电性能和质子传导性能,减小了电极的反应阻抗,提高了活性材料的利用效率。

⑤ 在纳米 $Ni(OH)_2$ 电极中，$Ni(OH)_2$ 的比表面积较大，不仅有利于活性物质与电解液接触，还有利于质子在晶格间扩散。质子扩散是控制 $Ni(OH)_2$ 电极反应速率的步骤，质子扩散系数的提高意味着 $Ni(OH)_2$ 的反应活性提高。因此，纳米 $Ni(OH)_2$ 电极具有良好的电化学活性。

(2) 纳米 $Ni(OH)_2$ 的性能提高。

与普通 $Ni(OH)_2$ 相比，纳米 $Ni(OH)_2$ 的性能有以下提高。

① 电化学反应可逆性提高。纳米 $Ni(OH)_2$ 具有更高的电化学活性和快速活化性能，在电化学氧化还原过程中的极化较小，放电质量比容量高，具有更好的电化学反应可逆性。

② 放电质量比容量高，循环稳定性好。纳米 $Ni(OH)_2$ 具有较高的电化学活性，而且抗过充性能显著提高，有更高的放电质量比容量及更长的使用寿命。

③ 活性物质的利用率提高。由于纳米 $Ni(OH)_2$ 的充电电位低于普通 $Ni(OH)_2$ 的充电电位，而其放电电位高于普通 $Ni(OH)_2$ 的放电电位，因此活性物质的利用率更高。

4.2.4　α-$Ni(OH)_2$ 简介

1. β-$Ni(OH)_2$ 的发展瓶颈

β-$Ni(OH)_2$ 体系的缺点是在充电后期析氧严重、充电效率低，且过充电时生成的 γ-$NiOOH$ 易导致充、放电过程中电极的膨胀和收缩，引起活性物质脱落，从而影响电池的使用寿命。尽管可通过添加剂提高其性能，但仍不可能突破在 β-$Ni(OH)_2$ 的电化学氧化还原过程中只转移一个电子，理论质量比容量为 $289(mA \cdot h)/g$ 的限制。普通储氢合金负极的质量比容量为 $330(mA \cdot h)/g$，新型储氢合金的质量比容量为 $550 \sim 700(mA \cdot h)/g$，而且两者的大电流充、放电性能优良。因此，在质量比容量和大电流充、放电的指标上，由 β-$Ni(OH)_2$ 体系构成的正极成为制约电池发展的瓶颈。

在电池的充、放电过程中，可能发生 α-$Ni(OH)_2$ 与 γ-$NiOOH$ 的相互转化；基本不引起电极变形，不产生应力，而观察到的转移电子有 1.66 个，按此计算，其理论质量比容量可达 $480(mA \cdot h)/g$。考虑材料的掺杂因素，其质量比容量将达到 $380(mA \cdot h)/g$。掺杂稳定的 α-$Ni(OH)_2$ 的出现，给镍系列电池的发展带来了希望。已有人研究制备能提高质量比容量的 α-$Ni(OH)_2$ 镍正极，以使正极与负极匹配更合理。

2. α-$Ni(OH)_2$ 的稳定机理

一般采用电化学法制备 α-$Ni(OH)_2$，制备的 α-$Ni(OH)_2$ 在强碱溶液中不稳定，会逐渐陈化转变为 β-$Ni(OH)_2$，获得的高比容量很快消失。因此，制备能在碱性溶液中保持稳定的 α-$Ni(OH)_2$ 成为镍氢电池活性材料研究的热点。通过掺杂使 α-$Ni(OH)_2$ 中的部分金属离子取代 α-$Ni(OH)_2$ 晶格中 Ni 原子的位置，提高了 α-$Ni(OH)_2$ 的稳定性。

制备能够在强碱溶液中稳定存在的 α-$Ni(OH)_2$ 有两个必要条件：一是取代的三价金属离子的半径小于二价镍离子的半径；二是在强碱溶液中取代金属元素的稳定存在形式为三价。α-$Ni(OH)_2$ 的稳定机理可解释如下。

(1) 三价金属离子使活性物质的晶粒细化，减小了活性物质的缺陷和张力，位能量降低。

(2) 三价金属离子使活性物质带正电荷，但 CO_3^{2-}、NO_3^- 等离子渗入活性物质的晶格，一方面抵消了过剩的正电荷，另一方面提高了双层结构的强度。

(3) 三价金属离子使双层结构联合牢固，阻止了双层结构的溶解和陈化。

(4) 阴离子发生迁移，但不影响 α-Ni(OH)$_2$ 双层结构的稳定性。由于含 Al 的镍电极材料具有优良的可逆性、高的电极电位和库仑效率，因此其是理想的镍电极材料。

3. α-Ni(OH)$_2$ 的性能提高

(1) 减小了电化学反应阻力。通过控制结晶工艺制备 Al 代 α-Ni(OH)$_2$，这种球形 Al 代 α-Ni(OH)$_2$ 的层间距离较大，有利于质子的迁入和脱出，使其具有较大的质子扩散系数。而在镍电极的反应过程中，质子扩散是其反应速率的控制步骤，提高质子扩散系数可降低电化学反应阻力，因此 Al 代 α-Ni(OH)$_2$ 的电化学反应阻力小于 β-Ni(OH)$_2$ 的电化学反应阻力。

(2) 提高了低倍率充、放电性能。Al 代 α-Ni(OH)$_2$ 与纯 α-Ni(OH)$_2$ 的晶体结构相似，在强碱环境下具有较高的结构稳定性。充、放电曲线表明，在低倍率充、放电时，与 β-Ni(OH)$_2$ 电极相比，Al 代 α-Ni(OH)$_2$ 电极的充电电压较低而放电电压较高，其放电平台比 β-Ni(OH)$_2$ 电极的高 60～70mV，并且放电平台拖尾较短。充电电压较低有助于抑制析氧发生，从而提高电极的充电效率。

(3) 提高了高倍率充、放电特性。随着充、放电倍率的提高，电极的极化作用增强，充电电压升高，而放电平台和容量降低。当以 3C 充放电时，Al 代 α-Ni(OH)$_2$ 电极仍然具有良好的平台特性，其 1.2V 以上容量占总容量的 48%，1.1V 以上容量占总容量的 91%。而 β-Ni(OH)$_2$ 电极的容量随放电倍率的提高而急剧降低，其 1.1V 以上的容量只占总容量的 62%。

相比于 β-Ni(OH)$_2$，Al 代 α-Ni(OH)$_2$ 电极的充电效率高，循环性能及大电流充、放电性能优良。试验表明，Al 代 α-Ni(OH)$_2$ 特别适合大电流放电，具有很好的循环稳定性，为动力电池的发展提供了有力途径。优良的大电流放电性能可使电动汽车的加速及爬坡性能明显提高，大电流充电性能使电动汽车的快速充电成为可能。Al 代 α-Ni(OH)$_2$ 有望成为镍氢电池正极活性材料的首选。

4.2.5 镍电极小结

由于镍氢电池一般以镍正极为能量限制电极，因此对正极材料提出了更高要求。制备高容量、高活性的 Ni(OH)$_2$ 正极材料是提高镍氢电池能量的关键。研究与开发正极材料的重点在于研究材料的制备技术以控制 Ni(OH)$_2$ 的形状、化学组成、粒度分布、结构缺陷、表面活性等，同时选择新型添加剂及工艺，以明显提高正极的放电质量比容量和循环稳定性。

对于纳米 Ni(OH)$_2$ 电极，无论是纳米 Ni(OH)$_2$ 还是一维 Ni(OH)$_2$ 材料，虽然用于镍氢电池正极活性材料的研究和开发尚处于起步阶段，但其粒度小、比表面积大、压实密度大、质量比容量高、电化学反应可逆性好等，具有广阔的发展前景。但要研制成功适合商业化生产的电池用纳米 Ni(OH)$_2$ 材料，还需解决很多问题。

4.3 镍氢电池的负极

由于镍氢电池负极的活性物质是储氢合金，因此负极又称储氢电极（MH 电极）。由于储氢合金在充、放电过程中伴有吸氢和放氢反应，涉及电极表面电化学及体相扩散过程，因此在大电流或高温状态下，储氢电极对镍氢电池的综合性能影响极大。

4.3.1 储氢电极反应

充电时，溶液中的 H^+ 在负极表面得到电子而成为氢原子，氢原子由负极表面向内部扩散，与负极储氢合金结合生成氢化物。放电时，氢化物中的氢原子在负极表面失去电子而成为 H^+ 并进入电解液，与电解液中的 OH^- 结合生成水分子。

从表面上看，镍氢电池在整个充、放电过程中只有氢原子和 H^+ 的变化，氢原子在正、负极间移动，储氢合金本身不作为活性物质参与反应，而只作为氢的储藏体和电极反应催化剂。实际上，储氢电极在碱性溶液中发生一系列反应，包括氢扩散过程和电子转移过程。

1. 放电时储氢电极反应

镍氢电池放电时，负极发生的反应如下。

氢扩散： $$MH_x^{ab} \longrightarrow M \cdots H_x^{ad}$$

电子转移： $$M \cdots H_x^{ad} + xOH^- \longrightarrow M + xH_2O + xe^-$$

式中，M 为储氢合金；H^{ab} 为吸收态氢；H^{ad} 为吸附态氢。

氢在储氢电极中的扩散是电极反应速率的控制步骤，电极反应速率及氢扩散系数与电极有效比表面积有关。

图 4.13 所示为储氢电极的氧化过程。氢原子从氢化物相中释放；或分子氢经过电氧化脱附，在电极表面解离为氢原子。随着放电反应的进行，负极表面双层结构中的 OH^- 浓度不断降低，负极电位越来越高。

2. 充电时储氢电极反应

镍氢电池充电时，负极发生的反应如下。

电子转移： $$M + xH_2O + xe^- \longrightarrow M \cdots H_x^{ad} + xOH^-$$

氢扩散： $$M \cdots H_x^{ad} \longrightarrow MH_x^{ab}$$

图 4.14 所示为储氢电极的还原过程。随着充电反应的进行，负极表面双层中的 OH^- 浓度不断升高，负极电位越来越低。此外，负极产生的氢与正极的 NiOOH（包括 NiO_2）反应，降低了电池内氢的分压，使得负极电位在充电后期逐渐降低。对于负极来说，正极发生的氧的复合反应也消耗氢，使得负极电位向正方向移动。

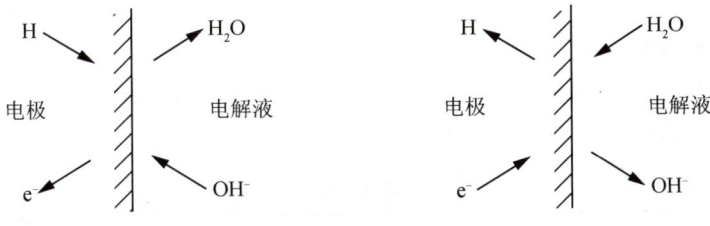

图 4.13 储氢电极的氧化过程　　图 4.14 储氢电极的还原过程

4.3.2 储氢合金的要求、组成与类型

储氢合金的组成与特性对镍氢电池的容量、循环寿命、交换电流密度、平衡电位等均有很大影响。储氢合金的电化学性质与其结构、各组成性质和含量、电化学过程的状态等

有关。因此，可以通过设计储氢合金的组成来优化电化学性能，以提高镍氢电池的性能。

1. 储氢合金的储氢方式

储氢合金是指在一定的温度和压力下，能可逆吸收、储存和释放氢的金属间化合物。在储氢合金中，氢以原子状态储存于合金的八面体间隙或四面体间隙处，这种结构特性使得金属氢化物具有高储氢体积密度和优异的安全性。金属或金属间化合物属于金属晶体，其晶体结构中的原子排列十分紧密，大量晶格间隙可吸收大量氢，并使氢处于最致密的填充状态，这就是金属或金属间化合物能吸收大量氢的原因。

2. 对储氢合金的要求

用于镍氢电池负极材料的储氢合金应满足以下条件。

（1）易活化，储氢合金的质量比容量高［超过250(mA·h)/g］，且在较大的温度范围内不会发生太大的变化。

（2）在电池工作温度范围（-20～60℃）内，储氢合金具有合适的氢平衡分解压（在室温下为10132.5～101325Pa），对氢的阳极极化有良好的催化作用。

（3）抗阳极氧化性强，在氢的阳极氧化电位范围内具有较强的抗阳极氧化性。

（4）催化活性高，反应阻力（氢过电压）小，氢扩散速度高，电极反应的可逆性好，在反应初期活化少。

（5）在碱性电解液中的化学稳定性好，合金组分的化学性质相对稳定。

（6）使用寿命长，在反复充、放电过程中合金不易粉化，制成的电极能保持形状稳定、耐碱性电解液腐蚀。

（7）氢化物的生成热小于62.78kJ，并且储氢合金具有良好的电传导性和热传导性。

（8）易实现工业化生产，原材料成本低。

（9）在储存和运输过程中安全、无害。

3. 储氢合金的组成与类型

（1）储氢合金的组成。

虽然周期表中的所有金属元素都能与氢化合生成氢化物，但目前开发的储氢合金都是将放热型金属 A（由一种或多种稀土元素组成，如 La、Ce、Pr、Nd、Ti、Zr 等）和吸热型金属 B（如 Ni、V、Cr、Co、Mn、Al 等）合理组合，制备出在室温下具有可逆的吸氢能力和放氢能力的储氢材料。

（2）储氢合金的类型。

储氢合金可分为 AB_5 型储氢合金、AB_2 型储氢合金、A_2B 型储氢合金、AB 型储氢合金等。典型储氢合金的主要特性见表4.3。

表4.3 典型储氢合金的主要特性

储氢合金类型	典型氢化物	氢与金属原子比 (H/M)	吸氢质量/储氢合金质量/（%）	质量比容量/[(mA·h)/g]	
				理论值	实际值
AB_5	$LaNi_5H_6$	1.0	1.38	348	330
AB_2	$Ti_{1.2}Mn_{1.8}H_3$	1.0	1.80	482	420
	$ZrV_2H_{4.5}$	1.5	2.30		

续表

储氢合金类型	典型氢化物	氢与金属原子比（H/M）	吸氢质量/储氢合金质量/（％）	质量比容量/[(mA·h)/g] 理论值	质量比容量/[(mA·h)/g] 实际值
A_2B	Mg_2NiH_6	1.3	3.62	965	500
AB	$TiFeH_2$	1.0	1.91	536	350

在上述储氢合金中，AB_5 型储氢合金最早被用于负极材料，而 AB_2 型储氢合金、A_2B 型储氢合金等因具有更高的质量比容量而被广泛关注，具有广阔的应用前景。

① AB_5 型储氢合金。AB_5 型储氢合金是在 $LaNi_5$ 的基础上发展起来的，在镍氢电池中得到广泛应用。AB_5 型储氢合金具有易活化、高倍率放电性能好、P-C-T 曲线平台较高、电催化活性好等优点；缺点是放电质量比容量较低 [290～300(mA·h)/g]，在循环过程中容易粉化和氧化，从而降低了电极的循环寿命。

AB_5 型储氢合金采用掺杂（加入 Co、Mn、Al 等）的方式提高质量比容量。例如，储氢合金材料 $La_{5.7}Ce_{8.0}Pr_{0.8}Nd_{2.3}Ni_{59.2}Co_{12.2}Mn_{6.8}Al_{0.5}$ 的质量比容量达到 320(mA·h)/g，催化活性也很好。

② AB_2 型储氢合金。AB_2 型储氢合金又称拉弗斯（Laves）相合金，典型的有 $MgCu_2$ 型储氢合金、$TiMn_2$ 型储氢合金、$ZnNi_2$ 型储氢合金等。AB_2 型储氢合金的特点是储氢量大、在电解液中稳定性好、循环寿命高；但由于合金表面易形成致密的氧化物薄膜，因此不易活化，高倍率放电性能很差。

AB_2 型储氢合金通过添加微量稀土元素和表面处理技术提高电极性能。例如，储氢合金 $V_{18}Ti_{15}Ze_{18}Ni_{29}Cr_5Co_7Mn_8$ 和 $V_5Ti_9Zr_{26.2}Ni_{38}Cr_{3.1}Co_{1.5}Mn_{15.6}Al_{0.4}Mn_{0.8}$ 的质量比容量达到 385～450(mA·h)/g。

③ A_2B 型储氢合金。A_2B 型储氢合金的代表是 Mg_2Ni 型储氢合金。其优点是储氢量大、质量轻、来源丰富、成本低等；缺点是因生成的氢化物稳定，吸、放氢动力学性能差，故难以在电化学储氢领域广泛应用。

④ AB 型储氢合金。AB 型储氢合金的代表有 TiNi 型储氢合金和 FeTi 型储氢合金。其优点是理论质量比容量大、耐蚀性好；缺点是初期电化学活性差，易受 CO_2、CO 等杂质气体毒化而失去活性，且高倍率放电性能较差。

4.3.3 储氢合金的性能提高处理

储氢合金的表面成分、微观结构及电催化活性对镍氢电池的放电速率、循环寿命等影响极大。对合金表面进行适当处理，可以显著提高储氢电极及储氢电池的性能。常用的储氢合金性能提高处理有表面包覆处理、酸处理和碱处理、表面修饰处理、氟化处理、还原剂处理等。

1. 表面包覆处理

储氢合金在反复充、放电过程中的氧化和粉化是影响电池使用寿命的主要原因。为此，除了通过调整储氢合金成分来提高其抗氧化和抗粉化的性能外，还可采用表面包覆处理。表面包覆处理就是采用化学镀的方法在储氢合金表面包覆一层 Cu、Ni、Co 等金属或合金，在储氢合金负极表面形成网状金属膜。对储氢合金进行表面包覆处理的主要作用如下。

(1) 可阻止氢气逸出,有利于氢向合金内扩散,抑制电极体系内部压力增大。

(2) 提高合金电极的充电效率,缩短了储氢合金的初期活化过程。

(3) 合金表面有了保护层,可防止表面氧化及粉化,延长电池的使用寿命。

(4) 合金表面金属膜可加快电极表面的电荷转移速度,从而提高电池高倍率放电特性。

(5) 对电极的自放电有抑制作用,并增强了合金的抗氧化性。

(6) 部分代替了电极中的导电剂,在制备电极时起黏合剂的作用。

由于表面包覆处理提高了合金的生产成本,且存在废弃镀液的排放处理等问题,因此已很少采用。表面包覆处理也可以采用电镀和机械合金化的方法,电镀具有与化学镀相同的作用。

2. 酸处理和碱处理

酸处理和碱处理是将储氢合金粉浸泡于酸溶液或碱溶液中,以分别除去合金表面的氧化物及 Mn/Al 元素的偏析,从而在合金表面形成具有较高催化活性的富镍层,提高了合金粉之间的导电性能。与此同时,由于合金表层氢化产生较多微裂纹,合金的比表面积增大,因此合金电极的活化及高倍率放电性能得到显著改善。

酸处理常用的酸溶液有盐酸、HAc–NaAc 缓冲溶液、甲酸溶液、乙酸溶液、氨基乙酸溶液等。碱溶液对合金粉进行浸渍处理的过程中,除了采用单一的热碱外,也可以使用含饱和 LiOH 的沸腾 KOH 溶液处理,在碱处理中添加整合剂(如 EDTA、环己二胺四乙酸等)可增强浸蚀效果。将超声技术应用于碱处理过程,可以提高储氢合金的循环寿命。

相比之下,酸处理的优点是温度低,在常温下即可快速反应,处理时间短,十几分钟即可完成;设备简单,操作方便;酸溶液浓度低,不会污染环境。

3. 表面修饰处理

表面修饰处理是指在储氢合金表面涂上一层亲水性/疏水性有机物,改变合金的表面状态。在合金表面涂上一层疏水性有机物,可使合金电极表面形成微空间,有利于提高充电后期及快速充电时氢、氧化合为水的反应速度,从而降低电池内压,并提高电池循环寿命。对储氢合金表面进行特殊憎水处理,对氢、氧复合有良好的催化作用,并能减小电极极化,从而提高电极高倍率放电性能和大电流充放电效率。

用贵金属和非金属材料修饰合金表面也能有效提高电极性能。加入钯催化剂可提高电极的容量,例如,将少量钯粉涂在储氢合金表面,可有效防止储氢合金的氧化;而涂上颗粒尺寸小于 $2\mu m$ 的银层可有效降低电池内部压力,提高电极容量及循环寿命。

4. 氟化处理

储氢合金的氟化处理是用 HF 等氟化物溶液进行处理,使储氢合金的外表面覆盖一层厚度为 $1\sim2\mu m$ 的氟化物(如 LaF_3),在氟化物层下的亚表面则是一层电催化活性良好的富镍层。氟化处理使储氢合金表面的微观结构有很大变化。由于在处理过程中氟化物溶液中的 H^+ 使合金表层氢化,合金表面生成大量的微裂纹,合金的反应比表面积显著增大。因此,经氟化物溶液处理后,储氢合金的耐毒化性能显著提高,同时活化性能、高倍率放电性能及循环稳定性能等均提高。

5. 还原剂处理

储氢合金的还原剂处理是用还原剂（如 KBH_4、$NaBH_4$、N_2H_4 等）处理合金电极表面。储氢合金电极在处理过程中吸收了还原出来的氢原子，引起晶格膨胀，形成新的合金表面。该合金层具有多孔性和很高的电催化活性，且电极表面积增大，改善了电极的放电容量、活化性能及电池充、放电循环性能。还原剂处理一般配合碱处理一起使用。

4.3.4 储氢合金的制备

储氢合金的组织结构（包括合金的凝固组织、晶粒尺寸、晶界偏析等）因合金成分、合金的铸造条件（凝固冷却速度）及热处理工艺的不同而有所差异，这些差异对储氢电极性能的影响很大。例如，储氢合金的凝固组织及晶粒尺寸主要影响储氢电极的吸氢粉化及腐蚀速度，且与储氢电极的循环稳定性密切相关。如果储氢合金的晶界上析出不同的合金元素或第二相，就可能促进（或抑制）储氢合金的吸氢粉化及腐蚀过程，降低（或提高）储氢电极的循环稳定性；也可能因晶界析出的第二相具有良好的电催化活性，储氢电极的高倍率放电性能提高。因此，要提高储氢电极的综合性能，除优化储氢合金的化学成分，还应研究储氢合金的制备技术，优化储氢合金的组织结构。

储氢合金的制备方法有高频感应加热法、电弧熔炼法、熔体急冷法、气体雾化法、机械合金化法、还原扩散法等，采用不同制备方法制取的储氢合金的特征不同。储氢合金的制备方法见表 4.4。

表 4.4 储氢合金的制备方法

制备方法	储氢合金的组织特征	制备方法特征
高频感应加热法	缓慢冷却时发生宏观偏析	价格低，适合大批量生产
电弧熔炼法	接近平衡，偏析少	适合实验及小批量生产
熔体急冷法	非平衡相、非晶相、微晶粒柱状晶组织，偏析少	易粉碎
气体雾化法	非平衡相、非晶相、微晶粒等轴晶组织，偏析少	球状粉末，无须粉碎
机械合金化法	纳米晶结构、非平衡相、非晶相	粉末原料，低温处理
还原扩散法	当热扩散不充分时组织不均匀	无须粉碎，成本低

4.4 镍氢电池组

单体镍氢电池的电压只有 1.2V，作为电动汽车用动力电池，需要将一定数量的单体镍氢电池串联起来，以电池组的方式向驱动电动机提供所需的电压。

4.4.1 镍氢电池组的要求与类型

1. 镍氢电池组的要求

单体镍氢电池的结构形式主要有圆形卷绕和方形平板两种，其外部都有独立的外壳。

当需要将单体镍氢电池组装成镍氢电池组时,为保证镍氢电池组具有良好的性能,有如下要求。

(1) 单体镍氢电池的容量和电阻尽可能一致,以防止因单体镍氢电池之间的不平衡而影响镍氢电池组的输出能量和循环寿命。

(2) 镍氢电池组有良好的绝缘包装材料,要考虑每个单体镍氢电池在充、放电时的膨胀和收缩。

(3) 有合理的冷却系统,使单体镍氢电池保持适宜且一致的温度。

2. 镍氢电池组的类型

根据外形的不同,镍氢电池组可分为 F 形镍氢电池组和 L 形镍氢电池组两种,如图 4.15 所示。

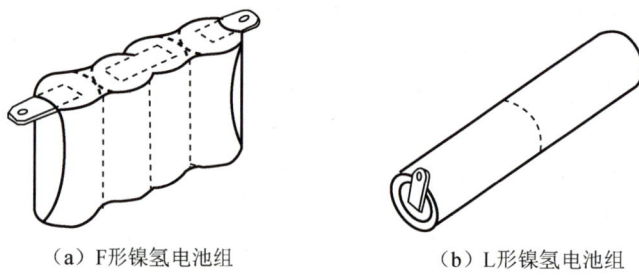

(a) F形镍氢电池组　　　(b) L形镍氢电池组

图 4.15　镍氢电池组的类型

在 F 形镍氢电池组中,单体镍氢电池沿直径并排排列,镍条或钢片连接相邻两电池的正、负极,使其串联,并用热塑性材料外壳固定;在 L 形镍氢电池组中,单体镍氢电池沿轴向串联,并用热塑性材料外壳固定。

在电动汽车上,通常采用 F 形镍氢电池组。F 形镍氢电池组的基本结构如图 4.16 所示。

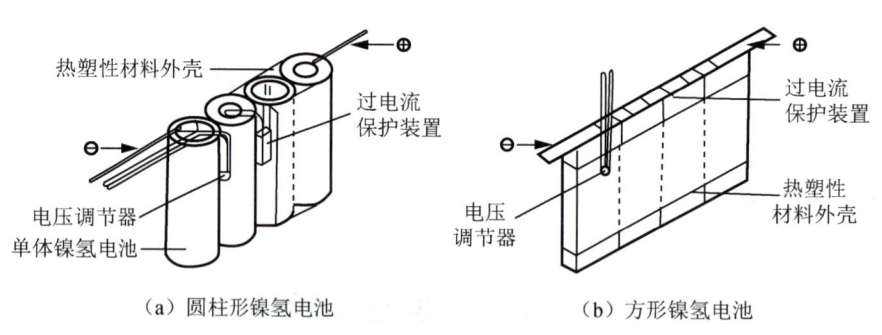

(a) 圆柱形镍氢电池　　　(b) 方形镍氢电池

图 4.16　F 形镍氢电池组的基本结构

在镍氢电池组中除有串联单体镍氢电池的连接片外,通常还有电压调节器、过电流保护装置等,以保证镍氢电池组正常工作。

4.4.2　双极性镍氢电池组

1. 双极性镍氢电池组的结构

双极性镍氢电池组是一种具有叠层结构的电池,其内部结构如图 4.17 所示。

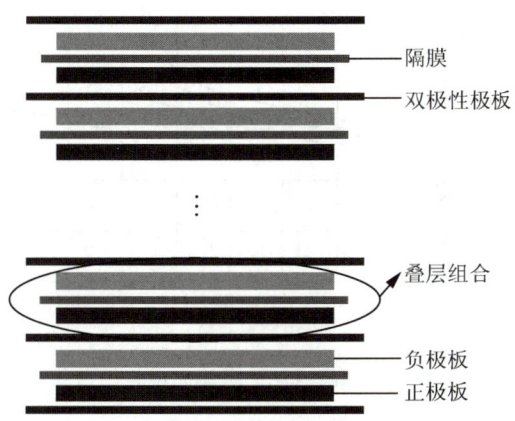

图 4.17 双极性镍氢电池组的内部结构

与密封双极性铅酸电池相同,双极性镍氢电池组由两侧的两个单极性电极和若干双极性电极组成。每个双极性电极都由具有电子导电性的接触片和两侧的正、负极组成,双极性电极、与其相邻的电极及其之间的隔膜构成一个相对独立的电池单元(单体电池)。由于每个单体电池都有独立的电池结构,产生 1.2V 的电动势,因此可以通过增加双极性极板来增加单体电池,以使镍氢电池组的总电压达到设计要求。

2. 双极性镍氢电池组的优点

双极性镍氢电池组没有传统电池组中的极耳、联条等连接体,电流方向与电极垂直,减小了电流通过的距离,增大了电流经过的横截面面积,使电池组中的电流密度分布更均匀。双极性镍氢电池组具有结构紧凑、内阻小、电流密度分布均匀、质量比容量高、比功率大等优点,特别适用于纯电动汽车及混合动力电动汽车等。

镍氢电池的电解液在反应中仅充当电化学反应介质,起辅助离子迁移的作用,在充、放电过程中不消耗。由于镍氢电池中电解液的量主要取决于电极和隔膜的孔隙率,因此与其他电池体系相比,镍氢电池更适合双极性镍氢电池组要求的贫液设计。

双极性镍氢电池组具有很多优势,但由于在制造(如边缘密封)和设计(如电极设计,电极基体材料选择,活性物质填充密度,正、负极配比的设计等)中存在一些问题,且工艺不成熟,因此还没有实现大规模生产。

4.5 镍氢电池的特性

4.5.1 镍氢电池的充电特性

1. 镍氢电池的恒流充电特性曲线

镍氢电池的恒流充电特性曲线大致可分三段,如图 4.18 所示。从图 4.18 可知,在充电开始阶段电压上升较快,随着充电的进行,电压上升缓慢,充电至一定程度后电压又快速上升,达到峰值后下降。

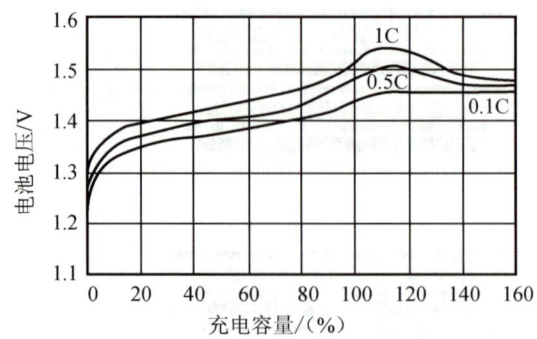

图 4.18 镍氢电池的恒流充电特性曲线

Ni(OH)$_2$ 的导电性极差，而充电产物 NiOOH 的导电性是 Ni(OH)$_2$ 的 10^5 倍，因此在充电开始阶段电压上升较快。

生成 NiOOH 后，正极的充电电压很快降低，使得镍氢电池的充电电压上升缓慢。

随着充电的进行，当充电容量接近电池标称容量的 70% 左右时，由于储氢合金中的固相质子（氢原子）扩散速度降低，为维持充电电流，只能提高正极电位，并且 OH$^-$ 来不及扩散到正极，因此镍氢电池的充电电压又快速上升。

充电容量超过电池标称容量后，进入过充电阶段，此时正极析出氧气，并扩散到负极与氢反应，不仅消耗了氢、影响了负极电位，而且产生的热提高了电池内部温度，加速了电极反应，使充电电压下降。

可见，镍氢电池恒流充电会出现充电电压峰值，充电电流越大、充电电压峰值出现得越早、值越大、值下降越快。此外，充电电流大，充电电压也高，充电效率较低。在镍氢电池恒流充电过程中，充电初期的充电效率较高，接近 100%；在充电后期，由于电极极化增大，电极上析出大量气体并发生气体复合反应，因此充电效率下降。

2. 影响镍氢电池充电特性的因素

（1）温度对镍氢电池充电特性的影响。

① 影响充电效率和内部压力。由于温度升高会促进正极析氧反应，因此温度越高，充电效率越低。在低温下充电效率高，但氧气的复合速度降低，镍氢电池内部压力增大，增大的幅度取决于充电电流值。

② 影响电极电位和充电电压。当镍氢电池温度升高时，储氢合金吸收氢和放出氢的平衡压升高，即氢在储氢合金中的扩散速度提高，负极的反应速度提高，其电位下降。同时，正极的反应速度因温度的升高而提高。总之，当镍氢电池温度升高时，充电电压有所下降。

（2）充电程度对镍氢电池充电特性的影响。

适当的充电方式不但能使镍氢电池在随后的放电过程中放电容量最大，而且能避免镍氢电池温度过高、过充电及其他影响电池循环寿命的问题。当充电量为 150%（充电时电源消耗的电量/镍氢电池的容量）时，虽然放电容量最大，但会影响镍氢电池的循环寿命；当充电量为 120% 时，镍氢电池的循环寿命最高，但因充电不足而使放电容量减小。

4.5.2 镍氢电池的放电特性

1. 镍氢电池的恒流放电特性曲线

镍氢电池的恒流放电特性曲线如图 4.19 所示。

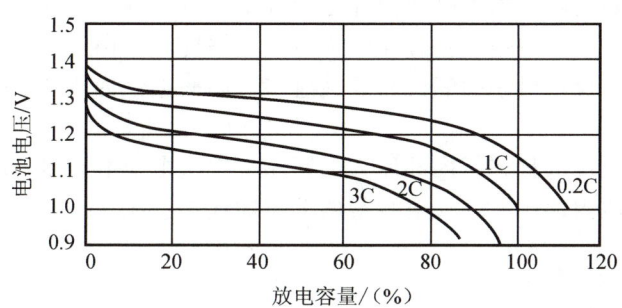

图 4.19 镍氢电池的恒流放电特性曲线

镍氢电池的恒流放电特性与铅酸蓄电池的相似，由于放电电流增大，电极极化增大，电池内阻电压降增大，因此放电电压较低，放电时间较短，放电容量减小。

在镍氢电池的恒流放电过程中，在放电初期电压下降较快，随后下降缓慢，当接近放电终了时电压下降又较快。当电压下降至最低限值（终止电压）时必须停止放电；否则，镍氢电池会因过放电而缩短使用寿命。放电终止电压随放电率改变，放电电流越大，因内阻电压降和电阻极化大，放电终止电压越低。

2. 温度对镍氢电池放电特性的影响

温度对镍氢电池放电特性的影响如图 4.20 所示。

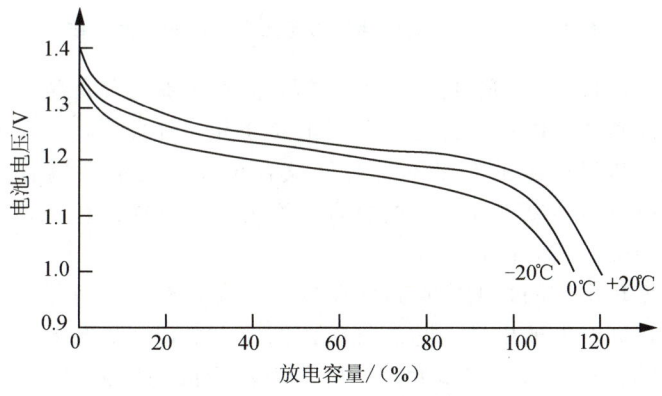

图 4.20 温度对镍氢电池放电特性的影响

从图 4.20 可知，镍氢电池在低温下放电时的放电电压较低；在较高温度下放电时，电极的活性较高，放电电压也较高。

4.5.3 镍氢电池的内压与内阻

内压和内阻对镍氢电池的充、放电特性影响很大。镍氢电池的内阻大，充电时内压偏高，易使电池的密封件性能变差，过充电时还可能引起电池爆炸；放电时内阻消耗能量大，使镍氢电池容量减小。

1. 镍氢电池的内部压力及其影响因素

镍氢电池在充、放电过程中，正极析出氧气，负极析出氢气，因此电池内部会产生压力。无论是充电还是放电，镍氢电池内部压力都是一直存在的。在正常情况下，电池内部压力不会引起安全问题。但是，在过充电或过放电情况下，由于正、负电极析出的大量氧气和氢气不能及时复合，聚集的氧气和氢气过多，因此电池内部压力过高，从而带来安全隐患。

（1）充电电流及荷电状态对内部压力的影响。镍氢电池的内部压力与充电电流及荷电状态有关。镍氢电池内部压力与充电容量的关系曲线如图4.21所示。

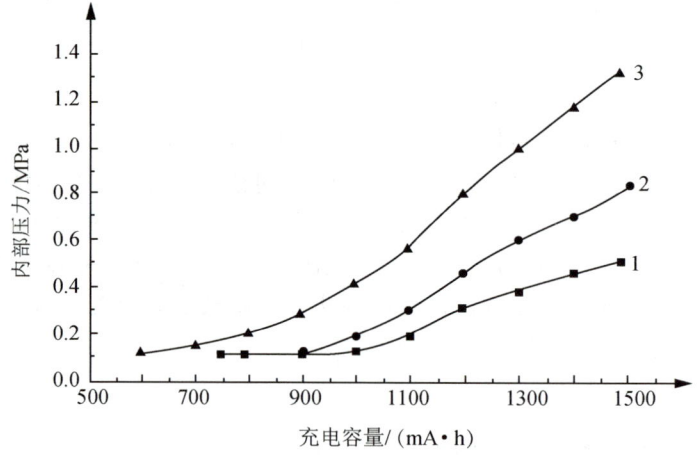

1—0.2C；2—0.5C；3—1.0C。

图4.21 镍氢电池内部压力与充电容量的关系曲线

从图4.21可以看出，随着充电的进行，镍氢电池内部压力升高。充电电流越大，镍氢电池内部压力升高越快，内部压力越高。荷电状态超过100%后，大电流充电将使电池内部压力突然升高，负极产生的氢来不及与储氢合金反应生成金属氢化物，使得氢气逸出；同时，由于正极产生的氧气和氢气的复合速度远小于气体的生成速度，因此镍氢电池的充电电流越大，内部压力升高得越快。

（2）充、放电循环次数的影响。通过实验发现，随着充、放电循环次数的增加，镍氢电池内部压力升高，同时电池中氢气与氧气的比例发生变化，如图4.22所示。

（3）电解液量的影响。通过实验发现，镍氢电池中的电解液量会影响电池内部压力，电解液过多会使电池内部压力很高，说明在电池中存在气相扩散路径。因此，在设计电池时，应该通过提高隔膜的透气性、适当减少电解液等降低电池内部压力，而这些又与电极活性和电池结构有密切关系。

2. 镍氢电池的内阻

镍氢电池的内阻包括欧姆内阻和极化内阻两部分。

（1）欧姆内阻。欧姆内阻是指遵守欧姆定律的电阻，包括电池中的电极、电解液、隔

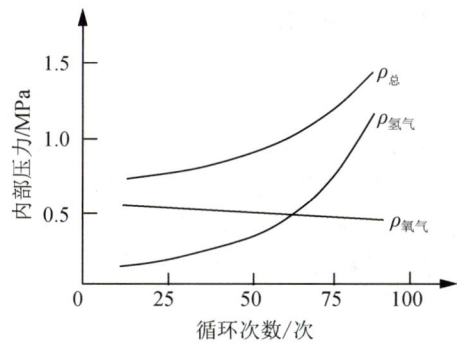

$p_总$—电池内总压力；$p_{氢气}$—氢气分压；$p_{氧气}$—氧气分压。

图 4.22 镍氢电池内部压力与循环次数的关系曲线

膜等电阻及各连接点的接触电阻。欧姆内阻与电池的尺寸、结构、材料、成型方式、装配松紧度等有关。在使用过程中，电池的欧姆内阻随荷电状态、温度的改变而改变。

（2）极化内阻。极化内阻是指电池的正极和负极在电化学反应中由极化引起的内阻，包括由电化学极化引起的内阻和由浓差极化引起的内阻。极化内阻不仅与活性物质的性质、电极的结构、电池的制造工艺等有关，还与电池放电电流和温度密切相关。

① 放电电流对极化内阻影响很大。在大电流放电时，电化学极化和浓差极化均增大，使极化内阻增大，甚至可能造成负极钝化。

② 因为温度过低对电化学极化、离子的扩散均有不利影响，所以在低温条件下电池的极化内阻较大。

可见，镍氢电池内阻不是常数。在放电过程中，内阻随电池的放电程度、放电电流、电解液密度和温度的改变而改变；在充电过程中，内阻还与内部压力有关。温度与镍氢电池内阻及放电能量的关系曲线如图 4.23 所示。

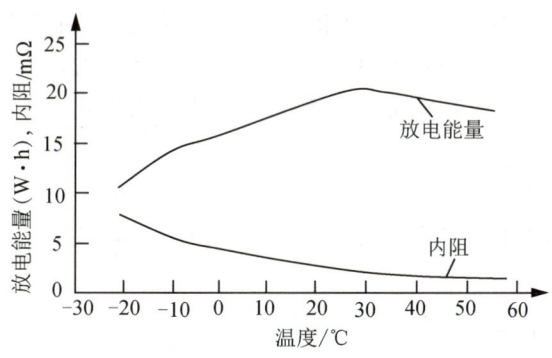

图 4.23 温度与镍氢电池内阻及放电能量的关系曲线

（3）内阻对镍氢电池性能的影响。镍氢电池内阻小，放电电压平台高，有利于延长放电时间，并可提高电池的大电流放电性能。在充、放电循环中，由于正极膨胀及电解液减少，内阻和内部压力增大，因此电池性能衰减。因此，在装配过程中应尽量减小各连接零件的接触电阻，并改进工艺、减小正极膨胀、保持电解液量以减小电池内阻，提高电池循环寿命。

4.5.4 镍氢电池的容量及其影响因素

1. 镍氢电池的容量

容量是衡量镍氢电池性能的重要参数,分为理论容量、额定容量和实际容量。

(1) 理论容量。镍氢电池的理论容量是指极板活性物质全部参加电化学反应释放的电量。理论容量应按照电池的成流反应式确定的匹配好,且完全(100%)参与电化学反应。对于镍氢电池而言,负极容量按过剩30%~70%设计,因此理论容量由正极的理论容量确定。

(2) 额定容量。动力型镍氢电池的额定容量是指3h率放电容量,即电池以3h率放电电流I_3(A)持续放电180min至终止电压1.0V释放的电量。

(3) 实际容量。实际容量又称放电容量,是指在一定的放电条件下,电池实际释放的电量。在一定的放电条件下,镍氢电池的实际容量取决于活性物质的量和利用效率。

2. 影响镍氢电池放电容量的因素

影响镍氢电池放电容量的因素大致可分为两类:一类是电池结构和制造工艺,包括电池的结构形式,储氢合金的种类和处理工艺,正、负极工艺,隔膜性能,电解液量等;另一类是电池的工作条件,包括放电电流、温度、充电容量、搁置时间、放电终止电压等。

(1) 放电电流对放电容量的影响。放电电流增大,镍氢电池的实际容量减小。因为大电流放电时,电极极化增大,内阻增大,放电电压下降很快,电池的能量效率降低,所以实际释放的容量较低。在低倍率放电条件下,镍氢电池的放电电压下降缓慢,实际释放的容量较高。当放电电流低于额定容量规定的放电电流时,镍氢电池的实际容量通常高于额定容量。

(2) 温度对放电容量的影响。图4.24所示为温度对镍氢电池放电容量的影响。虽然镍氢电池的工作温度范围较大(-20~60℃),但最佳工作温度为0~40℃。当温度低于0℃时,电池的实际容量下降很快,放电电流越大,实际容量随温度降低而减小得越严重;当温度降低至-20℃时,电池内阻因电解液黏度等变化而增大,金属氢化物在低温下过于稳定而影响正常的电化学反应,使得电池无法被激活到正常状态。

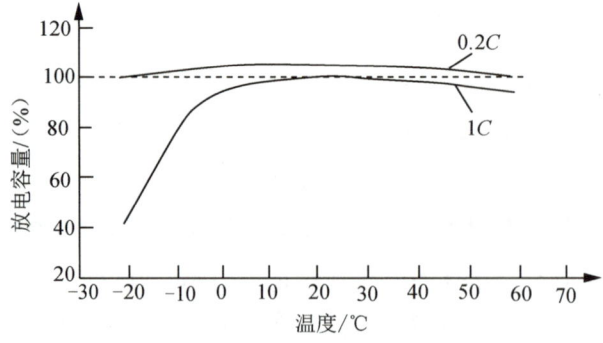

图4.24 温度对镍氢电池放电容量的影响

(3) 充电容量对放电容量的影响。在充电初期,镍氢电池的放电容量随充电容量的增大而增大,充电效率接近100%。在充电后期,电池的放电容量上升较缓慢。当充入电量接近或超过电池额定容量时，充入电量越来越多地消耗于氧气析出与复合反应，而放电容量增大很少。可见，当充电容量低于电池额定容量时，电池的放电容量随充电容量的增大而增大；当充电容量高于电池额定容量时，随着充电容量的进一步增大，放电容量最终会达到一个不随充电容量变化的稳定值。

（4）搁置时间对放电容量的影响。搁置时间对镍氢电池放电容量的影响实际上就是其自放电造成的镍氢电池能量损失问题，是由荷电状态的金属氢化物不稳定引起的。这种不稳定性在刚充完电时表现尤为明显，而后逐渐趋于平衡和稳定。镍氢电池的搁置时间越长，放电容量下降越多。

（5）放电终止电压对放电容量的影响。放电终止电压直接影响放电时间，镍氢电池的放电终止电压越低，放电时间越长，放电容量随放电终止电压的降低而增大。当镍氢电池电压低于 0.8V 时，电压下降很快，这个阶段的放电时间不长。对于内阻大的镍氢电池，放电终止电压对放电容量的影响较大。

4.5.5 镍氢电池的储存特性与自放电特性

1. 镍氢电池的储存特性

镍氢电池的储存寿命为 5～10 年。在常温下储存时，无论是充电状态还是放电状态，自放电造成的容量损失都可通过充电恢复，不会产生永久性影响。但镍氢电池在高温下长期储存会损坏密封圈和隔膜，从而导致电池永久性损坏。镍氢电池的长期储存温度为 20～30℃。

影响镍氢电池储存寿命的因素有温度、荷电状态、电解液补偿、电池气密性等。延长镍氢电池储存寿命的措施如下。

（1）提高金属氢化物的抗氧化性和耐蚀性。

（2）选择合适的合金组分。

（3）优化 $Ni(OH)_2$ 活性物质的组成。

（4）提高正极中导电网络的质量。

（5）当长时间不使用电池时，应使电池保持在荷电状态（为电池充电 50%～100%）储存，并对电池进行周期性充电（至少每 3 个月为电池充电一次），以补偿电池自放电损失的容量。

2. 镍氢电池的自放电特性及其影响因素

（1）镍氢电池的自放电。自放电又称荷电保持能力。在 20℃ 下，镍氢电池每月自放电率为 20%～25%，说明镍氢电池在自然搁置状态下的自放电率较高。因此，镍氢电池通常遵循"即充即用"原则，不宜储存较长时间。

（2）镍氢电池的自放电影响因素。电池自放电率主要由电极材料、制造工艺、储存条件等决定。镍氢电池的自放电取决于储氢电极，分为可逆自放电和不可逆自放电两部分，可逆自放电是储氢合金的平台压力大于电池内部压力造成的；不可逆部分是储氢合金的不断氧化而失效造成的。

从热力学角度来看，镍氢电池的放电过程是吉布斯自由能减少的过程。因此，镍氢电池的自放电是必然的，只是不同镍氢电池的自放电率不同。影响镍氢电池自放电的主要因素是温度和相对湿度。

① 温度对镍氢电池自放电的影响。温度对镍氢电池自放电的影响如图 4.25 所示。当

温度升高时，镍氢电池正、负极材料的反应活性提高，同时电解液的离子传导速度提高，隔膜等辅助材料的强度降低，使自放电速度提高。如果温度太高就会严重破坏电池内的化学平衡，发生不可逆反应，导致电池的整体性能受到严重影响。

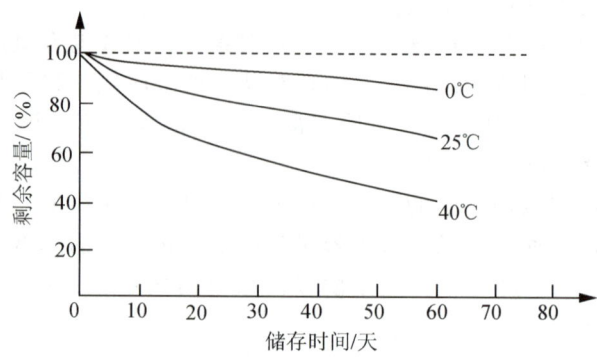

图 4.25　温度对镍氢电池自放电的影响

② 相对湿度对镍氢电池自放电的影响。相对湿度的影响与温度的影响类似，环境的相对湿度太大会加快镍氢电池自放电。一般在低温和低湿的环境下，镍氢电池的自放电率低，因此低温、低湿的环境有利于镍氢电池储存。但是，相对湿度太小可能造成电极材料的不可逆变化，使镍氢电池的整体性能降低。

4.5.6　镍氢电池的特点

镍氢电池是电动汽车常用的动力电池，与其他蓄电池相比，其优缺点如下。

【拓展视频】

【拓展视频】

1. 镍氢电池的优点

镍氢电池具有如下优点。

（1）质量比能量大。商业化的镍氢电池的质量比能量可达 1350（W·h）/kg。

（2）循环寿命高。电动汽车用镍氢电池在 80%DOD 时的循环寿命超过 1000 次，是铅酸蓄电池的 3 倍多；在 100%DOD 下的循环寿命超过 500 次。混合动力电动汽车用的镍氢电池使用寿命可达 5 年以上。

（3）不含 Pb、Cr 等对人体有害的金属，无污染，被称为"绿色环保电源"。

（4）耐过充电、耐过放电性能较强。

（5）无记忆效应。

（6）使用温度范围大。正常使用温度为 -30~60℃，储存温度为 -40~70℃。

（7）使用安全、可靠；进行短路、挤压、针刺、安全阀工作能力、跌落、加热、耐振动等安全性、可靠性试验时，无爆炸和燃烧现象。

2. 镍氢电池的缺点

镍氢电池具有如下缺点。

（1）成本较高，价格是铅酸蓄电池的 5~8 倍。

（2）单体电池的电压较低（1.2V）。

（3）自放电损失较大。

（4）环境温度对放电电压和放电容量有较大影响。

小　结

本章介绍了镍氢电池的基本原理、结构类型、组成部件等，使读者深入、全面地了解镍氢电池的结构与原理，并理解镍氢电池耐过充电及耐过放电的原因；介绍了镍电极的构成及晶型、电极反应、电极材料，以及储氢电极的构成与类型、性能提高及制备方法等，使读者更好地理解镍氢电池的性能特点；介绍了镍氢电池组和双极性镍氢电池，使读者了解镍氢电池在电动汽车上的组成形式。在此基础上，本章总结了镍氢电池的特性，使读者更好地选用和管理镍氢电池。

1. 镍氢电池的组成部件有哪些？在充电状态和放电状态下，正极和负极的活性物质分别是什么？
2. 镍氢电池放电和充电时，正、负电极分别有什么反应？
3. 镍氢电池过充电和过放电时，正、负电极分别有什么反应？为什么镍氢电池具有长期过放电和过充电自我保护能力？
4. 为什么在密封状态下镍氢电池无内部压力过高的危险？
5. 根据外形，镍氢电池分为哪几种？根据内部活性物质构成电极的工艺方式，镍氢电池分为哪几种？
6. 镍氢电池的正极和负极的构成是怎样的？镍氢电池通常还有哪些组成部件？
7. 镍氢电池正极在充电时的极化过程是怎样的？在放电时的极化过程是怎样的？
8. 高密度球形 $Ni(OH)_2$ 正极活性物质有什么特点？
9. 正极活性物质 $Ni(OH)_2$ 有哪几种晶型？在充、放电过程中，$Ni(OH)_2$ 和 $NiOOH$ 的晶型分别有什么变化？
10. 高密度球形 $Ni(OH)_2$ 有哪些制备方法？分别有什么特点？
11. 高密度球形 $Ni(OH)_2$ 通常有哪些添加剂？这些添加剂分别起什么作用？
12. 纳米 $Ni(OH)_2$ 有什么结构特点与性能特点？纳米 $Ni(OH)_2$ 有哪些制备方法？
13. 充、放电时储氢电极有什么反应？
14. 储氢合金是如何储氢的？镍氢电池对储氢电极有什么要求？
15. 储氢合金有哪些类型？有哪些提高储氢合金性能的措施？
16. 对镍氢电池组有什么要求？双极性镍氢电池有什么特点？
17. 镍氢电池的充电特性是怎样的？为什么充电过程中有一个峰值电压？
18. 镍氢电池的放电特性是怎样的？放电电流及温度对放电特性分别有什么影响？
19. 镍氢电池的内阻包含哪几部分？温度对电池内阻有什么影响？
20. 镍氢电池的各种容量是如何定义的？影响电池容量的因素有哪些？
21. 影响镍氢电池储存寿命的因素有哪些？延长镍氢电池储存寿命的措施有哪些？
22. 镍氢电池的自放电特性与哪些因素有关？温度对电池自放电有什么影响？
23. 与其他蓄电池相比，镍氢电池的优点和缺点分别有哪些？

第 5 章 锂离子电池

教学目标

熟悉锂离子电池的基本原理、结构与类型；
了解锂离子电池正、负极的构成，充、放电原理与性能提高；
理解锂离子电池的特性。

教学要求

知识要点	能力要求	相关知识
锂离子电池的组成、成流反应	熟悉锂离子电池的组成，理解锂离子电池的基本原理	组成锂离子电池的必要条件、电化学原理
锂离子电池的正、负极材料，电解质，隔膜	了解锂离子电池电极的构成、类型及性能；了解电解质的作用与类型，以及隔膜的作用与类型	锂的氧化物及电化学特性、碳素材料的结构类型及特性、有机化合物的特性等
锂离子电池的特性	了解锂离子电池的特性及成因，熟悉锂离子电池的优缺点	锂离子电池的内阻、容量及循环寿命等

锂离子电池是由二次锂电池发展而来的,之所以被称为锂离子电池,是因为在这种电池的正、负极和隔膜中,锂都是以离子形式存在的。**锂离子电池的充、放电过程实际上是锂离子在正、负极之间来回嵌入和脱嵌的过程,因此锂离子电池又称"摇椅式电池"。**

5.1 锂离子电池的基本原理、结构与类型

5.1.1 锂离子电池的基本原理

锂离子电池的负极活性物质是可嵌入锂离子的碳(形成 Li_xC);正极活性物质是金属锂化物,如 $LiMO_2$、$LiNiO_2$、$LiCoO_2$ 等;电解液是非水性的有机溶液或聚合物。正极是 $LiCoO_2$、负极是层状石墨的锂离子电池电化学表达式为

$$(-)C_6 | 1mol/L\ LiPF_6 - EC + DEC | LiCoO_2(+)$$

式中,EC 为碳酸乙烯酯;DEC 为二乙基碳酸酯。

1. 锂离子电池的充、放电原理

在充电或放电过程中,锂离子在负极及隔膜中定向运动。锂离子电池的充、放电原理如图 5.1 所示。

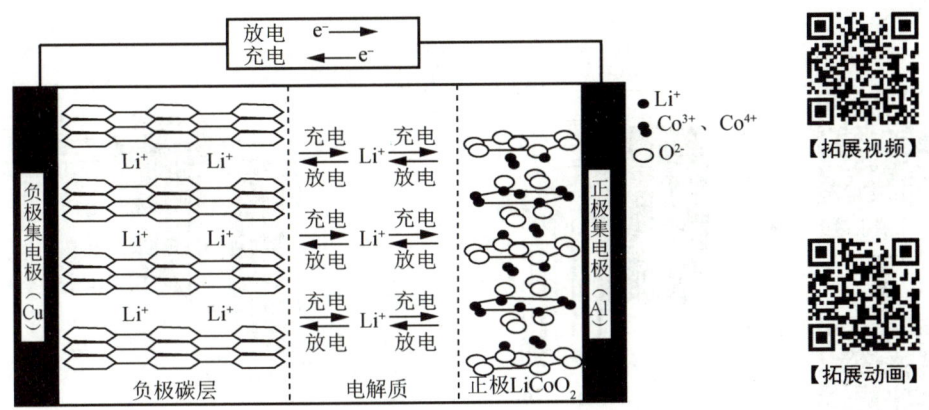

图 5.1 锂离子电池的充、放电原理

锂离子电池在充电时,加在电池两电极的充电电源力使正极化合物释放锂离子,并经电解质嵌入负极分子排列呈片层结构的碳;锂离子电池在放电时,从呈片层结构的碳中析出锂离子,并通过电解质嵌回正极。例如,以 $LiCoO_2$ 为正极的锂离子电池,其充、放电过程中正、负极的电化学反应方程式及总反应式如下。

$$正极: LiCoO_2 \underset{放电}{\overset{充电}{\rightleftharpoons}} Li_{1-x}CoO_2 + xLi^+ + xe^- \tag{5-1}$$

$$负极: 6C + xLi^+ + xe^- \underset{放电}{\overset{充电}{\rightleftharpoons}} Li_xC_6 \tag{5-2}$$

$$总反应式: LiCoO_2 + 6C \underset{放电}{\overset{充电}{\rightleftharpoons}} Li_{1-x}CoO_2 + Li_xC_6 \tag{5-3}$$

2. 锂离子电池的充、放电过程

（1）锂离子电池的充电过程。锂离子电池在充电过程中，充电电源使电池外电路形成充电电流，电池内部在外电场力的作用下形成锂离子的浓度梯度，正极活性物质中的部分锂离子脱离 $LiCoO_2$ 晶格而进入电解质，通过隔膜嵌入负极活性物质——碳的晶格，同时得到电子，生成 Li_xC 化合物（一般 $x<0.17$），正、负极电位差上升。

（2）锂离子电池的放电过程。锂离子电池在放电过程中，在高自由能的驱动下，Li_xC 化合物中的锂离子脱嵌，通过隔膜进入电解质，电子由外电路到达正极，与嵌入正极的锂离子生成 $LiCoO_2$，正、负极电位差下降。

锂离子电池的工作电压与构成电极的锂离子嵌入化合物和锂离子浓度有关。在正常充、放电情况下，锂离子在层状结构的碳材料及氧化物层状结构的层间嵌入和脱嵌，一般只引起层间距离变化，不破坏晶体结构。锂离子在正、负极中有相对固定的空间和位置，在充、放电过程中，正、负极材料的化学结构基本不变。因此，从充、放电反应的可逆性看，锂离子电池反应是一种理想的可逆反应。

5.1.2 锂离子电池的结构与类型

1. 锂离子电池的结构

锂离子电池主要由正极、负极、电解质、隔膜等组成。锂离子电池的结构如图 5.2 所示。

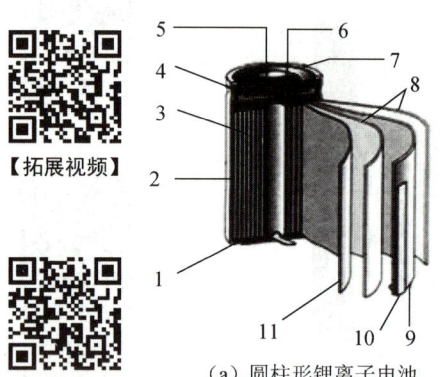
（a）圆柱形锂离子电池

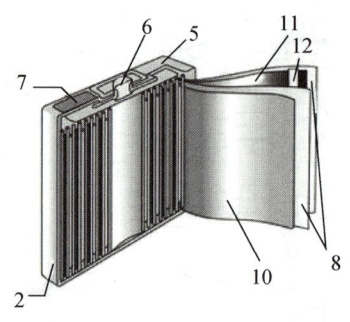
（b）长方形锂离子电池

1，2—电池壳体；3—绝缘体；4—垫圈；5—顶盖；6—正极端子；7—安全阀；
8—隔膜；9—负极；10—负极耳；11—正极；12—正极耳。

图 5.2 锂离子电池的结构

正极：锂离子电池的正极活性物质主要是在空气中化学性质稳定的嵌锂过渡金属氧化物（如 $LiCoO_2$、$LiNiO_2$、$LiMn_2O_4$ 等），在这些物质中加入导电剂、树脂黏结剂并均匀地涂覆在铝基体上，形成活性物质呈细薄层分布的正极。

负极：锂离子电池的负极活性物质主要是碳材料与黏结剂的混合物，将这些物质加入有机溶剂并调和成膏状涂覆在铜基上，形成负极。

电解质及隔膜：锂离子电池采用以混合溶剂为主体的有机电解质或聚合物。隔膜一般使用由聚乙烯或聚丙烯制成的多微孔膜。隔膜不仅熔点较低，而且具有较高的抗穿刺强度，可起到热保险作用。

电池壳体及安全阀：圆柱形锂离子电池的卷绕式电极的根部有一个极耳，用于连接相应的极柱。当电池壳体用作负极的集流体时，通常采用的材料是镀镍钢；当电池壳体用作正极的集流端子时，通常采用的材料是铝。安装在电池盖处的安全阀又称排气阀，起安全保护作用。当由析气过多或温度过高导致电池内部压力过高时，排气阀打开，以避免电池开裂或爆炸。圆柱形锂离子电池盖的结构如图 5.3 所示。

2. 锂离子电池的类型

锂离子电池有多种分类方法，具体如下。

（1）按外形分类。

锂离子电池按外形分为圆柱形锂离子电池、长方形锂离子电池、薄板形锂离子电池、纽扣形锂离子电池等。

图 5.3　圆柱形锂离子电池盖的结构

① 圆柱形锂离子电池（图 5.4）。圆柱形锂离子电池内部的电极呈卷绕式，以提高容量。电动汽车用锂离子电池不仅需要容量大，而且需要多个单体电池串联成电池组，以提高电池的输出电压。

【拓展图文】

（a）圆柱形锂离子电池单体　　　　　　（b）电池组

图 5.4　圆柱形锂离子电池

② 长方形锂离子电池（图 5.5）。电极卷绕式长方形锂离子电池的结构如图 5.2 所示，用作动力电池的大容量锂离子电池通常由多个单体电池串联成电池组。

【拓展图文】

（a）长方形锂离子电池单体　　　　　　（b）电池组

图 5.5　长方形锂离子电池

③ 薄板形锂离子电池（图 5.6）。薄板形锂离子电池通常容量较小，用作手机、照相机等的可充电电源。

④ 纽扣形锂离子电池（图 5.7）。纽扣形锂离子电池通常容量较小，用作可充电电源。

图 5.6　薄板形锂离子电池

图 5.7　纽扣形锂离子电池

(2) 按正极材料分类。

锂离子电池的正极材料是含锂的过渡金属氧化物。锂离子电池按正极材料分为锰酸锂离子电池、磷酸铁锂离子电池、镍钴锂离子电池、镍钴锰锂离子电池等。

(3) 按电解质分类。

锂离子电池按电解质可分为液态锂离子电池（lithium ion battery，LIB）和聚合物锂离子电池（polymer lithium ion battery，PLIB）。

液态锂离子电池和聚合物锂离子电池的正、负极材料相同，工作原理也基本一致。它们的主要区别在于液态锂离子电池使用液体电解质；而聚合物锂离子电池以固态聚合物或胶体状聚合物为电解质，采用聚合物胶体电解质的锂离子电池较多。

由于聚合物锂离子电池的胶体电解质不会泄漏，因此装配容易，可使电池很轻、很薄。此外，由于胶体电解质不会产生漏液、燃烧或爆炸等安全问题，因此可以用铝塑复合薄膜制作聚合物锂离子电池的外壳，从而提高电池的比容量。聚合物锂离子电池的正极还可以由高分子材料制成。

5.2　锂离子电池的正极

锂离子电池的电化学性能主要取决于电极材料及电解质材料的结构和性能，尤其是正极材料，它不仅是电极的材料，还是锂离子源。因此，正极材料的选择和质量是影响锂离子电池性能的重要因素。

5.2.1　锂离子电池对正极材料的要求

锂离子电池对正极材料的要求如下。

(1) 正极材料应具有较高的电极电势，以使锂离子电池有较高的输出电压。

(2) 嵌入化合物应允许大量锂离子的嵌入和脱嵌，以使锂离子电池有较高的容量。

(3) 锂离子的嵌入和脱嵌可逆性好，主体结构不发生变化或变化很小，以使锂离子电池的循环寿命、库仑效率和能量效率均较高。

(4) 正极材料应有较高的电子电导率和离子电导率，以减小极化内阻，满足大电流充、放电的需求。

(5) 嵌入化合物在整个电压范围内的化学稳定性好，不与电解质等发生化学反应。

(6) 电极材料必须与锂离子电池的其他材料有相容性，并且不溶于电解液。

(7) 氢化还原电位随嵌入量的变化小，以使锂离子电池电压不发生明显变化，充电和放电保持平衡。

（8）从实用角度看，正极材料应价格低且无污染，质量较轻。

5.2.2 氧化钴锂电极材料

1. 氧化钴锂电极材料的特点

氧化钴锂（$LiCoO_2$）是锂离子电池最早使用的正极材料。在低温下 $LiCoO_2$ 呈尖晶石结构 LT-$LiCoO_2$，在高温下 $LiCoO_2$ 呈二维层状结构 HT-$LiCoO_2$。在充、放电过程中，锂离子可从所在平面发生可逆的嵌入和脱嵌。由于锂离子在 CoO_2 层间做二维运动，因此电导率高、扩散系数大（$10^{-19} \sim 10^{-7} cm^2/s$）。$LiCoO_2$ 作为锂离子电池的正极材料，其本身的电子电导率高，并且具有电压高、放电平稳、适合大电流放电、质量比容量高、循环性能好、制备简单等优点。

虽然 $LiCoO_2$ 有许多优点，但其耐过充电性较差。由于充电时电极脱锂后的钴盐会在电解液中溶解，并且脱锂后形成的 CoO_2 层从电极表面脱嵌，因此，虽然提高充电电压能提高充电容量，但在充、放电过程中使电池容量很快下降。除此之外，$LiCoO_2$ 中锂含量的变化会引起晶格参数变化，使电极材料的强度降低并出现裂纹。$LiCoO_2$ 的另一个缺点是电池温度较高时易分解并产生氧，不但影响锂离子电池的循环寿命，而且给锂离子电池的安全性带来不利影响。

2. 氧化钴锂电极材料的性能提高

为了降低 $LiCoO_2$ 的成本和提高其在较高温度下的循环性能，通常对 $LiCoO_2$ 采取掺杂处理或表面包覆处理。

对 $LiCoO_2$ 掺杂的主要元素有 Li、B、Al、Mg、Cr、Ni、Mn、Cu、Sn、Zn 和稀土元素。例如，当 $LiCoO_2$ 中含有过量的 Li（$w_{Li}/w_{Co}=1.1$）时，其可逆质量比容量可以提高到 140（$mA \cdot h$）/g；掺杂硼离子可使可逆质量比容量达到 130（$mA \cdot h$）/g，经 100 次充、放电循环后仍为 125（$mA \cdot h$）/g。

对 $LiCoO_2$ 进行表面包覆处理的材料较多，主要为无机氧化物，如 MgO、Al_2O_3、SnO_2 等。对于不同的包覆层，$LiCoO_2$ 性能提高的效果不同。例如，包覆 MgO 可有效提高 $LiCoO_2$ 的结构稳定性，当充电电压分别为 4.3V、4.5V、4.7V 时，其可逆质量比容量分别为 145（$mA \cdot h$）/g、175（$mA \cdot h$）/g 和 210（$mA \cdot h$）/g；包覆 Al_2O_3 可防止 Co 溶解，稳定 $LiCoO_2$ 层的结构，提高电池的循环寿命。

3. 氧化钴锂电极材料的制备方法

$LiCoO_2$ 的理论组成（质量分数）：Li 含量为 7.09%，Co 含量为 60.2%。而实际 $LiCoO_2$ 中的 Li 含量和 Co 含量有少许不同。合成 $LiCoO_2$ 的方法有高温固相合成法和低温固相合成法，以及草酸沉淀法、溶胶-凝胶法、水热法、有机混合法等软化学方法。比较成熟的合成 $LiCoO_2$ 的方法是 Co 的碳酸盐、碱式碳酸盐或 Co 的氧化物等与碳酸锂在高温下固相合成。

总体上讲，$LiCoO_2$ 的电化学性能较好，工作电压高，而且工艺较成熟，在短期内仍是锂离子电池的主要正极材料。由于 $LiCoO_2$ 的安全性有待提高，Co 的价格较高且有毒，因此随着价格低、性能好的其他正极材料的开发，$LiCoO_2$ 将被逐渐取代。

5.2.3 氧化锰锂电极材料

1. 氧化锰锂电极材料的特点

锂锰氧化物主要有层状 $Li_xMn_2O_2$ 和尖晶石型 $Li_xMn_2O_4$。尖晶石型 $Li_xMn_2O_4$ 电极材料具有基于 $\lambda-MnO_2$ 的三维框架或隧道结构,锂离子填充到结构中间 1/8 的四面体间隙处。氧化锰锂 ($LiMn_2O_4$) 电极的缺点是质量比容量较低,只有 120 $(mA \cdot h)/g$;但电压较高,可达 4V,而且价格较低。由于脱氧时具有良好的稳定性,因此即使电池出现非正常使用情况也不易出现异常。

尖晶石型 $Li_xMn_2O_4$ 电极材料的缺点是容量损失较大,主要原因是 Mn^{2+} 溶解于电解液,并且与生成的水进一步发生反应,导致 Mn^{2+} 大量损失,致使尖晶石结构被破坏。因此,用 $Li_xMn_2O_4$ 电极材料做成的锂离子电池的循环寿命仅为 350~400 次。

2. 氧化锰锂电极材料的性能提高

由于尖晶石型 $Li_xMn_2O_4$ 电极材料有容量衰减且电导率较低,在放电过程中出现两个电压平台,因此需要对其进行性能提高处理,主要方法是减小尖晶石型 $Li_xMn_2O_4$ 电极的表面积、在电解液中加入相关添加剂、掺杂阳离子或阴离子、进行表面包覆处理等。

研究表明,掺杂半径和价态与 Mn^{2+} 相近的 Co^{2+}、Ni^{2+}、Cr^{2+}、Zn^{2+}、Mg^{2+} 等金属离子,尖晶石型 $Li_xMn_2O_4$ 电化学性能提高的效果非常明显。例如,$Li_{2/3}Co_{0.57}Mn_{3.66}O_4$ 在 2.3~3.3V 下充、放电循环 100 次后,质量比容量仍为 110 $(mA \cdot h)/g$;$Li_{1+x}Ni_{0.5}Mn_{1.4}O_4$ 的质量比容量可达 160 $(mA \cdot h)/g$,并且只有一个 3V 电压平台,循环性能好,在充、放电过程中尖晶石结构保持不变。但是,掺杂元素的含量不能太大,否则会使电池的容量明显降低。

3. 氧化锰锂电极材料的制备方法

尖晶石型 $Li_xMn_2O_4$ 电极材料的制备方法有高温固相法、熔盐浸渍法、共沉淀法、聚合物前驱体法、电化学法、喷雾干燥法、溶胶-凝胶法、模板法等。

制备 $LiMn_2O_4$ 时,原材料粒径发生变化,合成物质的组成也会发生变化,导致电极对电的性能有很大影响。因此,必须选择合适的原材料,以确保得到具有理想结构和电池性能的尖晶石型 $Li_xMn_2O_4$ 电极材料。

由于 $LiMn_2O_4$ 电极材料价格低、做成的电池稳定性较好,因此其应用于动力型锂离子电池中。但是,$LiMn_2O_4$ 电极的质量比容量、循环寿命低,制约了其在动力电池中的广泛应用和未来发展。

5.2.4 磷酸(亚)铁锂电极材料

1. 磷酸(亚)铁锂电极材料的特点

【拓展视频】

磷酸(亚)铁锂 ($LiFePO_4$) 电极材料具有价格低、不吸湿、对环境友好、安全性好、可逆性好等优点,其中 PO_4^{3-} 可稳定结构,防止铁离子溶解。$LiFePO_4$ 嵌脱锂离子的电化学反应式如下。

$$LiFe^{(II)}PO_4 \longrightarrow Fe^{(III)}PO_4 + Li^+ + e^-$$

$FePO_4$ 与 $LiFePO_4$ 结构相似，体积也接近，由于在充、放电过程中结构和体积变化小，因此 $LiFePO_4$ 具有较好的循环特性。$LiFePO_4$ 的理论质量比容量较高［达 170（mA·h）/g］，但电压平台较低（只有 3.2V），使得电池的质量比容量较低。

由于锂离子电池中的锂离子迁移受到氧原子分布和自由体积的限制，因此在室温下其电流密度不能太大，否则会降低质量比容量。可见，$LiFePO_4$ 电极可使电池在大电流放电时的利用率明显下降。

2. 磷酸（亚）铁锂电极材料的性能提高

$LiFePO_4$ 脱锂后生成 $FePO_4$，$FePO_4$ 的电子电导率和离子电导率均较低，为提高脱锂后的电子导电性能，通常在结构中加入分散性好的导电剂，以提高离子间的导电能力，从而提高电极 $LiFePO_4$ 的利用率，使可逆容量达到理论值的 95%，电池的快速充、放电性能也得以提高。

以 $LiFePO_4$ 为正极的锂离子电池的生产工艺要求较严格，其批次生产的一致性比较差，成本难以降低。此外，$LiFePO_4$ 的电导率较低，使得电池的内阻较大，降低了电池的大电流放电能力。为了提高 $LiFePO_4$ 的利用率，需要优化制备方法，也可以通过掺杂方法（如掺杂 Mn^{2+}、Mg^{2+}、Al^{3+}、Ti^{4+}、Nb^{5+} 等）使 $LiFePO_4$ 性能提高。

用 $LiFePO_4$ 电极制成的锂离子电池在纯电动汽车上的应用较多。

5.2.5 电极材料的性能比较

$LiCoO_2$、$Li_xMn_2O_4$、$LiFePO_4$ 是应用较多的锂离子电池的正极材料，其特点不同，制成的锂离子电池的性能不同。$LiCoO_2$、$Li_xMn_2O_4$、$LiFePO_4$ 的性能比较见表 5.1。

表 5.1 $LiCoO_2$、$Li_xMn_2O_4$、$LiFePO_4$ 的性能比较

性能	$LiCoO_2$	$Li_xMn_2O_4$	$LiFePO_4$
晶体结构	层状	尖晶石	橄榄石
理论质量比容量/[(mA·h)/g]	274	148	170
实际质量比容量/[mA·h)/g]	140~155	90~120	130~135
利用率/(%)	51~56	61~81	76~88
振实密度/(g/cm³)	2.8~3.0	2.0~2.2	0.7~1.4
比表面积/(m²/g)	0.4~0.6		12~20
工作电压/V	3.0~4.2	3.0~4.2	2.5~3.8
平台电压/V	3.6~3.7	3.7~3.8	3.2~3.3
价格/(万元/台)	25	4.8	16
单体电池的循环寿命/次	>600	>500	>1000
材料加工工艺	好，成熟	中等	难度高，不成熟
安全性	差	好	好
毒性	有毒	无毒	无毒

续表

性能	$LiCoO_2$	$Li_xMn_2O_4$	$LiFePO_4$
高温性能	一般	差	好
低温性能	差	差	差

5.2.6 氧化镍锂电极材料

1. 氧化镍锂电极材料的特点

氧化镍锂（$LiNiO_2$）与 $LiCoO_2$ 相同，也呈层状结构。$LiNiO_2$ 比 $LiCoO_2$ 便宜，且质量比容量可达 200（mA·h）/g，但是在一般情况下，镍较难氧化为 +4 价（Ni^{4+}），而且易生成缺锂的 $LiNiO_2$。此外，在制备 $LiNiO_2$ 的过程中热处理温度不能过高，否则生成的 $LiNiO_2$ 会分解。因此，实际上很难批量制备理想的 $LiNiO_2$ 层状结构。

与 $LiCoO_2$、$Li_xMn_2O_4$ 相比，$LiNiO_2$ 的热分解温度最低（200℃），释放的热量最多。这是因为充电后期处于高氧化态的 Ni^{4+} 不稳定，且具有氧化性，不仅会氧化电解液、腐蚀集流体，而且会释放热量和气体，当热量和气体聚集到一定程度时有爆炸危险。

2. 氧化镍锂电极材料的性能提高

$LiNiO_2$ 的性能提高主要有以下四个方面。

(1) 提高脱嵌相的稳定性，从而提高电池的安全性。

(2) 抑制容量衰减。

(3) 降低不可逆质量比容量，与负极材料达到较好的平衡。

(4) 提高可逆质量比容量。

$LiNiO_2$ 性能提高的方法有掺杂和表面包覆处理。例如，为提高 $LiNiO_2$ 的热稳定性，掺杂 Al、Ti、Mg 等元素；又如，掺杂 Mg 的氧化钴锂 $LiNi_{0.7}Co_{0.2}Mg_{0.005}O_2$ 热分解时释放的能量比 $LiCoO_2$ 低，但质量比容量达到 180（mA·h）/g，只比 $LiNi_{0.8}Co_{0.2}O_2$ 低 25（mA·h）/g。

3. 氧化镍锂电极材料的制备方法

通常采用固相法制备 $LiNiO_2$，但要在较高的温度下制备，而高温下易生成缺锂的 $LiNiO_2$。采用溶胶-凝胶法制备的 $LiNiO_2$，其热稳定性可提高到 400℃，但其初始质量比容量只有 150（mA·h）/g。

总而言之，$LiNiO_2$ 的质量比容量较高、价格较低、自放电率低、无污染，并且已经实现商品化；但热稳定性较差、工作电压低、制备困难，因此实际应用受到限制。

5.2.7 其他电极材料

由于电极材料结构的规整性和稳定性对锂离子电池的影响极大，因此寻找新的电极材料、采用新的合成方法仍然是研究锂离子电池的重点。除上述商品化电极材料外，锂离子电池的正极材料还有多种。

1. $LiNi_{1-x}Co_xO_2$ 电极材料

$LiNi_{1-x}Co_xO_2$ 呈层状结构，其电极材料的性能见表 5.2。

表 5.2　$LiNi_{1-x}Co_xO_2$ 电极材料的性能

电极材料	质量比容量/[(mA·h)/g]	中点电压/V（相对锂 0.05C）	性能评价
$LiNi_{0.8}Co_{0.2}O_2$	205	3.73	价格中等、安全性能好、循环性能好
$LiNi_{0.9}Co_{0.1}O_2$	220	3.76	质量比容量最高
$LiNiO_2$	200	3.55	易热分解、安全性差、制备困难

从表 5.2 中可以看出，相对于 $LiNiO_2$，$LiNi_{1-x}Co_xO_2$ 的性能提高、降低 Co 含量可使锂离子电池的质量比容量有较大提高，但中点电压提高不明显。

2. 三元电极材料

镍锰钴氧化物 [$Li(Ni_xMn_yCo_z)O_2$] 是由镍盐、锰盐和钴盐合成的，其中 Ni、Mn、Co 的比例可根据实际需要调整，主要有 $Li(Ni_{1/3}Mn_{1/3}Co_{1/3})O_2$、$Li(Ni_{0.4}Mn_{0.4}Co_{0.2})O_2$ 和 $Li(Ni_{0.5}Mn_{0.3}Co_{0.2})O_2$ 三种。

【拓展视频】

三元电极材料呈层状结构，其合成容易、成本低、电化学容量高，并且具有较好的快速放电性能和循环性能；但放电电压平台较低，首次充、放电效率低。

在上述三种电极材料中，应用较多的是 $Li(Ni_{1/3}Mn_{1/3}Co_{1/3})O_2$，其电极材料的主要结构与性能特点见表 5.3。

表 5.3　$Li(Ni_{1/3}Mn_{1/3}Co_{1/3})O_2$ 电极材料的主要结构与性能特点

平均粒径/μm	8～12	首次可逆质量比容量/[(mA·h)/g]（4.2～3.0V，0.1C）	>160
比表面积/(m²/g)	0.2～0.5	首次充电效率/(%)（4.2～3.0V，0.1C）	80～90
振实密度/(g/cm³)	>2.5	循环性能（剩余容量80%）	>800（人造石墨）>500（天然石墨）

3. 钒的氧化物电极材料

钒（V）的价格比 Co 和 Mn 都低，且为多价金属元素，可生成多种氧化物，还可与 Li 生成多种复合氧化物 Li-V-O。Li-V-O 中存在层状结构和尖晶石结构，如 $\alpha-V_2O_5$、$LiVO_2$、$Li_xV_2O_4$、$Li_{1+x}V_3O_8$ 呈层状结构；尖晶石结构有正常尖晶石结构和反常尖晶石结构。

层状结构的 $\alpha-V_2O_5$ 的理论质量比容量在钒的氧化物中最高，可达 442 (mA·h)/g，可以嵌入 3mol 的锂离子，组分为 $Li_3V_2O_5$，但锂离子脱嵌较困难。随着嵌入锂离子的增加，电极极化的欧姆阻抗增大，电荷转移变得不可逆，电极的电导率下降。

$\alpha-V_2O_5$ 的氧化性很强，在有机溶剂中具有微溶性，而且可使有机溶剂分解。$\alpha-V_2O_5$ 适合作为锂离子电池的正极材料。

层状结构的 $Li_{1+x}V_3O_8$ 具有优良的嵌锂能力，质量比容量 [300(mA·h)/g]、循环寿命和锂离子扩散速度高。$Li_{1+x}V_3O_8$ 是极有发展前景的锂离子电池正极材料。$Li_{1+x}V_3O_8$ 的缺点是电导率低，氧化能力强，会使有机电解液分解。

4. 多原子阴离子电极材料

用大的阴离子（如 PO_4^{3-}、SO_4^{2-}、VO_4^{3-} 等）替代锂离子电池正极材料中的氧离子，可得到与氧化物一致的高电压，同时提供较大的自由体积，有望提高锂离子电池的电导率和大电流放电能力。在这些材料中适合做锂离子电池正极材料的具有橄榄石结构的 $LiFePO_4$。

5. 铁化合物电极材料

由于铁的氧化物价格低、储量高、无毒，因此人们已经开始研究将其用作锂离子电池正极材料。

磁铁矿 Fe_3PO_4 呈尖晶石结构，比较稳定，可以实现锂离子的嵌入和脱嵌。但晶体结构中的大量铁离子阻碍了锂离子的扩散，使得电池内阻增大，因此这种锂离子电池不能大电流放电。

虽然 $LiFeO_2$ 可以实现锂离子的嵌入和脱嵌，但其质量比容量太低，因此不宜用作锂离子电池的正极材料。但是，当采用的材料达到纳米级时，其可逆质量比容量提高到 150（mA·h）/g。采用传统的固相反应法得到的 $LiFeO_2$ 不是层状结构，要得到与 $LiCoO_2$ 相同的结构，必须采用软化学法。将 Fe^{2+} 与过氧化锂（Li_2O_2）水溶液反应，然后在低于 400℃ 的温度下进行热处理，可得到纳米级材料。

$LiM(FeMn)SiO$ 是近年来研究较多的锂离子电池正极材料，其具有良好的电导率和化学稳定性。

6. 铬氧化物电极材料

$LiCrO_2$ 的晶体结构与 $LiCoO_2$ 的层状结构类似，但由于锂离子不能实现可逆脱嵌，因此不适合用作正极材料。其他铬氧化物（如 Cr_2O_3、CrO_2、Cr_5O_{12}、Cr_2O_5、Cr_6O_{15}、Cr_3O_8 等）均能实现锂离子的嵌入和脱嵌。其中，Cr_2O_3 和 CrO_2 中 Cr 的价态低于 +4 价，电化学性能不理想；而 Cr 价态高的铬氧化物（如 Cr_2O_5、Cr_6O_{15}、Cr_3O_8 等）的电化学性能明显好得多。用这些铬氧化物制成正极，当终止电压为 2V 时，其放电质量比容量高达 1200（mA·h）/g，且循环性能比较理想。

在这些铬氧化物中，除 Cr_2O_3 外，一般均由 CrO_3 分解制得，这些铬氧化物通常含有部分未分解的 CrO_3。用水浸渍高温高压分解后的产物，可使 CrO_3 的含量明显降低，以提高锂离子电池在 2.0～4.2V 下的循环性能，并使可逆质量比容量达到 255（mA·h）/g。

5.3　锂离子电池的负极材料

由于提高负极材料对锂离子的嵌入和脱嵌能力是提高锂离子电池容量的主要途径，因此对负极材料尤其是碳材料的研究备受关注。20 世纪 70 年代，用金属锂制作负极的锂离子电池被投放市场，但其安全性差，迫使人们寻找能替代金属锂负极的材料，使得锂离子电池负极材料经历了由金属锂到锂合金、碳材料、氧化物、纳米合金的演变过程，见表 5.4。

表 5.4　锂离子电池负极材料的演变过程

负极材料	金属锂	锂合金（如 LiAl）	碳材料（石墨）	氧化物（如 SnO）	纳米合金（如纳米硅）
年份	1965 年	1971 年	1980 年	1995 年	1998 年
质量比容量/[(mA·h)/g]	3860	790	372	700	2000

5.3.1　锂离子电池对负极材料的要求

1. 金属锂负极的缺点

（1）固态电解质界面（solid electrolyte interface，SEI）膜的形成及作用。用金属锂制作负极材料，其质量比容量达到 3860(mA·h)/g，比用其他负极材料的质量比容量高很多，如石墨的理论质量比容量仅为 372(mA·h)/g。由于金属锂非常活泼，在锂离子电池中，锂电极易与非水有机电解质反应，在表面形成一层钝化膜——SEI 膜。根据 SEI 膜的成形原理，金属锂与电解质的反应产物在金属锂表面形成一薄层多孔保护膜，该保护膜是离子导体而不是电子导体，电解质被填充在保护膜的孔中，使锂离子发生迁入和迁出。SEI 膜的形成阻止了金属锂与电解质进一步反应，使金属锂在电解质中稳定存在，这也是锂离子电池商品化的基础。

（2）金属锂离子负极的问题。以金属锂为负极的锂离子电池在充、放电过程中，金属锂反复沉积（充电）和溶解（放电）。在充电过程中，锂重新回到负极。由于新沉积的锂表面没有保护膜，因此非常活泼，部分锂与电解质反应并被反应物包覆，形成游离态的锂，在晶粒长大的过程中负极表面形成枝晶。当枝晶积累到一定程度时刺穿隔膜而造成电池局部短路，使电池局部温度升高而熔化隔膜，加剧电池内部短路，最终使电池失效甚至爆炸。

（3）解决金属锂负极问题的途径。必须解决金属锂负极的安全问题，主要从如下三个方面展开研究。

① 寻找替代金属锂的负极材料。
② 采用聚合物电解质，以避免金属锂与有机溶剂发生反应。
③ 改进有机电解质的配方，使金属锂在充、放电过程中保持光滑、均匀的表面。

前两个方面已取得重大进展，但直接使用金属锂做负极的锂离子电池仍处于研究阶段。

2. 锂离子电池对负极材料的要求

锂离子电池对替代金属锂的负极材料的要求如下。

（1）在锂离子嵌入的过程中电极电势变化较小（接近金属锂电位），以使锂离子电池有较高的输出电压。

（2）尽可能多地嵌入锂离子，以使锂离子电池有较高的质量比容量和充、放电效率。

（3）在电极材料内部和表面有较多锂离子扩散通道且扩散速度较高。

（4）在电压变化范围内化学稳定性和热稳定性好，不与电解质发生反应。

（5）锂离子的嵌入和脱嵌可逆，并且不会引起基体明显变化，以保证锂离子电池具有好的循环性能。

（6）氧化还原电位随基体中锂含量的变化尽可能小，以使锂离子电池平稳地充、放电。

（7）离子电导率和电子电导率高，以使锂离子电池的大电流充、放电性能好。

（8）价格低，易制备，对环境友好。

在实际开发中需要综合考虑上述因素，以提高锂离子电池的性能，其中开发高容量的负极材料至关重要。负极材料主要有碳材料、氮化物、硅基材料、锡基材料、新型合金及纳米材料等。已经用于锂离子电池负极材料的基本都是碳材料，如石墨、中间相炭微球（mesocarbon micro-bead，MCMB）、石油焦、碳纤维等。

5.3.2 碳负极材料

1. 碳负极材料的特点

锂离子电池的正、负极反应是典型的嵌入反应，$LiCoO_2$ 和 LiC_6 称为嵌入化合物。由于锂与石墨化的碳材料形成嵌入化合物 LiC_6 后，其电势与金属锂相差小于 0.5V，因此可以代替金属锂作为锂离子电池的负极材料。充电时，锂离子嵌入石墨的层状结构，放电时从层状结构中脱嵌。由于锂离子嵌入和脱嵌的可逆性好，因此锂离子电池的循环性能好。

碳材料价格低且无毒，在放电状态下在空气中较稳定，用其替代活泼的金属锂可避免产生枝晶，电池内部不易短路，锂离子电池的安全性能提高且使用寿命延长。性能优良的碳材料具有充、放电可逆性好，容量大和放电平台（平衡电位）低等优点。

不同碳材料的结晶度、粒径、孔隙率、微观形态、比表面积、表面官能团、杂质等不同。

2. 碳负极材料的类型

锂离子电池用碳负极材料较多，不同生产厂家选用的碳材料也有所不同。

（1）石墨。

石墨有六方结构和三方（菱形）结构（图5.8）。石墨的导电性好、结晶度高，具有良好的层状结构，适合锂离子的嵌入和脱嵌，可形成锂-石墨嵌锂层间化合物 Li-GIC，其电势低且平坦，大部分容量分布在 0~0.2V，具有良好的充、放电平台，充、放电质量比容量达 300(mA·h)/g，充、放电效率高于 90%，不可逆质量比容量低于 50(mA·h)/g。

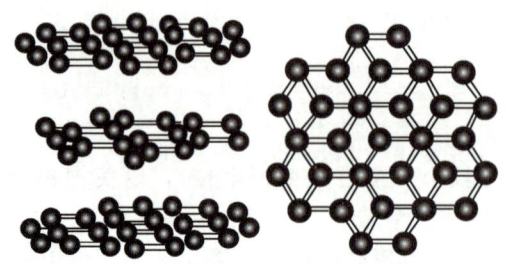
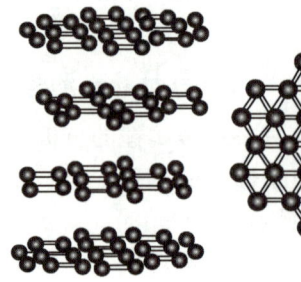

(a) 六方结构(2H)(ABAB…方式)　　　(b) 三方结构(3R)(ABCABC…方式)

图 5.8　石墨的两种结构

石墨可与提供锂源的正极材料 $LiCoO_2$、$LiNiO_2$、$LiMn_2O_4$ 等匹配,组成的电池平均输出电压高,是锂离子电池应用较多的负极材料。

石墨分为天然石墨和人工石墨两大类。

① 天然石墨。由于天然石墨的石墨化程度高,呈高度取向的层状结构,因此可实现锂离子的嵌入和脱嵌。石墨在锂的反复嵌入和脱嵌过程中可保持电极尺寸稳定,使电极具有良好的循环性能。形成的锂-石墨嵌锂层间化合物 Li-GIC 的质量比容量高达 350(mA·h)/g,充、放电电压曲线平坦,而且成本低。天然石墨一直是研究锂离子电池负极材料的重点。

② 人工石墨。人工石墨是用易石墨化的炭在惰性气氛中经高温石墨化处理制得的。用作锂离子电池负极材料的人工石墨主要有中间相炭微球、石墨纤维及其他石墨化的炭,其中人们最熟悉的是高度石墨化的中间相炭微球。中间相炭微球呈高度有序的层面堆积结构,具有密度高、强度大、表面光滑等特点。

(2) 碳材料。

碳材料是人们最早研究并用作锂离子电池负极材料的材料,至今仍是锂离子电池负极材料的重点研究对象。碳材料通常呈无序结构(与石墨不同),碳原子呈任意旋转或平移排列,常称涡轮式无序结构。碳材料的结晶度(或石墨化度)低、晶粒尺寸小、晶面间距较大,与电解液的相容性较好,可以在碳酸丙烯酯电解液中正常工作,但首次充、放电时的不可逆质量比容量较高,且输出电压较低,无明显的充、放电平台电压。

碳材料根据结构特征分为易石墨化炭(软炭,soft carbon)及难石墨化炭(硬炭,hard carbon)两种。两种碳材料的结构都包括两部分:一部分呈规则的层状结构,另一部分有各种缺陷。碳材料的容量一部分与层状结构有关,另一部分与各种缺陷有关。

① 软炭。软炭是指在 2500℃ 以上的高温下石墨化的无定形炭。常见的软炭有石油焦、针状焦、碳纤维、焦炭、炭微球等。

② 硬炭。硬炭是指难石墨化炭,是高分子聚合物的热解炭,其即使在 2500℃ 以上的高温条件下也难以石墨化。它不具有宏观的晶体学性质,但在微细区域存在不同程度的有序结构,称为"微晶体"。从内部整体结构看,硬炭呈尺寸不同的二维乱层微晶堆积的镶嵌体结构。与软炭相比,硬炭的晶粒尺寸较小,晶粒取向更不规则,晶面间距更大(0.35~0.40nm)。此外,通常硬炭的密度较小,且表面多孔。

3. 碳材料的性能提高

碳材料可通过表面处理、掺杂、表面包覆处理等提高电化学性能。

(1) 表面处理。

碳材料因表面结构不规则而易与锂发生不可逆反应,导致电化学性能降低。因此,对碳材料表面进行氧化或氟化等处理可改善其表面结构,提高其电化学性能。

① 表面氧化。表面氧化用于去除石墨表面的不规则结构(如 sp^3 杂化碳原子、碳链等)。它们属于不稳定结构,反应活性高,在充、放电过程中会与锂发生反应而产生不可逆质量比容量,同时部分抑制了锂离子的可逆嵌入。表面氧化可降低锂离子电池的不可逆质量比容量、提高可逆质量比容量及循环寿命。

石墨的氧化剂有 HNO_3、O_3、O_2、H_2O_2、NO^+、NO_2^+ 等。在上述氧化处理的基础上,可以引入催化剂(如 Ni、Co、Fe 等)加速氧化过程,不仅产生上述氧化处理的效果,还因催化剂的存在而增加了纳米级微孔和通道,更有利于锂离子的嵌入和脱嵌;同时,催化剂与锂形成合金,对可逆质量比容量的提高起一定的作用。

② 氟化。在高温下用氟蒸气与石墨直接反应,可以得到氟化物 $(CF)_n$ 和 $(C_2F)_n$;也可以在路易斯酸(HF)存在时,在 100℃ 下进行氟化得到 C_xF_n。在这些氟化物中,C—F 键从离子键向共价键过渡。

氟化石墨和氧化石墨都是共价化合物,但氧化石墨亲水,而氟化石墨憎水。碳材料经氧化或氟化处理后,可提高锂离子电池的放电容量。

(2) 掺杂。

在碳材料中掺入非金属元素或金属元素可以提高碳电极的性能。

① 掺杂非金属元素。碳材料掺杂的非金属元素有硼(B)、硅(Si)、磷(P)等。

将 B 掺入碳材料有原子形式和化合物形式两种。

a. 原子形式。用化学气相沉积法制备碳材料时,主要以原子形式掺入 B、含 B 的烷烃或其他硼化合物通过裂解得到 B 原子与 C 原子一起沉积的碳材料。

b. 化合物形式。直接将硼化合物(如 B_2O_3、H_3BO_3 等)掺入碳材料的前驱体,然后进行热处理。由于 B 具有缺电子性,因此掺入碳材料后,B 作为电子的受体,提高了锂与碳材料的结合能,从而提高了锂离子电池的可逆质量比容量。

在低于 1200℃ 的温度下,采用化学气相沉积法或直接裂解含 Si 聚合物(如聚苯基甲基硅氧烷),可以将 Si 掺入碳材料,促进锂在碳材料内部的扩散,有效防止枝晶产生。Si 在碳材料中的分散水平是纳米级的,当掺入量为 0%~6% 时,可逆质量比容量从未掺 Si 时的 $300(mA·h)/g$ 增大到 $500(mA·h)/g$,而且在多次循环后没有衰减。

将 P 元素掺入碳材料主要为了改善碳材料的表面结构。P 原子与碳材料的端面结合,由于磷原子的半径(0.155nm)比碳原子的半径(0.077nm)大,因此碳材料的层间距离大,利于锂离子的嵌入和脱嵌。

② 掺杂金属元素。碳材料中引入的金属元素有主族元素和过渡金属元素。主族元素有ⅠA族的 K、ⅡA族的 Mg、ⅢA族的 Al、Ga;过渡金属元素有 V、Ni、Co、Cu、Fe 等。

a. 碳材料掺入 K 后形成嵌入化合物 KC_8,由于钾离子脱嵌后,可逆嵌入的是锂离子而不是钾离子,并且钾离子脱嵌后碳材料的层间距离(0.341nm)比纯石墨的层间距离(0.3354nm)大,利于锂离子的快速嵌入,并形成嵌入化合物 LiC_6,因此可逆质量比容量可达 $372(mA·h)/g$。

b. 将碳材料掺入 Al 和 Ga 后,Al 和 Ga 可与 C 原子形成固溶体,在组成的平面结构中,Al 和 Ga 的 P2 轨道为空轨道,可以储存更多锂,从而提高碳材料的可逆质量比容量。

c. 将过渡金属 V、Ni 和 Co 以氧化物形式掺入前驱体进行热处理。在热处理过程中,它们起催化剂的作用,利于石墨化结构的生成及层间距离的增大,从而提高碳材料的可逆质量比容量和循环性能。

d. Cu 和 Fe 的掺入增大了层间距离,改善了石墨的端面位置,使碳材料的电化学性能提高。

e. 在负极材料中添加一些金属元素,与碳形成化合物 M-C 或 Li-M-C(M 为 Zn、Ag、Mg、Cd、In、Pb、Sn 等),也可使锂离子电池的电化学性能提高,原理是金属元素的掺入利于锂的扩散。

(3) 表面包覆处理。

通过在石墨表面镀铜、表面包覆聚合物热解炭或锡（Sn）的氧化物等非碳材料，形成具有核-壳结构的复合石墨，以提高碳材料的性能。

通常以高锂离子嵌入量的石墨为核材料，而以具有可生成较致密保证膜的无定形碳材料为壳材料。这种复合材料既使石墨保持高的质量比容量，充、放电电压平坦等基本特征，又改善了石墨材料的粒型结构和粒径分布，减少了石墨的膨胀与粉化，提高了循环性能和首次充、放电效率，减小了材料的比表面积，提高了对电极工艺的适应性。

对无定形炭进行石墨表面包覆处理，可改善锂离子嵌入石墨层的方向，提高石墨的大电流充放电性能。研究表明，这种复合后的石墨的可逆质量比容量约为 $350(mA \cdot h)/g$，不可逆质量比容量小于 $40(mA \cdot h)/g$。

对易石墨化炭（如石油焦等）进行掺杂、结构调速或表面处理，并经高温石墨化处理制得的人工石墨的质量比容量可以达到 $330 \sim 350(mA \cdot h)/g$，具有良好的循环性能，且价格低于中间相炭微球。

4. 碳负极材料的性能

常见的碳负极材料的类型及特点见表 5.5。部分碳负极材料的性能参数见表 5.6。上海杉杉科技有限公司（以下简称"上海杉杉"）是国内生产锂离子电池碳负极材料的厂家之一，它生产的 CGS 产品是人造石墨和天然石墨形成的复合材料，而 MGS 和 MGP 分别是对人造石墨和天然石墨进行表面处理后得到的锂离子电池负极材料。国内部分碳负极材料的性能参数见表 5.7。

表 5.5 常见的碳负极材料的类型及特点

类型	特点	生产厂家
中间相石墨	大电流放电性能和安全性能和循环性能好，成本较高	日本 JFE、上海杉杉、天津铁成
人造石墨	循环性能好，成本适中	日立碳素、上海杉杉
天然石墨	质量比容量高，价格低	日立碳素、上海杉杉、深圳 BTB
复合石墨	综合性能好，成本适中	上海杉杉
软炭/硬炭	大电流放电性能和安全性能好	吴宇化学、上海杉杉
钛酸锂	安全性能和循环性能好，能量密度低	上海杉杉

表 5.6 部分碳负极材料的性能参数

碳牌号	类型	质量比容量/[(mA·h)/g]	不可逆质量比容量/[(mA·h)/g]	平均粒径/μm	比表面积(BET)/(m²/g)
KS6	人造石墨	316	60	6	22
KS15	人造石墨	350	190	15	14
KS44	人造石墨	345	45	44	10

续表

碳牌号	类型	质量比容量/[(mA·h)/g]	不可逆质量比容量/[(mA·h)/g]	平均粒径/μm	比表面积(BET)/(m²/g)
MCMB 25-28	球形石墨	305	19	26	0.86
MCMB 10-28	球形石墨	290	30	10	2.64
Sterling 2700	石墨化炭黑	200	152	0.075	30
XP30	石油焦炭	220	55	45	—
Repsol LQNC	针状焦炭	234	104	45	6.7
Grasker	碳纤维	363	35	23	11
糖碳	硬质炭黑	575	215	—	40

表 5.7 国内部分碳负极材料的性能参数

品种	粒径(D20)/μm	首次可逆质量比容量/[(mA·h)/g]	首次放电效率/(%)	比表面积/(m²/g)	真实密度/(g/cm³)	振实密度/(g/cm³)	灰含量/(%)
CMS	20	315	95.0	1.0	2.15	1.39	0.04
CGS	20	340	94.5	1.5	2.15	1.30	0.03
MGS	20	350	93.0	2.0	2.20	1.25	0.05
MGP	20	330	94.0	2.0	2.20	1.15	0.03

5.3.3 合金类负极材料

为解决金属锂因具有高活泼性而引发的锂离子电池的安全性问题和循环性能差的缺陷，除了用碳负极材料替代金属锂，人们还研究用合金替代锂做负极材料，以克服锂负极材料的缺点。锂离子电池的合金类负极材料基本包括常见的锂合金，如 NiAlFe、LiPb、LiAl、LiSn、LiIn、LiBi、LiZn、LiCd、LiAlB、LiSi 等。

与金属锂相比，锂合金负极可避免产生枝晶，安全性提高。然而，在充、放电过程中，锂合金的体积变化较大，合金结构逐渐损坏，导致电极材料粉化失效，因此循环寿命低的问题仍然存在。

1. 锂合金负极材料性能提高的措施

为了解决锂合金负极材料维度不稳定的缺点，采用如下复合体系。

(1) 采用混合导体全固态复合体系，即将活性物质（如 Li_xSi）均匀分散在非活性锂合金中。其中，活性物质与锂发生反应，非活性物质提供反应通道。

(2) 将锂合金与相应金属的金属间化合物混合，如将 Li_xAl 合金与 Al_3Ni 混合。

(3) 将锂合金分散在导电聚合物中，如将 Li_xAl、Li_xPb 分散在聚乙炔或聚并苯中。其中，导电聚合物提供了一个具有弹性、多孔、有较高电子电导率和离子电导率的支撑体。

(4) 将小颗粒的锂合金嵌入一个稳定的网络支撑体。

以上措施在一定程度上提高了锂合金负极材料的稳定性,但仍未达到实用化的程度。

2. 非锂合金负极材料

近年出现的锂离子电池的锂源:正极材料采用 $LiMO_2$(M 为 Co、Ni、Mn),负极材料采用不含锂的金属合金,按基体分主要有锡基合金、硅基合金、锗基合金、镁基合金及其他合金等。因此,在锂离子电池合金类负极材料的制备上有了更多选择。

在锡基合金中,由于 Sn 能与 Li 形成 $Li_{22}Sn_5$ 合金,因此其理论质量比容量高。然而 Li 与单一金属形成 Li_xM 合金时,体积膨胀很大,金属间相 Li_xM 很脆,循环性能变差。因此,通常以两种金属 MM′ 作为锂离子嵌入的电极基体,其中金属 M′ 为非活性物质且比较软,利用 M′ 的可延性,可使锂离子嵌入活性物质 M 时的体积变化减小。

研究较深入的是 Cu 与 Sn 形成的负极材料 $Li_xCu_6Sn_{(5\pm1)}$($0<x<13$)。由于 Cu 在电压为 0~2V 时不与 Li 形成合金,因此可作为惰性材料,提供导电和稳定的框架结构。Cu_6Sn_5 的结构如图 5.9 所示,Sn 原子成层排列,夹在 Cu 原子片之间。Sn 原子与邻近的 6 个 Cu 原子形成三棱柱结构,而 Cu 原子与 5 个 Sn 原子形成四棱锥结构或与 6 个 Sn 原子形成八面体结构。

Sn 的体积膨胀率较高,过量的 Sn 会使锂离子脱嵌时体积膨胀量较大,从而导致循环寿命降低。采用膨胀率不同的元素与其复合,形成纳米合金颗粒,使其在反复充、放电过程中绝对体积变化较小,非活性材料缓冲了锂离子脱嵌过程中的体积变化,使循环寿命提高。

采用电沉积法制备纳米级的 Sn 及 SnSb、SnAg 金属间化合物,循环性能明显提高。采用化学气相沉积法制备晶粒尺寸为 300nm 的 $Sn_{0.88}Sb$ 合金,循环 200 次仍可保持 95% 的初始容量。在集流体 Cu 上镀 Sn 合金,经后期处理可梯度地生成 Cu_3Sn、Cu_6Sn_5 等金属间化合物,从而提高循环寿命。

锡基氧化物可提高循环寿命的原因如下:一是有分散良好的锡区,与 Li 的反应可逆;二是 Li_2O 和其他氧化物充当惰性物质维持体系。从中可以得到启示,以 Sn-Fe-C 中的 Sn 为活性中心,生成的 Fe 作为导电剂和不活泼基体来维持锂锡合金晶粒,采用图 5.10(Sn-Fe-C 吉布斯相同)所示的 3 条途径。

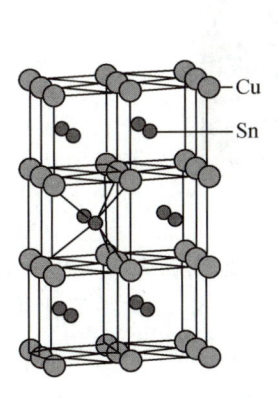

图 5.9 Cu_6Sn_5 的结构

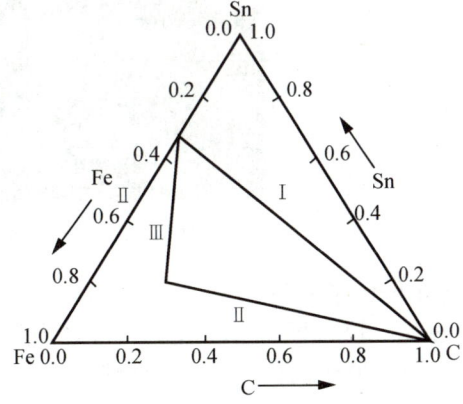

图 5.10 Sn-Fe-C 吉布斯相图

途径Ⅰ:Sn_2Fe-C。采用机械合金方法制备 Sn_2Fe-C,但测试结果表明其循环寿命很低,材料中的 Fe 并非完全惰性,当锂离子脱嵌时与 Sn 形成小晶粒 Sn_2Fe。

途径Ⅱ：$Sn_2Fe \rightarrow Sn_3Fe_5$。原位 X 射线图谱显示小晶粒 Sn 与 Fe 包覆的 Sn_2Fe 和 Sn_3Fe_5 共存，表明小晶粒的活性 Sn 被植入只具有电子导电性的惰性基体上。由于惰性基体增加，因此容量降低。

途径Ⅲ：$Sn_2Fe/SnFe_3C$（活性物质/惰性基体物质的材料）。原位 X 射线图谱表明在锂离子嵌入时，Sn_2Fe 峰消失，$SnFe_3C$ 峰基本不变，说明 Sn_2Fe 是活性相，完全反应后形成 $Li_{4.4}Sn$ 和 Fe；$SnFe_3C$ 是惰性相，几乎不与 Li 发生反应。该材料在循环 80 次后的体积比容量仍能保持 $1200(mA·h)/cm^3$。

纳米硅基复合材料是一种很好的负极材料，其实际质量比容量高达 $1700(mA·h)/g$，而且循环性能好，可以经受高倍率充、放电。

纳米材料的比表面积很大，存在大量晶界，利于提高电极的反应动力学性能，而且纳米合金复合材料在充、放电过程中绝对体积的变化较小，电极结构具有较高的稳定性。因此，纳米合金复合材料是合金类负极材料的最佳选择。

5.3.4 氮化物负极材料

用作固体电解质的氮化物 Li_3N 具有很好的离子导电性，但其分解电压很低 (0.44V)，不宜直接作为负极材料，而过渡金属氮化物具有高的化学稳定性和电子导电性。锂-过渡金属氮化物兼具二者性质，可用作锂离子电池的负极材料。锂-过渡金属氮化物根据结构的不同可分为两大类：一类是反萤石结构的锂-过渡金属氮化物；另一类是 Li_3N 中部分 Li 被置换的锂-过渡金属氮化物。

1. 反萤石结构的锂-过渡金属氮化物

萤石的主要成分为 CaF_2。CaF_2 的晶体结构如图 5.11 所示，Ca 原子位于面心立方位置，F 原子位于以 Ca 原子为顶点的四面体中心。

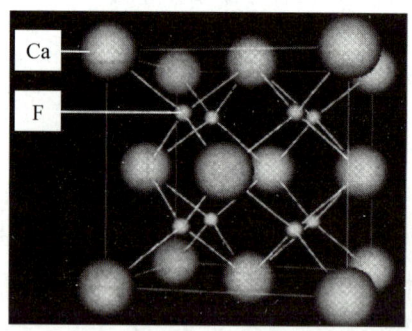

图 5.11 CaF_2 的晶体结构

在元素周期表中，从 Ti 到 Fe 均可形成锂-过渡金属氮化物 $Li_{2n-1}MN_n$，其中能稳定存在的有 Li_5TiN_3、Li_7VN_4、$Li_{15}Cr_2N_9$、Li_7MnN_4 和 Li_3FeN_2。这些氮化物对应 CaF_2 结构，N 原子位于 Ca 原子的位置，Li 和金属原子（M）位于 F 原子的位置，但阴离子和阳离子的位置恰好与 CaF_2 相反，因此称为反萤石结构。

在上述氮化物中，由于 Ti、V、Cr 已达到最高氧化状态，在锂离子脱嵌时无法提高价态来保持体系内的电中性，因此只有 Li_7MnN_4 和 Li_3FeN_2 可作为电极材料。

Li_7MnN_4 中锰的价态为 +5 价，而其最高价态为 +7 价，因此锂离子的最大脱嵌量为 2。

在结构上，MnN_4 呈四面体结构独立存在，而 Li 的占据点形成三维网状，由此推断 Li_7MnN_4 是导电性极差的绝缘体，而实际上它具有一定的导电性；其质量比容量约为 $200(mA \cdot h)/g$，放电电压约为 1.2V，并且循环 20 次后未见衰减。Li_7MnN_4 负极材料的突出特征是具有较好的可逆性。

Li_3FeN_2 中 Fe 的价态为 +3 价，可变为 +4 价，对应一个锂离子的脱嵌。其以 Fe 原子为中心、以 N 原子为顶点构成四面体（FeN_4）。但与 MnN_4 不同，FeN_4 四面体构成链状，因此 Li_3FeN_2 的导电性优于 Li_7MnN_4 的导电性。充、放电曲线平坦是 Li_3FeN_2 负极材料的主要特征，其质量比容量约为 $150(mA \cdot h)/g$，但在循环过程中容量衰减较明显。

作为锂离子电池的负极材料，$Li_{2.7}Fe_{0.3}N$ 的可逆质量比容量达 $550(mA \cdot h)/g$，平均氧化还原电势较低，为 0.6V。

2. Li_3N 中部分 Li 被置换的锂-过渡金属氮化物

Li_3N 晶体呈层状结构，由 Li_3N 层与 Li 层相间构成（图 5.12）。具有 Li_3N 结构的氮化物有 $Li_{3-x}Co_xN$、$Li_{3-x}Ni_xN$、$Li_{3-x}Cu_xN$ 三种，分别由 Co、Ni、Cu 转换锂层中的 Li。$Li_{3-x}M_xN$ 固溶体的组成范围：Co（$0<x<0.5$），Ni（$0<x<0.6$），Cu（$0<x<0.4$）。这三种氮化物与 Li_7MnN_4 和 Li_3FeN_2 具有完全不同的结构和电化学行为。

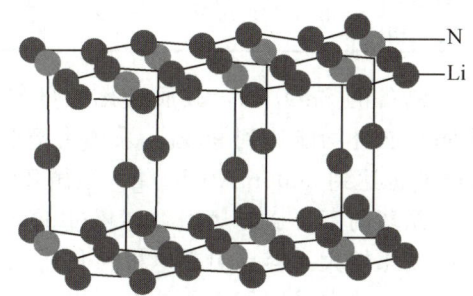

图 5.12　Li_3N 的晶体结构

在氮化物 $Li_{3-x}M_xN$（M 为 Co、Ni、Cu）中，由于 $Li_{2.6}Co_{0.4}N$ 的可逆质量比容量为 $480\sim760(mA \cdot h)/g$ 甚至更高，因此最受关注。该物质的层状结构利于锂离子的脱嵌，可以作为快离子导体，而且过渡金属处于较低的氧化态，能给出较低的电势，放电电压约为 1.0V，比反萤石氮化物稍低，更有优势成为碳的替代材料。

5.3.5　氧化物负极材料

可作为锂源的含锂氧化物曾是锂离子电池负极材料的首选，碳负极材料逐渐发展为主流后，人们仍未放弃对氧化物负极材料的研究。用作锂离子电池负极材料的氧化物主要是过渡金属（如 Sn、Fe、Mo、Ti 等）的氧化物。其中，虽然 CoO 和 Co_3O_4 的可逆质量比容量为 $700\sim800(mA \cdot h)/g$，但价格高，且嵌锂电势高；Cu_2O、TiO_2、WO_2、Fe_2O_3、MoO_2 的可逆质量比容量较低；锡氧化物因具有低嵌锂电压、高质量比容量而备受关注，曾被认为是锂离子电池碳负极材料最有希望的替代物。

1. 锡氧化物

在过渡金属元素中，Sn 的价格比 Co、Ti 低。Sn 能形成 SnO 和 SnO_2 两种氧化物，

SnO 和 SnO_2 与有机电解液的相容性较好,并且都能嵌入少量锂离子。

采用不同制备方法得到的锡氧化物 SnO 和 SnO_2 的结构不同,有晶状、非晶状、纳米孔状等,其质量比容量、循环性能等均有很大差别。表 5.8 列出了采用不同制备方法得到的锡氧化物的结构和电化学性能。

表 5.8 采用不同制备方法得到的锡氧化物的结构和电化学性能

电极材料	制备方法	结构	质量比容量/[(mA·h)/g]	循环性能	不可逆能量损失/(%)	锂离子的扩散系数/(cm²/s)
SnO_2	低压化学气相沉积法	晶状薄膜	在 0.05~1.15V 下循环 100 次,500	一般	>50	$(6.58\sim19.1)\times10^{-5}$
SnO/SnO_2	高温热解喷镀法	非晶态膜	—	良好	>50	—
SnO_2	静电热喷镀法	非晶态膜	在 0~1.0V 下循环 100 次,600	较差	>50	$(3\sim5)\times10^{-4}$
SnO_2	溶胶-凝胶法	晶态膜	0~2.0V,600	一般	>50	7.76×10^{-5}
SnO	液晶模板法	纳米微孔结构	0.05~0.95V,700	较差	>50	—

采用低压化学气相沉积法制备的 SnO_2 的,其质量比容量超过 500(mA·h)/g,循环性能较理想,充、放电效率除首次外均能达到 90%;采用由溶胶-凝胶法及简单加热方法制备的 SnO_2 的质量比容量虽然也达到 500(mA·h)/g,但循环性能不理想。

锡氧化物第一次充、放电循环的不可逆能量损失都超过 50%,并且在锂离子的嵌入和脱嵌过程中,材料本身的体积变化较大,容易引起电极粉化或晶粒团聚,导致材料的质量比容量减小,循环性能下降。因此,常采用复合、掺杂、表面包覆等措施提高锡氧化物的电化学性能。

2. 钛氧化物

钛氧化物包括氧化钛及其与 Li 的复合氧化物。作为锂离子电池的负极材料,研究较多的是具有尖晶石结构的 $Li_{4/3}Ti_{5/3}O_4$(常写为 $Li_4Ti_5O_{12}$,一般式为 $Li_{1+x}Ti_{2-x}O_4$)。$Li_4Ti_5O_{12}$ 既可做负极又可做正极,但由于其相对于金属锂的电势偏低(仅为 1.5V),因此可与 4V 正极材料 $LiCoO_2$、$LiNiO_2$ 和 $LiMn_2O_4$ 配对形成 2.5V 的电池。

$Li_4Ti_5O_{12}$ 是一种嵌入式化合物,可以嵌入锂离子。其用作负极材料时,导电骨架基本是稳定的,体积变化很小,锂离子的嵌入和脱嵌不产生应变,结构几乎不发生收缩或膨胀,为零应变材料,因此有很高的循环寿命,而且充、放电效率高。

以 $Li_4Ti_5O_{12}$ 为负极材料的锂离子电池,其充、放电曲线非常平坦,锂离子嵌入的平台电势为 1.5V,锂离子脱嵌的平台电势为 1.65V,放电质量比容量为 150(mA·h)/g。使用以 $LiMn_2O_4$ 为正极的纽扣形锂离子电池进行充、放电循环实验,循环 2000 次时仍然没有明显衰减,而且发现 $Li_4Ti_5O_{12}$ 具有良好的耐过充电性能和耐过放电性能。

$Li_4Ti_5O_{12}$ 的质量比容量较低,但是由于其具有很好的充、放电循环性能,因此在一些对质量比容量要求不高的领域有实际应用意义。例如,以 $Li_4Ti_5O_{12}$ 为负极材料的超小型锂离子电池可用于手表、计时器、公路栏指示器等的电源。

5.3.6 过渡金属磷族化合物负极材料

N、P、Sb 属于第ⅤA 族元素，与金属氧化物相比，过渡金属与第ⅤA 族元素形成的化合物处于低的氧化态，可得到较低的嵌锂电势。

MnP_4 的结构是以共用棱的八面体 MnP_6 为基础，通过 P—P 键形成无限长的 Zig-Zag 链，也可以看成堆积成垛的均匀二维磷网。MnP_4 有许多变体，这些变体的网络堆积形式不同。锂离子嵌入 MnP_4 后，形成具有反萤石结构的 Li_7MnP_4，其中 MnP_4 和 LiP_4 四面体共用一条棱。层状结构 MnP_4 和反尖晶石结构 Li_7MnP_4 如图 5.13 所示。

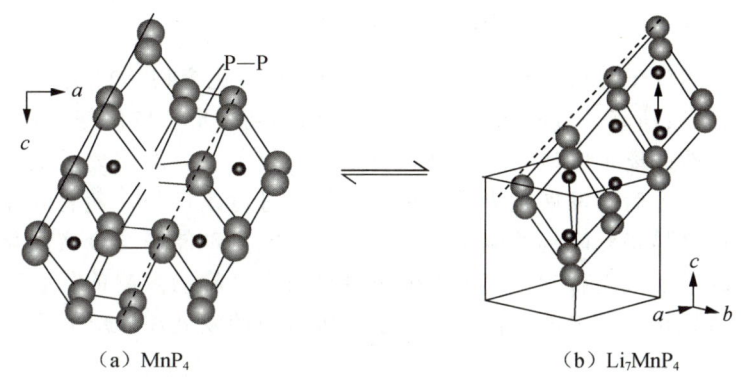

(a) MnP_4　　　　　　　(b) Li_7MnP_4

图 5.13　层状结构 MnP_4 和反尖晶石结构 Li_7MnP_4

MnP_4 具有简单的层状结构和良好的导电率，用作锂离子电池负极材料时，在室温下 MnP_4 和 Li_7MnP_4 可发生一级规整转变，其晶相间的可逆转变受电化学氧化还原过程的控制。嵌锂还原时，MnP_4 中的 P—P 键断裂而形成 Li_7MnP_4，脱锂氧化时又逆变为 MnP_4。

MnP_4 到 Li_7MnP_4 的晶相转变机理如下：锂离子最初嵌入还原 MnP_4 时诱发 P—P 键断裂，为锂离子的进一步嵌入提供位置，磷原子形成未变形的立方密堆积磷层。随着斜方体中锰从八面体向四面体的晶格位置迁移，多余的锂离子占据四面体的邻位，形成 Li_7MnP_4，而在脱锂氧化时又可逆地形成 MnP_4 层状结构。就嵌锂机理而言，大多数插层化合物氧化还原都是在阳离子上进行的；而 MnP_4 不同，其嵌锂过程中阴离子起重要作用。

CoP_3 是具有方钴矿（Skutterudite）结构的化合物（图 5.14），由 CoP_6 八面体共用角形成 P_4 环结构。用 CoP_3 作锂离子电池的负极材料，其可逆质量比容量为 1000(mA·h)/g，循环 10 次后减小到 600(mA·h)/g，稳定后大于 400(mA·h)/g。首次充、放电平台嵌入 9 个锂离子，相应的反应为

$$CoP_3 + 9Li^+ + 9e^- \rightleftharpoons 3Li_3P + Co \tag{5-4}$$

在随后的充、放电循环过程中脱嵌 6 个锂离子，相应的反应为

$$3Li_3P \rightleftharpoons 3LiP + 6Li^+ + 6e^- \tag{5-5}$$

如果将 LiP 或 Li_3P 作为负极材料，就可实现锂离子电池的循环充放电，而且 Li_3P 的高电导率利于锂离子在复合介质中的传输。

从上述过渡金属磷化物的嵌锂过程可以看出，氧化还原活性中心不一定是过渡金属化

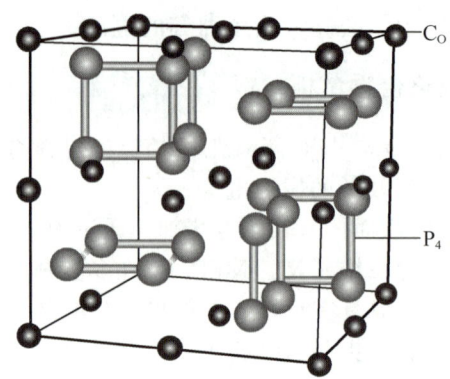

图 5.14 CoP$_3$ 的结构

合物中的阳离子，阴离子也可起重要作用，特别是 MPn$_x$ 化合物（M 为过渡金属元素，Pn 为磷族元素），其脱嵌锂离子过程几乎完全取决于由阴离子形成的网络结构。

总体上看，虽然锂离子电池的负极材料有多种，但市场上的锂离子电池主要以石墨基碳材料为负极材料。今后的发展趋势是除对现有材料进行改良外，随着固体电解质的日渐成熟，锂合金负极材料将有广阔的应用前景，最终可能实现储锂合金实用化。对新型负极材料的探索和实践，使人们看到锂离子电池负极材料更广阔的发展前景，锂化过渡金属氮化物及过渡金属磷族化合物可能为锂离子电池负极材料的发展注入新的活力。

5.4 锂离子电池的电解质

5.4.1 对电解质的要求

电解质是电池的重要组成部分，其主要作用是在正、负极之间形成良好的离子导电通道。因此，能够成为离子导体的材料均可用作电解质。例如，水溶液、有机溶液、聚合物、熔盐、固体材料等都可用作电解质。

水对许多离子有很强的溶解能力，水溶液电解质具有离子状态稳定、黏度低、电导率高等优点，因此，水溶液电解质是应用最广泛的电解质。例如，铅酸蓄电池的电解质是 H_2SO_4 水溶液，镍氢电池的电解质是 KOH 水溶液。由于水的分解电压低（1.23V），因此水溶液电解质电池的电压只能小于 2.0V。由于锂离子电池的电压为 3～4V，因此传统的水溶液体系不能适应锂离子电池的需要，必须采用非水电解质。

锂离子电池采用的电解质是在有机溶剂中溶入电解质锂盐的离子型导体。对锂离子电池体系有机电解质的要求如下。

(1) 离子电导率高（$3×10^{-3}$～$2×10^{-2}$ S/cm），锂离子的迁移数应接近 1。

(2) 热稳定性好，在较大的温度范围内不发生分解反应。

(3) 电化学性能稳定的电势范围大，在 0～5V 下不会发生分解。

(4) 化学稳定性好，与锂离子电池体系电极材料的相容性好，基本不与正极、负极、集流体、隔膜、黏结剂等发生反应。

(5) 液态电解质在 -40～70℃ 下为液体。

(6) 对离子有很好的溶剂化性能。
(7) 安全、毒性低,最好能够生物降解。
(8) 尽量促进电极进行可逆反应。
(9) 易制备,成本低。

5.4.2 电解质的类型

锂离子电池的电解质大致可分为非水电解质、聚合物电解质和固体电解质三类。

1. 非水电解质

锂离子电池使用的非水电解液是由锂盐溶于有机溶剂而成的,这种液态电解质的突出优点是离子电导率高,电池内阻较小,提高了电池大电流输出性能。因此,电动汽车用锂离子电池大多采用非水电解液。

最典型的非水电解液是碳酸酯类电解液,广泛应用于锂离子电池。由于在电池内电解液几乎全部被隔膜和电极吸收,因此保证了电池良好的密封性。

非水电解液的缺点是当电池温度太高或出现过充电时,电池内部压力增大,电解液可能泄漏,因此其安全性较差。

2. 聚合物电解质

聚合物电解质是含有聚合物材料且能发生离子迁移的电解质,按聚合物形态分为固态聚合物电解质和胶体聚合物电解质两类。

(1) 固态聚合物电解质。固态聚合物电解质由一种无液体和无溶剂的高分子材料构成,其离子导电性是由盐溶解于高分子聚合物中形成的。采用固态聚合物电解质的锂离子电池又称聚合物锂离子电池。由于聚合物锂离子电池出现漏液的可能性很低,因此其安全性较高。此外,由于聚合物材料的可塑性很强,可做成大面积的薄膜,因此固态聚合物电解质可与电极充分接触,并可根据需要组装成不同形状的电池。

(2) 胶体聚合物电解质。胶体聚合物电解质是盐和溶剂同时溶于高分子聚合物或与其混合而成的一种凝胶态离子导电材料。锂离子电池用胶体聚合物电解液有偏氟乙烯-六氟丙烯共聚物[P(VDF-HFP)]、$LiPF_6$ 或 $LiBF_4$ 盐和碳酸酯类溶剂形成的膜。向 P(VDF-HFP)中添加气相 SiO_2 可使凝胶体的结构稳定,降低电池泄漏溶剂的可能性。

3. 固体电解质

固体电解质是固态的离子导电体,分为晶体电解质、玻璃态电解质、氧化物玻璃态电解质、硫化物玻璃态电解质等。由于固体电解质的离子电导率比电解液的低 1~5 个数量级,因此固体电解液锂离子电池的内阻大,不能用于大电流放电。

固体电解质只能用于电流密度要求不高的薄膜型电池或微型电池,不能用于动力电池。

5.4.3 液态电解质

1. 电解液盐类

为了保证电解液的导电性,通常采用无机锂盐做电解液。锂离子电池用电解液的盐类

有 $LiClO_4$、$LiBF_4$、$LiPF_6$、$LiAsF_6$ 及一些有机盐。由于由 $LiPF_6$ 配制的有机电解液的电导率高、安全性好，因此 $LiPF_6$ 实际应用较多。但是，$LiPF_6$ 的价格较高，而且吸水性较强，会与水反应生成 HF，在使用时必须注意。锂离子电池生产厂家大多用 1mol 的 $LiPF_6$ 与碳酸乙烯酯-碳酸二甲酯（EC-DMC）（1:2）组成稳定性好且电化学性能好的液态电解质。

由于 $LiN(SO_2C_2F_5)_2$、$LiN(SO_2CF_3)_2$、$LiSO_3CF_3$ 等有机盐在水中特别稳定、易操作，因此得到了发展。特别是 $LiN(SO_2C_2F_5)_2$，其溶液具有高电导率、在水中稳定，且不腐蚀 Al。

2. 电解液溶剂

锂离子电池体系中锂的转移过程如图 5.15 所示。在比能量高的锂离子电池体系中，正极为强氧化剂，工作状态处于强氧化区（大于 3.6V）；负极具有很负的电极电势（大于 1V，相对 Li），使负极界面附近成为强还原区。在两个界面之间的有机溶剂必须具有高的化学稳定性和电化学稳定性，也就是说，有机溶剂电解液既不会与正、负极材料直接发生化学反应，在电池工作状态下又不会在正、负极处发生氧化还原反应。因此，锂离子电池体系用有机溶剂是不与 Li 发生反应的非质子溶剂，而含有活泼 H 原子的有机酸、有机醇、有机醛、有机酮、有机胺、有机酰胺等有机溶剂均不适合溶解锂盐。

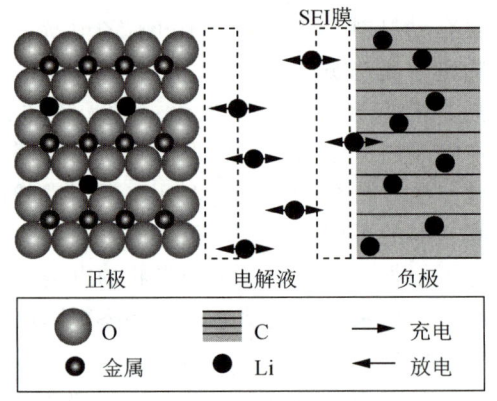

图 5.15 锂离子电池体系中锂的转移过程

由于碳酸酯类溶剂具有优异的稳定性和较高的安全性，并且对电极材料的相容性较好，因此锂离子电池用电解液溶剂大多为碳酸酯类溶剂，如碳酸乙烯酯、碳酸丙烯酯（PC）、碳酸二甲酯、碳酸乙甲酯（EMC）、碳酸二乙酯（DEC）等。

为满足对锂离子电池有机溶剂电解液高电导率的要求，有机溶剂应具有能够溶解足量电解液盐并保证离子快速迁移的能力，所以只能选用具有较高相对介电常数及较低黏度的有机溶剂。为使锂离子电池的电解液具有更高的电导率、更大的温度范围，通常使用 2~4 种溶剂。

摩尔电导率与溶剂的组分及其比例有关，适当地调整溶剂的组分及其比例，可使电解液的电导率达到最大值。当温度为 30℃时，用碳酸丙烯酯与醚的混合体系做溶剂的 1mol/L $LiClO_4$ 溶液的摩尔电导率与溶剂组分的关系曲线如图 5.16 所示。可以看出，当二者的比例接近 1:1 时，溶液的摩尔电导率最大。在室温下，盐的浓度（溶剂中 PC:DME=1:1）

与电导率的关系曲线如图 5.17 所示。

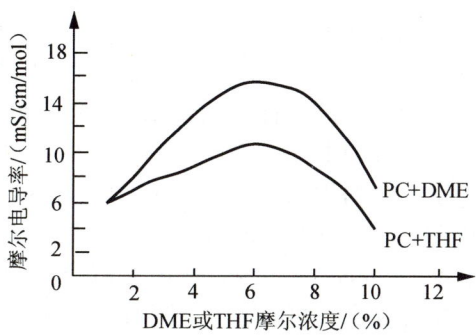

图 5.16　摩尔电导率与溶剂组分的关系曲线

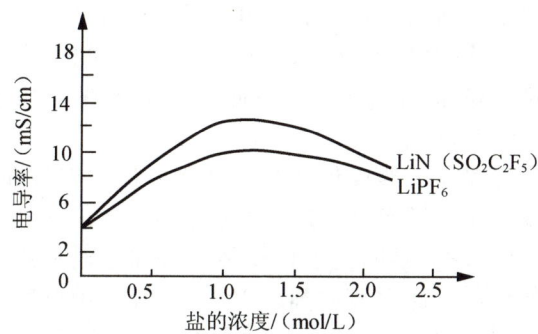

图 5.17　盐的浓度与电导率的关系曲线

部分生产国生产的电解液组分见表 5.9。

表 5.9　部分生产国生产的电解液组分

生产国	电解液浓度	溶剂及其体积比
中国	1mol/L LiPF$_6$	[EC＋DMC＋EMC(1∶1∶1)]＋添加剂
		EC＋DMC＋EMC(2∶2∶1)
美国	1mol/L LiPF$_6$	EC＋DMC＋EMC(1∶1∶1)
日本	1mol/L LiPF$_6$	EC＋DMC＋EMC(1∶1∶1)
韩国	1mol/L LiPF$_6$	EC＋DMC＋EMC(1∶1∶1)
		EC＋PC＋EMC＋DMC(20∶1∶64∶15)
		EC＋DMC＋DEC(1∶1∶1)
		PC＋EC＋EMC(1∶33∶66)

3. 电解液添加剂

在电解液中加入添加剂可以提高锂离子电池的性能。许多有机溶剂本身就是添加剂，添加剂的含量一般不超过 5%（体积比）。添加剂的类型如下。

（1）改善电极 SEI 膜的形成电势和化学组成的添加剂。石墨负极材料会因溶剂的分解而在石墨电极表面形成一层保护膜，在电解液中加入适当的添加剂可以提高保护膜的特性，并使其薄且致密。例如，向电解液中添加用来生成 $LiSO_3$ 和 Li_2CO_3 的原料——SO_2 和 CO_2，可生成性能优良的 SEI 膜。由于构成 SEI 膜的重要成分——$LiSO_3$ 和 Li_2CO_3 的化学性能稳定，不溶于有机溶剂，且具有良好的导 Li^+ 性能；同时能抑制溶剂分子的共嵌入和还原分解，因此提高了碳负极的电化学性能。其他无机添加剂有 N_2O、S_x^{2-} 等。

（2）控制电解液中酸和水含量的添加剂。从 EC、PC 等溶剂在电极界面的反应可以看出，有机电解液中痕量水和 HF 对 SEI 膜的形成有重要作用，但水和 HF 的含量过高，不仅会导致 $LiPF_6$ 分解，而且会破坏 SEI 膜。将 Li 或 Ca 的碳酸盐作为添加剂加入电解液，使其与电解液中的微量 HF 发生反应，可以阻止 HF 对电极的破坏和减轻对 $LiPF_6$ 分解的催化作用，提高电解液的稳定性，从而提高锂离子电池的性能。

（3）提高电解液电导率的添加剂。此类添加剂主要用于提高锂盐的溶解能力和电离能力，分为与阳离子作用的添加剂和与阴离子作用的添加剂两种。

NH_3 和一些低分子量胺类化合物与锂离子发生强烈的配位作用，可减小锂离子的溶剂化半径，从而显著提高电解液的电导率。但此类添加剂在电极充电过程中，往往会与 Li^+ 一起嵌入，对电极造成很大的破坏。

冠醚和穴状化合物能与锂离子形成包覆式配合物，提高锂盐在有机溶剂中的溶解度，从而提高电解液的电导率，而且可能降低充电过程中溶剂共嵌入和分解的程度。

硼基化合物［如 $(C_6F_5)_3B$］是阴离子接受体，可加速电解液中离子对的解离，从而增大自由移动的阳离子的数量。此类添加剂可以与 F^- 形成配合物，并且可使原来有机溶剂中不溶解的 LiF 溶解于有机溶剂。例如，可以在 DMF 中溶解 LiF，形成浓度为 1.0mol/L 的溶液，电导率为 $6.8×10^{-3} S/cm$。

（4）过充电保护的添加剂。在电解液中添加合适的氧化还原电对，在正常充电时，该氧化还原电对不参与任何化学反应或电化学反应，当充电电压超过电池的正常充电截止电压时，添加剂在正极发生氧化反应，氧化产物扩散到负极被还原，还原产物再扩散回正极被氧化，整个过程循环进行，直到电池过充电结束。在该循环过程中，氧化还原电对在正极和负极之间穿梭，吸收过量的电荷，形成电池内部的防过充电机理，从而提高电池的安全性能和循环性能。

例如，LiI 可以作为 4V 锂离子电池的防过充电添加剂；邻位二甲氧基和对位二甲氧基取代苯的氧化还原电位为 4.2V，也是有效的防过充电添加剂。此外，环乙基苯和二甲苯在充电时的聚合作用均可提高电池的过充电性能。

（5）提高电池安全性及使用寿命的添加剂。为提高电池的安全性，可在电解液中加入阻燃剂。阻燃剂一般为高沸点、高闪点、不易燃或热稳定性好的溶剂，如氟代有机溶剂、有机磷酸酯、硅烷、硼酸酯等。将这些添加剂加入电解液后，可提高着火温度或起阻燃作用。一些阻燃剂不仅可起阻燃作用，还可抑制电池内部发热，延长电池的使用寿命。

为保证加入电解液的添加剂有效提高电池性能，添加剂应满足如下要求。

（1）在有机电解液中具有良好的溶解性和足够高的扩散速度，能在大电流范围内起保护作用。

（2）在电池的工作温度范围内性能稳定。

（3）具有合适的氧化还原电势。

（4）不会对电池正、负极的正常反应产生影响，即不影响电池的性能。

4. 不可逆质量比容量与固体电解质界面膜

在首次充、放电过程中，锂离子电池电解质在负极表面被还原。具有不溶性的还原产物在负极表面沉积，形成一层钝化膜（SEI 膜），许多溶剂都参与在电极表面上形成钝化膜的反应。SEI 膜在空间上将溶剂与电极分开，但锂离子可通过该膜，即该膜是离子的导体。膜的质量直接影响锂离子电池的稳定性、安全性、自放电率及使用寿命。

当 SEI 膜形成时，锂离子结合到钝化膜中。这个过程是不可逆的，将导致不可逆的容量损失，称为不可逆质量比容量。不可逆质量比容量与电解液配方和电极材料有关，尤其是碳负极碳的类型。由于这种不可逆反应是在颗粒表面进行的，因此电极材料比表面积小，不可逆质量比容量也相对较低。

5.4.4 聚合物电解质

聚合物锂离子电池以聚合物电解质代替液体电解质，具有优良的安全性和加工性。聚合物锂离子电池已实现商业化生产，部分替代液态锂离子电池，并在电动汽车上得到了应用。

1. 对聚合物电解质的要求

商用化的聚合物锂离子电池对聚合物电解质有如下要求。

（1）具有较高的离子电导率。聚合物电解质要达到液体电解质体系所具有的 10^{-2} A/cm² 的放电电流密度水平，要求其在室温下的电导率达到或接近 10^{-3} S/cm。

（2）具有较好的化学稳定性、热稳定性及电化学稳定性。聚合物电解质不与电极发生副反应，具有较好的化学稳定性；在一定温度范围内，聚合物电解质必须具有好的热稳定性；具有足够宽的电化学稳定窗口，在 0～5V（相对 Li/Li$^+$）下与锂离子及阳极材料的相容性好。

（3）具有一定的机械强度。聚合物材料不仅应具有良好的电化学性能，还应具有足够的机械强度，以适应大规模涂覆加工过程。

（4）具有较高的锂离子迁移数。高的锂离子迁移数可以减小充、放电过程中的浓度极化，从而使锂离子电池具有更高的比能量。

2. 聚合物电解质的发展现状

最早应用于锂离子电池的聚合物电解质为聚环氧乙烷（PEO）与锂盐形成的配合物体系，由于该体系在室温下的电导率仅为 10^{-9} S/cm，因此这种锂离子电池未得到实际应用。此后，采用物理混合式共聚合的方法在聚合物电解质中加入增塑剂，显著提高了聚合物电解质的电导率（达 10^{-4} S/cm）。在聚丙烯腈（PAN）或聚氯乙烯（PVC）等聚合物中加入高比例液体增塑剂合成的凝胶聚合物电解质，电导率可达 10^{-3} S/cm，接近液态锂离子电池用有机电解质的电导率，因此这种电解质在聚合物锂离子电池中得到了实际应用。

常用的聚合物电解质有聚醚系（主要为 PEO）、聚甲基丙烯酸甲酯（PMMA）系、聚丙烯腈系、聚偏氟乙烯系、聚氯乙烯系、聚膦嗪（PPP）系等，在这类聚合物的基础上形成的共聚物电解质有 P(VDF-HFP)、P(AN-MMA-ST)、P(VC-VAC) 等。

3. 聚合物电解质的性能表征

聚合物电解质的性能表征参数有离子电导率、锂离子迁移数、电化学窗口等。

（1）离子电导率。

在聚合物电解质结构中存在结晶区和无定形区。聚合物电解质的导电机制是通过迁移离子与高分子链上的极性基团络合，在电场的作用下，随着无定形区分子链段的热运动，迁移离子与极性基团不断络合、解络合，从而实现离子迁移。

聚合物电解质的电导率与载流子电荷数、载流子浓度和载流子迁移速度有关。使用介电常数高的聚合物和离解能小的锂盐（如 $LiClO_4$、$LiBF_4$、$LiSCN$、$LiCF_3CO_3$ 等），可以增大载流子浓度、提高聚合物电解质的电导率。在聚合物介电常数不变的情况下，增大载流子迁移速度可提高聚合物电解质的离子电导率。

聚合物电解质电导率还与溶剂或增塑剂的种类有关。

（2）锂离子迁移数。

锂离子迁移数越大，电池在充、放电过程中的电极反应浓差极化越小，电池的比能量和比功率越高。理想的锂离子迁移数应该接近1。

在聚合物碱金属盐复合物中，阳离子和阴离子可以同时运动，在电场的作用下形成载流子浓度梯度，产生与外电场反向的极化电势，导致材料的离子电导率随极化的进行迅速降低。可见，在锂离子电池充、放电过程中，阳离子和阴离子的迁移将引起浓差极化现象，阴、阳离子集结在电极和电解质界面，阻碍锂离子迁移，降低了锂离子电池的能量效率、缩短了使用寿命。

大多数聚合物碱金属盐的阳离子迁移数为0.2～0.5，有的甚至小于0.1，与锂离子电池对聚合物电解质的要求相差甚远。制备单阳离子导体时，使其中锂离子迁移数达到1。可以通过增大阴离子体积或阴离子电荷来抑制阴离子的移动，增大阳离子的迁移数；也可以把阴离子作为聚合物的一部分，在导电时只有阳离子移动而增大阳离子的迁移数。

（3）电化学窗口。

与液体电解质相同，电化学窗口（电解质能够稳定存在的电压极限）是聚合物电解质的一个重要性能表征参数，对保证电池稳定工作相当重要。

不同正、负极材料对电化学窗口的要求不同。例如，由于 $LiMn_2O_4$ 正极材料的充、放电电压比 $LiCoO_2$ 的高，因此 $LiMn_2O_4$ 正极材料要求电化学窗口比 $LiCoO_2$ 正极材料的大。

聚合物电解质电化学窗口的测定方法有伏安法和阻抗法。

① 伏安法。伏安法的原理是通过测定聚合物电解质分解时产生的响应电流来确定稳定电压上限。伏安法采用的惰性电极通常是不锈钢电极，电势扫描从电流密度为零时的电压开始，扫描至引起聚合物电解质分解的电压（聚合物电解质稳定电压的上限）。受电极动力学条件的影响，采用伏安法只能测得电压稳定范围的近似值。

② 阻抗法。阻抗法的原理是在被测电池的两个不锈钢电极之间放置一个PEO基电解质膜，测定时采用低交流电压（10mV），当阻抗曲线上出现弧形时表明电荷转移，即聚合物电解质分解，从而确定聚合物电解质的稳定电压上限。

4. 聚合物电解质的分类

聚合物电解质种类繁多，有多种分类方法，如按聚合物形态分为凝胶聚合物电解质和固体聚合物电解质，这两类聚合物电解质又可按不同的分类方法分为不同的类别，如图 5.18 所示。

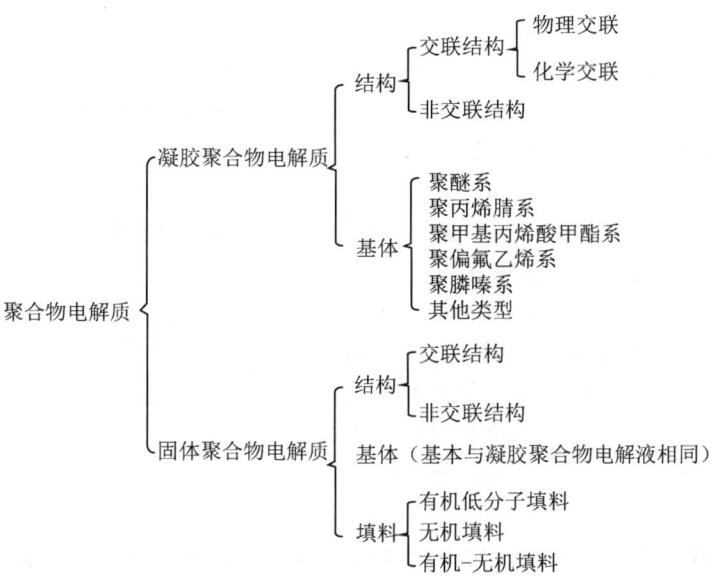

图 5.18　聚合物电解质按聚合物形态分类

5.5　隔膜与黏结剂

5.5.1　隔膜

1. 隔膜的性能要求

隔膜在正极和负极之间，其主要作用是防止正、负极活性物质接触而短路。为保证锂离子电池正常工作和具有良好的性能，隔膜除了要具有良好的绝缘性能，还应具有以下性能。

（1）在电池体系内的化学稳定性好，所用材料耐有机溶剂。

（2）机械强度高，使用寿命长。

（3）由于有机电解质的离子电导率比水溶液体系的低，为了减小电阻，电极面积必须尽可能大，因此隔膜必须很薄。

（4）当电池体系发生异常而温度升高时，为防止发生危险，在快速产热温度（120～140℃）开始时，热塑性隔膜发生熔融，使微孔关闭，防止电解液通过（隔膜变为离子绝缘体），以遮断电流。

（5）由于隔膜的材料不导电，因此要求用有机电解液充分浸渍隔膜，以便锂离子通过，而且在反复充、放电过程中始终保持充分浸渍。

（6）电池充、放电时隔膜不伸长、不收缩，有效孔径不小于 $1\mu m$。

（7）不会受电极材料的挤压而破损。

（8）抗拉强度好，以保证自动卷绕时的强度，并保持宽度不变。

2. 隔膜的类型

电池中的隔膜通常是由纤维素或编织物、合成树脂制成的多微孔膜。锂离子电池通常采用如下隔膜。

(1) 薄膜化的聚烯烃系多孔膜。锂离子电池一般采用高强度、薄膜化的聚烯烃系多孔膜，常用的有聚丙烯微孔隔膜和聚乙烯微孔隔膜，以及丙烯与乙烯的共聚物、聚乙烯均聚物等。此类隔膜均能满足上述性能要求。

(2) 用聚合物电解质兼作隔膜。在采用聚合物电解质的锂离子电池中没有专门的隔膜，聚合物电解质既是离子迁移的通道，又是正、负极材料间的隔膜。聚合物电解质有固体和凝胶两种形态，聚合物电解质隔膜必须满足以下必要条件。

① 具有高的离子电导率，以减小电池内阻。
② 锂离子的迁移系数基本不变，以消除浓差极化。
③ 电子电导率极低，以保证正、负极有效隔离。
④ 电极材料的化学稳定性和电化学稳定性好。
⑤ 价格低，化学组成合理，对环境友好。

固体聚合物电解质的缺点是在室温下电导率低、大电流放电性能差，难以用于动力电池。凝胶聚合物电解质通过固定在聚合物网络中的液体电解质分子实现离子传导，既具有固体聚合物的稳定性，又具有液体电解质的高离子电导率，应用前景广阔。

(3) 组合式隔膜。组合式隔膜是指用聚合物电解质与聚乙烯膜、聚丙烯膜组成聚合物锂离子电池隔膜，胶体聚合物覆盖或填充在微孔膜中。与无隔膜的聚合物电解质锂离子电池相比，组合式隔膜具有如下特点。

① 电池内部短路时能提供更好的保护。
② 可以减小电解质层的厚度。
③ 过充电时可提供足够的安全性。
④ 具有较好的力学性能及热稳定性。

聚乙烯膜、聚丙烯膜因具有特殊的结构和性能而在锂离子电池中得到了更多应用。

5.5.2 黏结剂

1. 黏结剂的作用

在制造和使用锂离子电池的过程中，黏结剂主要具有如下作用。

(1) 黏结活性物质，特别是粉状活性物质。
(2) 将活性物质黏结在集流体上。
(3) 保持活性物质间及与集流体间的黏结作用。
(4) 保证活性物质制浆时的均匀性和安全性。
(5) 在生产电池的过程中呈浆状，利于涂覆。

2. 黏结剂的性能要求

锂离子电池的黏结剂应具有以下性能。

(1) 耐热性好。在干燥和防水过程中，加热温度最高可以达到200℃，黏结剂必须能够耐高温。

(2) 耐溶剂性好。由于锂离子电池电解质是极性强的碳酸酯类有机溶剂体系，其溶解性能和溶胀性能强，因此黏结剂必须耐碳酸酯（至少不溶解），而且对电解质中的 $LiClO_4$、$LiPF_6$ 等及副产物 $LiOH$、Li_2CO_3 等稳定，不发生溶解。

(3) 电化学稳定性好。在负极的低电势下不会被还原，在正极中发生过充电等有氧产生的情况下不发生氧化。在充、放电过程中，锂离子在活性物质中的嵌入和脱嵌引起活性物质的膨胀与收缩时，黏结剂应起到良好的缓冲作用。

(4) 不易燃烧，具有良好的加工性。

3. 黏结剂的类型

黏结剂一般都是高分子化合物，常用的锂离子电池黏结剂有聚乙烯醇（PVA），聚四氟乙烯（PTFE），羧甲基纤维素（CMC），聚烯烃类（PP、PE 及其他共聚物），PVDF/NMP 或其他溶剂体系，黏结性能良好的丁苯橡胶（SBR），氟化橡胶及聚氨酯（PU）等。

液态锂离子电池的黏结剂主要是有机氟聚合物，其主要成分是 PVDF，包括偏氟乙烯（VF_2）的均聚物、共聚物及其他性能改善物。PVDF 的电化学窗口比其他聚烯烃和氟树脂的大，并且对正、负极材料均较稳定，与 Li 在 200℃ 以上才发生反应，远超出锂离子电池的安全使用温度范围。此外，具有热塑性的 PVDF 具有优良的力学性能和加工性能，在锂离子电池中应用广泛。

5.6 锂离子电池的特性

5.6.1 锂离子电池的充、放电特性

1. 锂离子电池的充电特性

锂离子电池先恒流后恒压的充电特性曲线（25℃）如图 5.19 所示。

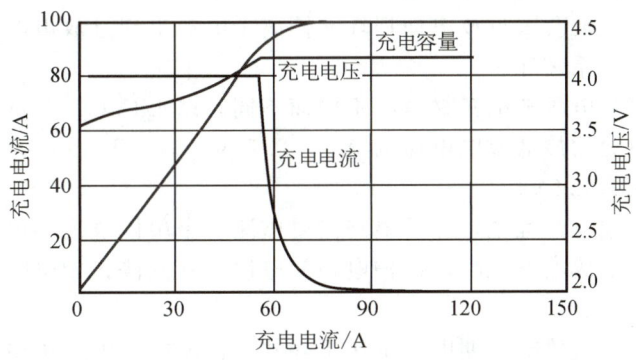

图 5.19 锂离子电池先恒流后恒压的充电特性曲线（25℃）

锂离子电池的充电特性主要由正、负极材料决定。分析电池的充电特性曲线，可以得到电池的基本特性信息及充电时的保护方法。

锂离子电池充电分为两个阶段：恒流充电和恒压充电。在恒流充电阶段，电池发生吸热反应，单体电池电压逐渐升高，当电池电压升高至充电电压最大值时，电池荷电状态

(state of chare，SOC）达到80%～90%，电池转入恒压充电。在恒压充电阶段，充电电流逐渐减小，减小至 0.02C 时停止充电。如果持续用恒电流对锂离子电池充电，就会使单体电池电压迅速上升到 5V 以上，导致过充电。

锂离子电池的最高充电电压与电极材料密切相关。以 $LiCoO_2$、LiM_2O_4 和三元材料为正极材料的锂离子电池的最高充电电压为 4.2V；以 $LiFePO_4$ 为正极材料的锂离子电池的最高充电电压为 3.65V。

必须严格避免锂离子电池过充电，因为过充电使电池负极出现金属锂，不仅阻碍了锂离子的嵌入和脱嵌，而且会有太多锂离子嵌入正极，使正极结构受到破坏；电解液溶剂分解，大量排气，而且温度升高，导致电池温度过高而损坏，甚至起火爆炸。

2. 锂离子电池的放电特性

锂离子电池的放电特性与电极材料密切相关。例如，终止电压、放电速率等都取决于电极材料。锂离子电池的放电特性曲线（25℃）如图 5.20 所示。

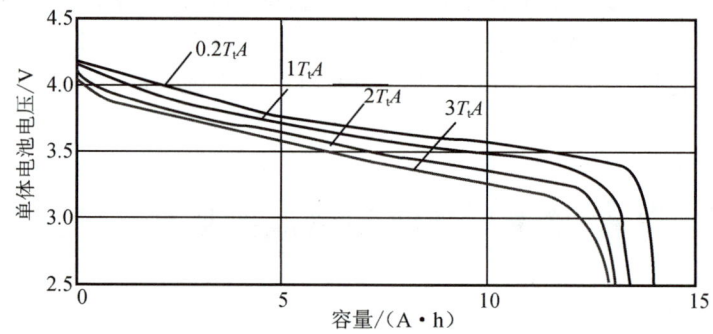

图 5.20 锂离子电池的放电特性曲线（25℃）

从图 5.20 可知，放电电流越大，锂离子电池的放电电压越低且下降越快，放电终止电压越低且出现得越早。其放电特性与其他蓄电池相似，开始时放电电压下降较快，但很快出现放电电压平稳阶段；当接近放电终了时，放电电压迅速下降；当降低至终止电压时立刻停止放电，否则电池会因过放电而损坏。锂离子电池出现过放电时，其电极集流体铜溶解，并且会使电池体系破坏。

锂离子电池的终止电压随电极材料的不同而不同，以 $LiCoO_2$、LiM_2O_4 和三元材料为正极材料的锂离子电池的最低放电电压为 3.0～2.75V；以 $LiFePO_4$ 为正极材料的锂离子电池的最低放电电压为 2.5V。

在锂离子电池组放电过程中，保护电路需要监测每个单体电池的电压，当某个单体电池电压率先降低至最低放电电压时，保护电路使电池组立刻停止放电，以避免该单体电池因过放电而损坏。

由于锂离子电池在过放电后期电压迅速下降并很快反向，因此该单体电池被反向充电而使活性物质的结构破坏，电极活性几乎为零，该单体电池如同一个无源电阻。停止放电后，电池的电动势为零，电压不能恢复，一次反向充电即可使电池报废。

5.6.2 锂离子电池容量的影响因素

在不同的放电条件及使用环境下，锂离子电池的实际放电容量不同。影响锂离子电池放电容量的主要因素有放电电流、温度、充电终止电压等。

1. 放电电流对放电容量的影响

锂离子电池的正极材料不仅影响锂离子电池的充、放电电压,而且影响实际放电容量。由图 5.20 可知,放电电流越大,放电电压越低,放电时间越短,所能放出的容量也就越小。

图 5.21 所示为方形锂离子电池(35A·h)放电电流与放电容量的关系曲线,具体数值见表 5.10。

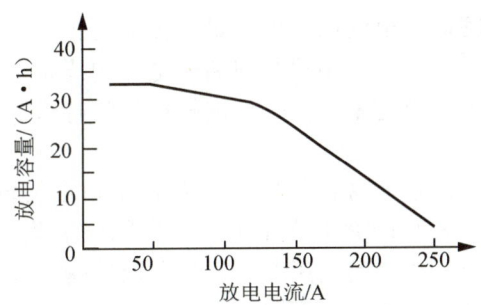

图 5.21　方形锂离子电池(35A·h)放电电流与放电容量的关系曲线

表 5.10　方形锂离子电池(35A·h)的具体数值

放电电流/A	25	50	125	175	250
平均电压/V	3.54	3.5	3.3	3.2	3.0
放电容量/(A·h)	32.6	32	29	20	3
质量比能量/[(W·h)/kg]	134	130	111	72.3	10.4
体积比能量/[(W·h)/L]	323	313	267	179	25

2. 温度对放电容量的影响

锂离子电池的工作温度为 -20～60℃。温度对锂离子电池的影响较大,在相同终止电压下,温度越低,锂离子电池的电压越低,放电容量越小。温度对锂离子电池放电容量的影响如图 5.22 所示。

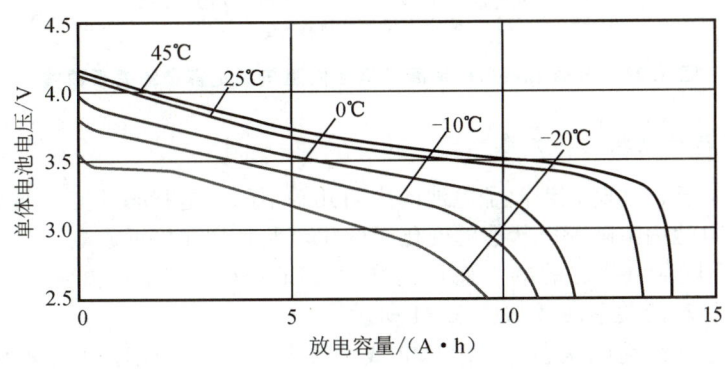

图 5.22　温度对锂离子电池放电容量的影响

在不同温度下锂离子电池（50A·h）放电容量的变化情况见表 5.11。

表 5.11 不同温度下锂离子电池（50A·h）放电容量的变化情况

温度/℃	60	40	25	0	−10	−20	−30
放电容量/(A·h)	56	55	54	42	37	30	23
电池容量/(%)	104	102	100	78	69	56	43

3. 充电终止电压对放电容量的影响

充电终止电压会影响锂离子电池的放电容量。提高终止电压可增大锂离子电池的放电容量，但在实际使用过程中，应该严格执行锂离子电池的终止电压标准，因为虽然提高电池充电终止电压可增大电池放电容量，但是会缩短电池的寿命，尤其在低温下这种影响更严重。

充电终止电压较高易引起正极材料分解，电解质的性能易降低。此外，由于隔膜直接与高电位的正极材料接触，较高的充电终止电压易使隔膜氧化，导致其性能降低。总之，提高充电终止电压会对锂离子电池的使用寿命产生负面影响。充电终止电压过高除了会使电池过充电，还会引起电池温度过高甚至起火爆炸。

5.6.3 锂离子电池的内阻及其影响因素

与其他蓄电池相似，锂离子电池的内阻与额定容量、荷电状态、温度、循环次数等有关。

1. 电池内阻与额定容量的关系

锂离子电池的额定容量大、内阻小，这种容量与内阻成反比的关系是蓄电池的共性。方形 $LiFePO_4$ 锂离子电池内阻与额定容量的关系曲线如图 5.23 所示。

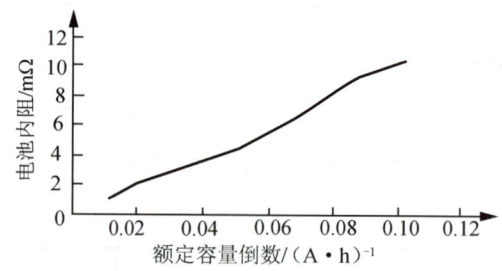

图 5.23 方形 $LiFePO_4$ 锂离子电池内阻与额定容量的关系曲线

2. 电池内阻与荷电状态的关系

当荷电状态大于 50% 时，锂离子电池的内阻几乎不随荷电状态的变化而变化；当荷电状态小于 50% 时，电池内阻随荷电状态的变化而变化，尤其是在接近放电终了（荷电状态小于 20%）时电池内阻随荷电状态的减小而迅速增大。$LiFePO_4$ 锂离子电池 [12V/150(A·h)] 直流内阻与荷电状态的关系曲线如图 5.24 所示。

由于锂离子电池的荷电状态与内阻呈非线性关系，因此不能通过监测电池内阻判断荷电状态。

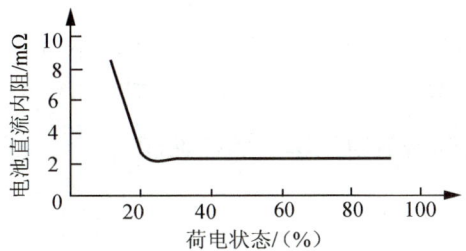

图 5.24　$LiFePO_4$ 锂离子电池 [12V/150(A·h)] 直流内阻与荷电状态的关系曲线

3. 电池内阻与温度的关系

由于锂离子电池的电解质在低温下的离子电导率较低，因此在温度降低时，锂离子电池的内阻明显增大。此外，在低温下充电会导致电极表面的 SEI 膜增厚且电阻增大。单体 $LiFePO_4$ 锂离子电池（150A·h）在荷电状态为 80% 时直流内阻与温度的关系曲线如图 5.25 所示。

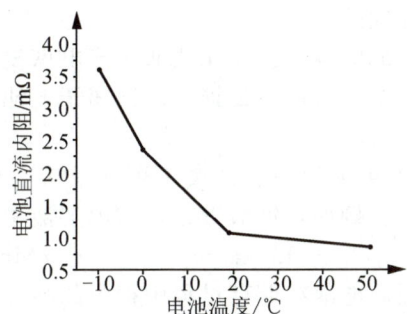

图 5.25　单体 $LiFePO_4$ 锂离子电池（150A·h）在荷电状态为 80% 时
直流内阻与温度的关系曲线

对于 150A·h 的单体 $LiFePO_4$ 锂离子电池，当温度由 18℃ 下降到 0℃ 时，其直流内阻约增大一倍；当温度下降至 -10℃ 时，其直流内阻约增大 2 倍。锂离子电池的内阻在低温下剧烈增大，这是其低温性能差的主要原因。

4. 电池内阻与循环次数的关系

锂离子电池在充、放电过程中，电极表面的 SEI 膜增厚或电极材料晶格被逐渐破坏等，内阻会因循环次数的增加而增大。图 5.26 所示为 $LiMn_2O_4$ 锂离子电池组（5 个单体

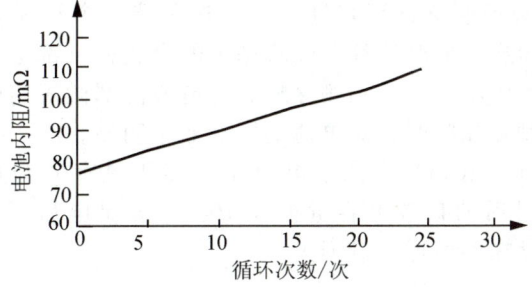

图 5.26　$LiMn_2O_4$ 锂离子电池组（5 个单体电池串联）在荷电状态为
50% 时内阻与循环次数的关系曲线

电池串联）在荷电状态为50%时内阻与循环次数的关系曲线。

从总体上看，锂离子电池的内阻较大，使得其在大功率输出时比能量大幅度减小，温度升高很多。因此，锂离子电池的大电流输出性能、起动性能和大电流输出的安全性低。

5.6.4 锂离子电池的自放电速率与储存性能

1. 锂离子电池自放电的原因

根据自放电对锂离子电池的影响不同，自放电分为损失容量能够可逆补偿的自放电和损失容量无法可逆补偿的自放电。

（1）损失容量能够可逆补偿的自放电。

此类锂离子电池自放电造成的容量损失可通过充电恢复。可逆容量损失的原因是电池在储存过程中内部发生了与电池正常放电反应一致的可逆放电反应。但与正常放电反应不同的是，正常放电的电子路径为外电路，并且反应速度很高；自放电的电子路径为电解液，并且可逆反应速度很低。

（2）损失容量无法可逆补偿的自放电。

此类锂离子电池自放电造成的容量损失无法通过充电恢复。当电池在储存过程中内部发生不可逆反应时，容量损失即不可逆容量损失。锂离子电池内部发生的不可逆反应主要有如下几种类型。

① 正极与电解液发生的不可逆反应。此类不可逆反应主要发生于锰酸锂和镍酸锂等易发生结构缺陷的正极材料中。例如，锰酸锂正极与电解液中的锂离子发生以下反应。

$$Li_y Mn_2 O_4 + xLi^+ + xe^- \longrightarrow Li_y + xMn_2 O_4$$

由于此类反应不可逆，因此电池在储存过程中损失的容量不能通过充电恢复。

② 负极与电解液发生的不可逆反应。化成时形成的SEI膜的作用是使负极不受电解液腐蚀。电池在储存过程中，负极与电解液可能发生以下反应。

$$Li_y C_6 \longrightarrow Li_y - xC_6^+ xLi^+ + xe^-$$

此类反应不可逆。

③ 电解液杂质引起的不可逆反应。例如，溶剂中的CO_2可能发生以下反应。

$$2CO_2 + 2e^- + 2Li^+ \longrightarrow Li_2CO_3 + CO$$

溶剂中的O_2可能发生以下反应。

$$\frac{1}{2}O_2 + 2e^- + 2Li^+ \longrightarrow Li_2O$$

此类反应不可逆地消耗了电解液中的锂离子，从而使电池损失了不可恢复的容量。

④ 杂质造成的微短路所引起的不可逆反应。这是造成个别锂离子电池自放电偏大的主要原因。空气中的粉尘或制成时极片、隔膜粘上的金属粉末都会造成内部微短路。生产时做不到绝对无尘，当粉尘不足以达到刺穿隔膜而造成内部微短路时，其对电池的影响不大；但是当粉尘严重到刺穿隔膜时，对电池的影响非常明显。

图5.27所示为圆柱形$LiCoO_2$锂离子电池在20℃下储存6个月后的放电曲线。可知该锂离子电池储存6个月后的自放电容量损失10%，充足电后可释放97%的初始容量，表明锂离子电池自放电存在不可逆容量损失。

2. 自放电与存储性能

锂离子电池的自放电率与储存温度密切相关。例如，$LiCoO_2$锂离子电池在25℃下充

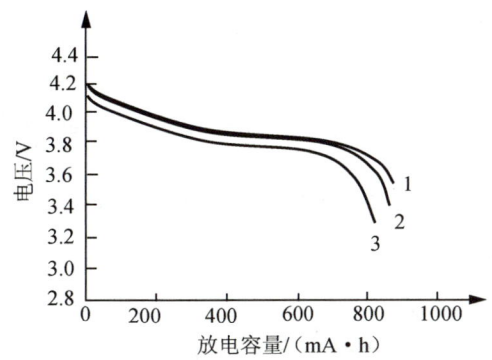

1—储存前；2—重新充电后；3—储存后。

图 5.27　圆柱形 $LiCoO_2$ 锂离子电池在 20℃ 下储存 6 个月后的放电曲线

足电并储存 6 个月后的容量损失为 11.5%；在 40℃ 下储存 6 个月后的容量损失为 25%；在 60℃ 下储存 6 个月后的容量损失为 80%。再如，卷绕式方形 $LiCoO_2$ 锂离子电池在 20℃ 下充足电并储存 4 个月后的自放电率为 2.4%/月，储存 6 个月后仍能释放 90% 的初始容量。

锂离子电池的储存性能还与储存前的荷电状态有关。表 5.12 列出了储存温度与荷电状态对平板形锂离子电池（20A·h）储存性能的影响。

表 5.12　储存温度与荷电状态对平板形锂离子电池（20A·h）储存性能的影响

储存温度/℃	0	0	40	40	50	50
荷电状态/（%）	50	100	50	100	50	100
储存时间/周	8	8	8	8	16	16
容量/（%）	98	97	99	98	91	81

5.6.5　锂离子电池的优缺点

自锂离子电池出现以来，人们不断研究和改进锂离子电池的材料、结构、工艺等，使得锂离子电池的性能不断提高，以满足不同使用场合的需求。大容量锂离子电池因具有优异的性能而在电动汽车上应用广泛。

【拓展视频】

1. 锂离子电池的优点

与其他蓄电池相比，锂离子电池的主要优点如下。

（1）工作电压高且放电电压平稳。单体电池的工作电压为 3.6～3.9V，比铅酸蓄电池的电压高，是镍镉电池、镍氢电池的 3 倍。大多数锂离子电池都具有平稳的放电曲线。

（2）质量比能量和体积比能量大。锂离子电池的质量比能量为 100～160（W·h）/kg，是镍镉电池的 2 倍、镍氢电池的 1.5 倍。锂离子电池的体积比能量也较大，为 250～430（W·h）/L。

（3）循环寿命高。在常温下，在放电深度（depth of discharge，DOD）为 100% 的情况下，循环寿命为 600～1000 次，新型锂离子电池的循环寿命

【拓展视频】

可超过 1000 次。

(4) 安全性好，无公害，无记忆效应。

(5) 自放电率低。锂离子电池在室温充满电的状态下储存 1 个月后的自放电率为 2%～10%，低于镍镉电池的 25%～30%、镍氢电池的 30%～35%。

(6) 可实现安全、快速充电。

(7) 允许温度范围大。锂离子电池的允许温度范围为 $-40\sim70℃$。

2. 锂离子电池的缺点

锂离子电池的主要缺点如下。

(1) 不能大电流放电。由于锂离子电池采用非水电解液，其离子电导率仅为水溶液电解液的 1%，内阻较大，因此放电电流不能过大，通常被限制在 2～3C。过大的放电电流会使锂离子电池温度过高，影响其使用寿命。

(2) 电池的一致性较差。为避免电池组工作时不一致性的迅速扩大而导致电池组过早报废，电池能量管理系统必须具有相应的监测功能和保护功能。

(3) 高温和低温的储存性较差。锂离子电池在高温和低温下储存时容量损失较快，且部分为不可逆容量损失，从而影响电池的使用寿命。

(4) 耐过充电性和耐过放电性差。由于锂离子电池过充电或过放电时均会损坏，因此对电池充、放电过程监测和控制的要求较高。

(5) 电极表面常生成一层比较致密的 SEI 膜，电池在高温下储存后，在低温下以较大电流放电时会出现输出电压跌落现象，随着放电的进行，电压缓缓恢复，该现象称为电压滞后。

(6) 有安全隐患。虽然锂离子电池基本不存在安全问题，但是存在安全隐患，需要在设计、制造及使用过程中重点关注。

(7) 价格较高。锂离子电池的正极材料——$LiCoO_2$ 的价格高（Co 资源较少），电解液体系提纯困难。

5.7 刀片电池与固态电池

锂离子电池是较理想的动力电池，在电动汽车上应用广泛。为进一步提高锂离子电池的性能，对锂离子电池的正负极材料、电解液、电池组的组态等的研究与开发一直没有停止，其中刀片电池、固态电池成为近期研究与开发动力电池的热点。

5.7.1 刀片电池

刀片电池是一种采用无模组结构设计的磷酸铁锂电池。它是通过取消模组，增大磷酸铁锂电芯长度，将电芯以阵列的方式并排插入电池包。由于单体电芯的外形较扁平，因此称为刀片电池。刀片电池的基本构成如图 5.28 所示。

1. 刀片电池的结构和特点

(1) 刀片电池的结构。刀片电池改变了普通电池包的"电芯 Cell—模组 Module—电池包 Pack 三级"固定成组方式，而是通过优化电池包内的空间布局，去除了模组环节，

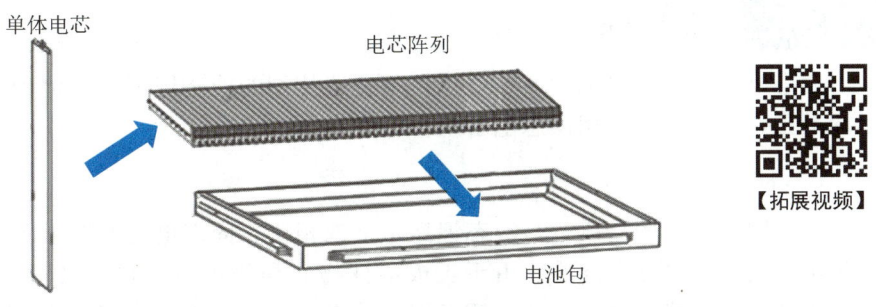

图 5.28　刀片电池的基本构成

直接将电芯集成为电池包（图 5.29），这种技术称为无模组技术（cell to pack，CTP）。

图 5.29　刀片电池的无模组电池包

（2）刀片电池的特点。刀片电池以独特的电池包结构设计获得了高空间利用率、长使用寿命、低成本和高性能等优势，在新能源汽车动力电池中脱颖而出，其特点如下。

① 提高了电池包的空间利用率。由于去除了模组环节，减少了模组级的结构件，并简化了电池包上的装配支撑部件，因此整个电池包结构明显简化，电芯到模组的体积集成效率达到 90%，从而提高了电池组的体积比能量。

② 提高了电池组的安全性。刀片电池作为磷酸铁锂电池的一种，具有较高的热稳定性，能够在高温环境下正常工作，降低了发生热失控的风险。此外，刀片电池采用一体化设计，使得电池包在受到撞击时能够更好地分散冲击力，保护内部电芯。

③ 结构简单。由于无模组级的结构件，因此电池包的结构简化，更大尺寸的电芯/近似模组的设计使得在电池包等级上的装配和生产复杂程度及成本降低。更加一体化的设计理念还可以提高水冷元件、加热元件等的集成度。

2. 刀片电池的应用现状与发展前景

（1）刀片电池的应用现状。刀片电池作为一种高性能、低成本的电池，在新能源汽车动力电池中具有重要的地位和作用。比亚迪是刀片电池技术的领先者，其生产的刀片电池成功应用于多款新能源汽车中，并获得了市场的广泛认可。此外，吉利等汽车企业也积极研发和推广刀片电池技术，以进一步提高新能源汽车的性能和市场竞争力。

（2）刀片电池的发展前景。随着新能源汽车市场的不断扩大和技术的不断进步，刀片电池的发展前景十分广阔，但进一步提高体积比能量、降低成本以及快充技术等问题有待解决。

5.7.2 固态电池

固态电池是近年出现的新型电池。与普遍使用的液态锂离子电池和聚合物锂离子电池不同的是，固态电池采用固态电解质。

1. 固态电池的构成与优点

（1）固态电池的构成。与液态锂离子电池相比，固态电池的明显不同是在正负电极和正负电极间填充固态电解质。由于正极活性物质和负极活性物质之间有一层固态电解质，因而无须设置隔膜。固态电池与液态锂离子电池的基本构成如图 5.30 所示。

【拓展视频】

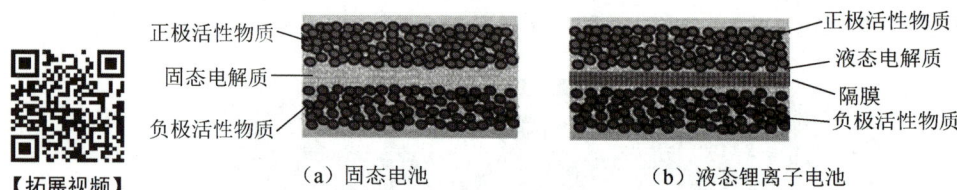

（a）固态电池　　　　　（b）液态锂离子电池

图 5.30　固态电池与液态锂离子电池的基本构成

（2）固态电池的优点。与普通的锂离子电池相比，固态电池的优点如下。

① 电池容量增大。固态电池的电解质呈固态，其密度以及结构可以让更多带电离子聚集在一端，传导更大的电流，进而增大电池容量。

② 电池质量减小。固态电池以锂、钠制成的玻璃化合物为离子传导物质，取代以往锂离子电池的电解质，锂离子电池的适用材料体系也发生改变，其中重要的一点就是可以不必使用嵌锂的石墨负极，而直接使用金属锂做负极，可以明显减轻负极材料的质量，使得整个电池的质量比能量提高。

此外，由于固态电池中没有液体电解质，因此储存更加容易，即使用作电动汽车用动力电池也无须增加冷却管、电子控件等，不仅节约了成本，还有效减轻了质量。

③ 电池体积减小。固态电池的正、负极之间无隔膜，只填充了几微米到十几微米厚的固态电解质，有效地减小了电池厚度，不仅有助于电池的小型化和薄膜化，还提高了电池的体积比能量。

④ 电池安全性提高。与传统的锂离子电池相比，固态电池在安全性方面具有明显优势。

a. 抑制锂枝晶生长。锂离子电池在充、放电过程中会因沉积不均匀而形成枝晶，生长后的枝晶极易刺破隔膜而导致电池短路甚至起火爆炸。固态电池因其固态电解质的特性，可更有效地抑制枝晶生长，从而避免了由枝晶带来的电池短路风险。

b. 提高了电池热稳定性。普通锂离子电池的电解质为有机液体，在高温下发生副反应、氧化分解、产生气体、发生燃烧的倾向加剧。固态电解质不易燃烧，高温下的热稳定性好，可以显著降低电池发生热失控的风险。

c. 提高了电池机械稳定性。由于没有液体电解液，因此固态电池受到冲击或振动时，内部结构不易改变，从而降低由机械损伤导致的安全风险。

⑤ 提高了电池充电速度。固态电池充电快的主要原因是采用固态电解质，在充电过程中的能量损失减少，从而提高充电效率。此外，固态电池能在相同体积或质量下储存更

多电能,其容量大和可接受的充电电流大,因此充电快。

2. 固态电池的应用现状与发展前景

固态电池的安全性提高,泄漏和腐蚀的风险减少,体积比能量高,能在相同体积或质量下储存更多电能,且充电快。在国内外,固态电池已应用于一些电动汽车,并已经有规模化生产、大批量应用的规划。

固态电池的主要缺点有成本较高,技术成熟度较低,在大规模生产方面面临挑战。此外,固态电池的循环寿命和耐久性需要进一步提高。但随着固态电池技术的不断进步和规模化生产的实现,其成本有望降低。固态电池将在电动汽车、无人机等领域广泛应用,成为下一代电池技术的重要发展方向。

小　结

本章介绍了锂离子电池的基本原理、结构与类型等,使读者全面了解锂离子电池的结构与原理;介绍了电极材料的构成,充、放电原理与性能提高等,使读者理解锂离子电池的优缺点;简要介绍了刀片电池和固态电池,使读者了解这两种新型锂离子电池的结构、性能特点及发展前景。

1. 锂离子电池的基本组成是什么?其正极和负极的活性物质分别是什么?
2. 锂离子电池放电和充电时,正、负极分别有什么反应?
3. 构成锂离子电池的主要部件有哪些?
4. 按外形不同分类,锂离子电池分为哪几类?按电极材料和电解液不同又分为哪几类?
5. 锂离子电池对正极材料有什么要求?
6. 锂离子电池的正极材料有哪些?这些正极材料各有什么特点?
7. 金属锂负极有什么缺点?解决金属锂缺点的途径有哪些?
8. 锂离子电池对负极材料有什么要求?
9. 碳负极材料具有什么特性?碳负极材料有哪些类型?
10. 碳材料有哪些性能提高措施?各种碳负极材料的特点分别是什么?
11. 锂离子电池还可使用哪些负极材料?这些负极材料各有什么特点?
12. 锂离子电池对电解液有什么要求?为什么锂离子电池不采用水溶液电解液?
13. 锂离子电池的电解液有哪些类型?这些电解液各有什么特点?
14. 锂离子电池液态电解液有哪些组成部分?电解液溶剂通常需要加入哪些添加剂?
15. 锂离子电池对隔膜有什么要求?隔膜有哪些类型?
16. 锂离子电池中的黏结剂有什么作用?对黏结剂有哪些性能要求?
17. 锂离子电池的充电特性是怎样的?过充电对电池有什么影响?
18. 锂离子电池的放电特性是怎样的?过放电对电池有什么影响?

19. 影响锂离子电池容量的因素有哪些？
20. 锂离子电池的内阻与额定容量有什么关系？还有哪些因素会影响电池内阻？
21. 锂离子电池自放电容量损失有哪两种？影响自放电率的因素有哪些？
22. 与其他蓄电池相比，锂离子电池的优点和缺点分别是什么？
23. 什么是刀片电池？其性能特点是什么？
24. 固态电池的性能特点是什么？固态电池有哪些优势？

第 6 章 其他蓄电池

教学目标

了解镍镉电池、镍锌电池、镍铁电池的基本组成，充、放电原理，类型；
了解金属空气电池的基本组成，充、放电原理，结构，类型；
了解除铅酸蓄电池、镍氢电池及锂离子电池外的动力电池的特点及研究与发展概况。

教学要求

知识要点	能力要求	相关知识
镍镉电池、镍锌电池及镍铁电池的基本组成、成流反应，各镍系电池的结构与特点	熟悉除镍氢电池外的镍系电池的基本组成及成流反应，了解其他镍系电池与镍氢电池的异同之处	化学电池的基本组成与工作原理，镍系电池的基本组成与充、放电原理
金属空气电池的基本组成及成流反应，各种金属空气电池的结构与特点	熟悉金属空气电池的基本组成及成流反应，了解各种金属空气电池的结构与特点	化学电池的基本组成与工作原理，金属空气电池的基本组成与充、放电原理

在各类电动汽车上应用的动力电池主要是铅酸蓄电池、镍氢电池和锂离子电池。除这三种动力电池外，研究并应用于各类电动汽车的动力电池还有很多，本章简单介绍这些动力电池的基本组成，充、放电原理，类型。

6.1 其他镍系蓄电池

除镍氢电池外，用作动力电池的镍系电池还有镍镉（Ni-Cd）电池、镍锌（Ni-Zn）电池、镍铁（Ni-Fe）电池等。

6.1.1 镍镉电池

1. 镍镉电池的基本组成与充、放电原理

（1）镍镉电池的基本组成。

镍镉电池的正极与镍氢电池的正极相同，也采用 NiO 做正极的活性物质，在充电状态下为 NiOOH，在放电状态下为 Ni(OH)$_2$。镍镉电池的负极活性物质为金属 Cd，电解液是 KOH 水溶液。 镍镉电池的化学体系可表示如下。

$$(-)Cd\,|\,KOH\,|\,NiOOH(+)$$

（2）镍镉电池的充、放电原理。

镍镉电池的充、放电原理与镍氢电池的相似，如图 6.1 所示。

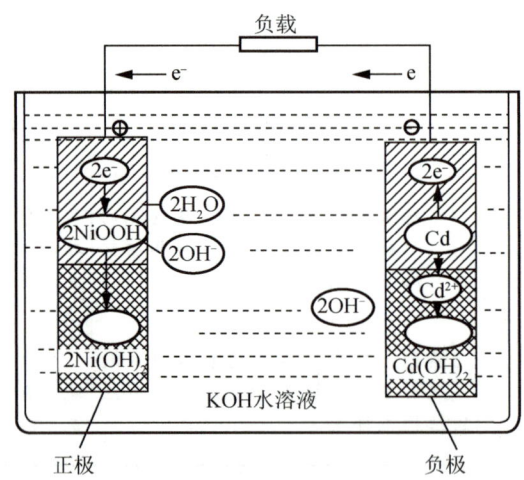

图 6.1 镍镉电池的充、放电原理

① 镍镉电池的放电成流反应。镍镉电池的正、负极之间通过导线连接负载后，正、负极间的电位差（电动势）使外电路形成放电电流。在放电过程中，负极的电子经外电路流入正极，正极的 NiOOH 被还原为 Ni(OH)$_2$，负极的 Cd 被氧化成 Cd(OH)$_2$。在放电过程中，正极和负极的电化学反应式分别如下。

正极： $NiOOH + H_2O + e^- \longrightarrow Ni(OH)_2 + OH^-$

负极： $Cd + 2OH^- \longrightarrow Cd(OH)_2 + 2e^-$

② 镍镉电池的充电成流反应。镍镉电池的正、负极之间连接充电电源后，在电源力的作用下，外电路形成充电电流。在充电过程中，正极的电子被送入负极，正极的 $Ni(OH)_2$ 被氧化成 $NiOOH$，负极的 $Cd(OH)_2$ 被还原为 Cd。在放电过程中，正极和负极的电化学反应式分别如下。

负极：$\qquad Ni(OH)_2 + OH^- \longrightarrow NiOOH + H_2O + e^-$

正极：$\qquad Cd(OH)_2 + 2e^- \longrightarrow Cd + 2OH^-$

镍镉电池在充、放电时的总电化学反应式如下。

$$2Ni(OH)_2 + Cd(OH)_2 \underset{\text{放电}}{\overset{\text{充电}}{\rightleftharpoons}} 2NiOOH + Cd + 2H_2O \qquad (6-1)$$

与铅酸蓄电池使用的电解液（H_2SO_4 水溶液）相比，镍镉电池的电解液（KOH 水溶液）在充、放电过程中的密度不发生显著变化。

2. 镍镉电池的类型

镍镉电池按结构形式分为袋式镍镉电池、开口烧结式镍镉电池和密封式镍镉电池 3 种。

（1）袋式镍镉电池。

袋式镍镉电池是开发较早、技术较成熟的一种镍镉电池，如图 6.2 所示。

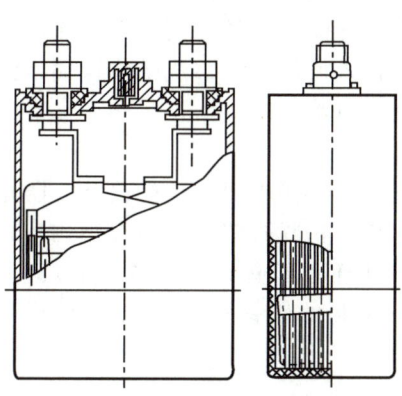

图 6.2 袋式镍镉电池

【拓展图文】

袋式镍镉电池的正、负极板分别用螺栓紧固或焊接成正、负极板组，正、负极板组交叉在一起，极板组内的正、负极板之间用橡胶棍或塑料板栅隔离，装入钢制或塑料电池壳体，加盖封装成蓄电池。在袋式镍镉电池的极柱与盖之间安放绝缘密封圈并用螺母紧固，以防止电解液渗漏，并保证极柱与盖之间绝缘。袋式镍镉电池盖中间的注液口内装有气塞，以排出电池内部产生的气体，同时阻止空气进入。

袋式镍镉电池坚固耐用，使用温度范围大（$-40 \sim 50℃$），使用寿命和储存时间长，能以较大电流放电，具有良好的荷电保持性能和储存性能，且耐冲击、耐振动、耐过充电、耐过放电。袋式镍镉电池的最大用途是用作储备电源。

（2）开口烧结式镍镉电池。

开口烧结式镍镉电池如图 6.3 所示，其由 $Ni(OH)_2$ 正极板、Cd 负极板、电解液、隔膜和运行气塞等组成。由气体阻挡层和尼龙布组成的复合隔膜将正、负极隔开。电解液一般为 $21\% \sim 31\%$ 的 KOH 水溶液，并加入 $20 \sim 30g/L$ 含一个结晶水的 $Fe(OH)_3$。这种电池一般采用富液结构，即电解液完全覆盖极板和隔膜。根据负极板生产工艺的不同，开口烧结式镍镉电池可分为全烧结式镍镉电池和半烧结式（负极为拉浆式镉或电沉积镉）镍镉电池。

图6.3　开口烧结式镍镉电池

开口烧结式镍镉电池采用先进的湿法连续生产工艺，不仅提高了生产效率，而且极板厚度比袋式镍镉电池的极板厚度大，内阻极小，可用于大电流放电。开口烧结式镍镉电池的质量比能量比袋式镍镉电池的质量比能量高50%以上，低温性能良好。

开口烧结式镍镉电池的电气性能及力学性能可靠，能以充电态或放电态长期储存，长期储存后经简单容量恢复即可投入使用。开口烧结式镍镉电池主要用于需要大功率放电的场合，适合用作电动汽车的动力电池。

（3）密封式镍镉电池。

密封式镍镉电池采用与密封式镍氢电池相似的设计，防止充电时电池内部因析气而产生高压，使用时无须维护和保养。密封式镍镉电池按结构形式可分为圆柱形密封式镍镉电池、扣式密封式镍镉电池（包括椭圆形密封式镍镉电池）、小矩形密封式镍镉电池（或称角形密封式镍镉电池）和方形密封式镍镉电池。图6.4所示为圆柱形密封式镍镉电池的结构。

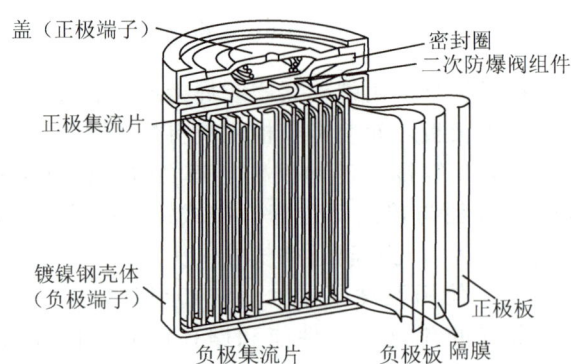

图6.4　圆柱形密封式镍镉电池的结构

密封式镍镉电池的主要特点如下。

① 可实现免维护，除补充充电外，无须维护和保养。

② 可实现快速充电，在有控制的条件下，快速充电型电池可在1～1.5h充足电，普

通电池可在 3~7h 充足电,所有这种类型的蓄电池都可在 14~16h 充足电。

③ 内阻小,放电电压平稳,特别适用于大电流放电或脉冲放电。

④ 适用温度范围大,可在 -40~50℃ 下工作,特别是低温性能好,高温型电池的工作温度可放宽至 70℃。

⑤ 使用寿命长,循环寿命可达 500~1000 次;作为备用电源时,其使用寿命长达 5~10 年。

密封式镍镉电池除用作电动汽车动力电池外,特别适用于便携仪器、移动电话、家用电器、电动工具、摄像机、电子计算机及照明、玩具等的电源,也适用于备用电源。

3. 镍镉电池的特点

镍镉电池的许多基本特点与镍氢电池的相似。与铅酸蓄电池相比,镍镉电池的体积比能量大 [可达 55(W·h)/L],质量比功率也大(可超过 225W/kg),使用寿命长(循环寿命可达 2000 次)。此外,镍镉电池的自放电较小(每天小于 5%),快速充电能力强(18min 内可充 40%~80% 的额定容量)。因此,镍镉电池在电动汽车上得到应用。

与镍氢电池相比,镍镉电池的缺点如下:**镉对环境污染较大,若维护不当则易报废**;开路电压较低(1.2V);价格较高。这些缺点限制了镍镉电池在电动汽车上的大规模应用,并逐渐被镍氢电池取代。

6.1.2 镍锌电池

1. 镍锌电池的基本组成与充、放电原理

(1) 镍锌电池的基本组成。

镍锌电池的正极与镍氢电池、镍镉电池的正极相同,正极的活性物质是 NiO,负极的活性物质是金属 Zn,电解液是 KOH 水溶液。 镍镉电池的化学体系可表示如下。

$$(-)Zn|KOH|NiOOH(+)$$

(2) 镍锌电池的充、放电原理。

镍锌电池充、放电原理与镍氢电池、镍镉电池相似,主要不同之处是负极电化学反应不同。

① 镍锌电池的放电成流反应。镍锌电池在放电过程中的正、负极电化学反应式分别如下。

正极: $NiOOH + H_2O + e^- \longrightarrow Ni(ON)_2 + OH^-$

负极: $Zn + 2OH^- \longrightarrow ZnO + H_2O + 2e^-$

② 镍锌电池的充电成流反应。镍锌电池在放电过程中正、负极电化学反应式分别如下。

正极: $Ni(OH)_2 + OH^- \longrightarrow NiOOH + H_2O + e^-$

负极: $ZnO + H_2O + 2e^- \longrightarrow Zn + 2OH^-$

镍锌电池在充、放电过程中的总电化学反应式如下。

$$2Ni(OH)_2 + ZnO \underset{\text{放电}}{\overset{\text{充电}}{\rightleftharpoons}} 2NiOOH + Zn + H_2O \tag{6-2}$$

2. 镍锌电池的类型

从外形上看,镍锌电池有圆柱形、方形等形式;从结构上看,镍锌电池有开口式镍锌

电池和密封式镍锌电池两种，开口式镍锌电池又分为振动电极型镍锌电池和流动电解液型镍锌电池两种。

（1）开口式镍锌电池。

开口式镍锌电池采用振动电极和流动电解液的设计，以改善电池内部传质方式，使浓度均匀分布，并可减小极板变形量，避免锌板产生枝晶，从而达到提高电池循环寿命的目的。采用振动电极和流动电解液设计的开口式镍锌电池，其循环寿命一般超过1000次。开口式镍锌电池的缺点是电池配件多、体积比能量低，限制了其使用和发展。

（2）密封式镍锌电池。

密封式镍锌电池最初由美国研制成功，其是镍锌电池的研究重点。密封式锌镍电池的结构如图6.5所示。

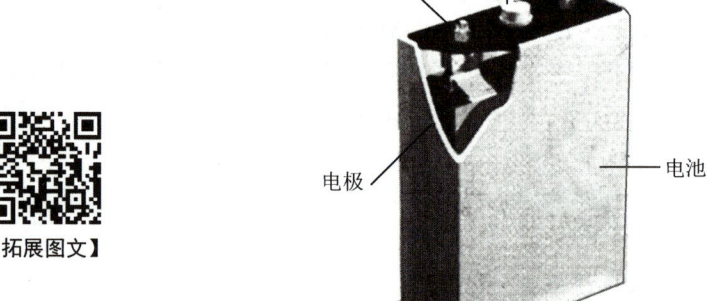

图 6.5 密封式镍锌电池的结构

【拓展图文】

为了使密封式镍锌电池内部不产生过高的气压，产生的气体要在电池内部自行复合。电池采用锌电极过量设计，在正常充电时不会析氢，而正极产生的氧气可透过隔膜，与锌电极析出的氢复合。隔膜限制氧气的迁移，为加快复合进程，通常采用减少电解液的方案进行设计，但对活性物质的利用率和电池的热传递有不利影响。

3. 镍锌电池的性能特点

与镍镉电池相比，镍锌电池具有质量比功率较高、质量比能量高［理论质量比能量达345(W·h)/kg］、单体电池电压高（1.6V）、价格较低、锌资源丰富且无毒等优点。因此，镍锌电池曾在电动汽车上得到应用。

镍锌电池的缺点是循环寿命低（约为300次）。由于锌电极存在形变、枝晶、腐蚀、纯化等问题，因此其循环寿命低，这一直是镍锌电池商品化的重大障碍。因此，研究提高循环寿命的方法是镍锌电池继续发展的关键。

6.1.3 镍铁电池

1. 镍铁电池的基本组成与充、放电原理

（1）镍铁电池的基本组成。

镍铁电池的正极与其他镍系电池的相同，正极的活性物质是NiO，负极的活性物质是

金属 Fe，电解液是 KOH 水溶液。镍铁电池的化学体系可表示如下。

$$(-)Fe|KOH|NiOOH(+)$$

（2）镍铁电池的充、放电原理。

镍铁电池充、放电原理与其他镍系电池的相似，主要不同之处是负极电化学反应不同。镍铁电池在充、放电过程中的电化学反应式分别如下。

负极：$$2Ni(OH)_2 + 2OH^- \underset{放电}{\overset{充电}{\rightleftharpoons}} 2NiOOH + 2H_2O + 2e^- \qquad (6-3)$$

正极：$$Fe(OH)_2 + 2e^- \underset{放电}{\overset{充电}{\rightleftharpoons}} Fe + 2OH^- \qquad (6-4)$$

总电化学反应式如下。

$$2Ni(OH)_2^* + Fe(OH)_2 \underset{放电}{\overset{充电}{\rightleftharpoons}} 2NiOOH^* + Fe + 2H_2O \qquad (6-5)$$

式中，* 表示含有被吸附的 H_2O 和 KOH。

2. 镍铁电池的结构

设计镍铁电池时，采用铁电极容量过量的形式及极板盒式结构。镍铁电池的结构如图 6.6 所示。

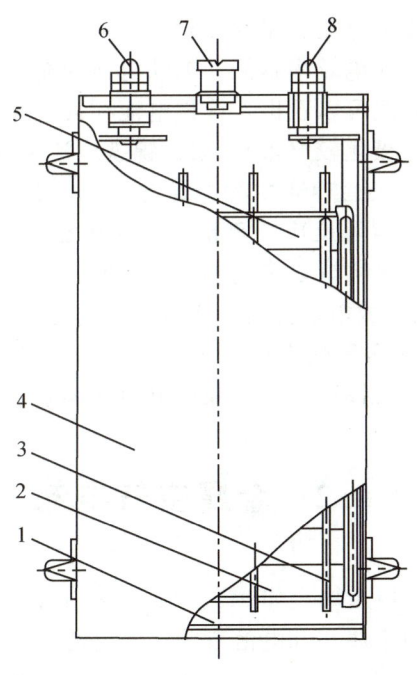

1—电池底；2—正极板；3—硬橡胶棍；4—电槽；5—负极板；
6—负极柱；7—气塞；8—正极柱。

图 6.6 镍铁电池的结构

铁电极在溶液中发生阳极氧化时易形成 SEI 膜，降低电极的表面活性，使电极容量急剧减小，导致电池使用寿命缩短。为了提高铁电极的表面活性，必须使铁电极中的有害杂质含量降到最低。例如，当铝在活性物质中的含量大于 0.02%（相对于 Fe）、在电解液中大于 0.01%（相对于 KOH）时，活性物质的利用率下降且电极自放电增大。

镍对铁电极有一定的活化作用,以 Ni(OH)$_2$ 形式存在于铁电极中,可明显降低 Fe$_2$O$_3$ 阴极还原的过电势,提高负极充电效率,使铁电极的容量显著增大。这是因为铁电极在放电时,Ni(OH)$_2$ 使 Fe(OH)$_2$ 晶格分散,充电时易还原,并可使阳极氧化深度增大。

3. 镍铁电池的充、放电特性

镍铁电池的充、放电特性曲线分别如图 6.7 和图 6.8 所示。

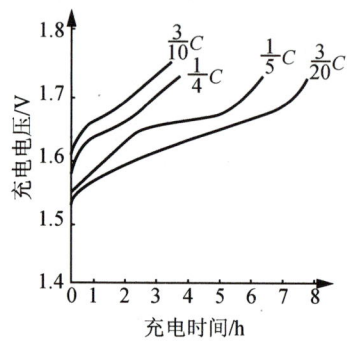

图 6.7 镍铁电池的充电特性曲线

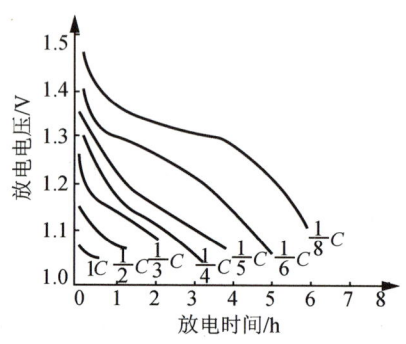

图 6.8 镍铁电池的放电特性曲线

镍铁电池的充电电压与充电电流、温度等有关。从镍铁电池的充电特性曲线可知,充电电流越大,充电电压越高,充电效率越低。镍铁电池的充电效率低于镍镉电池的充电效率。从镍铁电池的放电特性曲线可以看出,镍铁电池在大电流放电时,放电电压很低且下降很快(铁负极在阳极过程中极化较严重),因此镍铁电池不适合大电流放电。

由于镍铁电池的铁电极在碱性溶液中的稳定电势比氢的平衡电极电势负 40~50mV,因此铁电极在碱性溶液中自发溶解反应较严重,氢易析出,自放电较大,充电效率较低。铁电极在低温下易钝化,使负极容量显著减小,而且低温性能差。镍铁电池在低温下的电池容量明显减小,以 0.2C 电流放电,并将 25℃下的放电容量作为 100%,在 0℃下的容量减小至 75%,而在 −20℃下的容量减小至约 10%。因此,镍铁电池难以在电动汽车上使用。总之,镍铁电池的性能不及镍镉电池、镍锌电池等镍系电池。

6.2 金属空气电池

以空气为正极活性物质、以金属(如 Mg、Al、Zn、Cd、Fe 等)为负极活性物质的电池统称金属空气电池。常见的金属空气电池有锌空气电池、铝空气电池等。

6.2.1 锌空气电池

1. 锌空气电池的基本组成与充、放电原理

(1) 锌空气电池的基本组成。

锌空气电池以空气中的 O$_2$(吸附于炭)为正极活性物质,以金属 Zn 为负极活性物质,碱性锌空气电池的电解液为 KOH 水溶液。这种锌空气电池体系可表示如下。

(−)Zn|KOH|O$_2$(空气)(C)(+)

一般电池的能量储存于正、负极，而锌空气电池不同。作为正极的空气电极只是能量转换的工具，只有作为负极的锌电极储存能量。由于锌空气电池的多孔阴极活性物质来自周围的空气，因此锌空气电池既可以是一个储能装置（蓄电池）又可以是一个燃料电池（不断提供燃料锌）。

【拓展图文】

【拓展图文】

（2）锌空气电池的充、放电原理。

锌空气电池的电化学反应与普通碱性电池的类似。放电时，负极上的锌与电解液中的 OH^- 发生电化学反应，释放电子；同时，正极反应层中的催化剂与电解液及 O_2（通过扩散作用进入蓄电池的空气中）接触而发生电化学反应，接受电子。锌空气电池在放电过程中的电化学反应式如下。

负极：$\quad\quad\quad\quad Zn + 2OH^- \longrightarrow ZnO + H_2O + 2e^-$

正极：$\quad\quad\quad\quad \frac{1}{2}O_2 + H_2O + 2e^- \longrightarrow 2OH^-$ $\quad\quad\quad\quad$ (6-6)

总反应：$\quad\quad\quad\quad 2Zn + O_2 \rightleftharpoons 2ZnO$

由于锌空气电池充电缓慢，因此正极的锌板或锌粒在放电过程中被氧化成氧化锌而失效后，通常采用直接更换锌板、锌粒或电解液的方法使锌空气电池完成充电过程。

2. 锌空气电池的类型

锌空气电池按外形分为方形锌空气电池、扁形锌空气电池、圆柱形锌空气电池三种，方形锌空气电池的结构又分为内氧式结构和外氧式结构两种。

（1）方形锌空气电池。

方形锌空气电池由正极（空气电极）、负极（锌电极）、隔膜、电解液等组成，如图6.9所示。

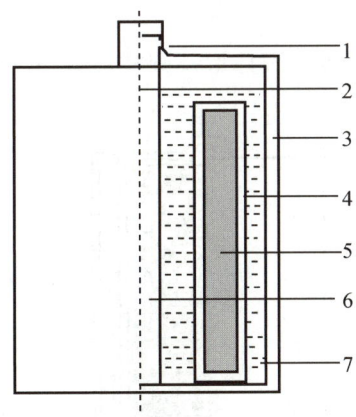

1—气孔；2—空气室；3—外壳；4—隔膜；5—负极；6—正极；7—电解液。

图 6.9　方形锌空气电池的组成

空气电极有嵌塑成型和黏结成型两种工艺。

① 嵌塑成型工艺。嵌塑成型工艺是指注塑壳体时将正极嵌注到壳体内，形成一个完整的带壳正极。这种电极机械强度高、加工简单、成品率高，电池的密封性和防泄漏性好，不易爬碱，适合商品化生产。

② 黏结成型工艺。正极较薄、机械强度差，不能嵌塑，而只能粘贴在壳体上，并且

在正极的外面必须有一层保护层,以防止机械冲击导致破裂。这种电极的制造工艺相对简单、生产周期短,但不利于商品化生产。

对于内氧式结构的正极,空气从电池上部的空气室进入;外氧式结构的正极在壳体外侧直接与空气接触。负极经隔膜包装后直接装于带壳正极内,负极引出线从壳体一侧引出,正极引出线从另一侧引出。电池盖经热熔或黏结与带壳正极集成一体,电池盖上有注液孔、气孔和气塞。

（2）扁形锌空气电池。

因为扁形锌空气电池形如纽扣,所以又称扣式电池,其组成如图6.10所示。

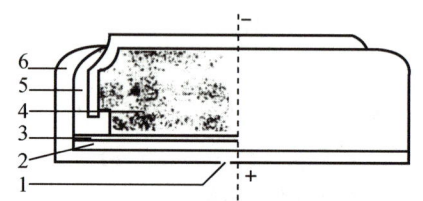

1—气孔；2—正极；3—隔膜；4—负极与电解液；
5—密封圈；6—外壳。

图6.10　扁形锌空气电池的组成

扁形锌空气电池的外壳由导电性良好的金属制成,一般采用不锈钢冲压成碗形。扁形锌空气电池的底部有气孔,孔径与放电电流有关,放电电流越大,孔径越大或采用多孔;放电电流越小,孔径越小。电池盖的材料一般与外壳的材料相同,通常在电池盖上镀一层镍。一般采用由尼龙塑料制成的密封圈将正、负极隔离并密封电池,因为尼龙机械强度高、弹性好、收缩率小,所以可将电池盖和外壳紧密接合,达到密封的效果。

（3）圆柱形锌空气电池。

圆柱形锌空气电池的带壳正极呈圆柱形。圆柱形锌空气电池的组成如图6.11所示。

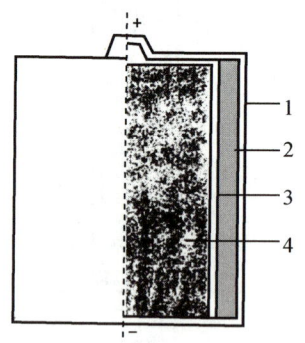

1—外壳；2—正极；3—隔膜；4—负极与电解液。

图6.11　圆柱形锌空气电池的组成

在圆柱形锌空气电池内部采用镀银铜网作导电骨架和集流体,镀银铜网与顶盖相连,将正极引出。将负极压制成圆柱形,用铜片作集流导体,并与底盖相连,引出负极。负极包上隔膜置于带壳正极内,带壳正极外面有一个防护层外壳,一般由塑料制成多孔的圆柱形。圆柱形锌空气电池的顶盖和底盖分别作为正极引出端和负极引出端。

3. 锌空气电池的特点

(1) 锌空气电池的优点。

与其他蓄电池相比，锌空气电池有如下优点。

① 正极容量大。由于空气电极的活性物质 O_2 来自周围的空气，正极活性物质可在电池工作时源源不断地补充，因此正极的容量无限大。

② 质量比能量高。由于正极活性物质来自空气中的 O_2，其正极可采用一种透气但不漏液、导电、具有催化活性的薄膜，因此正极的质量和体积在整个电池中的占比均很小，剩下的空间可以充填更多负极材料。锌空气电池的质量比能量主要取决于负极金属 Zn 及电解液，其理论质量比能量可达 1350（W·h）/kg。

③ 可采用机械式充电模式。锌空气电池可采用更换锌空气电池的锌板或锌粒的充电模式，缩短充电时间，更换一块 20kW·h 的锌空气电池只需 100s。可将更换下来的 ZnO 回收，以实现锌的循环再利用。

④ 放电电压稳定且大电流持续放电性能强。由于锌空气电池的正极孔率大，放电时阴极催化剂本身不发生变化，电池极化较小，而且锌电极的电压较稳定，电池内阻小，因此锌空气电池的放电电压较稳定，放电曲线平稳。锌空气电池具有大电流持续放电性能，能够满足纯电动汽车加速和连续爬坡的要求。

⑤ 自放电率低。锌空气电池在电化学反应过程中需要与空气中的 O_2 发生反应，只要阻碍空气进入锌空气电池，就可使锌空气电池的电化学反应无法进行，Zn 可长时间保持活性。因此，实际使用的锌空气电池自放电率很低（接近零），可长期保持电能。

⑥ 性能稳定。锌空气电池组具有良好的一致性，不像其他蓄电池存在不一致性问题，但在充电和放电时个别单体电池易发生过充电或过放电。锌空气电池允许深度放电，电池容量不受放电强度和温度的影响，能在 -20~80℃ 下正常工作。锌空气电池可以完全实现密封、免维护，便于电池组的能量管理。

⑦ 安全性好。锌空气电池不会因泄漏、短路而起火爆炸。Zn 不具有腐蚀作用，可以完全实现密封、免维护，不会对人体造成伤害。

⑧ 来源丰富，价格低。Zn 的来源丰富，生产成本较低；回收再利用方便且成本较低，可以建立废电池回收再利用工厂。

⑨ 锌在循环使用过程中不会污染环境。

锌空气电池因具有上述特点而在电动汽车上得到应用。

(2) 锌空气电池的缺点。

锌空气电池有如下缺点。

① 质量比功率低。虽然锌空气电池的质量比能量较高，但由于电子释放速度较低，因此其质量比功率较低，作为电动汽车用动力电池时对电动汽车的动力性能有较大影响。

② 由于锌空气电池在放电时需要不断地向其供应空气，因此不能在密封状态下使用，也不能应用于缺氧的环境（如水下等）中。

③ 锌空气电池的湿储存性能差。碱性电解液吸收空气中的 CO_2，并发生碳酸盐化，从而导致锌空气电池性能下降甚至失效；而且电解液透过正极失去水分（空气过分干燥时）或从空气中吸收水分（空气过分潮湿时），导致电池过早失效。此外，空气中的 O_2 透过正极扩散到负极，会因腐蚀电池而引发电池自放电。因此，锌空气电池不宜湿储存。在

湿储存期间必须覆盖正极以隔绝空气,或加液后尽快使用。

④ 采用常规充电方法的充电时间太长,不便使用。

⑤ 在大电流放电时锌空气电池易发热,影响其在电动汽车上的正常使用。

6.2.2　铝空气电池

1. 铝空气电池的基本组成与充、放电原理

(1) 铝空气电池的基本组成。

铝空气电池以高纯度 Al(含铝 99.99%)为负极活性物质,以空气为正极活性物质,以 KOH 或 NaOH 为电解质。

(2) 铝空气电池的充、放电原理。

铝空气电池的电化学反应与锌空气电池的类似,铝空气电池放电时,负极活性物质 Al 不断消耗,生成 $Al(OH)_3$;多孔正极与外界进入的氧(空气)发生电化学反应,生成 OH^-。铝空气电池的工作原理如图 6.12 所示。

【拓展图文】

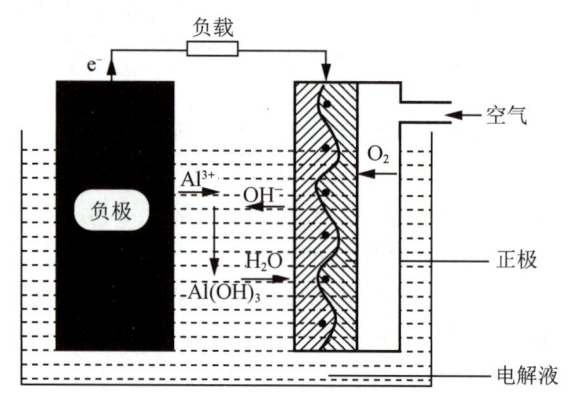

图 6.12　铝空气电池的工作原理

负极活性物质 Al 摄取空气中的 O_2,在铝空气电池放电时发生电化学反应,Al 与 O_2 作用生成 Al_2O_3。铝空气电池在充、放电过程中的电化学反应式如下。

$$2Al + 3O_2 + 3H_2 \underset{放电}{\overset{充电}{\rightleftharpoons}} 2Al(OH)_3 \tag{6-7}$$

Al 在碱性溶液中发生如下腐蚀反应。

$$2Al + 6H_2O + 2OH^- \longrightarrow 2Al(OH)_4^- + 3H_2$$

发生腐蚀反应时,负极电势向正方向移动,再加上正、负极极化,铝空气电池的工作电压比标准电动势低得多。一般来说,单体铝空气电池的电压只有 1.2V 左右。

2. 铝空气电池的结构

(1) 铝空气电池组的结构。

由 5 个单体电池组成的铝空气电池组的结构如图 6.13 所示。每个单体电池的负极为纯 Al,正极为多孔烧结炭,电解液采用 5mol/L KOH 和 0.05mol/L Na_2SnO_3 的混合溶液。其中,Na_2SnO_3 的作用是延缓对 Al 的腐蚀。电解液由加液口 A 加入,沿连接管充满各单体电池,负极产生的 H_2 与连接管中的溶液排到多余溶液储存空间。

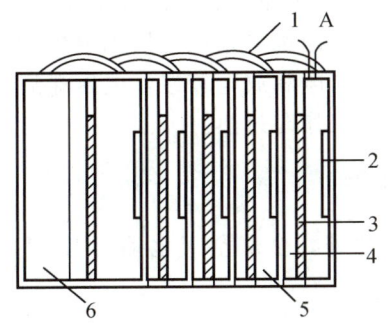

【拓展图文】

1—连接管；2—正极；3—负极；4—空气空间；5—电解液；
6—多余溶液储存空间；A—加液口。

图 6.13　由 5 个单体电池组成的铝空气电池组的结构

(2) 电缆状铝空气电池。

电缆状铝空气电池以海水中溶解的 O_2 为正极活性物质。适用于水下工作的电缆状铝空气电池如图 6.14 所示。将电池做成电缆形状可增大反应面积，铝芯为负极，从内到外依次为隔离层、正极和多孔透水的保护层。

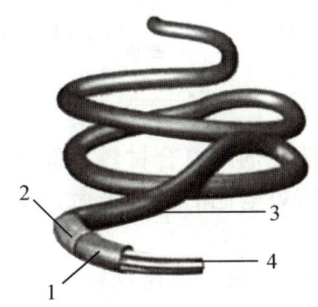

1—隔离层；2—正极；3—多孔透水的保护层；4—负极。

图 6.14　适用于水下工作的电缆状铝空气电池

3. 铝空气电池的特点

与电动汽车用的其他蓄电池相比，铝空气电池具有如下特点。

(1) 质量比能量大。铝空气电池的理论质量比能量可达 8100（W·h）/kg。

(2) 质量比功率中等（50~200W/kg）。铝空气电池的质量比功率不大，这是由氧电极决定的，氧电极的工作电位远离其热力学平衡电势，因此交换电流密度很小，电池放电极化严重。

(3) 质量轻。铝空气电池的质量仅为铅酸蓄电池质量的 12%。由于电池质量小，汽车的整备质量也减小，因此汽车的装载量提高、续驶里程延长。

(4) Al 不具有毒性和危险性。Al 不会对人体造成伤害，可以回收再利用，不污染环境。

(5) 使用寿命长，可达 3~4 年。铝空气电池的使用寿命主要取决于正极的工作寿命，因为负极是可以不断更换的。

(6) 生产成本较低。Al 的来源丰富，生产成本较低；Al 回收再利用方便且成本较低。

与锌空气电池相同，铝空气电池也可采用更换铝电极的方法解决充电较慢问题。由于铝空气电池的质量比功率不高，充电和放电较慢，电压滞后，自放电率较高，因此需要使用热管理系统来防止铝空气电池工作时过热。

6.2.3　其他金属空气电池

除锌空气电池和铝空气电池外，金属空气电池还有 MH 空气电池、镁空气电池、镉空气电池、铁空气电池等。

1. MH 空气电池

与镍氢电池相比，MH 空气电池用空气电极取代金属镍电极，以达到减轻质量、提高质量比能量的目的，且反应原料为来源充足的空气，因此 MH 空气电池具有广阔的发展前景。

(1) MH 空气电池的充、放电反应。

MH 空气电池在充、放电过程中的电化学反应式分别如下。

负极：$\quad 4OH^- \underset{放电}{\overset{充电}{\rightleftharpoons}} 2H_2O + O_2 + 4e^-$ 　　　　　(6-8)

正极：$\quad 4M + 4H_2O + 4e^- \underset{放电}{\overset{充电}{\rightleftharpoons}} 4MH + 4OH^-$ 　　(6-9)

总反应：$\quad 2H_2O + 4M \underset{放电}{\overset{充电}{\rightleftharpoons}} 4MH + O_2$ 　　　　　(6-10)

双功能空气电极可以用炭和催化剂的复合材料（催化剂为 NiO 或 Co_2O_3）制成，但在充电过程中易造成炭氧化，从而缩短电池的使用寿命。

(2) MH 空气电池的结构。

MH 空气电池的结构如图 6.15 所示。采用钙钛矿（$La_{0.6}Ca_{0.4}CoO_3$）做催化剂的双功能空气电极由空气扩散层和多孔镍片层组成，空气扩散层为炭、聚四氟乙烯和催化剂的复合材料；多孔镍片作为电流的集流体与空气扩散层压制在一起，起扩散空气和收集电流作用。MH 电极由 $MmNi_{3.5}Co_{0.7}Al_{0.7}Mn_{0.1}$ 粉末表面化学镀铜后，与 5%（质量分数）的聚四氟乙烯混合、压片，然后夹在两个薄的多孔镍片之间形成。MH 空气电池的电解质为 KOH，将 MH 电极浸入电解液。

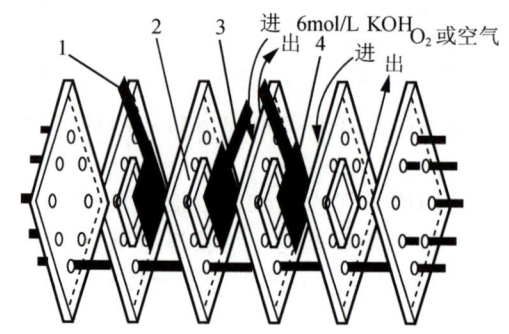

1，4—双功能空气电极；2—参考电极；3—MH 电极。

图 6.15　MH 空气电池的结构

(3) MH空气电池的特点。

MH空气电池具有较高的循环寿命，以1C充、放电各1h，循环250次后，金属氢化物的质量比容量从268（mA·h）/g减小至242(mA·h)/g，仅有约19.7%的容量损失。

2. 镁空气电池

(1) 镁空气电池的充、放电反应。

镁空气电池放电时的电化学反应式如下。

正极：$\frac{1}{2}O_2 + H_2O + 2e^- \longrightarrow 2OH^-$

负极：$Mg + 2OH^- \longrightarrow Mg(OH)_2 + 2e^-$

总反应：$Mg + \frac{1}{2}O_2 + H_2O \longrightarrow Mg(OH)_2$

镁空气电池充电时的电化学反应是上述反应的逆过程。

(2) 镁空气电池的结构。

镁空气电池的结构如图6.16所示。将一个负极（镁电极）夹在两个正极（空气电极）之间，电解液呈中性，如采用8mol/L的Mg（ClO$_4$）$_2$和7%的NaCl水溶液。由于镁空气电池反应比锌空气电池反应需要的水多，且生成的Mg(OH)$_2$的体积比ZnO大得多，因此镁空气电池需要较多电解液。通常其电解液的质量是活性物质质量的80%~85%，而锌空气电池的电解液质量只是活性物质质量的30%~35%。

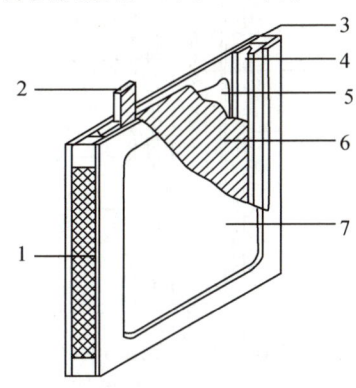

1—正极端；2—负极端；3—框架；4—负极支架；5，7—正极；6—镁电极。

图6.16 镁空气电池的结构

(3) 镁空气电池的特点。

镁空气电池的理论质量比能量为3910（W·h）/kg，比锌空气电池的高。由于镁电极为片状电极，在相同表观电流密度下，其真实电流密度比多孔锌电极大得多，因此电极极化较大，性能不如锌空气电池性能。

镁空气电池可在−26~85℃下工作，但在高温下腐蚀严重。例如，在52℃下只放出40%的标称容量。当电流密度为40~50mA/cm²时，需要对镁空气电池进行冷却降温。

与锌空气电池和铝空气电池相同，可将镁空气电池也制成机械充电式储备电池，通过更换镁电极完成充电过程。

3. 镉空气电池

(1) 镉空气电池的充、放电反应。

由于 Cd 在 KOH 水溶液中能经受长时间多次充、放电,因此镉空气电池常作为二次电池。镉空气电池放电时的电化学反应式如下。

正极: $\frac{1}{2}O_2 + H_2O + 2e^- \longrightarrow 2OH^-$

负极: $Cd + 2OH^- \longrightarrow Cd(OH)_2 + 2e^-$

总反应: $Cd + \frac{1}{2}O_2 + H_2O \longrightarrow Cd(OH)_2$

镉空气电池充电时的电化学反应是上述反应式的逆过程。

(2) 镉空气电池的结构。

镉空气电池的结构如图 6.17 所示。负极的制作过程如下:将 CdO 与 5% 的碳基镍粉及 5%~10% 的 Fe_2O_3 膨胀剂粉(或 TiO_2 粉)混合,并在镍网上加压成形,充电后形成海绵状镉电极,将该电极放入厚度约为 0.15mm 的聚酰胺袋,聚酰胺袋外有一两层无机膜,外面再包一层聚酰胺膜。

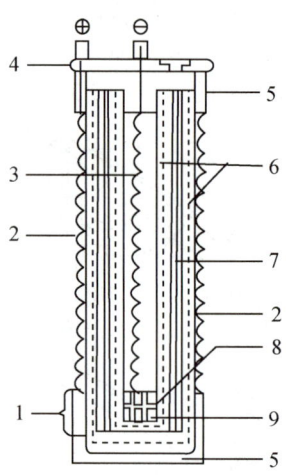

1—液面指示;2—正极;3—负极;4—盖;5—外壳;
6—聚酰胺膜;7—无机膜;8—隔栅;9—储备箱。

图 6.17 镉空气电池的结构

由于空气的来源无限,因此镉电极在充、放电过程中经常处于深度充、放电状态,镉晶体因尺寸逐渐增大而减小了实际电极面积,同时堵塞部分细孔,导致镉电极容量逐渐减小。添加 4%~14% 的 α-Fe_2O_3 或 5%~10% 的 TiO_2 可显著延缓容量减小,此时 α-Fe_2O_3 或 TiO_2 起膨胀剂作用,类似于铅酸蓄电池的负极。

镉空气电池在充、放电过程中,水分通过正极的细孔逸散。在电池内备有可储存 5mL 电解液的储备箱,通过聚酰胺膜的毛细管将电解液输送到正极与负极,以弥补水分的损失。

(3) 镉空气电池的性能。

由于镉空气电池的理论质量比能量只有 496(W·h)/kg,因此镉空气电池不属于高能电池,不适合用作电动汽车的动力电池。

4. 铁空气电池

(1) 铁空气电池的充、放电反应。

对铁空气电池的充、放电机理有不同的观点。一种观点认为溶解-沉积机理，即 Fe 先溶解成 $HFeO_2^-$，再沉积成 $Fe(OH)_2$；另一种观点认为碱性电池中的负极（铁电极）在充、放电过程中的电化学反应式如下。

$$Fe + 2OH^- \underset{放电}{\overset{充电}{\rightleftharpoons}} Fe(OH)_2 + 2e^- \qquad (6-11)$$

$$2Fe(OH)_2 + 2OH^- \underset{放电}{\overset{充电}{\rightleftharpoons}} 2FeOOH + 2H_2O + 2e^- \qquad (6-12)$$

铁空气电池的充、放电反应比较复杂，还需进一步研究电化学反应与铁电极行为的联系。

(2) 铁空气电池的结构与性能提高。

相当一部分铁空气电池的研制工作是改进铁电极的结构。因烧结铁电极工艺条件不同，故电极性能有所差异。通常将活性物质及发孔剂调成稠液状，并均匀涂覆在镀银的钢网或铁网上加压成形，在 H_2 流中烧结还原成铁电极。此外，还可以用碳基铁粉烧结方法制成铁电极，其中一部分铁成为活性物质；另一部分铁不发生反应，起导电骨架的作用，可保持电极形状，并提供机械强度及导电性。

当 Fe 氧化成 Fe_2O_3 时，体积增大，因此可将 Fe 设计成双层结构，一层只有铁纤维，为粗孔层；另一层为铁粉、乙炔黑和树脂黏结剂的混合物，填在 Fe 纤维上，为细孔层，可容纳膨胀的体积、使反应较均匀，还可将多个电极重叠起来。铁空气电池的结构如图 6.18 所示。

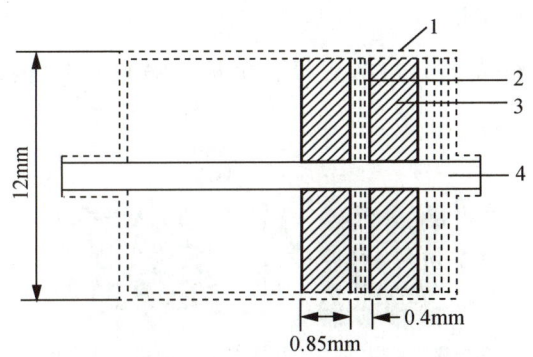

1—金属网；2—铁纤维层；3—铁纤维与活性物质；4—集流体。

图 6.18 铁空气电池的结构

为了增大铁电极中活性物质的充填量，可在铁电极中添加木素磺酸钠做分散剂，添加羧甲基纤维素或羟乙基纤维素等做稠化剂，虽然固体含量增大，但易填涂；也可将电解铁粉表面氧化后，在 H_2 气氛中还原，以增大铁电极的表面积。

KOH 水溶液吸收 CO_2 后，对铁电极和空气电极都有影响。吸收 CO_2 后，溶液 pH 减小，铁电极的电势向正向移动，空气电极电势向负向移动，导致电池的开路电压降低及铁电极容量显著减小。因此，使用铁空气电池时，必须除去空气中的 CO_2。一种有效的方法是采用孔隙率为 30% 的波纹形多孔聚氯乙烯烧结板，该烧结板吸收 10mol/L 的 KOH 水溶液，多片板平行排列。当空气垂直于波纹方向通过时，空气中的 CO_2 被 KOH 水溶液吸收。KOH 水溶液的浓度应适当，若 KOH 水溶液浓度太低，则对 CO_2 的吸收作用不明显；若 KOH 水溶液浓度太高，则从空气中吸收水分，体积增大而导致 CO_2 从多孔板中溢出。

铁电极在碱性溶液中易钝化，尤其当阳极极化较大时，电极表面形成一层 SEI 膜，电极的活性表面积减小，电极容量急剧减小，使电池使用寿命缩短。

在低温条件下，铁电极更易形成与其牢固结合的致密覆盖层，阻止铁电极发生阳极反应，导致负极容量显著减小。

铁电极在碱性溶液中还易形成腐蚀电池，析出 H_2，生成 $Fe(OH)_2$，造成铁电极自放电，从而降低电极活性物质的利用率。

在电解液中加入适当的添加剂可有效防止铁电极钝化，抑制自放电，同时提高电极的充电效率，提高电极性能。

(3) 铁空气电池的特性。

铁电极充电时不形成枝晶，铁空气电池的充、放电寿命很长。铁空气电池的理论质量比能量为 1220（W·h）/kg（二价铁的数据），与锌空气电池的相差不多。因此，铁空气电池也是一种潜在的高能蓄电池。

6.3 钠离子电池

6.3.1 钠离子电池的基本组成和充、放电原理

1. 钠离子电池的基本组成

钠离子电池的主要组成部分包括正极、负极、隔膜、电解液和集电极，如图 6.19 所示。

【拓展视频】

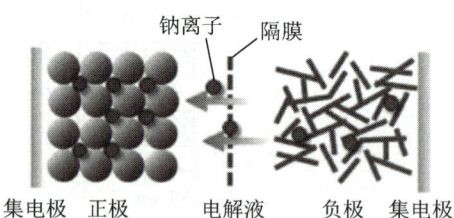

图 6.19 钠离子电池的基本组成

2. 钠离子电池的充、放电原理

钠离子电池的充、放电原理与锂离子电池相似，锂离子电池是在正极与负极之间移动锂离子完成充电和放电过程的，而钠离子电池正极与负极之间移动的是钠离子。钠离子电池的充、放电原理如图 6.20 所示。

钠离子电池在充、放电过程中，钠离子在正极与负极之间嵌入和脱嵌：充电时，钠离子从正极脱嵌，经过电解液嵌入负极；放电时则相反。

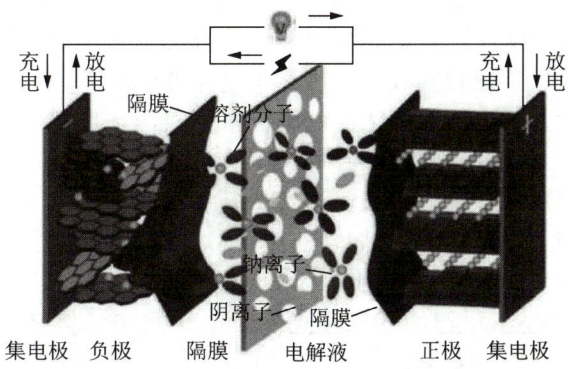

图 6.20 钠离子电池的充、放电原理

6.3.2 钠离子电池的组成部件和优势

1. 钠离子电池的组成部件

（1）正极。钠离子电池的正极要求具有高钠离子传导性，钠离子电池的正极材料主要有层状过渡金属氧化物、普鲁士蓝、聚阴离子化合物等，分别以质量比能量高、成本低以及循环寿命高为特色，其中应用最多的是层状过渡金属氧化物。

（2）负极。钠离子电池的负极要求稳定地嵌入和脱嵌钠离子，负极材料主要有无定形碳基材料，如硬碳、软碳类。此外，钛氧化物、有机材料、合金也可用作负极材料。

（3）电解液。钠离子电池的电解液是传导离子的介质，与锂离子电池电解液的组成类似，均由溶质、溶剂、添加剂三部分组成。

① 溶质。常用的电解质钠盐有 $NaClO_4$、$NaPF_6$、$NaBF_4$ 等，其中 $NaPF_6$ 的综合性能最好，是钠离子电池使用最多的溶质。

② 溶剂。钠离子电池的电解液溶剂通常与锂离子电池常用的有机电解液相同，主流的酯类溶剂和醚类溶剂各具特点，经常混合使用来满足性能需求。

③ 添加剂。钠离子电池电解液的添加剂兼容性较好，主要包括成膜添加剂、过充电保护添加剂、阻燃添加剂等。

（4）隔膜。钠离子电池中的隔膜主要起绝缘层和半透层的功用，钠离子电池采用与锂离子电池相同的隔膜。锂离子电池的隔膜对钠离子电池的适配性一般，仍需研制匹配钠离子电池的专用隔膜。

（5）集电极。钠离子电池正、负极上的集电极用于提高电子导电能力，正、负极均可使用铝箔，也可使用铜箔。

2. 钠离子电池的优势

钠离子电池与锂离子电池几乎同时出现，但远没有锂离子电池发展迅速，如今电动汽车用动力电池大多是锂离子电池。但是，钠离子电池的研究、开发及应用从来没有停止过。钠离子电池使用的电极材料主要是钠盐，与锂盐相比储量更丰富、价格更低；由于钠离子比锂离子大，因此对电池的质量和质量比能量要求不高时，钠离子电池是一种划算的替代品。与锂离子电池相比，钠离子电池还具有如下优势。

（1）钠离子电池正极材料碳酸钠的价格远低于碳酸锂，同时钠离子电池通常使用铜、铁等大宗金属材料。由于钠盐比锂盐便宜得多，并且钠离子电池可以不用钴、镍等稀有贵金属，因此钠离子电池的正极材料成本比锂离子电池低30%～40%。

（2）由于钠盐特性，允许使用低浓度电解液（在相同浓度的电解液下，钠盐电导率高于锂盐约20%）来降低成本。

（3）钠离子不与铝形成合金，负极可采用铝箔作为集电极，可以进一步降低约8%的成本，降低约10%的质量。

（4）由于钠离子电池无过放电限制，因此允许钠离子电池放电到0V。钠离子电池的质量比能量大于100（W·h）/kg，可与磷酸铁锂电池媲美，但是其成本优势明显，有望在大规模储能中取代传统铅酸蓄电池。

3. 钠离子电池与锂离子电池的性能比较

钠离子电池与锂离子电池相比，各有优缺点，两者性能比较如下。

（1）质量比能量。锂离子电池具有更高的质量比能量。由于锂元素是最轻的金属元素，因此具有先天的优势。在相同体积或相同质量下，锂离子的质量比能量比钠离子高1.8倍。

（2）循环寿命。锂离子电池的循环寿命更高。经过多年的发展，锂离子电池技术成熟，充、放电循环寿命达2000～3000次。而钠离子电池因钠离子的原子质量和半径大于锂离子而在反应过程中嵌入和脱嵌的难度更大，循环寿命较低。

（3）安全性。钠离子电池更安全。钠离子电池具有较大的工作温度区间，即使在高温下也不易发生热失控。此外，由于钠离子电池的短路电流和瞬间发热量更小，因此更不易引起火灾或自燃。

（4）成本。钠离子电池的成本更低。由于钠离子电池的原材料储备丰富、价格低，因此在制造过程中的成本大幅度降低。虽然目前受限于技术难题，钠离子电池的一些成本优势只存在于理论层面，但随着技术的进步和规模化生产，钠离子电池的成本优势有望转化为现实。

（5）充电速度。钠离子电池的充电速度更高。虽然锂离子电池和钠离子电池的充电速度都受到多种因素的影响，但钠离子电池在某些情况下具有更强的充电能力。例如，研究表明，在常温下，钠离子电池充电15min可达80%以上电量。

（6）发展前景。钠离子电池具有更好的发展前景。锂离子电池的发展遇到瓶颈，技术难以有较大突破。相比之下，钠离子电池的发展刚起步，随着更多企业进入钠离子电池领域和钠离子电池技术的不断进步，钠离子电池的循环寿命低、质量比能量低的问题有望得到解决。

综上所述，钠离子电池与锂离子电池在质量比能量、循环寿命、安全性、成本、充电速度和发展前景等方面各有优劣，选择时要考虑应用场景、性能需求和成本等。

4. 钠离子电池的优缺点

作为电动汽车用动力电池，钠离子电池的优缺点如下。

（1）钠离子电池的优点。

① 资源丰富。由于钠的储量丰富、分布广、价格低，因此钠离子电池在原材料成本方面具有显著优势，有利于大规模生产和应用。

② 安全性高。钠离子电池使用低浓度的电解液，且钠离子比锂离子稳定，不会在电极表面形成枝晶，从而减少短路或爆炸的风险。此外，钠离子电池在高温和低温下表现出较好的稳定性，进一步提升了安全性。

③ 快速充电。钠离子电池具有较高的充电速度，对需要快速补能的电动汽车来说是一个重要优势。

④ 环境适应性强。钠离子电池可以在不同气候条件下使用，即使在－28℃下也能保证90%的放电量，可以不完全依赖复杂的调控设备，应用范围更广。

⑤ 储能潜力大。钠离子电池在储能系统中的应用前景广阔，特别是在智能电网、可再生能源并网及电网级储能等领域，能够平衡电力供需、提高电力系统的稳定性。

(2) 钠离子电池的缺点。

① 质量比能量较低。与锂离子电池相比，钠离子电池的质量比能量较低，说明储存相同能量时，钠离子电池的体积和质量更大，对便携式电子设备和新能源汽车来说是一个不利因素。

② 循环寿命较低。钠离子电池的循环寿命相对较短，这主要是因为充放电过程中钠离子在正负极材料中的嵌入和脱嵌会导致材料的体积变化，从而引发结构破坏和性能衰退。

③ 技术不够成熟。钠离子电池作为一种新型电池技术，其相关技术仍处于较为早期的阶段。目前市场上钠离子电池的产品种类较少，性能也有待进一步提高。

④ 市场认可度有待提高。由于钠离子电池的技术成熟度和市场应用经验较少，部分用户对其性能和可靠性持观望态度。因此，提高市场认可度是钠离子电池发展的重要方向。

综上所述，钠离子电池在资源丰富、安全性高、快速充电等方面具有显著优势，但存在质量比能量低、循环寿命低、技术不够成熟等缺点。随着技术的不断进步和市场的不断开拓，钠离子电池有望在新能源汽车动力电池中占有一席之地。

小　结

本章通过介绍镍镉电池、镍锌电池、镍铁电池、金属空气电池和钠离子电池的基本组成，充、放电原理，类型，使读者对这些电池的结构与原理有深入、全面的了解；通过介绍这些电池的特性，使读者熟悉这些动力电池的性能特点，全面掌握当今动力电池的发展现状及研究和发展的方向。

1. 镍镉电池的基本组成有哪些？其组成和成流反应与镍氢电池的有什么不同？
2. 镍镉电池有哪些结构类型？有什么性能特点？
3. 袋式镍镉电池的结构如何？有什么性能特点？
4. 开口烧结式镍镉电池的结构如何？有什么性能特点？
5. 密封式镍镉电池的结构如何？有什么性能特点？

6. 镍锌电池的基本组成有哪些？其基本组成和充、放电原理与镍氢电池有什么不同？
7. 镍锌电池主要有哪些结构类型？各有什么性能特点？
8. 镍锌电池有什么优点和缺点？
9. 镍铁电池的基本组成有哪些？其基本组成和充、放电原理与镍氢电池有什么不同？
10. 镍铁电池的结构如何？有什么性能特点？
11. 金属空气电池的正、负极活性物质分别是什么？常见的金属空气电池有哪些？
12. 锌空气电池的基本组成有哪些？其充、放电原理有什么特点？
13. 锌空气电池有哪些结构类型？有什么性能特点？
14. 锌空气电池有什么性能特点？
15. 铝空气电池的基本组成有哪些？与锌空气电池相比，其充、放电原理有什么不同？
16. 铝空气电池的结构和性能各有什么特点？
17. 金属空气电池还有哪些？这些金属空气电池各有什么性能特点？
18. 钠离子电池的基本组成是怎样的？如何进行充、放电？
19. 钠离子电池有哪些特点？

第 7 章
辅助储能装置

教学目标

了解超级电容及飞轮电池的储能机理、结构类型；
了解超级电容及飞轮电池的性能特点与在电动汽车上的应用。

教学要求

知识要点	能力要求	相关知识
超级电容的储能机理，超级电容的充、放电原理，超级电容的性能特点	了解蓄电池的缺点，熟悉超级电容的基本组成与储能机理，了解不同类型的超级电容的特点，理解超级电容的性能特点与应用	超级电容的充、放电过程，法拉第效应，炭电极，金属氧化物电极，有机聚合物电极，电解质特性
飞轮电池的储能机理，飞轮电池的充、放电原理，飞轮电池的性能特点	熟悉飞轮电池的基本组成与储能机理，了解不同类型飞轮电池的特点，理解飞轮电池的性能特点与应用	转动惯量、陀螺效应、双向电动机及控制、永磁交流同步电动机、DC/DC电源变换器、逆变器

7.1 概　　述

7.1.1 蓄电池的性能特点与缺点

1. 蓄电池的结构与性能特点

蓄电池为二次电池，其基本组成部件有正极、负极和电解液，如图7.1所示。

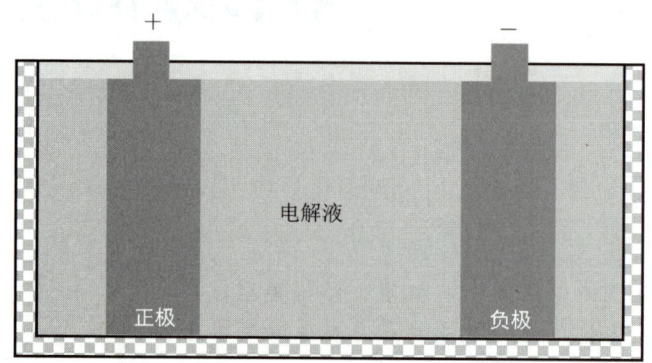

图 7.1　蓄电池的基本组成

（1）正、负极活性物质参与电化学反应的总量决定了蓄电池的容量。由于蓄电池通过正、负极活性物质的电化学反应释放电量，因此其容量由正极或负极活性物质的总量及参与率确定。可见，蓄电池的实际容量和质量比能量不仅与电极的结构及活性物质本身的活性等有关，还与蓄电池的使用环境和使用条件等有关。

（2）内部化学反应特性决定蓄电池的充、放电特性。由于蓄电池的充、放电过程均通过正、负极活性物质的电化学反应完成，因此蓄电池内部的电化学反应特性决定了蓄电池的充电性能和放电性能。也就是说，蓄电池内部的电化学反应特性及反应速率对蓄电池的最大放电电流及输出功率、最大充电电流、充电可接受电流等充、放电特性起决定性作用。

2. 蓄电池的缺点

蓄电池存在如下缺点。

（1）质量比功率与质量比能量低。如今蓄电池采用的活性物质材料、电极的结构与工艺等还未能使蓄电池的质量比功率和质量比能量等有根本性突破。质量比功率低，使得蓄电池不能很好地满足电动汽车动力性的要求；质量比能量低，增大了蓄电池的质量，会对电动汽车的动力性能和续驶里程造成影响。

（2）充电时间长。由于蓄电池的充电电流受限制，因此充电时间长，影响了电动汽车的正常使用和制动能量回收。

（3）使用寿命短。蓄电池在充、放电过程中，不可避免地存在如下影响蓄电池使用寿命的因素。

① 在正常的充、放电过程中，活性物质会出现变质、老化、脱落等现象，导致蓄电池容量减小直至蓄电池报废。

② 正极或负极支撑材料、隔膜、电解液在蓄电池充、放电过程中会失效、腐蚀、变形、破损、损耗等，导致蓄电池容量减小直至蓄电池报废。

③ 在蓄电池工作过程中，由于控制蓄电池过充电和过放电的难度较大，因此不可能完全杜绝蓄电池过充电和过放电现象的发生。过充电和过放电均会导致蓄电池的性能迅速下降，使用寿命缩短。

④ 采用大电流充电可缩短充电时间，但也会缩短蓄电池的使用寿命；在电动汽车起步、加速等工况下，蓄电池均处于大电流放电状态，对蓄电池的使用寿命造成不利影响。

由于蓄电池的使用寿命短，在电动汽车使用寿命期内需要多次更换蓄电池，因此增加了电动汽车的使用成本。

(4) 输出电压低。蓄电池组中单体电池的电压低，需要串联多个单体电池来提高蓄电池组的输出电压，以满足电动机的工作电压要求。由于蓄电池组中的单体电池存在不一致性问题，在使用过程中不一致性会增大，因此蓄电池组的供电能力下降，并使蓄电池组过早报废。

(5) 储存时间短。由于蓄电池在非放电状态下会因自放电而损失能量，因此当电动汽车较长时间停驶时，蓄电池的能量自动下降。

7.1.2　应用于电动汽车的其他电源装置

蓄电池的大电流充放电性能、使用寿命及效率等存在不足，还有很多问题需要解决，制约了电动汽车的迅速发展。因此，人们在潜心研发高能量蓄电池的同时，努力寻求其他效率高、使用寿命长、储能多、能大电流充放电、使用方便且无污染的绿色储能装置，其中超级电容（super capacitor）和飞轮电池发展较快，并在电动汽车上成功应用。

1. 超级电容

超级电容又称电化学电容器（electrochemical capacitor）或双电层电容器（electrical double-layer capacitor），它是二十世纪七八十年代发展起来的一种储能装置。超级电容是介于电解电容器与蓄电池之间的储能装置，填补了传统电容器（平板电容器、电解电容器）和蓄电池之间的空白，具有比普通电容器高的质量比能量、比蓄电池高的质量比功率及更长的使用寿命。

超级电容因使用寿命长、具有超强的荷电保持性能、充电迅速、使用便捷且无污染等特点而被用作蓄电池的辅助储能装置，在计算机、通信、电力、交通、航空航天、国防等领域均有广泛应用。

2. 飞轮电池

飞轮电池通过高速旋转的飞轮储存能量（动能），再通过发电装置将动能转换为电能输出电力。飞轮电池是完全不同于蓄电池的储能装置，其使用寿命与充放电电流无关，且受环境温度的影响很小。

虽然飞轮电池技术不够成熟，但是其具有高于蓄电池的质量比功率和快速充电能力，在电动汽车上得到实际应用。

3. 太阳电池

太阳电池是直接将太阳能转换为电能的发电装置，不属于储能装置。 根据使用材料的不同，太阳电池可分为硅系列太阳电池和化合物系列太阳电池两种。由于太阳电池受环境和空间等的限制，因此较少在电动汽车上应用。

4. 燃料电池

燃料电池是将氢燃料直接转换为电能的发电装置，属于一次电池。 燃料电池因具有能量转换效率高、无污染等特点而在电动汽车上得到实际应用。

7.2 超级电容

7.2.1 超级电容的储能机理与充、放电原理

1. 超级电容的储能机理

超级电容是建立在亥姆霍兹提出的界面双电层理论基础上的一种电容器，其储能方式与传统的电解电容器和蓄电池不同，它是通过极化电解液储存电能的。

（1）超级电容的基本组成。超级电容的基本组成如图 7.2 所示，其主要组成部件有集电极，正、负极（电容板），电解液和绝缘层。

【拓展图文】

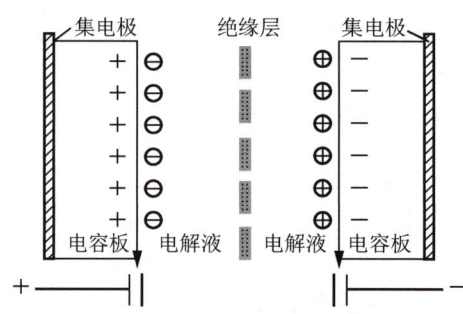

图 7.2 超级电容的基本组成

（2）超级电容的储能方式。将导体电极插入电解液，电极表面与电解液接触，受库仑力、分子间作用力（范德华力）或原子间作用力（共价力）的作用，电极表面的净电荷吸引电解液中部分不规则且符号相反的离子，使它们在电极与电解液界面的溶液一侧排列，从而使相间产生电位差。如果在电解液中同时插入两个集电极，并在两个集电极间施加电压（不超过电解液分解电压），则电解液中的正、负离子在电场力的作用下迅速向两个集电极运动，并分别在两个集电极表面形成紧密的电荷层，即双电层。这就是超级电容的储能机理，形成的双电层与传统电容器中的电介质在电场力作用下产生的极化电荷相似，因此具有电容效应，紧密的双电层类似于平板电容器。

由于超级电容的电荷层间距比传统电容器的电荷层间距小得多，因此超级电容的容量比传统电容器的容量大。

2. 超级电容的充、放电原理

（1）超级电容的充电原理。超级电容的充电原理如图 7.3 所示。与传统电容器相同，超级电容充电时，在两个集电极上施加电压，在正集电极上储存正电荷，在负集电极上储存负电荷。两电极上的电荷产生电场并作用于电解液，使靠近电极表面的电解液界面产生与电极表面电荷方向相反的电荷，被束缚在电解液界面的电荷又构成两个集电极。正电荷与负电荷在两个相之间的接触面上，以正、负电荷之间极小的间隙排列在相反的位置上，该电荷分布层即双电层。**由于两电极的间距极小（仅为几纳米）且活性炭多孔化电极的比表面积极大，因此充足电的超级电容可存储很大的静电能量。**

（2）超级电容的最高可用电压。超级电容的最高可用电压取决于电解液的分解电压。当超级电容两电极间的电压低于电解液的分解电压（通常小于 3V）时，电解液界面上的电荷不会脱离电解液，超级电容处于正常工作状态。当超级电容两电极间的电压高于电解液的分解电压时，电解液分解，超级电容处于非正常工作状态。

（3）超级电容的放电原理。超级电容的放电原理如图 7.4 所示。超级电容放电时，正、负极上的电荷通过外电路被释放，电解液界面上的电荷相应减少。

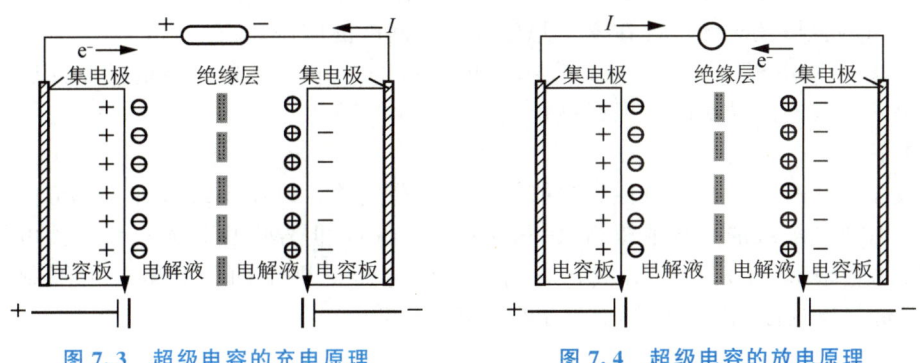

图 7.3　超级电容的充电原理　　　　图 7.4　超级电容的放电原理

由此可见，超级电容与通过化学反应完成充、放电过程的蓄电池不同，其充、放电过程始终是物理过程，不发生化学反应，因此其性能比蓄电池性能稳定。

7.2.2　超级电容的结构类型

1. 超级电容的基本组成

图 7.5 所示为双电层超级电容的结构。两个集电极用于固定多孔炭电极，两电极之间由电解液隔开，绝缘层（隔膜）由多孔绝缘材料制成。将多孔电极插入电解液后，电解液渗入电极孔隙，使电极与电解液有很大的接触表面。

从结构上看，超级电容主要由集电极、电极、电解液、隔膜、端板、引线和封装材料组成，其中电极、电解液、隔膜对超级电容的性能起决定性作用。

（1）电极。

超级电容的电极材料主要有炭电极材料、金属氧化物及其水合物电极材料、导电聚合物电极材料。

① 炭电极材料。炭电极材料的优势是比表面积大、原料价格低、易实现规模化生产；

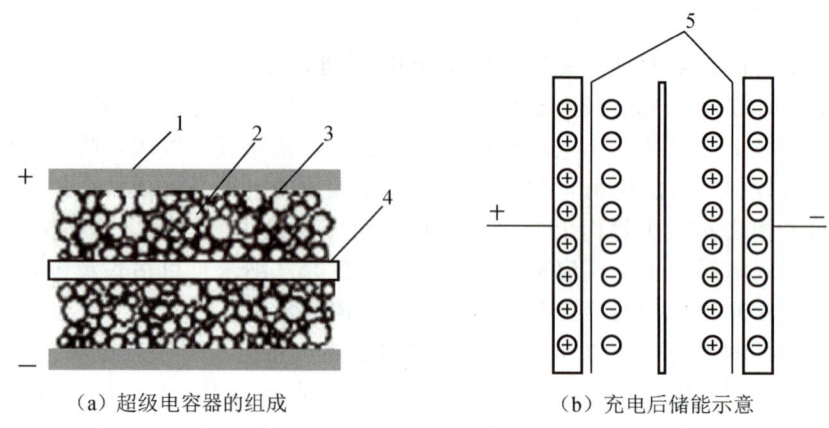

(a) 超级电容器的组成　　　　　(b) 充电后储能示意

1—集电极；2—电极；3—电解液；4—隔膜（绝缘层）；5—电解液界面。

图 7.5　双电层超级电容的结构

缺点是质量比容量较低。

② 金属氧化物及其水合物电极材料。金属氧化物及其水合物电极材料的质量比容量较高，但高昂的价格及对环境存在安全隐患限制了其广泛应用。

③ 导电聚合物电极材料。导电聚合物电极材料的工作电压高，能量存储性能好；但在有机电解液中浸泡后易膨胀，因此稳定性较差。

（2）电解液。

电解液需要具有很好的导电性和足够的电化学稳定性，以使超级电容在尽可能高的电压下工作。有机电解液的分解电压高（一般高于 2.5V），但导电性较差；水溶液电解液主要是 KOH 水溶液和 H_2SO_4 水溶液，它们的分解电压受到水的分解电位的限制，只有 1.23V，但是其导电性比有机电解液高至少 4 倍。

（3）隔膜。

在超级电容中，隔膜起防止正、负极短路的作用；在充、放电过程中，隔膜还起提供离子传送通道的作用。隔膜的性能决定了超级电容的界面结构、内阻等，并直接影响超级电容的容量、循环寿命、安全性能等。性能优异的隔膜对提高超级电容的综合性能有重要作用。隔膜的材料主要有聚丙烯、聚乙烯单层微孔膜及由聚丙烯和聚乙烯复合的多层微孔膜。

【拓展图文】

2. 超级电容的类型

超级电容有多种分类方法，具体如下。

（1）按电极材料分类。

根据电极材料的不同，超级电容分为炭电极双层超级电容、金属氧化物电极超级电容、混合型超级电容和有机聚合物电极材料超级电容。

① 炭电极双层超级电容。通常采用如下材料制成多孔炭电极。

a. 活性炭电极材料。采用大比表面积的活性炭经过成型制备电极。

b. 碳纤维电极材料。采用活性炭纤维成型材料（如布、毡等），经过增强、喷涂或熔融金属增强其导电性来制备炭电极。

c. 碳气凝胶电极材料。采用有机气凝胶，经过烧结工艺处理后得到碳气凝胶来制备多孔炭电极。

d. 碳纳米管电极材料。碳纳米管具有极好的中孔性和导电性，采用大比表面积的碳纳米管材料可以制得非常优良的炭电极。

炭电极的主要优点是材料来源广、成本低、加工技术成熟、活性表面积大（作为电极的炭粉、炭布、碳纤维等材料的活性表面积可达 $2500m^2/g$，而碳纳米管电极材料的活性表面积更大）。例如，采用直径为 8nm 的碳纳米管制备厚度为 $25\mu m$ 的薄膜电极，其质量比电容达 49～113F/g（39.2～90.4F/cm^3）。

相比于其他材料制成的超级电容，炭电极超级双层电容的缺点是稳定性和导电性随着活性表面积的增大而降低。

② 金属氧化物电极超级电容。金属氧化物电极超级电容的电极对使用相同的金属氧化物做电极，电容利用法拉第效应储存能量。

在金属氧化物电极的充、放电过程中包含部分氧化还原反应，其中 Ru 的化合价会在 3～6 价变化。由于反应非常快，且电极活性表面积大，因此金属氧化物具有高电容量和良好的导电性。相比于炭电极材料，由于金属氧化物电极的电导率增大了两个数量级，因此金属氧化物超级电容可以实现非常高的质量比电容（RuO_x 电极的质量比电容达 750F/g），而且其循环寿命更高，充、放电性能更好。

金属氧化物电极超级电容的缺点是电极材料的价格高，对电解液有限制，电容的额定电压较低。

③ 混合型超级电容。混合型超级电容用金属氧化物替代一块炭电极，它是金属氧化物超级电容和炭电极超级电容的混合体。混合型超级电容在一定程度上解决了炭电极超级电容质量比能量较小的问题，且成本降低。

在混合型超级电容的研究与开发中，碳镍系超级电容是较成熟的一种，其应用也较多。在炭电极双层超级电容中，将两块相同的炭电极串联，整个电容的容量为一块电极容量的一半。用 NiO 替代一块炭电极后，可使一块电极的电压变化，另一块电极不发生极化或极化程度很小，不仅可提高电容量，还可充分地利用法拉第效应储存能量。因此，碳镍系超级电容的质量比功率和质量比能量比前两种超级电容高。

碳镍系超级电容的单体结构如图 7.6 所示。要提高此种超级电容的性能，需要进一步研究如下技术：提高炭电极的活性表面积，以进一步提高超级电容的质量比容量；将有机电解液引入碳镍系超级电容，以提高单体电容电压，从而提高超级电容的质量比能量。

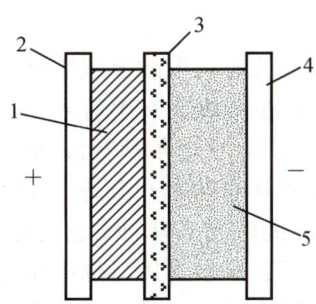

1—NiO_x 电极；2，4—不锈钢集电板；3—纸质隔膜；5—炭电极。
图 7.6 碳镍体系超级电容的单体结构

④ 有机聚合物电极材料超级电容。有机聚合物电极材料超级电容选择导电聚合物作

电极对，如聚吡咯、聚噻吩、聚苯胺等。聚合物电极通过法拉第效应完成充电过程，其储能机理是导电聚合物的掺杂和脱掺杂的氧化还原反应。由于在掺杂态的聚合物中电荷具有较强的活动性，因此此种电容器既有较高的容量又有高倍率特性，而且成本较低。有机聚合物电极材料超级电容有如下三种类型。

a. 电极对都使用对称且相同的 P 型掺杂聚合物（如聚吡咯）。充电时，正极呈高掺杂态，负极呈低掺杂态，正、负极有约 1V 的电位差；放电时，正、负极掺杂态（氧化态）互补变化直至平衡。这种聚合物基电化学电容器的质量比电容可达 80F/g。

b. 电极对采用不同的 P 型掺杂聚合物（如分别用聚吡咯和聚噻吩）。由于两种聚合物的掺杂电势不同，电容器充电状态下的电压提高到约 1.5V，而且有效的充电量增大，因此质量比电容可达 90F/g。

c. 电极对采用对称且相同的导电聚合物，但聚合物可为 P 型掺杂（氧化），也可为 N 型掺杂（还原）。充电时，在聚合物电极对中，一个为完全 P 型掺杂，另一个为完全 N 型掺杂，使得两电极的电位差约为 3V，充电电荷增加到最大掺杂状态。

上述三种有机聚合物电极材料超级电容的恒流放电特性曲线如图 7.7 所示。从图中可以看出，第三种超级电容的优点是放电时的放电电压大多在较高的电压范围内。

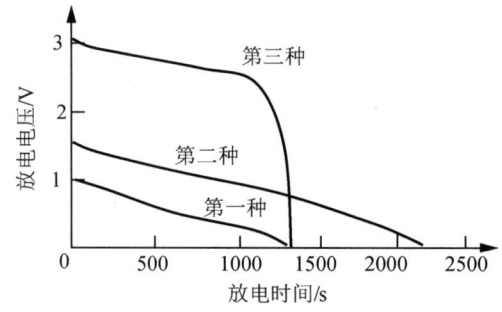

图 7.7　三种有机聚合物电极材料超级电容的恒流放电特性曲线

有机聚合物电极材料超级电容通过电极上的聚合物膜中发生快速、可逆的 N 型掺杂或 P 型掺杂来掺杂氧化还原反应，可使聚合物的储存电荷密度较高，从而产生很大的法拉第准电容来储存电能，具有较高的质量比能量和质量比功率，因此成为研发热点。这种超级电容的缺点是有机聚合物材料易膨胀变形，在长期的充、放电过程中性能恶化，稳定性较差。

(2) 按电解液分类。

根据电解液的不同，超级电容分为有机电解液超级电容和水基溶液超级电容两大类。

① 有机电解液超级电容。有机电解液超级电容的有机电解液为 $LiClO_4$ 等，用 PC、ACN、GBL、THL 等有机溶剂做溶剂，使电解液在溶剂中的溶解度接近饱和。

有机电解液超级电容的优点是单体电容的电压较高且可以稳定在 2.3V，瞬时电压甚至可以达到 2.7V。因此，有机电解液超级电容的质量比能量较高 [18(W·h)/kg]。

有机电解液超级电容的缺点如下：必须采用特殊的净化工艺，并且电极上必须覆盖特定的涂层，以避免腐蚀电极；电解液电离较困难，导致有机电解液超级电容的等效内阻较大（通常是水基溶液超级电容的 20 倍以上），因此质量比功率较低。

② 水基溶液超级电容。水基溶液超级电容使用的水基溶液有酸性水基溶液、碱性水基溶液和中性水基溶液三种。酸性水基溶液多采用 36% 的 H_2SO_4 水溶液作为电解液；碱

性水基溶液通常采用 KOH、NaOH 等强碱水溶液作为电解液；中性水基溶液通常采用 KCl、NaCl 等盐作为溶质，水为溶剂。

由于水基电解质的优点是内阻小、电导率高，因此水基溶液超级电容的质量比功率较高。水基溶液超级电容的另一个优点是提纯和干燥加工工艺简单、成本低。水基溶液超级电容的缺点是单体电池的电压较低，通常小于 2V，故质量比能量较低。

（3）按外形分类。

根据外形的不同，超级电容分为圆柱形超级电容、方形超级电容、扣式超级电容等。

① 圆柱形超级电容（图 7.8）。圆柱形超级电容的电极材料涂覆在集电极上形成电极，两个电极由隔膜隔开并卷成卷，外面封以壳体。相比于其他形式的超级电容，圆柱形超级电容通常具有更大的容量和更高的质量比功率。

（a）外形　　　　　　　　　　（b）内部结构

图 7.8　圆柱形超级电容

为达到电动汽车所需电压，需要将多个超级电容串联成超级电容组。圆柱形超级电容组如图 7.9 所示。

② 方形超级电容（图 7.10）。方形超级电容多采用平板形电极，电极之间由隔膜隔开，层叠后构成电容。一些方形超级电容通过多层叠片串联而成，其工作电压可达 300V 以上。

图 7.9　圆柱形超级电容组　　　　图 7.10　方形超级电容

③ 扣式超级电容（图 7.11）。扣式超级电容又称平板形超级电容。扣式超级电容内部多采用平板形电极和圆片形电极，层叠后构成电容。电动汽车用扣式超级电容通常串联成扣式超级电容组，以达到所需电压。

图 7.11　扣式超级电容

7.2.3　超级电容的性能特点与应用

1. 超级电容的性能特点

超级电容与铅酸蓄电池、镍氢电池及锂离子电池的综合性能比较如图 7.12 所示。

【拓展视频】

【拓展视频】

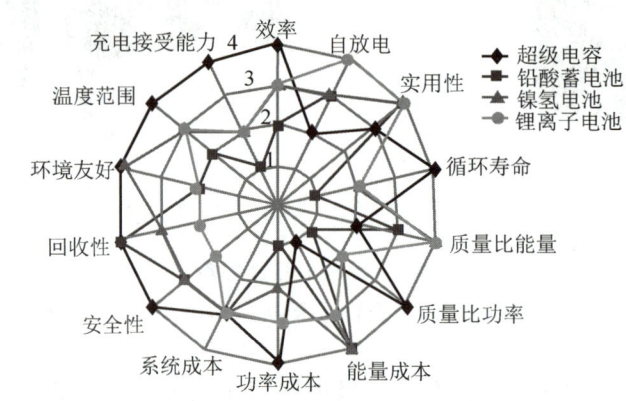

1～4—各项性能排序。

图 7.12　超级电容与铅酸蓄电池、镍氢电池、锂离子电池的综合性能比较

根据图 7.12 可知，除质量比能量、能量成本、自放电及实用性外，超级电容的其他性能均最佳或与蓄电池性能相当。与蓄电池相比，超级电容具有以下优点。

（1）充放电循环寿命高。超级电容的充放电循环寿命可达 500000 次，使用时间达 90000h；而蓄电池的循环寿命很难超过 1000 次。

（2）可以提供大的放电电流。例如，2700F 超级电容的额定放电电流不小于 950A，放电峰值电流可达 1680 A；而蓄电池通常不可能有如此大的放电电流，一些蓄电池在如此大的放电电流下使用寿命缩短。

（3）可以实现快速充电。超级电容可实现数十秒到数分钟内快速充电；而蓄电池的可接受充电电流是有限的，不可能在如此短的时间内充足电。

（4）工作温度范围很大。超级电容可以在很大的温度范围（-40～70℃）内正常工作，而蓄电池不能在高温或低温下正常工作。

（5）安全无毒。超级电容的材料是安全的、无毒的，生产、使用、储存及拆解过程均没有污染；而铅酸蓄电池、镍镉电池等均有毒。

相比于蓄电池，超级电容的主要缺点如下。

（1）质量比能量较低，独立用作纯电动汽车的电源时续驶里程太短。

（2）超级电容放电时没有放电电压平台，电压呈线性下降，当放电电压较低时不能继续放电，无法实现完全放电。

（3）由于超级电容的单体电压不高，因此在电动汽车上使用时，需要串联较多单体电容以达到所需输出电压。

（4）超级电容的自放电比蓄电池的自放电大。

（5）超级电容的成本较高。

2. 超级电容在电动汽车上的应用

虽然超级电容的质量比能量不能与蓄电池相比，但是因具有大电流充放电的特点而特别适合用作电动汽车的辅助储能装置，用于电动汽车大功率电能需求时的大电流输出和制动能量回馈时接受大电流充电。

【拓展视频】

（1）用作辅助储能装置输出大电流。在汽车起步、加速、爬坡等工况下，超级电容提供大电流，在保证电动汽车动力性的同时，可有效保护蓄电池，延长蓄电池的使用寿命。

（2）接受大电流充电。汽车制动时，利用超级电容充电接受电流大的特点，可提高制动能量回收效率。

【拓展视频】

超级电容不仅可作为电动汽车的辅助储能装置，还可作为电动汽车的主要或唯一储能装置。由于超级电容的质量比能量低，因此以超级电容为电动汽车唯一储能装置的最大问题是续驶里程太短。采用超级电容的公共汽车，可利用在公共汽车站停车间隙为超级电容充电，以弥补超级电容质量比能量低的不足。

7.3 飞轮电池

7.3.1 飞轮电池概述

1. 飞轮电池的概念

飞轮是储能元件，从古老的纺车到工业革命的蒸汽机都主要利用飞轮的惯性均衡转速和通过"死点"。如今，飞轮已被用来储存能量并输出电能，这种储能装置称为飞轮电池。

飞轮电池起源于 20 世纪 70 年代早期，最初只是想将它应用在电动汽车上，但限于当时的技术水平，并没有实质性进展。直到 20 世纪 90 年代，随着电路拓扑思想的发展、碳纤维材料的广泛应用，飞轮电池作为一种新概念电池又被人们重视起来，并得到高速发展。随着磁轴承等技术的发展，飞轮电池的技术性能有很大提高，显示出广阔的应用前景。

2. 飞轮电池储存能量

飞轮电池通过飞轮的高速旋转储存动能，并通过电机将飞轮的旋转动能转换为电能输出。飞轮电池突破了化学电池的局限，用物理方法实现储能。飞轮电池储存的能量 E 与飞轮的转动惯量 J 和飞轮转动的角速度 ω 有关，即

$$E=\frac{1}{2}J\omega^2$$

式中，$J=kmr^2$，m 为飞轮的质量（kg），r 为飞轮的半径（m），k 为与飞轮结构和形状有关的常数，对于圆环 $k=1$，对于厚度均匀的实心圆盘 $k=1/2$。

由上式可知，对于一定形状和质量的飞轮，飞轮电池储存的能量与飞轮转动的角速度的平方成正比。由此可见，飞轮是储能装置的核心部件，直接决定飞轮电池的容量。

7.3.2 飞轮电池的基本组成与充、放电原理

1. 飞轮电池的基本组成

飞轮电池的基本组成如图 7.13 所示，包括轴承、飞轮、电机、真空容器、电力电子装置等。

【拓展图文】

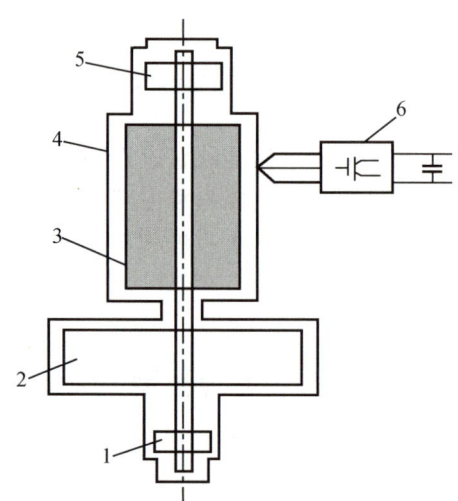

1,5—轴承；2—飞轮；3—电机；4—真空容器；6—电力电子装置。

图 7.13 飞轮电池的基本组成

2. 飞轮电池的充、放电原理

飞轮电池的充、放电原理如图 7.14 所示。

（1）飞轮电池的充电原理。当需要对飞轮电池充电时，飞轮电池与充电电源连接，控制器通过控制电力电子装置使电机处于电动机状态，将充电电源的电能传输给电机，转换为驱动电动机的旋转，并驱动飞轮加速旋转，使飞轮的动能增大，实现将电能转换为动能的充电过程。

当飞轮的旋转速度达到最高值时，飞轮电池充足电，然后飞轮以较低的损耗保持高速运转，使飞轮电池处于能量保持状态。

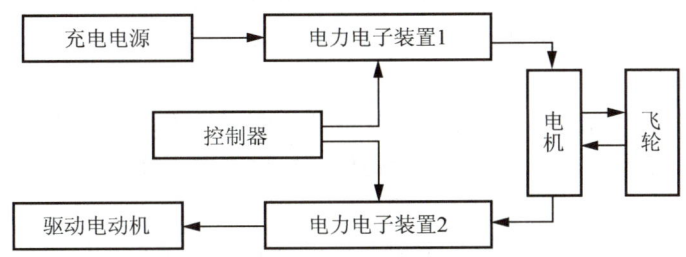

图 7.14 飞轮电池的充、放电原理

(2) 飞轮电池的放电原理。当需要飞轮电池放电时,控制器控制电力电子装置使电机处于发电机状态,高速旋转的飞轮带动电机旋转,将动能转换为电能,再通过电力电子装置将电能转换为负载所需的频率和电压,完成机械能(动能)到电能的转换。

随着放电过程的进行,飞轮的转速逐渐下降,当下降至最低值时,飞轮电池放完电,需要通过充电恢复能量。

7.3.3 飞轮电池的结构

飞轮电池是一种典型的机电一体化装置,分为飞轮电池本体和电力电子装置两部分。飞轮电池的结构如图 7.15 所示。

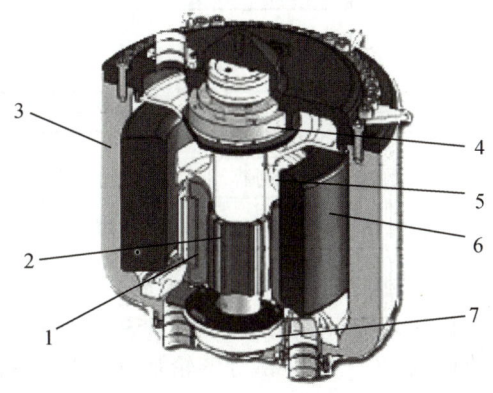

【拓展图文】

1—电机定子;2—电机转子;3—飞轮机架;4,7—磁悬浮轴承;5—真空容器;6—飞轮。

图 7.15 飞轮电池的结构

1. 飞轮电池本体

飞轮电池本体包括飞轮、电机、真空容器、磁悬浮轴承等。

(1) 飞轮。飞轮是飞轮电池的核心部件,直接决定整个储能装置的容量。飞轮工作时的转速很高(40000～50000r/min),因为由金属制成的飞轮无法承受如此高的转速,所以飞轮一般由超强玻璃纤维或碳纤维材料制成,在满足强度要求的同时可减小飞轮电池的质量。

飞轮的形状有单层圆柱状、多层圆柱状、纺锤状、伞状、实心圆盘状、带状、轮辐状等多种。

(2) 电机。电机可在电动机和发电机两种状态下工作,以完成飞轮电池的充电(储存机械能量）过程和放电（释放机械能量）过程。为减小结构尺寸和降低功耗，通常采用永磁同步交流电机。为提高电机的效率，国内外许多研究机构持续研究与开发电机的电枢及磁极的结构和材料等。

（3）真空容器。高速旋转的飞轮使空气形成强涡流，造成极大的空气阻力，飞轮电池需要在真空环境下运转。真空容器为飞轮提供了一个真空环境，其真空度会影响飞轮电池的效率。

（4）磁悬浮轴承。飞轮电池通常采用非接触式磁悬浮轴承，以减小飞轮的运转阻力，提高飞轮电池的能量储存效率。磁悬浮轴承有电磁悬浮轴承、永磁悬浮轴承、超导磁悬浮轴承等，普通机械轴承也可应用于飞轮电池。一些飞轮电池采用两种轴承组合的方式（如超导磁悬浮轴承与永磁悬浮轴承组合、永磁悬浮轴承与机械轴承组合等），以在减小飞轮运转阻力的同时保证系统稳定。

2. 电力电子装置

电力电子装置是实现飞轮电池电能输入、输出的控制装置，由整流电路、逆变电路、DC/DC 电源变换器及稳压电路等组成。电力电子装置的工作原理如图 7.16 所示。

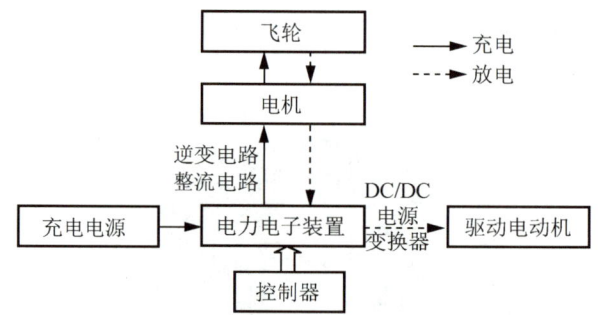

图 7.16　电力电子装置的工作原理

（1）电力电子装置充电时的电能输入过程。充电时，控制器控制电力电子装置输入电路工作，先由整流电路对充电电源输入的交流电进行整流，再通过 DC/DC 电源变换器转换为三相交流电，驱动电动机转动。电机带动飞轮加速运转，将电能转换为飞轮旋转的动能。

（2）电力电子装置放电时的电能输出过程。放电时，控制器控制电力电子装置输出电路工作，使高速旋转的飞轮带动电机发出交流电，经整流电路整流后，再通过 DC/DC 电源变换器转换为飞轮电池的输出电压并输送给电动机驱动器，使驱动电动机转动。

7.3.4　飞轮电池的技术现状

现代飞轮电池由高抗拉强度的复合材料制成，以承受飞轮高速旋转产生的离心力。研究与开发高效电机、极低摩擦因数的接触轴承或非接触式磁悬浮轴承，以将飞轮电池本体的能量储存效率提高到 85% 以上。

1. 飞轮电池本体

美国马里兰大学研究成功储存能量为 20kW·h 的多层圆柱状飞轮，飞轮材料为碳纤维-环氧树脂复合材料；飞轮外径为 0.564m，内径为 0.25m，厚度为 0.553m，质量为

172.8kg，最高转速为 46345r/min。

美国劳伦斯利弗莫尔国家实验室（lawrence livermore national laboratory，LLNL）开发的超高速飞轮转子直径为 20cm，高度为 30cm，最高转速为 60000r/min，储存能量为 1kW·h，最大输出功率为 100kW。

美国休斯敦大学的得克萨斯州超导中心致力于开发纺锤形飞轮，这种以等应力设计的飞轮形状系数接近或等于 1，采用玻璃纤维复合材料，质量为 19kg，飞轮外径为 30.48cm，储存能量为 1kW·h。

美国 Satcon 公司致力于开发伞形飞轮，这种结构有利于电机的布置，对系统的稳定性有利，并且转动惯量大、节省材料、轮毂强度设计合理。

伊朗 Shiraz 大学研制成功一种带式可变惯量的飞轮，采用这种结构形式的目的是提高储能效率和系统的稳定性。

2. 轴承

美国阿贡国家实验室与爱迪生电力公司合作进行了超导磁力轴承的飞轮储能实验，在飞轮转子质量为 0.32kg 的情况下，超导磁力轴承的摩擦因数仅为 3×10^{-7}，创造了世界纪录。

美国马里兰大学长期从事电磁悬浮储能飞轮的研发，采用差动平衡磁轴承，研制出储存能量为 20kW·h 的飞轮，储能效率达 81%。

美国休斯敦大学设计的质量为 19kg 的飞轮采用超导磁轴承与永磁轴承混合支承方式，永磁轴承提供磁浮力，超导磁轴承用于消除系统固有的磁-磁不稳定影响。试验表明，在真空 0.93Pa 下，这种混合支承方式使飞轮每小时功耗小于 5%。

美国华盛顿大学研制的永磁轴承与宝石支承结合的混合支承飞轮储存能量达 1kW·h。永磁轴承作为上支承，降低下支承的摩擦功耗；宝石轴承作为下支承，同时引入径向电磁支承作为振动的主动控制，以保证系统的稳定性。

3. 电机

飞轮电池采用电动/发电双向电机，要求其结构紧凑、能量转换效率高。由于永磁同步电机具有效率高、转矩惯量比高、质量比能量高等特点，因此国内外研发的飞轮电池通常采用永磁同步电机。电机的能量转换效率与电枢直流电阻、涡流电流、磁滞损耗等有关，为减少电机的功耗，无铁定子得到了广泛应用，转子则选用钕铁硼永磁铁。

美国马里兰大学设计了磁芯叠片、磁铁材料和磁芯缠绕，使电机效率达 94%。电机的电枢绕组采用三相三角形连接方式，每相都具有 1/3 极距的交叠；电枢的叠层材料选用起始磁导率高、磁导率最大、滞后损失最小的镍铁钼合金，每片都由激光切割而成并用硅石涂层绝缘，定子钕铁硼表面磁感应强度可达 3.2kT。

美国劳伦斯利弗莫尔实验室采用永磁钕铁硼棒料特殊排列构成定子，产生一个旋转偶极区，转子多相缠绕电感低，定子铜损耗可通过冷却控制。

4. 输入/输出电路

电力电子装置由控制电能输入与输出的输入/输出电路构成，飞轮电池通过输入/输出电路实现电能的输入（充电）和输出（放电）。输入/输出电路对飞轮电池的性能有重要影响。

5. 真空容器

真空容器的主要作用是为飞轮系统提供真空环境,以降低风阻损失,同时避免飞轮可能出现的意外事故。真空容器的真空度是影响飞轮电池效率的决定性因素,一般可达 10^{-5} Pa。

7.3.5 飞轮电池的优缺点与应用

【拓展视频】

1. 飞轮电池的优缺点

(1) 飞轮电池的优点。

飞轮电池具有如下优点。

① 质量比能量和质量比功率高。飞轮电池的质量比能量为 $100\sim200$ (W·h)/kg,质量比功率为 $5000\sim10000$ W/kg。

② 能量转换效率高、充电快。飞轮电池工作时的能量损失很小,其能量转换效率高达 90%。由于飞轮电池无最大充电电流的限制,其充电速率取决于飞轮的角加速度,因此充电很快。

③ 体积小、质量轻。飞轮由碳纤维材料制成,飞轮的直径一般不大,与化学电池和燃料电池相比,飞轮电池体积小、质量轻。

④ 工作温度范围大。飞轮电池对环境温度没有严格限制。

⑤ 使用寿命长。飞轮电池无重复深度放电影响,其循环充放电次数可达数百万次,预期使用寿命超过 20 年。

⑥ 维护周期长。飞轮电池采用磁悬浮轴承,飞轮在真空环境下运转,机械损耗极小,因此维护周期长。

【拓展图文】

(2) 飞轮电池的缺点。

飞轮电池具有如下缺点。

① 由于飞轮电池的质量比能量较低,因此飞轮电池不能替代蓄电池成为电动汽车的主要储能装置。

② 由于飞轮电池靠高速旋转的飞轮储存能量,当飞轮出现破裂等意外时,其释放能量的方式不可控,因此带来了安全问题。

③ 与蓄电池相比,飞轮储能技术不够成熟。

④ 飞轮电池的成本较高,影响了其市场竞争力。

2. 飞轮电池在电动汽车上的应用

飞轮电池特别适合用作电动汽车的辅助储能装置,在汽车起步、加速、爬坡等工况下协助蓄电池供电,可提高电动汽车的动力性,并延长蓄电池的使用寿命。当汽车制动时,飞轮电池可很好地回收制动能量。

7.3.6 飞轮电池的关键技术

飞轮电池的研究涉及电子、力学、机械、材料等学科。飞轮电池的关键技术如下。

1. 飞轮的结构与制造工艺

突破飞轮的储能密度极限是提高飞轮电池质量比能量的关键。提高飞轮极限质量比能量可从如下三个方面着手。

(1) 采用更高比强度的合金和复合材料。
(2) 对转子形状结构进行优化，以获得更大的飞轮结构形状系数。
(3) 改善飞轮材料的应力分布，以提高材料的利用系数。

2. 飞轮的轴承支承技术

飞轮的轴承也是制约飞轮储能技术发展的关键因素。由于储能飞轮的质量、转动惯量较大，在超高速旋转状态下的陀螺效应明显，且存在过临界问题，属于典型的频变系统，因而对轴承的要求较高。无论采用哪种轴承，均需解决转子-支承动力学、陀螺效应和功耗的影响。

3. 高速转子动力学技术

高速转动的飞轮要实现动平衡及稳定，就必须解决飞轮的陀螺效应问题。在汽车行驶过程中，汽车上的飞轮电池因飞轮轴方位的改变而发生陀螺效应时，飞轮在旋转过程中产生附加的陀螺力矩，对轴承等机械零件造成过大的附加压力，从而使零件受损。此外，陀螺效应可能是使系统振动的振源。因此，减小陀螺效应的影响是飞轮电池发展需要解决的问题。

4. 电机及能量转换技术

因为提高飞轮的旋转速度是提高飞轮电池质量比能量的有效手段，所以要求电机的运转速度高且功耗小。设计出更高速的电机、更高效的电机控制系统，使电机在高速下运转，且功耗低、充放电效率高是飞轮电池发展需要解决的问题。

5. 真空密封技术

高速旋转的飞轮必须在真空中运转，其真空度只有达到 $0.01\sim0.1Pa$ 才能使飞轮高速旋转时的损耗最小。实现高真空度不难，但要保持高真空度很难。因此，保持真空容器的高真空度、解决真空容器各部件的放气问题是飞轮电池发展的技术难题。

小　　结

本章主要介绍了超级电容及飞轮电池的基本组成，充、放电原理，类型，使读者深入了解超级电容及飞轮电池的储能机理；介绍了超级电容和飞轮电池的性能特点，使读者理解两种辅助储能装置在电动汽车上的应用与优势，为今后在研究与开发电动汽车的过程中合理选用辅助储能装置打好基础。

思考题

1. 蓄电池的性能特点是什么？用作电动汽车的动力电池时，蓄电池有哪些缺点？
2. 超级电容是如何储存能量的？为什么超级电容储存的电量比普通电容器多？
3. 超级电容的充、放电过程分别与蓄电池的有什么不同？
4. 超级电容的基本组成有哪些？

5. 按不同的分类方法，超级电容分为哪几种？
6. 什么是混合型超级电容？具有什么特点？
7. 超级电容具有哪些性能特点？在电动汽车上有什么应用？
8. 什么是飞轮电池？飞轮电池储存的能量取决于哪些因素？
9. 飞轮电池的基本组成有哪些？分别起什么作用？
10. 飞轮电池是如何实现充电和放电的？
11. 飞轮通常由什么材料制成？常见的结构形式有哪些？
12. 飞轮电池中的电机通常选用哪种类型？对电机有哪些要求？
13. 在飞轮电池中使用的轴承有哪几种？为什么有的飞轮电池采用不同轴承混合支撑方式？
14. 电力电子装置通常有哪些功能电路？如何完成电能的输入与输出？
15. 飞轮电池具有哪些性能特点？在电动汽车上有什么应用？
16. 飞轮电池的进一步发展还要突破哪些关键技术？

第 8 章
蓄电池的使用

教学目标

了解蓄电池的基本充电方法及常用的快速充电方法；
理解蓄电池充电可接受电流与快速充电原理；
掌握蓄电池性能测试的内容及测试方法；
熟悉蓄电池管理系统的作用及基本组成；
了解蓄电池管理子系统的作用、构成及工作原理。

教学要求

知识要点	能力要求	相关知识
蓄电池的基本充电方法、快速充电方法及其原理	了解蓄电池的基本充电方法、特点及快速充电方法，理解蓄电池的快速充电原理	蓄电池的充、放电原理，充电可接受电流
蓄电池的性能与状态参数、蓄电池的性能检测方法	掌握蓄电池的性能与状态检测方法	蓄电池的充、放电特性，直流电阻，交流阻抗
蓄电池管理系统的作用、基本组成、硬件构成	理解对蓄电池管理的必要性；了解蓄电池管理系统的作用、基本组成与硬件构成	信号采集，温度传感器，单片机与接口技术

8.1 蓄电池的充电

8.1.1 蓄电池的基本充电方法

蓄电池通过充电将充电电源的电能转换为电池电极的化学能。蓄电池的基本充电方法有定流充电和定压充电，在实际充电过程中，可能将不同的充电方法分段组合使用。

1. 定流充电

定流充电是指在充电过程中使充电电流保持恒定的充电方法，这种充电方法需要适时提高充电电压，以使充电电流保持恒定。 蓄电池定流充电的特性曲线如图 8.1 所示。

【拓展视频】

【拓展图文】

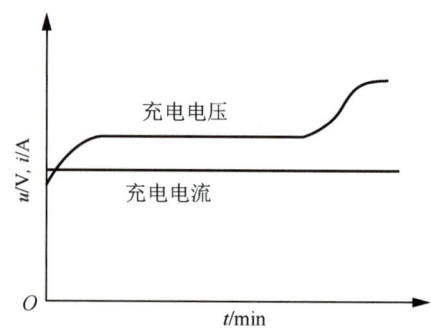

图 8.1　蓄电池定流充电的特性曲线

由于蓄电池可接受的充电电流随着蓄电池充电程度的提高而减小，因此应在蓄电池充电后期适当减小充电电流。

定流充电的电流取决于蓄电池的容量，蓄电池容量大，充电电流也大。充电电流过大易造成过充电（在定流充电过程中，充电电流超过蓄电池的充电可接受电流）；充电电流过小会延长蓄电池的充电时间。**串联进行定流充电的各单体电池的容量应一致。**

定流充电的优点是能够使蓄电池充足电，利于延长蓄电池的使用寿命；缺点是充电时间较长。

2. 定压充电

定压充电是指在充电过程中充电电压保持恒定的充电方法。由于充电电压为定值，因此在充电过程中，充电电流随着蓄电池电动势的升高而减小。 蓄电池定压充电的特性曲线如图 8.2 所示。

定压充电时，充电电压的选择很重要，适当的充电电压可使蓄电池在即将充足电时的充电电流趋于零；充电电压过高易造成充电初期充电电流过大和过充电；充电电压过低会使蓄电池充电不足。在定压充电初期，蓄电池的电动势较低，为避免充电电流过大而对蓄电池造成不利影响，通常采用较低的电压充电，待蓄电池的电动势上升后，再以规定的电压进行定压充电。

定压充电的优点是充电时间较短；缺点是不易使蓄电池充足电，充电初期的大电流充

【拓展图文】

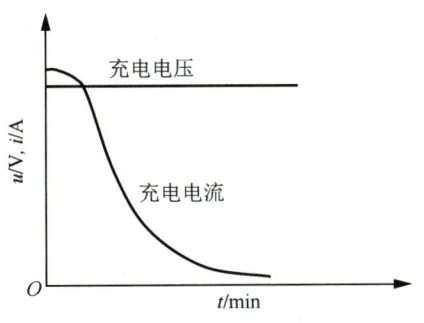

图 8.2　蓄电池定压充电的特性曲线

电对蓄电池的使用寿命有不利影响。

8.1.2　蓄电池充电可接受电流与快速充电

1. 蓄电池充电可接受电流

蓄电池充电可接受电流是指蓄电池在充电过程中所能接受的最大充电电流，若超过此电流，则不但不能提高充电速率，而且会对蓄电池造成损害。

下面以铅酸蓄电池为例，说明充电可接受电流的含义。铅酸蓄电池的充电可接受电流是指电解液在只产生微量析气的前提下所能接受的最大充电电流。1967 年麦斯（Mas）经过大量试验提出蓄电池充电可接受电流定律：

$$I = I_0 e^{-at}$$

式中，I 为在充电过程中某时刻蓄电池的充电可接受电流（A）；I_0 为开始充电时蓄电池的充电可接受电流（A）；a 为充电可接受电流衰减常数；t 为充电时间（min）。

根据蓄电池充电可接受电流定律绘制的蓄电池可接受电流曲线如图 8.3 所示。

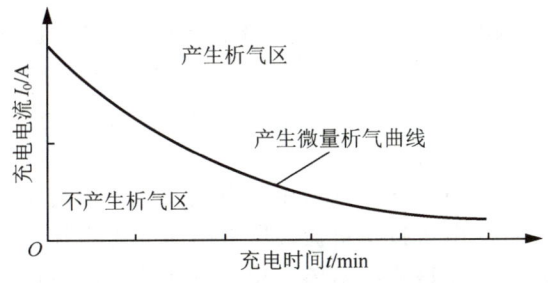

图 8.3　蓄电池充电可接受电流曲线

从图 8.3 可知，在充电过程中，铅酸蓄电池的充电可接受电流呈指数规律减小。在充电过程中，只要充电电流大于当时的充电可接受电流，就有部分充电电流与正、负极正常的充电电化学反应毫无关系，并促使电极发生析气反应。因此，在充电过程中，如果充电电流超过充电可接受电流，就如同充足电后继续充电，蓄电池将处于过充电状态。

2. 蓄电池快速充电

为满足电动汽车的使用要求，人们一直研究快速充电的方法。**具有实际意义的蓄电池**

【拓展图文】

快速充电不仅要缩短充电时间，还要避免充电电流过大。 由于蓄电池充电过程中的充电可接受电流是变化的，因此，缩短蓄电池充电时间的有效方法是在充电过程中，使充电电流尽可能接近充电可接受电流。

蓄电池快速充电方法有脉冲快速充电、分段定流快速充电、变电流间歇快速充电、变电压间歇快速充电等，这些充电方法主要针对铅酸蓄电池，但也对其他蓄电池有借鉴作用。

（1）脉冲快速充电。

脉冲快速充电的原理是利用铅酸蓄电池充电初期可接受大电流的特点，采用（0.8～1）C_{20}的大电流对铅酸蓄电池进行定流充电，使铅酸蓄电池在短时间内充入约60%的容量；当单体电池电压达到2.4V、电解液开始冒气泡时，通过脉冲充电方法消除极化，以提高充电效率。脉冲快速充电电流曲线如图8.4所示。

【拓展图文】

【拓展视频】

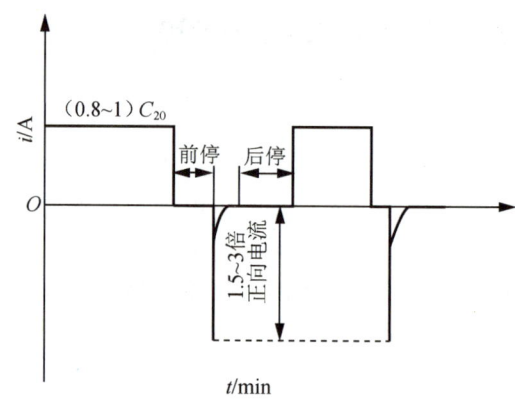

图8.4　脉冲快速充电电流曲线

脉冲快速充电的控制方法如下：先停止充电约25ms再反充电，反充电的脉宽为150～1000μs，脉幅为1.5～3倍正向电流，停止充电25ms，然后正充电，周而复始。

脉冲快速充电不仅可缩短充电时间，还可减小或消除充电过程中的极化（欧姆极化、浓差极化和电化学极化），提高充电效率；缺点是不能使铅酸蓄电池充足电，而且对铅酸蓄电池的使用寿命有不利影响。

（2）分段定流快速充电。

分段定流快速充电电流曲线如图8.5所示。分段定流快速充电的原理是先以较大的恒定电流充电，当充电至接近充电可接受电流极限时减小充电电流，并以该恒定电流充电一段时间后，减小充电电流，再以该充电电流充电，直到将铅酸蓄电池充足电。

采用分段定流快速充电的目的是使铅酸蓄电池在充电过程中的充电电流尽可能接近铅酸蓄电池的充电可接受电流。分段定流快速充电的关键是确定各阶段的电流和充电时间。若某阶段的电流过大或充电时间过长，则易使该阶段后期的充电电流大于充电可接受电流，导致电池温升加剧、充电效率和循环寿命下降；若某阶段的充电电流太小或该阶段定流充电过程过早结束，则易使该阶段的充电电流与充电可接受电流相差太大（充电电流过小），导致充电时间过长。

由于铅酸蓄电池的充电可接受电流曲线是未知的，即使通过实验方法获得某型号电池的充电可接受电流曲线，该曲线对其他类型的蓄电池或该电池在不同初始状态下的充电也

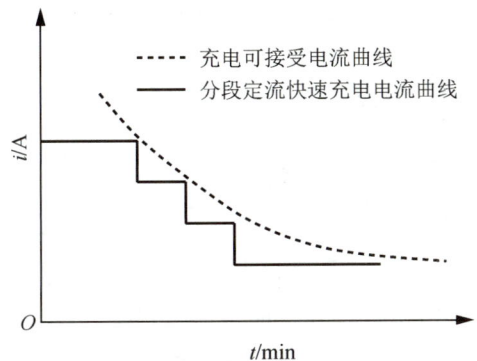

图 8.5　分段定流快速充电电流曲线

不具有实际意义。因此，对某型号的蓄电池来说，确定最佳各段充电电流和各段恒流充电时间十分困难。为实现较理想的阶梯形充电电流曲线，有人尝试用充电时间、电池温度和充电终止电压三个参数作为分段定流充电终止的判断依据。

通过试验分析可以看出，这3个分段定流充电终止判断参数不合适。

① 很难确定各恒流段适宜的充电时间。当定流充电开始时的电池荷电状态不同或电池因容量衰减而使其充电可接受电流减小时，最适宜的定流充电时间改变。

② 电池温度与电池充电程度不具有一一对应关系。过充电会使电池温度异常，但电池温度与充电程度不呈简单的线性关系。因此，用温度作为分段定流充电终止判断参数不合适。

③ 充电终止电压对异常情况的自适应性较差。设置不同定流值下的充电终止电压的控制方法较简单，但当电池性能异常变化时，原来设定的充电终止电压控制参数可能过高或过低，导致电池过充电或过早减小充电电流而延长充电时间。此外，由于定流充电阶段不同，电池内部的充电极化程度不同，因此接近充电可接受电流极限时的充电电压上升速率有明显差别，很难准确地设置各定流充电状态下的充电终止电压。

常用分段定流快速充电的控制方法如下。

① 用容量梯度法确定各段定流充电终止。以容量梯度 dU/dC 为定流充电终止的判断标准，即以该型电池各定流快速充电特性曲线确定充电终止的容量梯度，在充电过程中控制器以设定的频率对充电电压进行采样，计算该阶段定流下的容量梯度，并将其与设定的充电终止容量梯度标准比较，根据比较结果作出是否终止当前定流快速充电的判断。

② 减小各段定流值下降梯度。通过试验确定该电池的初始定流值，并减小定流快速充电的电流减小幅度。如果减小充电电流后达到充电终止容量梯度的时间很短（设定一个最小充电时间），就适当增大电流减小的幅度。

③ 温度用作充电安全保障控制参数。设置最高温度限定值并作为蓄电池安全保障控制参数。如果铅酸蓄电池在充电过程中的温度达到最高温度限定值，就立即停止充电；如果电池温度降低至正常温度，就适当减小充电电流继续充电，直到该段定流充电结束。

分段定流快速充电方法控制难度大，实际应用较少。

（3）变电流间歇快速充电。

变电流间歇快速充电建立在脉冲快速充电和分段定流快速充电的基础上。变电流间歇快速充电曲线如图8.6所示。

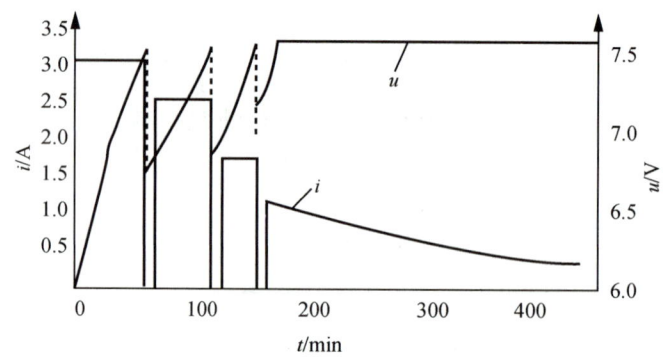

图 8.6　变电流间歇快速充电曲线

采用变电流间歇充电方法,在充电前期采用分段定流加间歇充电的方式进行大电流充电,使铅酸蓄电池在短时间内获得绝大部分充电量。在充电后期采用定压充电方法,并通过小电流的过充电保证蓄电池充足电。在定流充电各段之间设置间歇停止充电段,以使铅酸蓄电池在充电过程中的浓差极化和欧姆极化自然消失,降低铅酸蓄电池的充电电压,使下一阶段的充电顺利进行,并提高充电效率。

(4) 变电压间歇快速充电。

变电压间歇快速充电曲线如图 8.7 所示。变电压间歇快速充电与变电流间歇快速充电的不同之处在于,在第一个阶段不采用间歇定流充电,而采用间歇定压充电。

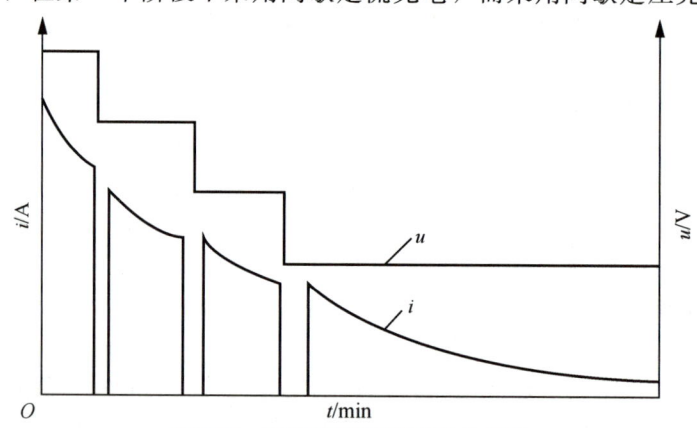

图 8.7　变电压间歇快速充电曲线

与分段定流快速充电相比,变电压间歇快速充电在每个定压充电阶段的充电电流都是呈指数规律减小的,更符合铅酸蓄电池随着充电的进行充电可接受电流逐渐减小的特点。如果各段充电电压适当,变电压间歇快速充电就可使整个充电过程的充电电流更接近铅酸蓄电池的充电可接受电流,从而有效缩短充电时间。

8.1.3　蓄电池组的不一致性与均衡充电

1. 蓄电池组的不一致性及其影响

(1) 蓄电池组的不一致性。

蓄电池组的不一致性是指虽然蓄电池组中的各单体电池型号和规格相同,但电压、内

阻及容量等存在差别。产生这种差别的原因有两个：一是在制造过程中存在工艺和材料均匀性问题，使得出厂的相同批次相同型号单体电池的容量、内阻等不完全一致；二是在电池装车使用后，由于单体电池的电解液密度、温度、通风条件等有差别，因此加剧了蓄电池组的不一致性。

【拓展视频】

(2) 蓄电池组不一致性的影响。

理论分析和大量试验表明，如果蓄电池组中的各单体电池存在不一致性，则其中性能较差（电压低、内阻大、容量低）的单体电池在使用过程中更易过充电和过放电，从而使蓄电池组在使用过程中不可避免地陷入单体电池性能差异扩大的恶性循环，不仅缩短了蓄电池组的使用寿命，而且因蓄电池组的内阻增大和有效活性物质减少而使蓄电池组充放电能量转换效率及输出功率降低，并导致电动汽车的动力性能下降。

【拓展视频】

2. 蓄电池组的均衡充电

蓄电池组的均衡充电是指采用适当的充电方法，使蓄电池组中各单体电池的性能趋于一致，以提高蓄电池组的使用性能并延长其使用寿命。

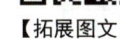
【拓展图文】

蓄电池组的均衡充电方法有如下三类。

(1) 蓄电池组电压平衡法。

蓄电池组电压平衡法的原理是以各单体电池的电压参数为均衡对象，通过均衡充电使各单体电池的电压恢复一致。

蓄电池组电压平衡法的充电原理如图 8.8 所示。均衡充电时，电容通过控制开关交替与相邻两个单体电池连接，接受电压高的单体电池的充电，并向电压低的单体电池放电，直到两个单体电池的电压趋于一致。

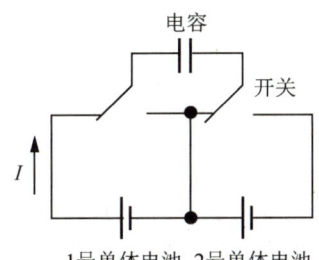
(a) 电压高的单体电池对电容充电

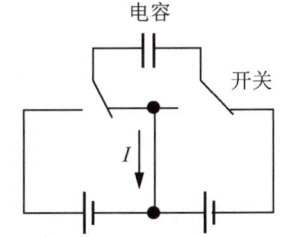
(b) 电容对电压低的单体电池充电

图 8.8 蓄电池组电压平衡法的充电原理

蓄电池组电压平衡法解决了蓄电池组电压不平衡的问题，但大量试验表明，蓄电池组的性能不能只用电压衡量。在蓄电池组中，容量低的单体电池在充电时或充电后的端电压可能比其他单体电池高。如果采用蓄电池组电压平衡方法，那么结果是容量低的单体电池给容量高的单体电池补充能量，反而增大蓄电池组中各单体电池容量的差异。

(2) 蓄电池组荷电状态平衡法。

蓄电池组荷电状态平衡法是以各单体电池的荷电状态参数为平衡对象，即当蓄电池组中各单体电池的荷电状态不一致时，通过该方法使其平衡。

图 8.9 所示为蓄电池组荷电状态平衡法的充电原理。在蓄电池组正常充电后，启动均

衡充电。均衡充电模块逐个选通蓄电池组中需要均衡充电的单体电池进行均衡充电，直到各单体电池的荷电状态相同。

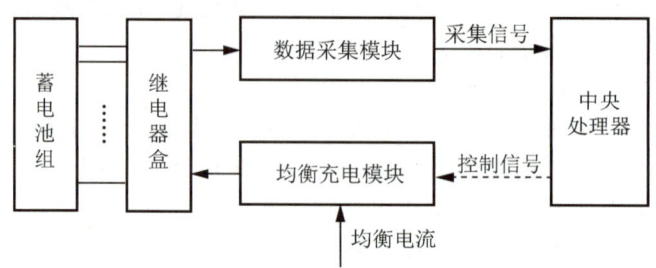

图 8.9　蓄电池组荷电状态平衡法的充电原理

理论分析和大量试验表明，蓄电池组正常充电终止后，需要采用蓄电池组荷电状态平衡法提高荷电状态的往往是蓄电池组中容量较大的单体电池。因此，这种方法只能避免蓄电池组中容量较大的单体电池因长期充电不足而性能下降的问题，而不能减小或消除各单体电池实际容量的差距。

（3）蓄电池组容量平衡法。

蓄电池组容量平衡法以各单体电池的实际容量趋于一致为均衡目的。例如，铅酸蓄电池组容量平衡法（也称过充电法）的原理是在正常充电后，继续以小电流为蓄电池组充电，直到正、负极上产生剧烈气泡。这是一种具有实际意义的均衡充电法，已应用于一些充电设备。

还需深入研究蓄电池组容量平衡法的如下问题：不同类型的蓄电池组采用哪种充电方法使各单体电池的容量趋于一致；其均衡充电控制（如均衡充电启动、电流值、充电终止等）如何实现最优和智能化。

3. 蓄电池组均衡充电的启动方式

在一些具有均衡充电功能的充电设备上，蓄电池组均衡充电的启动方式有人工选择和智能化控制两种。

（1）人工选择。在充电设备的控制面板上设有"正常充电"控制键和"均衡充电"控制键，操作人员根据需要选择充电方式。人工选择均衡充电的方式有两种：一是在蓄电池组开始充电时选择均衡充电，正常充电后，自动转入均衡充电模式；二是在蓄电池组开始充电时选择正常充电，正常充电后，选择均衡充电模式。

（2）智能化控制。一些充电装置具有智能化启动均衡充电功能。充电装置实时监测充电的蓄电池组，正常充电后，如果蓄电池组达到了需要均衡充电的程度，控制器就自动启动均衡充电模式，对蓄电池组进行均衡充电，以减小蓄电池组的不一致性。

8.1.4　蓄电池的浮充电

1. 蓄电池浮充电的作用

蓄电池的浮充电实际上是一种连续长时间的定压充电方法，即蓄电池充足电后以小电流继续充电。 浮充电时的小电流不是人为设定的，而是在电压设定为浮充电电压后自动形成的。由于蓄电池充足电后的电动势较高，因此浮充电电流较小。

浮充电的作用如下。

（1）保持蓄电池的电压处于浮充电电压范围内。当蓄电池的电压处于浮充电电压范围内时，其板栅（极板的导电骨架）腐蚀最慢，可延长蓄电池的使用寿命。

（2）补充蓄电池自放电造成的容量损失。当蓄电池处于浮充电状态时，可随时补充蓄电池自放电损失的电量，使蓄电池电量充足。

（3）有效防止极板硫化。对于铅酸蓄电池来说，浮充电使蓄电池保持在充足电状态，极板上不会长时间存在$PbSO_4$，避免了$PbSO_4$再结晶（硫化），从而延长蓄电池的使用寿命。

（4）可使蓄电池充足电。由于浮充电电压比蓄电池的静态电动势高，因此在充电后期充电电压达到充电终止电压但蓄电池尚未充足电时，采用浮充电可继续保持小电流充电，使蓄电池充足电。

2. 蓄电池浮充电的工作方式

蓄电池的浮充电时间没有限制，只需电压处于浮充电电压范围内即可。根据工作方式的不同，蓄电池浮充电工作方式分为半浮充工作方式和全浮充工作方式两种。

（1）半浮充工作方式。半浮充工作方式是指部分时间采用浮充供电、部分时间采用蓄电池供电的浮充工作方式，即负载较小时采用浮充供电方式；负载较大时蓄电池单独供电。半浮充工作方式也称定期浮充工作方式，可避免重载下充电电源承受过大的负载电流。

（2）全浮充工作方式。全浮充工作方式是指全部时间均采用浮充供电，即一直采用充电电源与蓄电池并联浮充供电。全浮充工作方式也称连续浮充工作方式，一些负载电流不大的不间断电源通常采用这种方式。

8.2 蓄电池性能与状态测试

8.2.1 蓄电池性能检测的相关标准

1. 动力电池的国家标准

为了适应蓄电池研发、制造和使用的需要，我国颁布了 GB/T 32620.1—2016《电动道路车辆用铅酸蓄电池 第 1 部分：技术条件》、GB 38031—2020《电动汽车用动力蓄电池安全要求》等标准，其对常见的三种蓄电池性能指标作出了明确规定。

例如，GB 38031—2020《电动汽车用动力蓄电池安全要求》主要规定了 20℃放电容量、−18℃放电容量、50℃放电容量、20℃时高倍放电容量、荷电保持与恢复能力、储存性能、循环寿命、耐振动性能和安全性（指出现漏液、放气、爆炸、起火和产生明显形变等异常现象）等性能指标；GB/T 32620.1—2016《电动道路车辆用铅酸蓄电池 第 1 部分：技术条件》规定的性能指标主要有 3h 额定容量、耐过充电能力、安全性（出现漏液、外壳破裂等异常现象）、密封反应效率（仅适用于阀控密封式蓄电池）、水损耗（仅适用于免维护蓄电池）、荷电保持能力、循环耐久能力、动态耐久能力、耐振动能力和储存性能（仅适用于干荷电蓄电池）等。2025 年我国颁布了 GB 38031—2025《电动汽车用动力蓄电池安全要求》,并在 2026 年 7 月 1 日起执行,该标准对动力电池安全性指示作出了修改和补充。

蓄电池类型不同,性能指标及检测的方法均不尽相同,有的性能参数可使用通用的检测设备测量,有的则需要专用的设备。

2. 动力电池的行业标准

国家发展和改革委员会在 2006 年颁布了动力电池的相关行业标准 QC/T 742—2006《电动汽车用铅酸蓄电池》、QC/T 743—2006《电动汽车用锂离子蓄电池》(已废止)、QC/T 744—2006《电动汽车用金属氢化物镍蓄电池》。

以上 3 个行业标准对电动汽车用蓄电池的要求、试验方法、检验规则、标志、运输和储存等作出了规定;并指出能量型蓄电池和功率型蓄电池的差别,尤其强调蓄电池安全性测试的要求。安全性测试内容包括过放电试验、过充电试验、短路试验、跌落试验、加热试验、挤压试验、针刺试验等。动力电池的相关行业标准将根据 GB 38031—2025《电动汽车用动力蓄电池安全要求》修改和补充。

8.2.2 蓄电池充、放电性能测试

【拓展视频】

1. 蓄电池充电性能测试

蓄电池充电性能测试主要包括充电可接受电流、最高充电电压、充电效率、耐过充电能力等的测试。蓄电池充电性能测试对电源及测试电路的要求如下:充电电源的充电电压和充电电流可调,可自动记录充电过程的电压、电流及充电时间,以获取所需的蓄电池充电性能参数。

【拓展视频】

(1) 充电可接受电流测试。

蓄电池在不同荷电状态下的充电可接受电流参数对确定蓄电池快速充电最佳方案十分重要,但在实际测试过程中获取准确的蓄电池充电可接受电流参数较困难。对铅酸蓄电池而言,可以用定流充电至电解液开始冒气泡的时间大致确定充电可接受电流值,具体方法如下:定流充电至电解液开始冒气泡的时间越短,该充电电流越接近充电可接受电流;如果蓄电池充电很长时间电解液才开始冒气泡,则该充电电流小于充电可接受电流;如果蓄电池充电极短时间电解液就开始冒气泡,则该充电电流大于充电可接受电流。

蓄电池在不同荷电状态下的充电可接受电流大,表明蓄电池接受快速充电的能力强,蓄电池在使用过程中不易过充电。

(2) 最高充电电压测试。

最高充电电压是衡量蓄电池充电性能的重要参数。一般在充电后期使用电压表测得蓄电池在不同充电电流下的最高充电电压。蓄电池的最高充电电压高,说明蓄电池在充电过程中的极化现象(欧姆极化、浓差极化、电化学极化等)较严重,充电效率低。

(3) 充电效率测试。

充电效率是衡量蓄电池充电性能的重要指标,指蓄电池被充入的电量(还原为蓄电池的化学能)与充电过程充电电源消耗的电量之比。蓄电池充入的电量通常用其释放的电量度量,而充电电源消耗的电量可通过充电过程的充电电流和时间的累计得到。

充电电流、充电方法、充电时的环境温度等均影响蓄电池的充电效率,蓄电池的充

可接受电流也影响充电效率。一般而言,蓄电池在充电初期的充电效率较高;在充电后期因充电极化较严重而使充电效率较低。

(4) 耐过充电能力测试。

耐过充电能力是指蓄电池在非正常充电状态下保持良好状态的能力,是蓄电池充电性能的重要指标。蓄电池类型不同,耐过充电能力的评价标准和测试方法不同。

2. 蓄电池放电性能测试

蓄电池放电性能因放电方式的不同而不同。放电电流越大,蓄电池放电过程的端电压及放电终止电压越低,蓄电池释放的电量越低。此外,环境温度也会影响蓄电池的放电性能。通常用定电流放电法测试蓄电池的放电性能。

(1) 定电流放电法。

采用定电流放电法测试蓄电池的放电性能时,需要一个能人工调节放电电流且在放电过程中自动控制恒流放电的放电器。在测试过程中,自动或人工记录蓄电池的放电电流、端电压及放电时间,以获得蓄电池放电性能的评价数据。蓄电池定电流放电性能测试电路如图 8.10 所示。

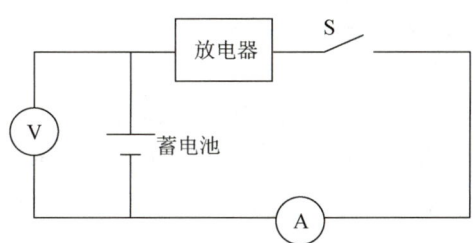

图 8.10 蓄电池定电流放电性能测试电路

除了放电电流影响蓄电池的放电性能,环境温度也对蓄电池的放电性能有较大影响。因此,在蓄电池放电性能测试中,不仅要记录放电电压和放电时间,还要记录放电电流和环境温度。

(2) 蓄电池放电性能的评价方法。

图 8.11 所示为蓄电池的定电流放电特性曲线。从图中可知,蓄电池的放电电流大,其端电压及放电终止电压较低;环境温度低,蓄电池的端电压及容量较低。

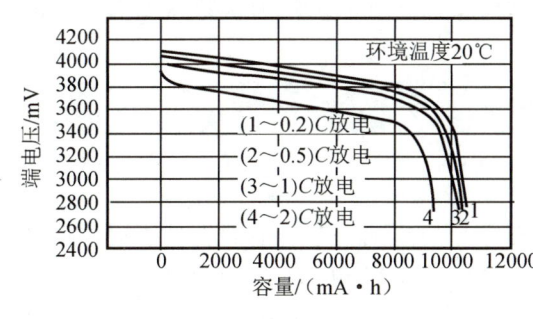
(a) 不同电流下的放电特性曲线

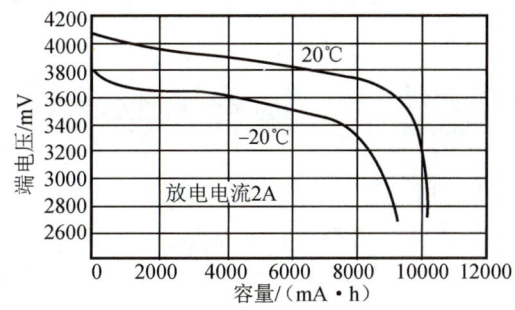
(b) 不同环境温度下的放电特性曲线

图 8.11 蓄电池的定电流放电特性曲线

图 8.11 反映了蓄电池整个放电过程的电压变化，蓄电池的端电压通常用中点电压表示，而中点电压取决于蓄电池允许放电的中点时刻的放电电压。

蓄电池的放电特性还可用电压特性反映。所谓电压特性是指蓄电池放电至标称电压下的时间与蓄电池总放电时间的比值。蓄电池具有良好的电压特性，说明其输出功率较高，而正常工作电压下的时间相对较长有利于蓄电池容量的充分发挥。

8.2.3　蓄电池容量测定

蓄电池的理论容量是指极板活性物质全部参加电化学反应释放的电量，但蓄电池工作时实际释放部分电量。蓄电池的实际容量与放电电流和放电时的温度有关。蓄电池的额定容量是指在规定的放电电流和温度下释放的电量。

蓄电池容量通常用定电流放电法测定，也可用定电阻法测定。

1. 定电流放电法测定容量

定电流放电法测定容量如同蓄电池的定电流放电性能测试，其测试电路如图 8.10 所示。以某定电流连续放电，直到蓄电池的电压降至放电终止电压，蓄电池的容量 C 等于放电电流 I 与放电时间 t 的乘积（$C=It$）。

由于蓄电池在不同的定电流放电情况下释放的电量不同，因此必须标明蓄电池实际容量的放电电流值。

此外，如果蓄电池在定电流放电过程中有停顿，则最后测定的实际容量比连续放电至放电终止电压测得的容量大；如果搁置时间较长，则测得的实际容量也比搁置时间短的大。

2. 定电阻放电法测定容量

【拓展视频】

采用定电阻放电法测定容量时，由于放电电路中的电阻恒定，因此放电电流不是一个定值。定电阻放电开始的放电电流较大，随着蓄电池电动势的下降，放电电流缓慢减小。定电阻放电时蓄电池的容量可由下式确定。

$$C=\frac{U_{av}}{R}t$$

式中，C 为蓄电池的容量；U_{av} 为蓄电池在整个放电过程的平均电压（V）；R 为放电过程的定值电阻（Ω）；t 为蓄电池的放电时间（min）。

与定电流放电法相比，采用定电阻放电法测定的蓄电池容量只是一个近似值；但对负载固定的蓄电池来说，采用定电阻放电法测定的蓄电池容量能更好地反映蓄电池在该放电条件下的实际放电性能。

8.2.4　蓄电池的寿命测试及其影响因素

1. 蓄电池的寿命测试

蓄电池的寿命测试通常是指测定蓄电池循环寿命的测试。蓄电池的类型不同，循环寿命测试的相关规定不同。具体的蓄电池循环寿命测试方法可参阅 GB/T 32620.1—2016《电动道路车辆用铅酸蓄电池 第 1 部分：技术条件》、GB 38031—2020《电动汽车用动力蓄电池安全要求》等，或国际电工委员会（international electrotechnical commission，IEC）制定的相关标准。

在实际蓄电池循环寿命的测试中,通常采用快速检测法。例如,镍氢电池的标称容量为 1200mA·h,规定其循环测试条件为以 1200mA 的电流充电 75min,充电结束的条件为电压降至 10mV,搁置 10min 后,再以 1200mA 的电流放电至 1.0V,搁置 10min 后再充电,如此循环,直到蓄电池的容量衰减到标称容量的 80%,充放电循环的次数即该蓄电池的循环寿命。

蓄电池的寿命测试电路与蓄电池的容量测试电路完全一致,只是做寿命测试时需要反复进行充电和容量测试,直到蓄电池的容量衰减到规定的限值。性能良好的蓄电池在循环寿命期内的电压特性也应无大的衰减。

2. 影响蓄电池寿命的因素

不同类型、不同质量的蓄电池因电极材料、电解液、隔膜、制造工艺、电化学过程等不同而有不同的寿命,并且放电深度、充电情况、环境温度对蓄电池的寿命有较大影响。

(1) 放电深度对蓄电池循环寿命的影响。蓄电池的放电深度不同,其循环寿命不同。蓄电池的放电深度与循环寿命的关系曲线如图 8.12 所示。蓄电池的放电深度增大,其循环寿命降低。

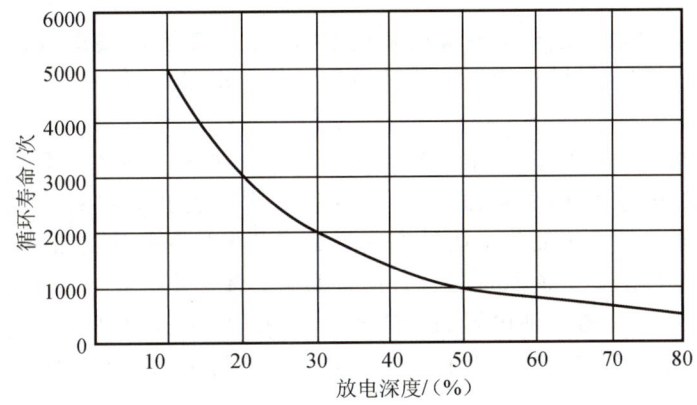

图 8.12 蓄电池的放电深度与循环寿命的关系曲线

(2) 过充电和充电不足对蓄电池循环寿命的影响。无论是过充电还是充电不足都会影响蓄电池的循环寿命,如图 8.13 所示。

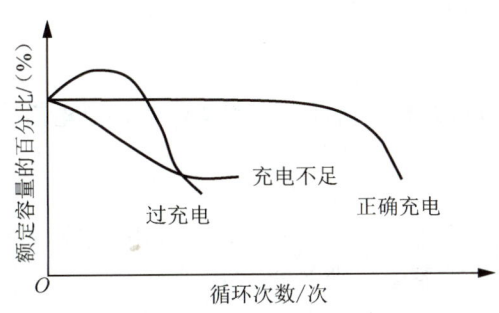

图 8.13 蓄电池的充电情况对循环寿命的影响

(3) 环境温度对蓄电池使用寿命的影响。环境温度对蓄电池的使用寿命有较大影响,环境温度越高,对蓄电池使用寿命的影响越大(图 8.14)。因此,在蓄电池寿命测试中,应该严格把握测试条件。

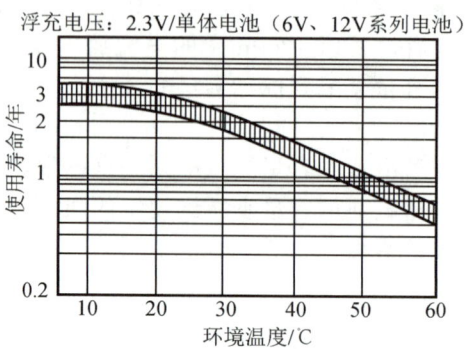

图 8.14　环境温度对蓄电池使用寿命的影响

8.2.5　蓄电池内阻及自放电测定

1. 蓄电池内阻测定

蓄电池内阻包括电极在电化学反应中表现出的极化电阻和欧姆电阻。 欧姆电阻主要由极板电阻、电解液电阻、隔膜电阻及各部分零件的接触电阻构成。蓄电池内阻会影响蓄电池的工作电压。

【拓展视频】

蓄电池的类型不同，其内阻不同，铅酸蓄电池的内阻约为 $10\mathrm{m\Omega}$，镍氢电池的内阻为 $15\sim 50\mathrm{m\Omega}$。由于蓄电池的内阻很小且是有源元件，因此不能用普通的欧姆表测量电阻的方法测量。蓄电池内阻的测量方法有方波电流法、交流电桥法、交流阻抗法、直流伏安法、短路电流法、脉冲电流法等。

采用方波电流法测定蓄电池内阻的方法如下：用恒电流仪控制通过电极的电流为一个定值，用信号发生器调节方波的周期和幅值，并用示波器记录电压的响应，测出蓄电池的欧姆内阻。

【拓展视频】

通常采用专用的蓄电池内阻检测仪测定蓄电池内阻。常见的内阻检测仪多采用交流法测定蓄电池内阻，即利用蓄电池可等效为一个有源电阻的特点，为蓄电池施加一个恒定的交流电流（1kHz，50mA），然后对电压采样，经整流、滤波等处理后，可获得较精确的内阻值。

2. 蓄电池自放电测定

蓄电池自放电是指在电极开路的情况下，蓄电池自行放电而容量下降的现象。 蓄电池的自放电率是衡量蓄电池性能的重要指标。

（1）自放电程度的表示方法。

蓄电池的自放电程度可用自放电率 r_z 表示，如果用 t 表示蓄电池的储存时间，用 C_1、C_2 分别表示存放前后的蓄电池容量，则 r_z 的表达式如下。

$$r_z = \frac{C_1 - C_2}{C_1 t} \times 100\%$$

由上式可知，r_z 表示单位时间内蓄电池容量下降的百分数，而在实际测量中，通常用指定时间内容量的保持率（或称剩余容量百分比、荷电保持能力等）r_b 表示。

$$r_b = \frac{C_2}{C_1} \times 100\%$$

由上式可知,蓄电池的容量保持率越高,其自放电率越小。

(2) 自放电的测定方法。

常用的自放电测定方法如下:首先采用定电流放电法等测定蓄电池的容量 C_1;然后将蓄电池充足电并放置一段时间;最后采用定电流放电法测定蓄电池的容量 C_2。由于环境温度和放电电流等均影响蓄电池的容量,因此测定 C_1、C_2 时的放电条件应相同。

当温度较高时,蓄电池的自放电率较高。图 8.15 所示为蓄电池在不同温度下储存时间不同的容量保持率。

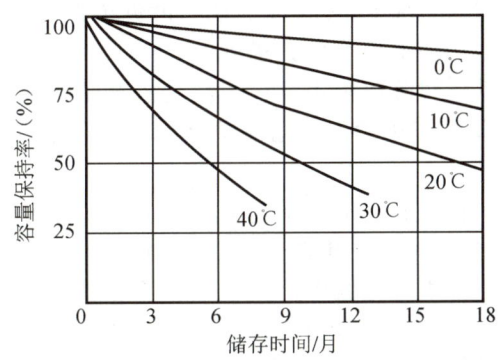

图 8.15　蓄电池在不同温度下储存时间不同的容量保持率

一些蓄电池(如铅酸蓄电池)的剩余容量与开路电压呈线性关系(图 8.16),可采用测量蓄电池开路电压的方法估算蓄电池储存一段时间后的剩余容量,从而使蓄电池的自放电测定方法更简便。

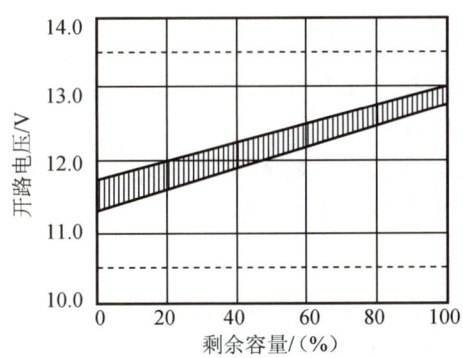

图 8.16　蓄电池剩余容量与开路电压的关系曲线

8.2.6　蓄电池安全性测试

为了保证蓄电池在异常情况下不发生安全事故,需要对蓄电池进行安全性测试,以确定蓄电池的安全保障程度,增加相应的安全防护措施。蓄电池安全性测试通常包括耐过充电能力测试、耐过放电能力测试、短路测试、耐高温测试、钻孔测试、机械性能测试、耐蚀性测试等。蓄电池的类型不同,其安全性测试的项目、测试条件及方法不同。

【拓展视频】

1. 耐过充电能力测试及耐过放电能力测试

密闭性蓄电池在过充电的情况下，密闭的容器内会因大量气体累积而使压力迅速上升，如果不能及时打开安全阀，就可能导致蓄电池内部压力过高而发生爆裂事故。对于采用浓酸性或浓碱性电解液的蓄电池，溅出的电解液会腐蚀周围设备、伤害周围人员。因此，要求蓄电池具有良好的耐过充电能力，在一定的过充电或过放电的情况下不发生泄漏、外壳变形甚至爆裂事故等。

在过充电测试中，应根据不同类型、不同型号的蓄电池，选择适当的测试条件。例如，对于镍氢电池，可根据恒流电源的输出功率确定过充电流。对于容量较小的蓄电池，可选用较大的电流倍率；对于容量较大的蓄电池，恒流电源一般不能输出 1C 的大电流，若要用大电流充电则应采取相应的安全防护措施。

蓄电池的类型不同，其耐过充电能力测试、耐过放电能力测试的方法及要求不同。例如，GB 38031—2020《电动汽车用动力蓄电池安全要求》推荐的试验方法有连续充电试验法及过放电和过充电法两种。

（1）连续充电试验法。在（20±5）℃下，采用定电流、定电压的充电方法充电，控制初始电流小于或等于 I_1（1h 放电率）电流，当蓄电池组中的某个单体电池达到充电终止电压（最高为 4.20V）时，蓄电池组自动停止充电，重复操作 5 次。

（2）过放电和过充电法。该法共分两步，第一步是在（20±5）℃下以 I_3（3h 放电率）电流放电，当蓄电池组中某个单体电池达到放电终止电压（2.52V）时，使用专用充电器在（20±5）℃下充电到充电终止电压（某个单体电池的充电电压达到 4.20V）；第二步是在（20±5）℃下以 I_3 电流放电（应暂时除去放电电子保护线路），直到某个单体电池电压为 0V，然后在（20±5）℃下以 I_3 电流充电，直到该单体电池电压达到 0.5V。

2. 短路测试

蓄电池在短路情况下产生较大的短路电流，可瞬间使蓄电池温度升高，甚至导致蓄电池电解液"沸腾"或密封圈熔化。在蓄电池短路测试中可能出现泄漏、喷液等情况，需要有一定的安全防护措施。

常用的蓄电池短路测试方法如下：将蓄电池充足电，在室温下将蓄电池两电极短接1h，允许蓄电池发生泄漏，但不得发生起火或爆炸。

3. 耐高温测试

在蓄电池的耐高温测试中，通常将测试温度区间分为高温区和低温区。在高温区将蓄电池投入火中进行测试，低温区的温度为 100～200℃。常见的低温区测试方法有两种：一种是将充足电的蓄电池放入沸水（100℃）保持 2h，蓄电池应无爆炸、无泄漏；另一种是将充足电的蓄电池放入 150℃的恒温箱保持 10min，蓄电池应无爆炸、无泄漏。

通过低温区测试的蓄电池，其内阻及开路电压均有所变化，但应能继续使用。蓄电池的高温区测试是具有破坏性的，测试后的蓄电池不能继续使用。将蓄电池投入火中，温度可达 800℃，密封圈及蓄电池的其他塑料件全部熔化并着火。在蓄电池高温区测试中允许析出气体，但不得发生爆炸。

4. 钻孔测试

当蓄电池受到外界尖锐物体的冲击时，其外壳可能被刺破，如果刺入物为导电体，蓄电池的内部就会发生短路。因此，对于在电动汽车或某些特殊场合下使用的蓄电池，其安全性测试通常还包括钻孔测试。

在钻孔测试前应将蓄电池充足电，可使用钻床钻孔，钻头材料应是导电材料。具体测试方法如下：采用直径为 1.0mm 的钻头，从直径方向钻穿蓄电池后，允许蓄电池发生漏液和发热，但不得发生爆炸。

5. 机械性能测试

蓄电池的机械性能测试包括耐碰撞、耐机械冲击、耐振动等测试。在 (20±5)℃ 下，将蓄电池从 1.0m 的高度跌落到硬木地板上，一个方向进行两次跌落试验后，蓄电池不得出现漏液、放气、爆炸、起火和产生明显的形变等异常现象。

我国电动汽车用蓄电池规定的耐振动测试分为如下四个步骤。

(1) 使用生产厂家提供的或推荐的专用充电器，并按规定的充电方法将蓄电池充足电。

(2) 将蓄电池紧固在振动试验台上，并使蓄电池以 I_3 电流放电。

(3) 使蓄电池以 30～35Hz 的频率上下振动，最大加速度为 30m/s²，振动时间为 2h；同时，观察蓄电池放电电压有无异常。

(4) 检查试验后的蓄电池有无机械损伤、电解液有无渗漏等。如果蓄电池在耐振动测试中出现放电电压异常、机械损伤或电解液渗漏等情况，则说明蓄电池的机械性能差。

6. 耐蚀性测试

常用的蓄电池耐蚀性测试方法有电化学测试法和盐雾试验法等。采用盐雾试验法测试蓄电池耐蚀性的过程如下：将蓄电池暴露在测试箱中，并向测试箱中喷入经雾化的试验溶液，使试验溶液均匀地沉降在蓄电池表面。试验溶液为 5%（质量分数）的 NaCl 溶液，其总固体含量不超过 20μg/g，pH=6.5～7.2。测试时，测试箱内的温度应保持恒定。蓄电池在测试箱内放置 48h 后，其容量应无明显差别。在蓄电池的顶部（封口处）和底部允许有少量锈迹，但应无穿孔或明显点蚀。蓄电池不得发生泄漏和爆炸。

8.2.7　蓄电池荷电状态检测

在蓄电池工作过程中，**荷电状态是反映蓄电池状态的重要参数**。由于荷电状态受充、放电倍率，温度，自放电，极板活性物质老化等因素的影响，并且与某些参数呈非线性关系，因此很难通过测量一个或多个参数获得准确的荷电状态值。蓄电池荷电状态的检测方法有放电试验法、安时计量法、开路电压法、负载电压法、内阻法、神经网络法、卡尔曼滤波法等。

1. 放电试验法

放电试验法的原理是通过定电流放电法估算蓄电池的荷电状态。具体测试方法如下：对蓄电池进行定电流放电至放电终止电压，蓄电池释放的电量即蓄电池定电流放电前的荷电状态。放电试验法被认为是最可靠的荷电状态检测方法，但对于电动汽车用蓄电池，这种荷电状态估算没有实际意义，原因如下。

【拓展图文】

(1) 蓄电池剩余电量显示和能量管理需要当前的荷电状态，而采用放电试验法测得的蓄电池荷电状态是蓄电池放电后的荷电状态。

(2) 在不同定电流放电电流下，蓄电池释放的电量不同，测得的荷电状态只在某种定电流放电的情况下较准确，在不同定电流放电或变电流放电的情况下误差较大。

(3) 只有在蓄电池停止工作时才能得到试验结果，而且需要较长时间。

因此，通常只在实验室需要验证蓄电池当前荷电状态时采用放电试验法。

2. 安时计量法

安时计量法的原理是通过对蓄电池放电电量的累积，按下式计算得到当前的荷电状态。

$$\text{SOC} = \text{SOC}_\text{O} - \frac{1}{C_\text{N}} \int_0^t \eta I \, dt$$

式中，SOC_O 为蓄电池充放电的初始荷电状态；C_N 为蓄电池的额定容量（A·h）；η 为蓄电池充放电效率（%）；I 为充放电电流（A），充电时为负；t 为充放电时间。

安时计量法较简单，但在实际应用中存在如下问题。

(1) 安时计量法本身不能给出初始荷电状态，而使用中的蓄电池充放电初始的荷电状态很难准确估算。

(2) 在蓄电池工作过程中，电流测量不准确将造成充放电电量计量误差，并导致荷电状态计算误差，且长时间累积后误差越来越大。

(3) 采用安时计量法时须考虑蓄电池的充放电效率，而充放电效率与充放电电流及蓄电池的技术状况等有关。

因此，要使安时计量法成为简便、准确的荷电状态检测方法还有许多研究工作要做。

3. 开路电压法

蓄电池的开路电压与静止电动势的数值相等。对于铅酸蓄电池来说，静止电动势与电解液的密度成比例关系，而电解液的密度与蓄电池的放电程度呈线性关系，因此可以用蓄电池的开路电压检测荷电状态。镍氢电池和锂离子电池的开路电压与荷电状态关系曲线的线性度不如铅酸蓄电池，但也可用来检测荷电状态。

在实际应用中，开路电压法的主要问题是蓄电池需要长时间静置，蓄电池从充、放电状态中的动态电动势恢复到静止电动势需要几个小时，很难准确检测蓄电池的荷电状态。此外，很难确定蓄电池恢复静止电动势的时间。

开路电压法通常用于电动汽车停驶时的荷电状态检测，但其准确性不高。当电动汽车停驶后又起动时，由于蓄电池静置时间较长，采用开路电压法检测荷电状态较准确，因此通常结合安时计量法估算电动汽车工作中的蓄电池荷电状态。

4. 负载电压法

蓄电池在开始放电瞬间的端电压立刻从开路电压下降至负载电压。如果蓄电池的负载电流保持恒定，且负载电压与荷电状态具有一一对应关系，那么可根据负载电压得到荷电状态的估算值。

采用负载电压法可实时估算蓄电池的荷电状态，而且在定电流放电时可获得较准确的荷电状态估算值。由于电动汽车蓄电池的负载电流不可能保持恒定，很难通过负载电压获得准确的荷电状态，因此很少在电动汽车上应用负载电压法，而其常被用作蓄电池放电终止的判断依据。

5. 内阻法

蓄电池的内阻分为交流阻抗和直流内阻，其均与荷电状态密切相关，可通过测量交流阻抗和直流内阻检测荷电状态。

蓄电池的交流阻抗表示蓄电池对交流电的阻碍能力。它是蓄电池电压与电流之间的传递函数，是一个复数变量，需要用交流阻抗仪测量。交流阻抗受温度的影响大，很少应用。

蓄电池的直流内阻表示对直流电的阻碍能力，可以通过短时间内蓄电池电压变化与电流变化的比值求得。在实际测量中，可以用蓄电池从开路状态到定电流充电或放电状态的电压差值除以电流值得到蓄电池的直流内阻。

蓄电池直流内阻受计算时间的影响，如果时间少于10ms则只能测得欧姆电阻；如果时间较长则内阻的变化极复杂。因此，准确测量蓄电池的直流内阻较困难，这也是内阻法应用较少的主要原因。内阻法对蓄电池放电后期的荷电状态估算较准确，可以与安时计量法组合使用。

6. 神经网络法

蓄电池是一个高度非线性系统，很难为其放电过程建立准确的数学模型。神经网络具有非线性的基本特性，且具有并行结构和学习能力，能根据外部激励给出相应的输出，因而可模拟蓄电池的动态特性估算其荷电状态。

估算蓄电池荷电状态通常采用三层典型神经网络，即输入层、中间层和输出层。输入层和输出层的神经元数量根据实际需要确定，一般为线性函数，常用电压、电流、累计释放电量、温度、内阻、环境温度等作为输入变量；中间层的神经元数量取决于问题的复杂程度及分析精度。

神经网络法适用于不同类型的蓄电池荷电状态估算，缺点是需要对大量参考数据进行训练，荷电状态估算的准确性受参考数据和训练方法的影响较大。

7. 卡尔曼滤波法

卡尔曼滤波法是检测蓄电池荷电状态的一种方法。卡尔曼滤波理论的核心思想是对动力系统的状态进行最小方差意义上的最优估算。采用卡尔曼滤波法检测蓄电池的荷电状态时，蓄电池被看作动力系统，荷电状态是该系统的一个内部状态。

卡尔曼滤波法的一个显著特点是用状态空间的概念描述数学模型；另一个显著特点是解是递归计算的，而且可不加修改地应用于平稳环境和非平稳环境。与其他方法相比，卡尔曼滤波法特别适用于估算电流波动较剧烈的混合动力电动汽车用蓄电池的荷电状态，不仅可给出荷电状态的估算值，而且可给出荷电状态估算误差；缺点是对蓄电池的模型准确性和计算能力要求高。

8.3 蓄电池管理系统

8.3.1 蓄电池管理系统概述

1. 蓄电池管理系统的作用

一般在电动汽车上使用蓄电池组。在蓄电池组中，单体电池损坏的主要原因是使用不

【拓展视频】

当或管理失控,而有时蓄电池组的使用寿命还不到单体电池使用寿命的一半。蓄电池在使用过程中温度异常不但严重影响蓄电池的使用寿命,而且可能导致安全事故。要正确、合理地使用蓄电池,使其发挥最高效率的同时,尽可能延长其使用寿命,就必须对蓄电池进行管理。

蓄电池管理系统(battery management system,BMS)通过监测蓄电池性能状态,实现对蓄电池的充放电控制、热管理、安全警报等,以防止蓄电池出现过充电和过放电,延长其使用寿命,最大限度地提高蓄电池的能量利用效率。 蓄电池管理系统的作用主要体现在如下三个方面。

(1)保证电池稳定工作。蓄电池管理系统通过监测蓄电池的电压、电流、温度等,对蓄电池进行放电电流及终止放电控制、充电电流及充电方式控制、温度执行器工作状态及温度报警控制、荷电状态显示等,可使蓄电池在设定的状态下稳定工作。

(2)提高蓄电池的能量利用率。蓄电池管理系统通过对荷电状态的控制、制动能量回收控制、蓄电池放电倍率控制、蓄电池温度控制等,提高蓄电池的能量利用效率。

(3)保证蓄电池的使用安全。蓄电池管理系统通过监测蓄电池的温度、绝缘电阻等实现危险报警,并通过危险状态下的蓄电池停止供电控制保证蓄电池的使用安全。

蓄电池管理系统在电动汽车上极其重要,蓄电池管理技术也是电动汽车进一步发展的关键技术。随着蓄电池管理技术的不断成熟,蓄电池管理系统的功能会越来越完善,其作用也会越来越突出。

2. 蓄电池管理系统的类型

不同类型的电动汽车,其蓄电池的配备、对蓄电池性能的要求及使用环境等不同,蓄电池管理系统的功能有所差别。但无论是哪种类型的电动汽车,其蓄电池管理系统都应具备蓄电池管理的基本功能,如数据采集、相关数据显示、蓄电池状态估算、热管理、数据通信、安全管理、能量管理、故障诊断等。

按电动汽车类型分类,蓄电池管理系统可分为纯电动汽车蓄电池管理系统、混合动力电动汽车蓄电池管理系统、燃料电池电动汽车蓄电池管理系统。

(1)纯电动汽车蓄电池管理系统。由于纯电动汽车的电能全部来自蓄电池,因此其蓄电池管理系统的功能较多。除前面提到的基本功能外,对某些管理功能(如蓄电池荷电状态的监测与显示、蓄电池绝对温度及温度均匀性控制、蓄电池均衡充电控制、制动能量回收控制等)的要求更高。

(2)混合动力电动汽车蓄电池管理系统。混合动力电动汽车用蓄电池的数量因混合动力形式及混合比的不同而不同。混合动力电动汽车的蓄电池管理系统对蓄电池输出能量比控制和蓄电池荷电状态控制功能的要求较高。

(3)燃料电池电动汽车蓄电池管理系统。燃料电池电动汽车用蓄电池通常只是辅助储能装置,对其蓄电池管理系统的功能要求比对纯电动汽车蓄电池管理系统的性能要求低。与混合动力电动汽车的蓄电池管理系统相同,燃料电池电动汽车的蓄电池管理系统对蓄电池输出能量控制功能的要求较高。

3. 蓄电池管理系统的基本组成

蓄电池管理系统的基本组成有信号采集系统、电子控制系统、执行及通信系统。

(1)信号采集系统。蓄电池的温度传感器、电压采样电路、电流传感器、A/D转换器等部件及其线路连接组成了蓄电池管理系统的信号采集系统。信号采集系统可使蓄电池管理系统实时获取蓄电池的电压、电流、温度等参数。

（2）电子控制系统。电子控制系统的核心是电子控制单元（electronic control unit，ECU），电子控制单元的基本组成如图 8.17 所示。

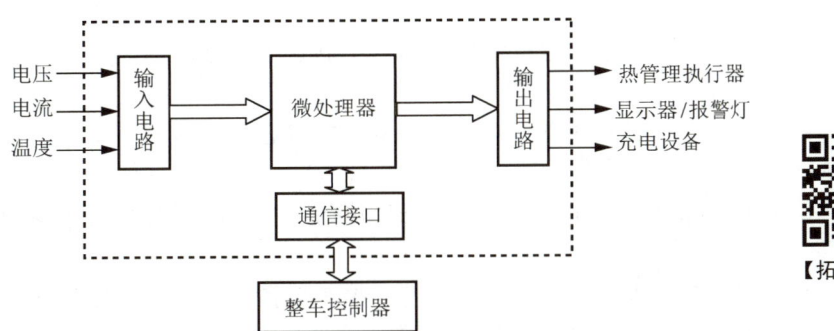

图 8.17　电子控制单元的基本组成

① 输入电路。输入电路包括温度传感器电源、信号处理电路、A/D 转换电路等，其作用是处理传感器输入的温度、电压、电流等信号，并将其转换为二进制数字信号，通过输入/输出（I/O）接口输送给微处理器。

② 微处理器。微处理器包括中央处理器（centrol processing unit，CPU）、程序与数据存储器（ROM 与 RAM）、I/O 接口等，是电子控制单元的核心部件。其作用是运行 ROM 中的控制程序，在分析和处理输入信号后输出控制信号，通过输出电路控制各执行器工作，并通过通信接口与整车控制器进行数据通信，实现不同行驶工况下的蓄电池管理协调控制。

③ 输出电路。输出电路包括译码器、D/A 转换电路、执行器驱动电路等，其作用是将微处理器输出的二进制控制指令代码转换为相应的控制脉冲，并驱动各执行器工作。

（3）执行及通信系统。蓄电池管理系统通过热管理执行器实现蓄电池的热管理；通过与充电设备及整车控制器的通信，实现均衡充电、制动能量回收、电能输出及输出比率、荷电状态显示等的控制。

8.3.2　蓄电池管理系统的具体项目与硬件构成

在电动汽车上，蓄电池管理系统性能对整车安全运行、整车控制策略选择、充电模式选择及运营成本都有很大影响。无论在汽车行驶过程中还是在充电过程中，蓄电池管理系统都要完成对电池状态的实时监测和故障诊断，并告知汽车集成控制器或充电器等，以采取相应的控制策略，达到高效利用蓄电池的能量及保证蓄电池使用安全的目的。

【拓展视频】

1. 蓄电池管理系统的具体项目

下面以纯电动汽车为例，说明蓄电池管理系统的具体项目。蓄电池管理系统根据实际运行和蓄电池安全有效使用的需要设置具体项目。

（1）蓄电池组端电压及单体电池电压的检测。对蓄电池组端电压及单体电池电压进行监测，以判断蓄电池终止放电及不一致性。

(2) 蓄电池温度的检测。对蓄电池的温度进行监测,以提供蓄电池的实时温度。

(3) 蓄电池工作电流的检测。对蓄电池的充、放电电流进行监测,以实现蓄电池的能量管理。

(4) 蓄电池绝缘电阻的检测。对蓄电池的绝缘电阻进行监测,以对电动汽车进行安全管理。

(5) 冷却风机的控制。将蓄电池组的温度控制在正常范围内,并使蓄电池组中的单体电池温度趋于一致。

(6) 蓄电池荷电状态的估算。对蓄电池的荷电状态进行监测与估算,以便荷电状态显示和能量管理。

(7) 蓄电池故障分析和在线报警。根据监测的蓄电池电压和温度等参数判断蓄电池的状态。

(8) 与整车控制器进行数据通信。为整车控制器提供必要的蓄电池状态信息(如荷电状态、蓄电池电压等),以实现最佳能量控制。

(9) 为车载显示设备提供信息。为车载显示设备提供蓄电池状态和故障等相关信息,以显示蓄电池的状态和故障报警。

(10) 与充电设备通信。与充电设备通信,以实现蓄电池的安全充电管理。

2. 蓄电池管理系统的硬件构成

纯电动汽车的集散式蓄电池管理系统的基本组成如图 8.18 所示。

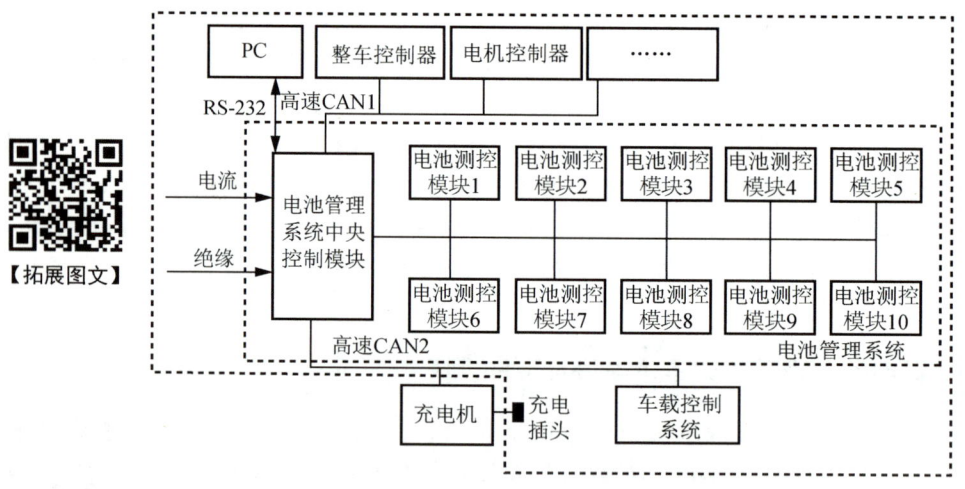

图 8.18　集散式蓄电池管理系统的基本组成

纯电动汽车的蓄电池较多且以箱为单位分散分布,为了避免箱体之间出现高压连接导线,通常设计成集散式系统。集散式系统由一个主控模块(图 8.19)和多个测控模块(图 8.20)组成,每个蓄电池箱都配备一个测控模块。主控模块包括电流测量、绝缘检测和通信接口部分;测控模块的硬件系统主要实现电压检测、温度检测、热管理和通信等功能。

本例的主控模块和测控模块通过 RS-485 总线通信。在主控模块上有两路 CAN 接口,CAN1 用于汽车行驶时与整车控制器、电机控制器通信,CAN2 用于主控模块与车载

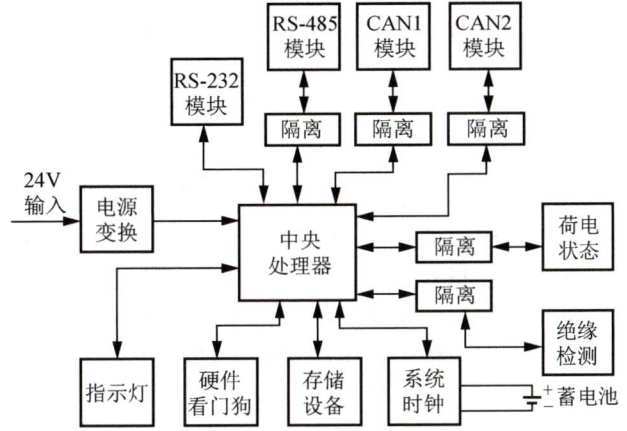

图 8.19　蓄电池管理系统的主控模块

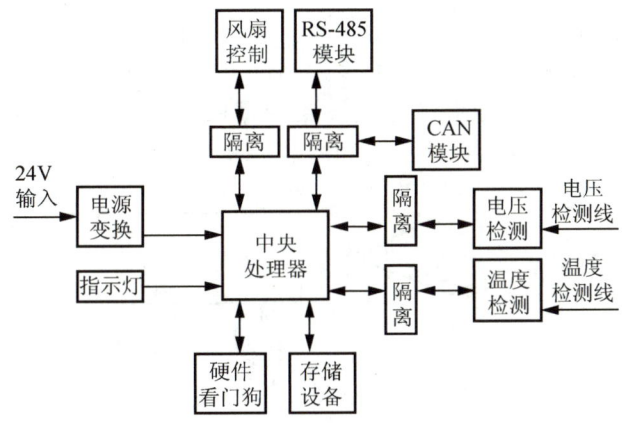

图 8.20　蓄电池管理系统的测控模块

监控显示系统及在充电过程中与充电机通信。此外，为了实现计算机监控、参数修正、程序下载等功能，主控模块上还有 RS-232 接口。测控模块除有与主控模块通信的 RS-485 接口外，还有一路与手动检测设备通信的 CAN 接口。

在蓄电池管理系统中，电压检测、温度检测、电流检测、绝缘检测等直接与蓄电池相连，属于高压系统；串口通信、CAN 通信及其供电电源属于低压系统。为了确保人身安全和系统可靠、稳定地运行，需要将高压系统与低压系统电气隔离。

8.3.3　蓄电池热管理

1. 蓄电池热管理的必要性

蓄电池在使用过程中呈现的性能与温度密切相关。

（1）蓄电池温度的影响。

① 蓄电池温度高。当蓄电池的温度较高时，蓄电池的活性较强，能量可被更充分利用。但是，蓄电池长时间工作在高温环境下的使用寿命明显缩短；当蓄电池的温度太高时会出现严重损坏现象。因此，应避免蓄电池的温度过高。

【拓展视频】

② 蓄电池温度低。蓄电池在低温下的活性降低，欧姆内阻和极化内阻增大，放电能力下降，实际可用容量减小，能量利用效率降低。锂离子电池在低温状态下充电时，因活性差，特别是负极石墨的嵌入能力下降，正极反应释放的锂离子可能在负极沉积，易形成枝晶，使可用的锂离子减少，严重时还会造成蓄电池短路。

（2）蓄电池温度控制的作用与方法。

蓄电池在充、放电过程中的电化学反应过程产生热量，需要通过热管理使蓄电池温度保持在正常范围内。当蓄电池的温度或温升达到预先设置的高限值时，蓄电池管理系统启动热管理功能，对蓄电池进行散热处理。蓄电池管理系统通过启动风冷执行器或水冷执行器，将蓄电池的温度和温升控制在一定范围内。如果蓄电池的温度管理失效或发生其他异常情况而使蓄电池温度达到最高限值，蓄电池管理系统就中断蓄电池的电流输出，以保证蓄电池的安全。

2. 蓄电池热管理的原理

（1）蓄电池高温控制原理。

通常采取强制风冷的方法降低蓄电池温度。蓄电池管理系统实时监测温度，得到蓄电池组中单体电池的温度参数。当蓄电池温度达到设定的最高值时，蓄电池管理系统启动风机对蓄电池进行降温；当蓄电池温度达到设定的最低值时，蓄电池管理系统立即关闭风机。蓄电池管理系统的风机控制电路原理如图 8.21 所示。

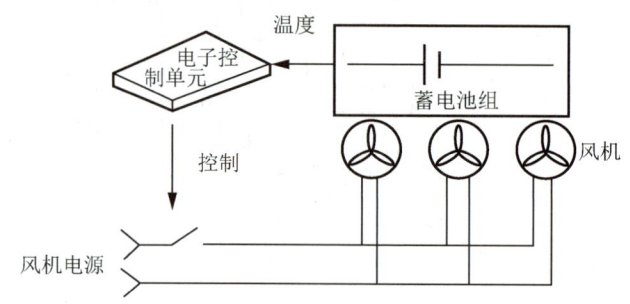

图 8.21　蓄电池管理系统的风机控制电路原理

热管理系统具有安全保障功能，如果蓄电池温度达到引起故障的限值，蓄电池管理系统就发出报警信号，并控制蓄电池停止充放电，以保证蓄电池的安全。

（2）蓄电池低温控制原理。

在低温下，蓄电池的活性差。对锂离子电池来说，当负极石墨的嵌入能力下降时，大电流充电可能会出现蓄电池热失控甚至安全事故。为了避免出现该问题，当蓄电池管理系统监测到蓄电池温度过低时向充电装置发出控制信号，充电装置根据蓄电池管理系统的控制信号转换为小电流充电。在低温下蓄电池内阻增大，在充电过程中，蓄电池的欧姆极化增大，充电效率降低，而这部分能量转化为热量，使得蓄电池的温度逐渐升高。当蓄电池管理系统监测到蓄电池温度正常时向充电装置发出控制信号，充电装置恢复至正常电流模式充电。

低温对锂离子电池充电有负面影响，而对放电影响不大。因为蓄电池放电过程释放热量，并且低温下增大的内阻会产生更多热量，电池温度很快上升到适宜温度，呈现负反馈机制。因此，通常不需要在低温下对锂离子电池进行热管理。

3. 热管理系统散热结构的设计

箱体内的蓄电池组通过风机降温，通风不当易造成箱内单体电池的温度不一致，导致单体电池的容量和内阻不一致。在蓄电池组的工作过程中，容量较小的单体电池易产生过充电和过放电，进而影响性能和使用寿命，并造成安全隐患。因此，单体电池的布置和散热风道的布局均要尽量保证蓄电池组的散热均匀、一致。

根据散热通风系统的结构形式分类，蓄电池组的通风分为串行通风方式和并行通风方式。

（1）串行通风方式。串行通风方式如图 8.22 所示。当蓄电池需要散热时，风机工作，空气从一侧进入，从另一侧排出。冷空气进入后，由于经过蓄电池时不断被加热，空气入口侧的蓄电池被空气带走的热量较多，空气出口侧蓄电池的散热效果不如空气入口侧。因此，采用串行通风方式时，蓄电池温度随空气的流动逐渐升高。可见，在串行通风方式下，蓄电池的散热均匀性不太理想，已较少采用。

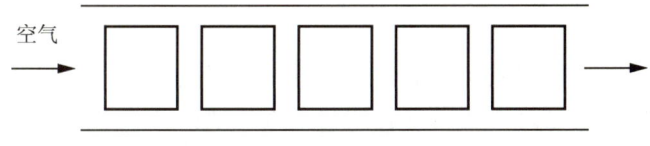

图 8.22　串行通风方式

（2）并行通风方式。并行通风方式如图 8.23 所示。采用楔形进、排气通道结构可确保进入单体电池之间缝隙的空气流量均匀，单体电池的散热及温度一致。并行通风方式应用较多。

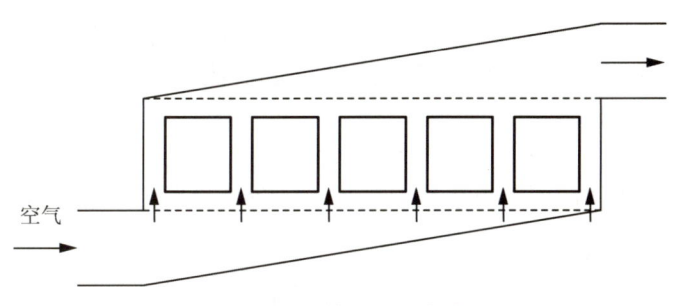

图 8.23　并行通风方式

8.3.4　蓄电池组绝缘检测

1. 蓄电池组绝缘检测的意义

电动汽车电动系统的电压较高，如纯电动汽车蓄电池组的电压高于 200V。较高的电压可减小电动汽车电气设备的工作电流，从而使电气设备和整车的质量减轻。然而，蓄电池组的电压高，对连接线路、功率变换器、电动机等与汽车底盘的绝缘性能要求也高。在较高的电压下，电缆线绝缘介质易老化，受潮湿的环境及其他因素的影响，高压系统线路与汽车底盘的绝缘性能下降，蓄电池组通过不良的绝缘层漏电，使汽车底盘电位升高，不仅危及驾乘人员的安全，而且影响低压电气设备和电子控制系统正常工作。因此，实时监测蓄电池组相对汽车底盘的电气绝缘性能，对保证驾乘人员的安全、蓄电池组和电气设备的正常工作、汽车的安全行驶有重要意义。

2. 蓄电池组绝缘检测的方法

通常用电气系统中电源对地的漏电流表征封闭回路的高压直流电气系统的绝缘性能。常用的蓄电池组绝缘检测方法有辅助电源法、电流传感法、变阻抗网络法。

（1）辅助电源法。

辅助电源法的原理是在蓄电池组绝缘检测装置中安装一个检测用辅助蓄电池（110V），其正极与直流电源的负极连接，负极连接汽车底盘。如果被测系统的绝缘性能良好，辅助蓄电池没有电流回路，漏电流为零；在电源电缆绝缘层老化或环境潮湿等情况下，电池通过电缆绝缘层形成通路，产生漏电流，漏电检测装置根据漏电流报警，并断开电源。

辅助电源法不仅需要110V的辅助直流电源，提高了系统结构的复杂程度，而且难以区分绝缘故障源是电源正极引线电缆还是负极引线电缆。因此，电动汽车的检测很少采用辅助电源法。

（2）电流传感法。

电流传感法的原理是利用霍尔式电流传感器进行漏电检测。将霍尔式电流传感器安装在电源的正极和负极，使电流以相同方向穿过电流传感器。当没有漏电流时，从电源正极流出的电流等于返回电源负极的电流。因此，穿过电流传感器的总电流为零，电流传感器的输出电压为零。当电流传感器输出电压不为零时，说明系统发生漏电，可根据该输出电压的正负判断漏电流的来源是电源正极引线电缆还是电源负极引线电缆。

由于采用电流传感法进行蓄电池组绝缘检测的前提是电源必须处于工作状态，因此无法在电源空载状态下评价系统的对地绝缘性能。对于电动汽车，要求其在行驶之前或蓄电池电源空载条件下均能够检测电源与汽车底盘的绝缘性能，而且能够分别定量地检测电源正极引线电缆和电源负极引线电缆与汽车底盘的绝缘性能。因此，电流传感法也不适合电动汽车的蓄电池组绝缘检测。

（3）变阻抗网络法。

一般采用变阻抗网络法测量电池组对电底盘的绝缘电阻，其测量原理如图8.24所示。

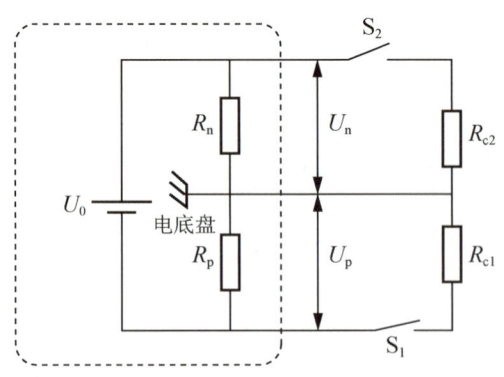

图8.24　变阻抗网络法的测量原理

假设蓄电池的总电压为U_0，正、负母线与电底盘之间的绝缘电阻分别为R_p、R_n，正、负母线与电底盘之间的电压分别为U_p、U_n，蓄电池系统的等效模型如图8.24的虚线框内所示。图中，R_{c1}、R_{c2}分别为测量用的已知电阻值的标准电阻。

当开关 S_1、S_2 全部断开时，测量正、负母线与电底盘之间的电压分别为 U_{p1}、U_{n1}，可得

$$\frac{U_{p1}}{R_p}=\frac{U_{n1}}{R_n}$$

当开关 S_1 闭合、S_2 断开时，在正母线与电底盘之间接入标准偏置电阻 R_{c1}，测量正、负母线与电底盘之间的电压分别为 U_{p2}、U_{n2}，可得

$$\frac{U_{p2}}{R_p}+\frac{U_{p2}}{R_{c1}}=\frac{U_{n2}}{R_n}$$

联立以上两式并求解得

$$R_p=R_{c1}\left(\frac{U_{p1}U_{n2}}{U_{n1}U_{p2}}-1\right)$$

$$R_n=R_{c1}\frac{U_{p1}U_{n2}-U_{n1}U_{p2}}{U_{p1}U_{p2}}$$

同理，绝缘电阻也可以在以下两种情况中得到：① S_1、S_2 全部断开和 S_1 断开、S_2 闭合；② S_1 闭合、S_2 断开和 S_1 断开、S_2 闭合。

虽然变阻抗网络法能够满足电动汽车用蓄电池组绝缘检测要求，但缺点很明显，检测芯片及隔离电路庞杂，造成整个检测装置体积过大，不利于仪表板安装。

对变阻抗网络法进行改进，将双边切换电阻改为单边切换固定电阻来检测绝缘电阻，工作原理如图 8.25 所示。

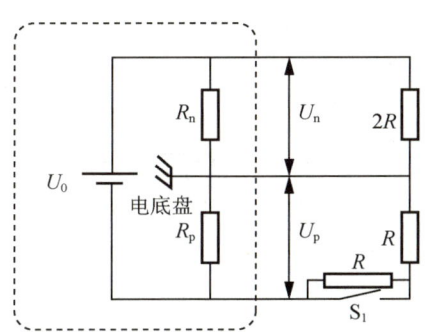

图 8.25 单边切换固定电阻的工作原理

当 S_1 断开时，正、负母线与电底盘之间的电压分别为 U_{p1}、U_{n1}，可得

$$\frac{U_{n1}}{R_n}+\frac{U_{n1}}{2R}=\frac{U_{p1}}{R_p}+\frac{U_{p1}}{2R}$$

当 S_1 闭合时，正、负母线与电底盘之间的电压分别为 U_{p2}、U_{n2}，可得

$$\frac{U_{n2}}{R_n}+\frac{U_{n2}}{2R}=\frac{U_{p2}}{R_p}+\frac{U_{p2}}{R}$$

联立以上两式并求解得

$$R_p=\frac{2R(U_{n2}U_{p1}-U_{n1}U_{p2})}{2U_{n1}U_{p2}-U_{n2}U_{p1}}$$

$$R_n=\frac{2R(U_{n2}U_{p1}-U_{n1}U_{p2})}{U_{p1}U_{p2}-U_{n2}U_{p1}+U_{n1}U_{p2}}$$

这种方法只使用一个开关，减少了开关切换的次数，提高了检测的可靠性，并降低了成本。

8.3.5 蓄电池组的充电管理

蓄电池的充电模式和充电方法对蓄电池容量的有效利用及安全性有重要影响。蓄电池管理系统对蓄电池组的充电管理就是选择科学、合理的充电模式和充电方法，保证蓄电池充电过程的安全性，提高电池能量利用效率，减缓蓄电池性能的下降。

1. 车载充电器的充电模式

（1）蓄电池充电方法。

蓄电池管理系统通常采用智能化充电方法，用定流、定压、停充等基本充电方法组成智能化快速充电过程。在充电过程中，要自动转换定流、定压、停充等，就需要实时检测充电电压和充电电流参数。因此，车载充电器的充电模式实际上是按设定的程序进行，通过电压、电流闭环控制完成的充电过程。下面以常见的定流-定压充电模式为例，说明其充电控制过程。当充电电压低于设定的限制电压时采用定流充电，随着充电的进行，充电电压逐渐上升；当充电电压达到设定的限制电压时转换为定压充电；在定压充电过程中，随着蓄电池电动势的上升，充电电流逐渐减小，当充电电流达到充电终止电流时，蓄电池充足电，停止充电。

（2）充电电压检测方法。

由车载充电器的充电方法可知，充电电压是控制充电过程的重要参数。充电电压可以是充电器的输出电压，也可以是蓄电池组的端电压。蓄电池组充电电路的工作原理如图 8.26 所示。

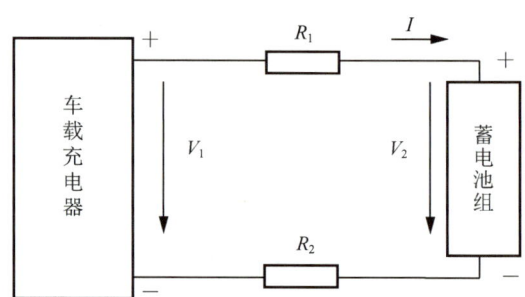

图 8.26　蓄电池组充电电路的工作原理

在蓄电池组的实际充电过程中，由于充电电流较大，因此电缆本身的电阻及电缆线端与蓄电池极桩的接触电阻均不可忽略。设蓄电池组正、负极与充电器之间的线路电阻分别为 R_1、R_2，当充电电流为 I 时，充电器的输出电压 V_1 与蓄电池组的端电压 V_2 存在如下关系。

$$V_1 = V_2 + I(R_1 + R_2)$$

由上式可知，由于 $V_1 > V_2$，因此若以 V_1 为反馈量进行充电电流控制，则蓄电池的充电过程在达到充电终止电压之前进入定压充电阶段，充电电流减小，充电时间延长。

解决上述问题的方法是实时检测蓄电池组的端电压，并作为充电电压参数控制充电过程。因此，在充电器与蓄电池组正、负极之间连接两根检测线。充电电压检测方法的缺点是当一根检测线出现连接松脱或断路故障时，车载充电器不能正常工作。解决该问题的方法是在车载充电器中设置安全保障功能，在充电过程中，如果蓄电池端电压检测线的电压信号异常或丢失，就立即以车载充电器的输出电压为充电电压控制参数，避免充电过程受影响。

（3）蓄电池组电池不一致性问题的处理。

① 蓄电池组端电压检测方式的缺陷。由于蓄电池生产和使用过程存在差异，因此蓄电池组中单体电池存在不一致性在所难免。通过检测蓄电池组端电压控制充电，没有考虑蓄电池组中单体电池的不一致性，在充电过程中会出现部分单体电池先于其他单体电池充足电或者达到充电电压上限。根据蓄电池组的端电压只能估计单体电池的平均电压，即使某些单体电池处于过充电状态，也不能从蓄电池组的端电压上反映出来。因此，如果只根据蓄电池端电压控制充电，就会出现车载充电器仍按照原来的模式充电，蓄电池因过充电而损坏的情况，甚至导致安全事故。例如，铅酸蓄电池长时间过充电会导致内部发热，极板活性物质脱落，蓄电池性能下降加快，最终导致蓄电池的使用寿命缩短。再如，在耐过充电能力较差的锂离子电池中，锂离子在正、负极之间嵌入和脱嵌，当出现过充电时，过量的锂离子从蓄电池的正极脱嵌，并最终以原子态的形式沉积在蓄电池的负极表面，轻则造成可循环的锂离子减少，蓄电池的性能下降；重则造成沉积的锂原子刺穿蓄电池内部的隔膜，蓄电池内部短路而出现热失控，甚至发生安全事故。

可见，只以蓄电池端电压为充电过程控制参数易使蓄电池的不一致性问题越来越严重，并最终导致蓄电池的性能下降、使用寿命缩短，甚至发生安全事故。

② 针对不一致性问题的检测与控制方式。全面检测蓄电池组中单体电池的电压和温度，根据蓄电池组各单体电池的电压、电压的上升速率、温度等甄别单体电池的性能是否存在不一致性，并以此作为充电控制依据，有效防止各单体电池的性能差异增大，保证充电过程安全并减缓蓄电池性能下降。

2. 蓄电池管理系统的充电管理

蓄电池管理系统实时监测蓄电池状态，获得蓄电池的电压和温度数据，实现智能化的蓄电池充电过程控制，并保证充电安全。蓄电池管理系统充电管理的基本原理如图 8.27 所示。

蓄电池管理系统监测充电过程中的蓄电池状态，获得蓄电池组中各单体电池的温度、电压、工作电流、与电池箱（架）的绝缘电阻等参数，并立即分析蓄电池状态，主要分析如下内容。

（1）估算荷电状态并分析荷电状态是否过高或过低。

（2）温度是否过高或过低。

（3）电压是否过高或过低。

（4）温升是否过快。

（5）绝缘是否良好。

（6）充放电电流是否过大。

（7）蓄电池组的不一致性程度。

（8）蓄电池组是否存在故障。

（9）是否存在通信故障。

蓄电池管理系统根据蓄电池状态分析结果进行相应的热管理、荷电状态显示或报警、充电过程管理、蓄电池故障报警等控制。车载充电器的主要作用是电源电压变换、输出电

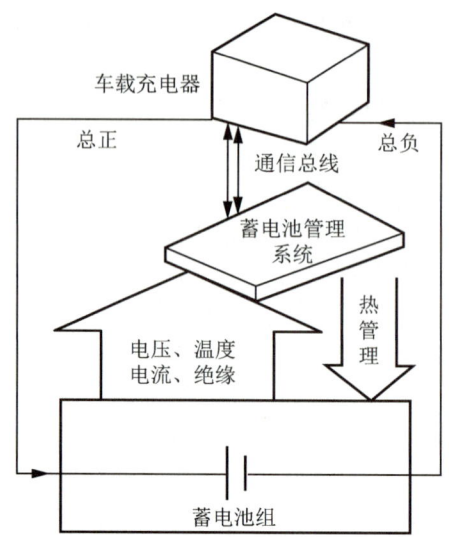

图 8.27　蓄电池管理系统充电管理的基本原理

压和电流的闭环控制、必要的保护及与蓄电池管理系统通信，实现蓄电池状态的实时监测和输出电流的动态调节。

蓄电池管理系统与车载充电器通过总线连接，以实现数据共享。在整个充电过程中，蓄电池的电压、温度、绝缘性能等与安全性相关的参数都能参与蓄电池的充电控制和管理，车载充电器能根据蓄电池的当前状态及时改变充电电流，有效防止蓄电池组中各单体电池过充电和过热，提高了蓄电池的充电安全性。

蓄电池管理系统的智能化充电管理功能不但提高了蓄电池的充电速度、效率和安全性，而且简化了充电时设置充电参数、选择充电模式等烦琐操作。当电动汽车需要充电时，只要将车载充电器插到电源插座上，蓄电池管理系统就根据蓄电池的当前状态向车载充电器输出相应的控制信号，帮助车载充电器自动选择充电模式、设置充电参数；当蓄电池组的不一致性程度达到设定的极限时，车载充电器自动进入均衡充电模式，以减小或消除蓄电池组的不一致性，提高蓄电池的性能，延长蓄电池的使用寿命。

8.3.6　能量回馈制动

当汽车减速或制动时，将部分动能或势能转换为电能并储存在能量储存装置中的过程称为能量回馈制动。电动汽车采用电力制动时，驱动电动机转换为发电状态，使汽车产生制动力矩，同时将产生的电能储存到蓄电池中，实现能量回馈制动，并在一定程度上减少制动器的工作负荷，延长摩擦片的使用寿命。能量回馈制动对纯电动汽车尤为重要，在城市工况中，汽车需要频繁起动与制动。有关研究表明，如果能够有效地回收制动能量，纯电动汽车的续驶里程可以提高 10%～30%。

1. 能量回馈制动的基本原理

电动汽车的制动方式可分为机械制动（液压或气压）和电力制动两大类，其制动系统实际上是一种混合制动系统。典型的混合制动系统有两种：一种是并联式混合制动系统，其结构和控制简单，并且保留所有常规制动系统的主要部件；另一种是全可控混合制动系统,其特点是各车轮制动力独立控制,可有效提高汽车在不同路面的制动性能。

电动汽车制动工况大致可分为以下三种。在不同工况下,制动系统采用不同的制动策略。

(1) 紧急制动。紧急制动是指紧急踩下制动踏板时制动减速度绝对值大于 $2m/s^2$ 的工况。出于安全方面的考虑,在这种工况下应以机械制动为主,电力制动为辅。

(2) 中轻度制动。中轻度制动是指汽车在正常行驶工况下的制动过程,可分为减速过程与停车过程。通常电力制动完成减速过程,机械制动完成停车过程。两种制动的过渡点取决于电动机发电特性,应避免充电电流过大或充电时间过长。

(3) 下长坡制动。下长坡制动对制动力的要求不高,可由电力制动完成,在制动过程中回馈电流小、充电时间长。

能量回馈制动的原理如图 8.28 所示。制动踏板提供制动信号,信号传递到整车控制器。整车控制器根据汽车行驶状况及其他控制模块的状态决定是否进行能量回馈制动,并分配能量回馈制动力矩。在能量回馈制动过程中,电动机控制器在对电动机实施回馈制动的同时,与能量管理系统进行实时双向信息交流,在保证蓄电池安全充电的同时,取得最佳能量回馈制动效果。

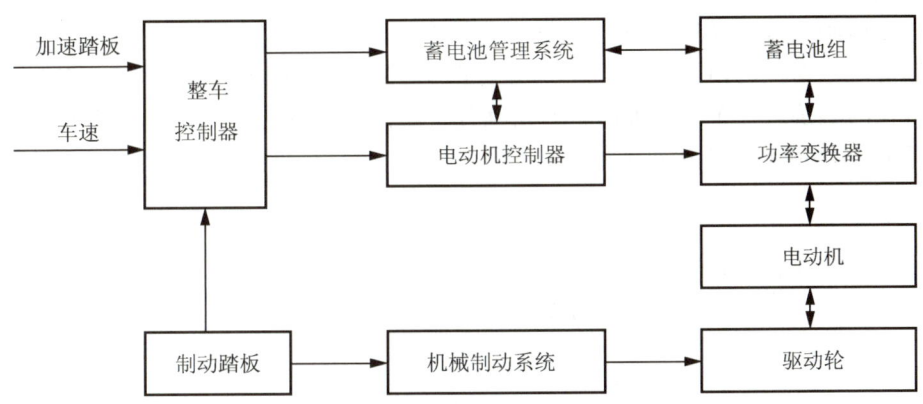

图 8.28 能量回馈制动的原理

设计电动汽车上的能量回馈制动系统时应注意如下两个问题:一是在回馈制动与摩擦制动之间分配制动力矩,以尽可能多地回馈制动能量;二是在前、后轴上分配总制动力矩,以实现稳定的制动性能。通常能量回馈制动仅对驱动轴有效,为回馈尽可能多的制动能量,必须控制电动机产生一定的制动力矩;同时,为实现驾驶人的减速指令,必须有足够的总制动力矩。

2. 能量回馈制动策略

电动汽车能量回馈制动策略的基本原则如下:在满足制动安全性的前提下,最大限度地回馈制动能量。能量回馈制动策略主要有理想制动力矩分配控制策略、最佳能量回馈制动控制策略和前后制动力矩固定比值控制策略。

(1) 理想制动力矩分配控制策略。理想制动力矩分配控制策略是以使汽车制动距离最小为控制目标,控制施加在前、后轮上的制动力矩,同时给驾驶人最佳制动方向稳定性感觉。要想实现这两个目标,施加在前、后轮上的制动力矩需遵循理想的制动力矩分配曲线。理想制动力矩分配策略能充分利用地面附着条件且制动距离最小,汽车制动时的方向稳定性好，制动能量回馈效果好，但控制系统较复杂，适用于全可控混合制动系统。

（2）最佳能量回馈制动控制策略。在符合制动法规要求的条件下，最佳制动能量回馈控制策略的原理是在满足对应于给定减速指令的总制动力矩情况下，为前轮分配更多制动力矩。因此能回馈更多制动能量。并联式混合制动系统和全可控混合制动系统均可采用这种策略。

（3）前后制动力矩固定比值控制策略。常规机械制动系统前后轮制动力矩的分配比例是固定的。对于电动汽车的混合制动系统而言，前后制动力矩固定比值控制策略是指前轮（前轮驱动）的总制动力矩（摩擦制动力矩与电力制动力矩之和）与后轮摩擦制动力矩的比值在一定制动减速度范围内是固定的。这种策略主要用于前轮驱动汽车的并联式混合制动系统。在制动主缸中安装检测主缸液压的压力传感器，施加在驱动轮上的电动机制动力矩正比于制动主缸中的液压力。前后制动力矩固定比值控制策略使前后轮上的实际制动力矩接近理想的制动力矩分配曲线，制动距离较小，且在危险情况下可更多地依靠能产生较大制动力矩的机械制动。

3. 直流电动机的能量回馈制动方式

电动汽车的驱动电动机有多种类型，不同类型的驱动电动机的能量回馈制动方式不同。下面以他励直流电动机为例，介绍驱动电动机能量回馈制动的工作原理。图8.29所示为他励直流电动机的回馈制动原理。在能量回馈制动过程中，将电动机电枢驱动电流断开，在电枢两端接入一个开关电路，并使其处于高频通断状态。电动机具有电感特性，感应电动势 E 与感应电流 I 有如下关系。

$$E = -L \frac{dI}{dt}$$

式中，L 为电动机电枢的电感（H）。

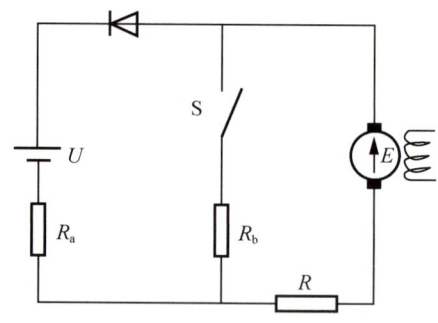

图8.29 他励直流电动机的能量回馈制动原理

当开关S闭合时，电动机感应电动势引起的感应电流经开关形成回路，感应电流 I_b 为制动电流，即

$$I_b = -\frac{E}{R_b + R}$$

式中，R 为电枢电阻（Ω）；R_b 为制动限流电阻（Ω）。

在制动电流 I_b 的作用下，直流电动机产生制动转矩并作用于驱动轮而形成电力制动。根据他励直流电动机的力学特性，电力制动力矩

$$T_b = -\frac{C_e C_m \Phi^2 n}{R_b + R}$$

式中，C_e 为磁场常数；C_m 为电动机转矩常数；Φ 为磁场磁通（Wb）；n 为电动机转速（r/min）。

当开关 S 断开时，感应电动势迅速上升，当感应电动势大于电源电动势时形成反馈电流，机械能转换为电能并回馈到蓄电池。回馈电流

$$I_a = -\frac{E - U}{R_a + R}$$

式中，R_a 为回馈电路的等效电阻（Ω）。

小　结

本章介绍了蓄电池的基本充电方法、蓄电池充电可接受电流及快速充电方法，使读者理解快速充电原理，为研究新的快速充电方法打好基础；介绍了蓄电池充放电特性、容量、循环寿命、内阻、安全性、荷电状态及状态参数测试方法，使读者加深对蓄电池性能与状态参数及其测试方法的理解；介绍了蓄电池管理系统的作用及组成，使读者全面理解蓄电池管理系统。

1．蓄电池有哪些基本充电方法？各有什么特点？
2．什么是蓄电池的充电可接受电流？快速充电的原理是什么？
3．具有实际意义的快速充电方法有哪些？
4．什么是蓄电池组的不一致性？蓄电池组的不一致性对蓄电池组有什么影响？
5．什么是蓄电池组的均衡充电？均衡充电方法有哪些？
6．具有实际意义的均衡充电方法是什么？如何启动均衡充电？
7．什么是蓄电池组的浮充电？蓄电池组浮充电有哪些作用？
8．蓄电池组有哪两种浮充电方式？其工作方式分别是什么？
9．蓄电池充电性能测试的内容有哪些？
10．如何测试蓄电池的放电性能？如何评价蓄电池的放电性能？
11．什么是蓄电池的理论容量和实际容量？如何测定蓄电池的容量？
12．如何测定蓄电池的循环寿命？影响蓄电池循环寿命的因素有哪些？
13．蓄电池的内阻包括哪些？蓄电池内阻的测定方法有哪些？
14．如何表示蓄电池的自放电程度？如何测定蓄电池的自放电程度？
15．蓄电池的安全性测试有哪些项目？
16．蓄电池荷电状态的检测方法有哪些？这些检测方法各有什么特点？
17．蓄电池管理系统的作用是什么？蓄电池管理系统有哪几种？
18．蓄电池管理系统的基本组成是怎样的？各起什么作用？
19．纯电动汽车上蓄电池管理系统的基本功能有哪些？

20. 为什么要对蓄电池进行热管理？热管理系统如何实现对蓄电池的温度控制？
21. 蓄电池热管理系统的散热结构有哪些形式？各有什么特点？
22. 为什么要在电动汽车上检测蓄电池组的绝缘电阻？绝缘电阻的检测方法有哪些？
23. 能量回馈制动的作用是什么？能量回馈制动的控制策略有哪些？

第9章 燃料电池

教学目标

熟悉燃料电池的基本概念；
了解燃料电池的特点、应用；
了解燃料电池的类型及工作原理；
理解质子交换膜燃料电池、碱性燃料电池、磷酸燃料电池及直接甲醇燃料电池的组成与工作原理；
熟悉燃料电池电动汽车的组成、储氢方式与工作方式、性能与存在的问题。

教学要求

知识要点	能力要求	相关知识
燃料电池的特点、与蓄电池的异同、与辅助动力单元的异同，以及燃料电池的发电原理、类型	熟悉燃料电池的基本概念，了解燃料电池的特点及与蓄电池和辅助动力单元的异同，了解燃料电池的应用领域和发展概况，熟悉燃料电池的基本组成及工作原理，了解燃料电池的类型	化学电源、发动机原理、发电机原理
质子交换膜燃料电池、碱性燃料电池、磷酸燃料电池、甲醇燃料电池的组成与工作原理	熟悉质子交换膜燃料电池的组成与工作原理，了解质子交换膜燃料电池的特点及影响性能的因素，了解其他类型燃料电池的组成、工作原理及特点	燃料电池原理、质子交换膜、极化与过电位、热力学原理、电化学原理
燃料电池电动汽车的特点、工作方式、关键技术	了解燃料电池电动汽车的特点，理解发展燃料电池电动汽车的意义，了解燃料电池电动汽车的结构类型、工作方式及储氢方式	电动汽车原理、氢的制备、氢的储存

9.1 燃料电池概述

9.1.1 燃料电池的基本概念及特点

【拓展视频】

1. 燃料电池的定义

燃料电池是一种将燃料（氢和氧）的化学能通过电极反应直接转换成电能的装置。 将氢和氧分别送入燃料电池后，即可从其正极和负极输出电能。

从外形上看，燃料电池与蓄电池相同，有正极、负极、电解液等；但燃料电池不能通过充电的方法储电，它只是一种通过不断消耗燃料来输出电能的能量转换装置，通常也称**发电装置**。

2. 燃料电池的应用

由于燃料电池通过电极反应直接将化学能转换成电能，其反应过程不涉及燃烧，因此能量转换效率不受卡诺循环的限制，具有高效、洁净的显著特点。燃料电池在航空航天、运输、汽车动力、军事和民用电子产品等领域应用广泛。燃料电池作为一种将化学能转换为电能的装置，成为继火电、水电与核电之后的第四种发电方式，并受到各国的高度重视。以燃料电池为动力能源的燃料电池电动汽车成为各大汽车公司开发的热点。

地球上的石油资源是有限的，当石油资源逐渐减少至枯竭时，人类赖以生存的能源将是核能、太阳能、水力、风能等。由于燃料电池的燃料是氢，因此可利用核能、太阳能、水力、风能、潮汐能等能量发电，然后通过电解水的方法制取氢。通过燃料电池（以氢为载体），氢与大气中的氧通过发生电化学反应转换为电能，将氢能源应用于汽车动力、军事用电及家庭用电等。可以说，燃料电池技术是人类步入氢能时代的一个重要里程碑，燃料电池为氢燃料提供更广阔的应用领域，为人类构筑起一幅基于清洁能源的美好蓝图（图9.1）。

【拓展视频】

【拓展图文】

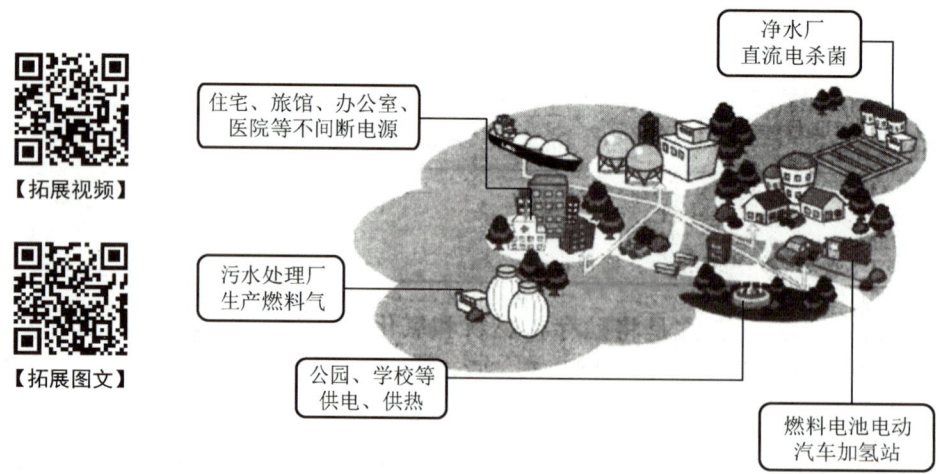

图 9.1 燃料电池的美好蓝图

3. 燃料电池与蓄电池的区别

燃料电池与蓄电池的相同之处是都有正极、负极、活性物质、电解液，都通过活性物质（氢燃料及氧化剂）的电化学反应产生电能，且都通过正极和负极输出电能。燃料电池与蓄电池的最大不同是它实际上是一个电化学反应器。燃料电池与蓄电池的不同之处总结如下。

【拓展视频】

（1）燃料电池通过电化学反应转换为电能的活性物质不在电池内部，而从电池外部输入。

（2）燃料电池放电过程消耗的活性物质无须通过充电还原，只需向电池不断输入燃料及氧化剂，并将电化学反应产物及时排出即可持续提供电能。

（3）由于燃料电池本体只决定电池的输出功率，燃料电池能量取决于外部可输入的燃料及氧化剂的储存量，因此燃料电池的质量比能量较高。而续驶里程主要取决于燃料的储备容量。

（4）燃料电池的内部结构和系统控制较复杂，尤其是放电控制，远不如蓄电池方便。

4. 燃料电池与原动机辅助动力单元的区别

在混合动力电动汽车上使用的辅助动力单元（auxiliary power unit，APU）实际上是由发动机和发电机组成的组合装置，燃料的化学能通过燃烧转换为热能，并由热能转换为机械能，再通过发电机转换为电能。燃料电池与辅助动力单元的相同之处是都将燃料转换为电能，但与辅助动力单元相比，燃料电池具有如下特点。

（1）由于燃料电池的燃料通过电化学反应直接转换为电能，没有燃烧转换为热能的过程，因此无燃料燃烧排放物，对环境的污染很小。

（2）燃料电池的氧化还原反应不在同一个地点，在负极发生氧化反应，在正极发生还原反应；而发动机燃料燃烧发生的氧化还原反应在同一个地点，反应后释放热能。由于燃料电池的能量转换过程不受卡诺循环的限制，且没有机械能转换为电能的过程，因此其能量转换效率高。

（3）由于燃料电池没有热机的工作噪声和机械传动装置的工作噪声，因此燃料电池本身的工作噪声很小。

（4）燃料电池不能直接使用汽油、柴油等燃料，而需要以氢为燃料或以经重整的富氢燃料气为间接燃料，对燃料的要求较高，燃料成本也较高。

5. 燃料电池的特点

燃料电池被称为发电装置，是因为它通过燃料（氢气和氧气）的氧化还原反应直接输出电能，即利用水电解的逆反应发电。燃料电池的核心部件及发电原理如图9.2所示。**燃料电池不是封闭体系，它的最大特点是正、负极本身不包含活性物质。工作时，活性物质从电池外部连续输入，即将反应物从外界不断地输送到电极参与反应，从而持续提供电能。** 因此，燃料电池又称连续电池。

燃料电池的特点总结如下。

（1）能量转换效率高。由于燃料电池的能量转换效率不受卡诺循环的限制，且不存在机械能做功造成的损失，因此与热机和发电机组成的APU相比，燃料电池的最大特点是能量转换效率极高。

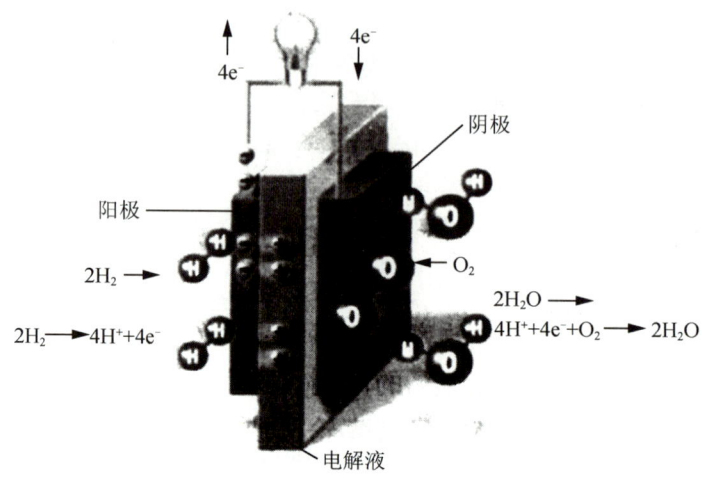

图 9.2 燃料电池的核心部件及发电原理

（2）发电环境友好。燃料电池在将燃料转换为电能的过程中，对环境的负面影响极小，主要表现在如下三个方面。

① 当燃料电池作为大、中型发电装置时产生的化学污染少。对以纯氢为燃料的燃料电池而言，发电后的产物只有水，可实现真正的零排放。在航空航天系统中，氢燃料电池生成的水可供宇航员饮用，且液氧系统可用作生命保障备用品。

② 当燃料电池以富氢气体（由矿物燃料制取）为燃料时，由于燃料电池的能量转换效率高，其 CO_2 的排放量减少 40% 以上，因此对缓解地球的温室效应起极其重要的作用。虽然在用矿物燃料制取富氢气体的过程中，必须经历重整、脱硫及其化合等过程，但在将燃料转换为电能的过程中没有燃烧过程，因此燃料电池不会产生 SO_2、NO_x、烃类、粉尘等污染物。如果采用太阳能通过光分解水的方法制氢，那么燃料电池完全不产生温室气体。

③ 由于燃料电池没有热机的曲柄连杆机构等机械运动部件，因此噪声小。例如，11MW 大功率磷酸燃料电池发电系统的噪声小于 55dB。燃料电池工作安静，适合作为潜水艇等军事装备的电源。燃料电池能全自动运行，无须人看管，适合作为在僻静、恶劣环境下工作及作为空间运行设备的电源。

（3）采用模块结构，方便且耐用。单体电池是燃料电池发电的单元，燃料电池发电系统可由单体电池堆叠至所需规模的电池组构成，单体电池的数量决定了发电系统的规模。发电站用大规模燃料电池发电系统采用模块结构，工厂可生产燃料电池模块（由一定数量的单体电池堆叠成组），在发电站现场简单安装即可。由于可以更换燃料电池模块，因此维修方便、可靠性高。

（4）响应性好，供电可靠。燃料电池发电系统对负载变动的响应速度较高。当负载有变动时，燃料电池很快响应。因此，无论是过载运行还是低于额定功率运行，燃料电池都能承受，并且效率变化不大。在电力系统供电中，电力需要变动的部分可由燃料电池承担。例如，在用电高峰燃料电池可作为调节的储能电池，以弥补供电系统电能的不足。燃料电池的供电功率范围极广，大到大、中型电站，小到应急电源、不间断电源甚至便携式电源。

(5) 适用多种燃料。燃料电池除可用纯氢做燃料外，还可用天然气、煤气、甲醇、乙醇、汽油等做燃料，发电厂不宜使用低质燃料（如褐煤、废木、废纸甚至城市垃圾）做燃料。当然，除纯氢外的燃料需要经专门装置重整转换为富氢气体。

(6) 结构简单，机械加工及维护方便。燃料电池系统没有复杂的机械运动部件，机械加工方便且对精度要求低。燃料电池工作时无机械磨损，维护较容易。

尽管燃料电池具有上述优点，且取得了良好的应用效果，但还有若干关键技术待突破。燃料电池亟待解决的关键问题如下。

(1) 因成本太高而无法普及。
(2) 高温下的使用寿命及稳定性不够理想。
(3) 没有建立完善的燃料供应体系。

9.1.2 燃料电池的类型

燃料电池有不同的分类方法，具体如下。

1. 按工作温度分类

燃料电池按工作温度分为低温燃料电池、中温燃料电池和高温燃料电池。

(1) 低温燃料电池。低温燃料电池的工作温度低于200℃，可以水溶液或其浓缩液为电解液，但只有采用铂催化剂才能达到实用的高电压及高电流密度，使用的燃料是H_2或经纯化及重整的富氢气体。

(2) 中温燃料电池。中温燃料电池的工作温度为200～750℃。中温固态燃料电池兼具高温固态氧化物燃料电池和低温质子交换膜燃料电池的优点，并克服了二者的某些缺点。中温燃料电池可大幅度提高贵金属催化剂的CO耐受能力，并且使金属及合成树脂等材料用作电池（堆）的连接和密封材料成为可能，从而降低了燃料电池的成本，延长了燃料电池的使用寿命。

(3) 高温燃料电池。高温燃料电池的工作温度高于750℃，以熔融盐或固体氧化物为电解液，可以在不采用特殊催化剂的情况下获得高电压及高电流密度。除H_2外，还可使用煤气、天然气、甲烷、沼气等做燃料。

2. 按燃料来源分类

燃料电池按燃料来源分为直接式燃料电池、间接式燃料电池、再生式燃料电池和微生物燃料电池。

(1) 直接式燃料电池。由于直接式燃料电池的燃料是液态纯氢或气态纯氢，因此不需要复杂的汽化产生H_2的过程，但需要用铂、金、银等贵重金属做催化剂。直接式甲醇燃料电池无须预先重整，可直接用甲醇在阳极转换为CO_2和H_2，但消耗的铂催化剂比纯氢燃料多。

(2) 间接式燃料电池。间接式燃料电池以天然气、甲烷、汽油、液化石油气、二甲醚等为燃料，经纯化及重整后转换为H_2或富氢气体，再输送给燃料电池本体。

(3) 再生式燃料电池。再生式燃料电池可将燃料电池生成的H_2O经适当方法分解成H_2和O_2，再输送给燃料电池发电。

(4) 微生物燃料电池。微生物燃料电池利用生物原料（如稻草、麦秆、玉米秆、青草、含能源的植物、动物粪便等），通过反应器转换成燃烧气体（主要是H_2、CO、

CH_4），经加工处理后作为燃料电池的燃料，用于建立分散型电站；也可转换为 H_2，用作电动汽车的动力。

3. 按电解液分类

燃料电池按电解液分为碱性燃料电池（alkaline fuel cell，AFC）、磷酸燃料电池（phosphoric acid fuel cell，PAFC）、质子交换膜燃料电池（proton exchange membrane fuel cell，PEMFC）、熔融碳酸盐燃料电池（molten carbonate fuel cell，MCFC）、固体氧化物燃料电池（solid oxide fuel cell，SOFC）等。

（1）碱性燃料电池。碱性燃料电池以石棉网为电解液载体，以 KOH 水溶液为电解液，工作温度为 70～200℃。在高温（约 200℃）下采用高浓度的 KOH（85%）水溶液做电解液；在较低温度（小于 120℃）下采用低浓度的 KOH（35%～50%）水溶液做电解液。碱性燃料电池必须以纯氢为阳极燃料气体，以纯氧为阴极氧化剂，催化剂使用铂、金、银等贵重金属或镍、钴、锰等过渡金属。由于碱性燃料电池电解液的腐蚀性较强，因此其使用寿命较短。与其他燃料电池相比，碱性燃料电池的优点是起动快、功率密度较高、性能较可靠，是技术较成熟的燃料电池。碱性燃料电池的应用涉及航空航天、军事装备、电动汽车、发电等领域。

（2）磷酸燃料电池。磷酸燃料电池以 H_3PO_4 水溶液为电解液，工作温度为 150～200℃，在电极上需要用铂做催化剂来加速反应。磷酸燃料电池在低温下的离子电导率较低，而阳极铂易受 CO 毒化，其发电效率仅为 40%～45%，燃料必须经重整改质，而且气体燃料中的 CO 浓度必须小于 0.5%。由于酸性电解质具有腐蚀作用，因此磷酸燃料电池的使用寿命难以超过 40000h。磷酸燃料电池技术趋于成熟，产品趋于商业化。磷酸燃料电池的缺点是起动慢，不适合用作轿车动力，但可用作公共汽车的动力。磷酸燃料电池较适合用作特殊用户的分散式电源、现场可移动电源、备用电源等。

（3）质子交换膜燃料电池。质子交换膜燃料电池的电解质为固体聚合物膜，只允许质子通过，称为质子交换膜。质子交换膜燃料电池的工作温度约为 80℃。在这种低温下，需要通过电极上一薄层的铂催化，以确保电化学反应正常缓慢进行。因质子交换膜燃料电池内部的唯一液体为 H_2O，故其腐蚀程度较低，使用寿命较长。质子交换膜燃料电池即使在低温下也具有起动时间短的特性，可以在几分钟内满载运行，电流密度和功率密度较高，发电效率为 45%～50%且运行可靠，是电动汽车的首选动力电源。此外，质子交换膜燃料电池也可用作移动电源、军用野外小型电力装置、便携式电器不间断电源等，但不适用于大容量集中型电厂。

（4）熔融碳酸盐燃料电池。熔融碳酸盐燃料电池的电解液为分布在多孔陶瓷材料中的碱性碳酸盐，工作温度为 600～800℃。碱性碳酸盐在高温下呈熔融状态，其离子电导率极高，在高温下的电极反应不需要贵重金属（如铂）做催化剂，可以分别采用 Ni 与 NiO 作为阳极与阴极的触媒，且具有重整改质能力，天然气和石油的碳氢化合物等均可直接作为燃料，发电效率较高。如果可以回收余热或与燃气轮机组成联合发电系统，就可进一步提高发电容量和发电效率。由于熔融碳酸盐燃料电池在高温下工作时需要较长时间达到工作温度，因此不能用于电动汽车；由于其电解液的温度和腐蚀特性，因此不适用于移动电源和便携式电器不间断电源；由于其具有较高的发电效率，因此适用于分散型电站和集中型电厂大规模发电。

（5）固体氧化物燃料电池。固体氧化物燃料电池的电解质是固体非多孔金属氧化物，工作温度为 650～1000℃。因固体氧化物燃料电池电极无需铂等贵重金属做催化剂，且不存在电解液蒸发和电池材料的腐蚀问题，故使用寿命较长，可以连续工作 70000h。固体氧化物燃料电池以天然气和石油的碳氢化合物等为燃料，燃料可在内部重整改质。由于固体氧化物燃料电池的工作温度很高，金属与陶瓷材料间不易密封，起动慢，因此不适合用作紧急电源，但较适合替代石油和煤等用于火电厂发电，既可用于中、小容量的分散型电站（500kW～50MW），又可用于大容量集中型电厂（大于 100MW）。

五种燃料电池的特点比较见表 9.1。

表 9.1　五种燃料电池的特点比较

项目	碱性燃料电池	磷酸燃料电池	质子交换膜燃料电池	熔融碳酸盐燃料电池	固体氧化物燃料电池
电解液	KOH 水溶液	H_3PO_4 水溶液	质子交换膜	碱性碳酸盐	氧化锆陶瓷
工作温度/℃	70～200	150～200	50～100	600～800	650～1000
燃料	H_2	H_2	H_2、甲醇、天然气等	CO、H_2	CO、H_2
氧化剂	O_2	空气	空气或 O_2	空气	空气
起动时间	几分钟	2～4h	几分钟	>10h	>10h
主要优点	起动快，效率高，可在室温下工作	对 CO 不敏感	起动快，质量比功率高，工作温度低，使用寿命长	效率高，无需贵重金属做催化剂	效率高，无需贵重金属做催化剂
主要缺点	需用纯氧做氧化剂，有腐蚀	效率较低，有腐蚀	对 CO 敏感，成本较高	工作温度较高，控制复杂，有腐蚀	工作温度高，控制复杂，有腐蚀
主要应用领域	航空航天、军事装置、电动汽车	大客车，中、小型电厂	航空航天、军事装备、电动汽车	大容量集中型电厂	大容量集中型电厂

质子交换膜燃料电池的工作温度低、起动快、效率较高，是电动汽车用燃料电池的最佳选择。

9.1.3　燃料电池的工作原理、电动势与工作电压

1. 燃料电池的工作原理

燃料电池的核心部分是燃料（阳极）、电解液、氧化剂（阴极）。电动汽车用燃料电池有质子交换膜燃料电池、磷酸燃料电池、碱性燃料电池。燃料电池的工作原理如图 9.3 所示。燃料电池工作时，向阳极供给 H_2，向阴极供给空气，在电池内部发生电化学反应，直接将化学能转换为电能并输出。

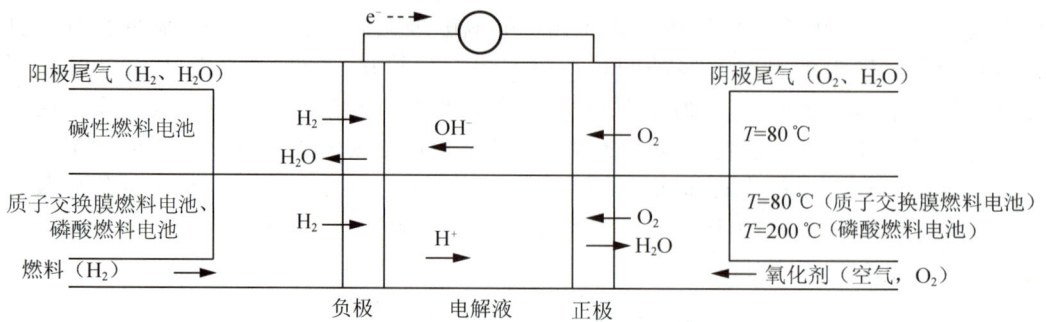

图 9.3　燃料电池的工作原理

（1）阳极氧化反应。

进入阳极的 H_2（燃料）在催化剂的作用下分解成 H^+ 和电子，H^+ 进入电解液，其电化学反应式如下。

$$H_2 \longrightarrow 2H^+ + 2e^-$$

（2）阴极还原反应。

进入阴极的空气（氧化剂）参与还原反应，空气中的 O_2 与电解液中的 H^+ 吸收抵达阴极的电子而生成 H_2O。这是 H_2O 的电解反应的逆过程，其电化学反应式如下。

$$\frac{1}{2}O_2 + 2H^+ + 2e^- \longrightarrow H_2O$$

（3）外电路电子运动形成电流。

在正、负极之间连接外电路后，电子沿外电路移向正极而形成电流，并向外部电路中的电气负载提供电能。

燃料电池的总电化学反应式如下。

$$H_2 + \frac{1}{2}O_2 \longrightarrow H_2O$$

2. 燃料电池的电动势与工作电压

（1）燃料电池的电动势。

燃料电池内部阳极和阴极的电化学反应使正极电位和负极电位改变，正、负极产生电位差（电动势 E），即

$$E = \varphi_e^+ - \varphi_e^-$$

式中，φ_e^+ 为正极平衡电极电位（V）；φ_e^- 为负极平衡电极电位（V）。

无论采用哪种电解液，氢氧燃料电池的电动势 E 都为 1.229V；如果反应产物 H_2O 呈气态，则 E 为 1.18V。

（2）燃料电池的工作电压。

燃料电池工作时，通过外电路形成放电电流，燃料电池正、负极的电位差（工作电压 U）为

$$U = E - \Delta\varphi^+ - \Delta\varphi^- - IR$$

式中，$\Delta\varphi^+$ 为正极极化电位差（V）；$\Delta\varphi^-$ 为负极极化电位差（V）；IR 为电池内部电阻电压降（V）。

电极产生的极化包括活化能极化和浓差极化。活化能极化是由电极反应必需的活化能产生的极化；浓差极化是反应物的供应速度或生成物的排出速度缓慢产生的极化。

燃料电池工作时，随着放电电流 I 的增大，正、负极的极化电位差增大，电池内部电阻电压降增大。燃料电池的放电特性曲线如图 9.4 所示。

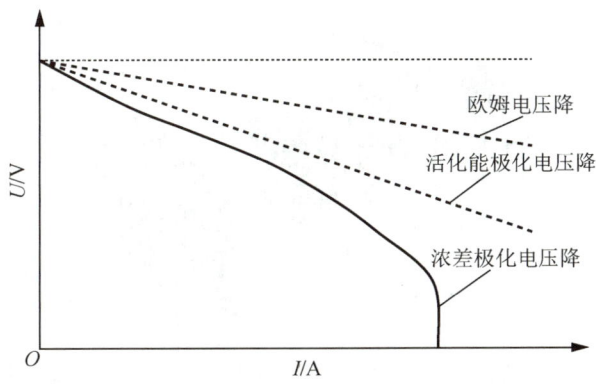

图 9.4　燃料电池的放电特性曲线

9.2　质子交换膜燃料电池

9.2.1　质子交换膜燃料电池的基本组成与工作原理

质子交换膜燃料电池主要由膜电极和集电极组成，其工作原理如图 9.5 所示。

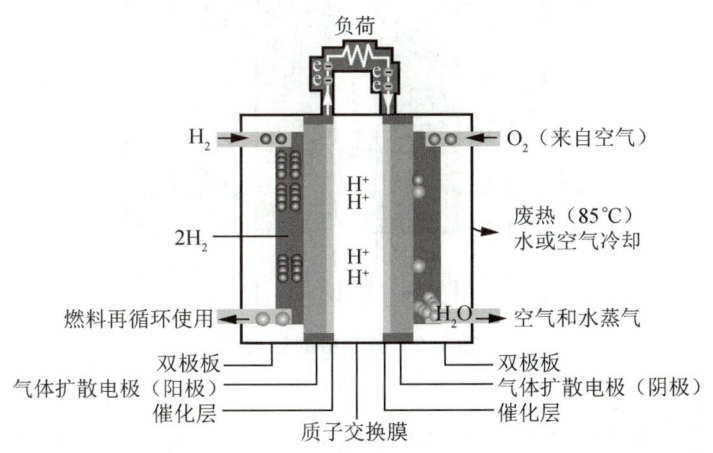

图 9.5　质子交换膜燃料电池的工作原理

【拓展视频】

增湿后的 H_2 和 O_2 分别进入阳极和阴极，经气体扩散电极扩散到催化层与质子交换膜的界面，在催化剂的作用下分别发生氧化反应和还原反应。阴极反应生成的质子（H^+）通过质子交换膜的传导到达阳极，阳极反应产生的电子经外电路到达阴极，形成放电电流；生成的 H_2O 以水蒸气或冷凝水的形式随过剩的阴极反应气体从阴极排出。

9.2.2 质子交换膜燃料电池单体的组成

质子交换膜燃料电池单体的组成部件如图9.6所示。

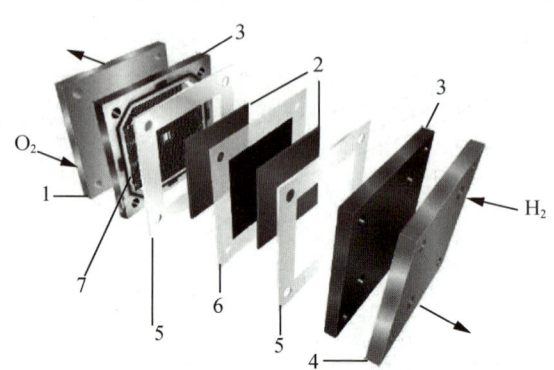

1,4—端板；2—气体扩散层；3—双极板；5—密封垫片；6—质子交换膜；7—气体通道。

图9.6 质子交换膜燃料电池单体的组成

1. 膜电极

膜电极（membrane electrode assembly，MEA）是质子交换膜与两侧的气体扩散层（阴、阳电极）热压而成的三合一组件，质子交换膜与电极之间还有一层催化层。膜电极是质子交换膜燃料电池的核心部件，其结构如图9.7所示。

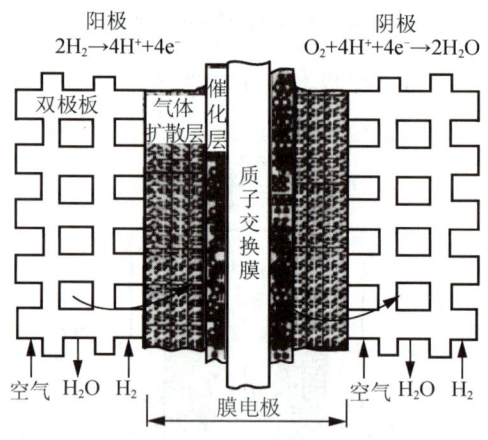

图9.7 膜电极的结构

（1）质子交换膜。

质子交换膜是一种厚度仅为 $50\sim180\mu m$ 的极薄膜片，是电极活性物质（催化剂）的基底。**质子交换膜的特点是在一定的温度和湿度下允许 H^+（质子）通过，而不允许 H_2 及其他离子通过。** 质子交换膜是质子交换膜燃料电池的核心技术，其化学性质和物理性质对质子交换膜燃料电池的性能影响极大。对质子交换膜的要求如下。

① 具有良好的离子导电性。

② 具有适当的含水率。

③ 在电池工作时具有良好的化学稳定性。

④ 即使在极薄结构尺寸下也具有足够的机械强度。
⑤ 膜表面与催化剂有良好的结合性能。

1962 年杜邦公司研制成功全氟磺酸型质子交换膜，1964 年开始用于氯碱工业，1966 年首次用于燃料电池，为研制使用寿命长、比功率高的质子交换膜燃料电池打下坚实基础。至今各国研制质子交换膜燃料电池使用的质子交换膜仍以杜邦公司的全氟磺酸型质子交换膜为主，其商品型号为 Nafion。但 Nafion 膜售价高（500～800 美元/米²），为降低质子交换膜燃料电池的成本，各国科学家开始研究部分氟化质子交换膜或非氟化质子交换膜。

制备 Nafion 膜采用聚四氟乙烯做原料，合成全氟磺酰氟烯醚单体，该单体与四氟乙烯共聚，得到具有不溶性的全氟磺酰氟树脂。该树脂热塑成膜并水解，用 H^+ 交换 Na^+，最终得到 Nafion 系列质子交换膜。

在相对湿度低或高温条件下，Nafion 膜的离子导电性差。因此，用 Nafion 制作的质子交换膜燃料电池的工作温度限定在 100℃ 以下，一般不超过 80℃，否则 Nafion 膜脱水。Nafion 膜的工作要求为湿度高和工作温度低，使得质子交换膜燃料电池必须配备复杂的水管理系统。

由于在低温下工作，燃料电池的动力学反应较慢且与环境的温度差较小，因此质子交换膜燃料电池需要复杂的热管理系统和体积较大的散热器。对于电动汽车用质子交换膜燃料电池，通用汽车公司曾提出如下建议：将膜的工作温度提高到 120～150℃，使膜在 25% 的相对湿度下工作。

（2）催化剂。

催化剂是质子交换膜燃料电池的核心技术，为加速正极氢的氧化反应和负极氧的还原反应，质子交换膜两侧的气体扩散电极表面含有一定量的催化剂。对催化剂的要求是活性高、选择性好、耐腐蚀、使用寿命长、电子导电性良好、成本低。

当以金属铂为催化剂时，一般使用量为 $0.2\text{mg}/\text{cm}^2$。铂是价格高的稀缺资源，早期的膜电极将铂直接热压到电解质膜的两侧，使铂的载量较高，导致燃料电池的成本过高。后来采用碳载铂技术，并开发出涂膏法、浇注法、滚压法、电化学催化法等制备工艺，使铂的利用效率提高、单位面积铂的使用量下降，燃料电池的成本得到有效控制。

（3）气体扩散电极。

气体扩散电极包括气体扩散层和催化层，如图 9.8 所示，它是膜电极的重要组成部分。性能良好的气体扩散电极应同时具有适当的亲水性和憎水性，以保证催化剂发生作用的最佳湿度环境；同时及时排出反应生成的水，避免电极被水淹没。

图 9.8 气体扩散电极的结构

气体扩散层具有支撑催化层、提供气体通道、提供电子通道并收集电流、提供排水通道等作用。气体扩散层一般由炭纸或炭布制成，炭纸更常用。炭纸是以短的聚丙烯脂碳纤维丝和有机树脂为原料，在惰性气氛中烧结成的外观类似硬纸的多孔材料。原则上，气体扩散层越薄越有利于传质和减小电阻，但考虑对催化层的支撑与强度的要求，一般其厚度

为 $100\sim300\mu m$。图 9.9 所示为 TGP 炭纸的扫描电镜图片，显示了炭纸的结构。

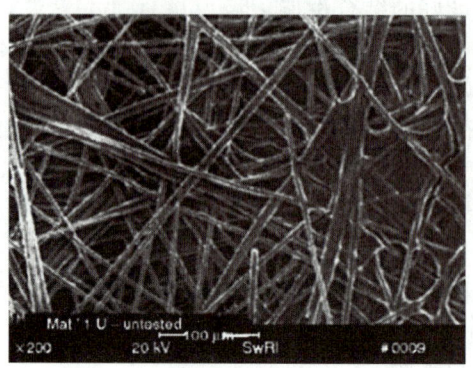

图 9.9　TGP 炭纸的扫描电镜图片

电极扩散层的制备方法是多次将炭纸或炭布浸入聚四氟乙烯乳液，并对其做疏水处理，采用称重法确定聚四氟乙烯的含量。再将浸满聚四氟乙烯的炭纸置于 $330\sim340℃$ 的烘箱内焙烧，以除掉浸渍在炭纸或炭布中聚四氟乙烯乳液的表面活性剂，同时使聚四氟乙烯热熔烧结并均匀分散在炭纸或炭布的纤维上，从而达到良好的憎水效果。在焙烧后的炭纸中，聚四氟乙烯的含量（质量分数）约为 50％。由于炭纸或炭布表面凹凸不平对制备催化层有影响，因此需要对其进行整平处理。

催化层是电化学反应发生的场所，也是电极的核心部分。早期的催化层是由纯铂黑与聚四氟乙烯乳液制备的，电极中的铂担载量为 $4mg/cm^2$。现在通常使用炭担载铂催化剂，以减小铂担载量。

将铂附着在细小的活性炭表面制成铂/炭催化剂，再与聚四氟乙烯乳液及质子导体聚合物（如 Nafion 溶液）按一定比例分散在 H_2O 和乙醇的混合溶剂中，通过搅拌、超声振荡混合均匀，然后采用丝网印刷、涂布和喷涂等方法在气体扩散层上制备 $30\sim50\mu m$ 厚的催化层。采用铂或炭催化剂的铂质量分数为 10％～60％，通常采用 20％（质量分数）的铂或炭催化剂。氧电极和氢电极的铂担载量分别为 $0.3\sim0.5mg/cm^2$ 和 $0.1\sim0.3mg/cm^2$。聚四氟乙烯在催化层中的质量分数一般为 10％～50％。

为了克服憎水厚层催化层离子电导率低和催化层与膜之间树脂变化梯度大的缺点，洛斯阿拉莫斯国家实验室提出一种厚度小于 $5\mu m$ 的亲水催化层制备方法。该方法的主要特点是催化层内不含憎水剂（聚四氟乙烯），而用 Nafion 树脂做黏结剂和 H^+ 的导体。具体制备方法如下：将质量分数为 5％的 Nafion 溶液与铂或炭催化剂混合（质量比约为 3∶1），并加入 H_2O 和醇，通过超声振荡将其混合均匀，然后采用丝网印刷、喷涂或压延技术将催化剂涂敷在气体扩散层或质子交换膜上。

在经典的疏水电极催化层中，在聚四氟乙烯的憎水网络形成的气体通道中传递气体；而在薄层亲水电极催化层中，通过在 H_2O 或 Nafion 类树脂中的溶解扩散传递气体。薄的催化层可减少催化层内气体传输和质子扩散产生的电势损失，这种薄层亲水电极催化层与厚层憎水电极催化层相比，铂担载量大幅度降低（$0.1\sim0.5mg/cm^2$）。

常用物理方法（如真空溅射）制备超薄电极催化层，将铂溅射到扩散层或特制的具有纳米结构的碳须扩散层上，铂催化层的厚度可小于 $1\mu m$，一般为几十纳米。

2. 双极板

在膜电极两侧的双极板又称集电极，可串联各单体电池。双极板的两侧分别与相邻两个单体电池的阳极和阴极接触，无需导线便可串联各单体电池。双极板除用于导电和串联单体电池外，其表面的导流槽还起导流燃料、氧气及冷却水的作用。双极板的作用示意如图 9.10 所示。

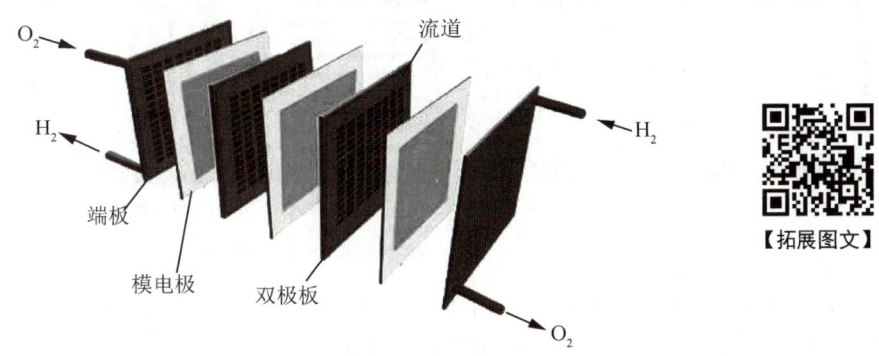

图 9.10 双极板的作用示意

双极板的表面结构如图 9.11 所示。双极板面向膜电极一侧的表面刻有沟槽（称为流道），用于导流燃料和 O_2（空气）；双极板中间的沟槽是冷却水的通道，用于带走反应生成的多余热量。选择双极板的材料和结构时，主要考虑导电性和密封性，反应气体能均匀分布于电极各处，水与热排出顺畅。

图 9.11 双极板的表面结构

双极板也是燃料电池的一个关键组件，对燃料电池的尺寸、质量、成本、性能、效率等均有极大影响。对双极板有如下要求。

（1）双极板本身具有极好的导电性，并且与电极接触良好，接触面积尽可能大。

（2）组装后保证反应气体相互隔离，没有泄漏。

（3）反应气体的流动阻力小，以减少功率消耗。

（4）能将流态复杂的反应气体、水蒸气均匀地分布在电极表面。

（5）易使空气从膜电极上带走反应产生的 H_2O 和使 H_2O 蒸发。

（6）必须保证燃料电池电堆具有良好的冷却性能。

（7）体积小，易大批量制造，对加工精度的要求低。

双极板的材料主要有石墨、表面性能改善的金属、炭黑-聚合物复合材料等，通过精密铣床加工或直接模压成型制成双极板的沟槽网（流场）。有的双极板由网状结构的流场板与极板组成。

流场的功能是引导反应气体的流动方向，保证反应气体均匀分散到电极的各处，经电极扩散层到达催化层参与电化学反应。流场直接关系膜电极的运行状况。流场分为点状流场、网状流场、栅形流场、平行沟槽流场、蛇形流场等，如图9.12所示。

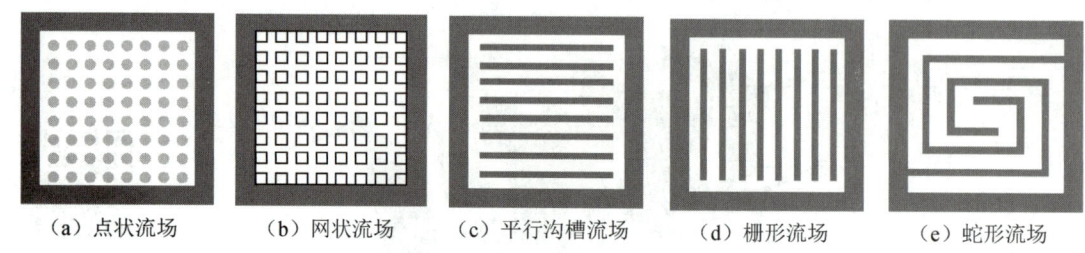

(a) 点状流场　　(b) 网状流场　　(c) 平行沟槽流场　　(d) 栅形流场　　(e) 蛇形流场

图9.12　常见双极板流场

质子交换膜燃料电池主要使用平行沟槽流场和蛇形流场。对于平行沟槽流场双极板（图9.13），可通过改变沟与脊的宽度比和平行沟槽的长度来调速流经流场沟槽反应气体的线速度，并排出液态 H_2O。对于蛇形流场，可通过改变沟与脊的宽度比、通道数量和蛇形沟槽的长度来调整反应气体在流场中的线速度，确保排出液态 H_2O。

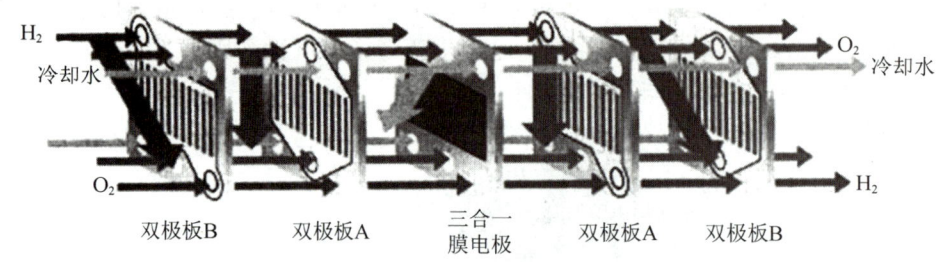

双极板B　　双极板A　　三合一膜电极　　双极板A　　双极板B

图9.13　平行沟槽流场双极板

质子交换膜燃料电池组一般按压滤机方式组装，而且大多采用内共用管道形式。质子交换膜燃料电池组的主体为膜电极、双极板，一端为氧电极板，可兼作电流导出板，为电池组的正极；另一端为氢电极板，可兼作电流导出板，为电池组的负极。与两块导流板相邻的是端板（也称夹板），其上除有反应气体和冷却液进出通道外，周围还均匀分布一定数目的圆孔。组装质子交换膜燃料电池组时，在圆孔内穿入螺杆以将质子交换膜燃料电池组夹紧。若用金属（如不锈钢、铁板、超硬铝等）制作两块端板，则还需在导流板与端板之间加入由工程塑料制作的绝缘板。质子交换膜燃料电池组的安装方式如图9.14所示。

图9.14　质子交换膜燃料电池组的安装方式

9.2.3 质子交换膜燃料电池系统

单体燃料电池通过串联方式组成的电池组（称为燃料电池电堆）只有持续地供给燃料和氧化剂，并及时处理电化学反应产生的 H_2O 和热才能正常工作。因此，一个能持续供电的燃料电池必须配备燃料供给与循环系统、氧化剂供给系统、水/热管理系统及协调各系统工作的电子控制系统。典型的质子交换膜燃料电池系统如图 9.15 所示。

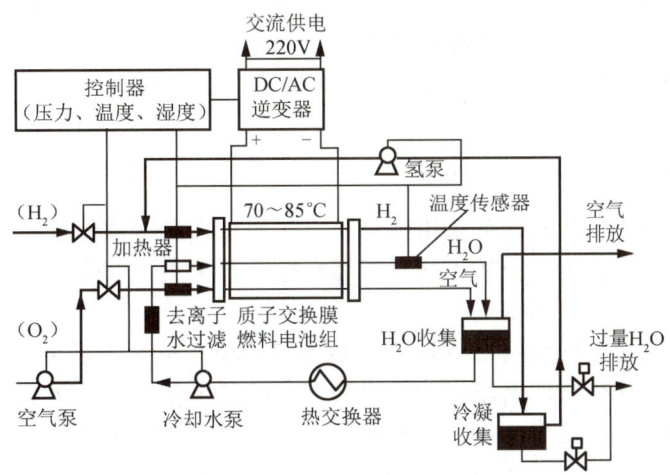

图 9.15 典型的质子交换膜燃料电池系统

1. 质子交换膜燃料电池电堆

质子交换膜燃料电池电堆由多个单体燃料电池以串联方式层叠组成。将双极板与膜电极交替叠合，在各单体燃料电池之间嵌入密封件，经前、后端板压紧后，用螺杆紧固，即构成质子交换膜燃料电池电堆。质子交换膜燃料电池电堆的结构如图 9.16 所示。

图 9.16 质子交换膜燃料电池电堆的结构

【拓展视频】

质子交换膜燃料电池电堆工作时，H_2 和 O_2 分别由进口通入，经电堆气体主通道分配至各单体燃料电池的双极板，经双极板流道的导流均匀分配至电极，通过电极支撑体与催化剂接触进行电化学反应。

2. 燃料及其循环系统

质子交换膜燃料电池以纯氢为燃料，也可以甲醇、天然气等碳氢化合物为燃料。以纯氢为燃料的循环系统由氢源、稳压阀和循环回路组成,其氢源可采用压缩氢、液氢或金属氢化物储氢。稳压阀的作用是控制燃料氢气的压力。循环回路用于循环利用过量的燃料气,通常用一个循环泵或喷射泵将过量的 H_2 送回入口,因此氢源提供的 H_2 几乎100%被用来发电。

如果质子交换膜燃料电池以碳氢化合物为燃料,则其燃料循环系统至少应包括一个燃料处理器,以将燃料或燃料 H_2O 水的混合物转换为蒸气。由燃料转换而来的气体包括大部分 H_2、CO_2、H_2O 和微量的 CO。转换气中的惰性气体和其他气体都可不同程度地影响燃料电池的性能,在低温下 CO 易吸附在铂催化剂上,引起 CO 中毒,导致燃料电池的性能下降。为防止 CO 中毒,必须将转换气中的 CO 浓度控制在 10^{-4} 以下,通常用一个转换器或一个选择氧化器净化 CO。

3. 氧化剂及其循环系统

质子交换膜燃料电池的氧化剂采用纯氧或空气。如果用纯氧作氧化剂,其系统组成及控制与纯氢燃料循环系统类似。质子交换膜燃料电池通常用空气作氧化剂,根据不同的应用需要,采用常压空气或压缩空气。

以常压空气为氧化剂的燃料电池系统的结构较简单。由于燃料电池性能随 O_2 压力的增大而提高,因此在获得相同电池性能的前提下,以常压空气为氧化剂的质子交换膜燃料电池系统的尺寸较大,制造成本较高。此外,采用常压空气的循环系统增大了燃料电池系统水/热管理的难度。

采用压缩空气做氧化剂的循环系统较复杂,通常包含一个由质子交换膜燃料电池驱动的压缩机和一个可以从排放气中回收部分能量的涡轮热膨胀器。

选择氧化剂时,需要综合考虑特定应用场合下的系统效率、燃料电池的质量及制造成本。

4. 水/热管理系统

水/热管理系统是质子交换膜燃料电池系统的重要组成部分。以压缩空气为氧化剂的质子交换膜燃料电池的水/热管理系统如图9.15所示,大部分反应物中的 H_2O 随着过量的空气流从阴极排出。通常,氧化剂的流量是质子交换膜燃料电池发生反应所需化学计量流量的2倍。由于质子交换膜燃料电池的最佳工作温度为70~90℃,反应产物均呈液态而易收集,因此其水管理系统相对简单。其他类型的燃料电池的反应产物 H_2O 可由阳极排出。

在多数质子交换膜燃料电池系统中,反应产物 H_2O 可应用于冷却系统,部分用来加湿燃料气和氧化剂。反应产物 H_2O 首先通过燃料电池堆的反应区冷却电堆本身,在冷却过程中水蒸气被加热至燃料电池的工作温度,被加热的 H_2O 与反应气体接触,起到增湿的作用。除在增湿过程中部分热量被反应气体带走外,还需要通过热交换过程将 H_2O 中多余的热量带走,以防止质子交换膜燃料电池系统的热量累积而造成电池温度上升、性能下降。这个热交换过程是通过水/空气管理系统完成的。对于一些特殊的质子交换膜燃料电池系统,多余的热量也可用于空调加热和饮用热水。

5. 控制系统

从图9.15可知,质子交换膜燃料电池系统由多个子系统组成,所有子系统既相互独立又相互联系，任何一个子系统工作失常都将直接影响燃料电池的性能。为保证整个系统可靠运行，需要控制系统协调控制各子系统。控制系统由传感器、电子控制器及控制执行器（阀、泵、调节装置等）组成。随着燃料电池电堆技术的日趋成熟，控制系统成为决定燃料电池系统性能和制造成本的关键因素。

9.2.4 质子交换膜燃料电池的工作特性及影响因素

反映质子交换膜燃料电池工作性能的重要参数有工作电压、输出电流、输出功率等。在质子交换膜燃料电池工作过程中，影响工作特性的主要因素有质子交换膜燃料电池电堆本身的技术状况、燃料电池的工作条件及燃料电池系统的水/热管理。

1. 质子交换膜燃料电池电堆本身技术状况的影响

质子交换膜燃料电池电堆的技术状况对质子交换膜燃料电池的工作性能起关键作用，而影响燃料电池电堆性能的主要因素如下。

（1）膜电极的结构、制备方式和制备条件。

（2）质子交换膜的类型、厚度、预处理情况、质子电导率、机械强度、化学稳定性和热稳定性。

（3）催化剂的含量和制备方法。

（4）双极板的结构形式和流场的结构与布置。

2. 燃料电池工作条件的影响

（1）工作电压、输出功率及能量效率与输出电流的关系。

质子交换膜燃料电池的工作电压、输出功率与输出电流的关系曲线如图9.17所示。从图中可知，质子交换膜燃料电池的工作电压随输出电流的增大而下降，但其输出功率增大。由于质子交换膜燃料电池的效率主要与工作电压有关，因此当燃料电池电压和能量效率高时输出功率较低。最佳质子交换膜燃料电池电堆设计如下：电堆在输出电流较大的情况下有较高的工作电压，以使电堆既有高的输出功率，又有高的能量效率。对电动汽车用燃料电池的要求是比功率高和成本低，只有在大电流输出的情况下才能实现。

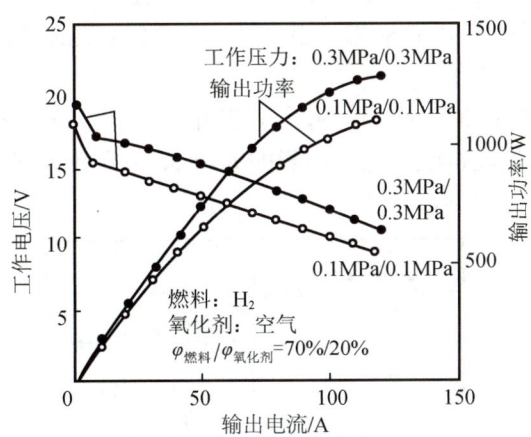

图 9.17　质子交换膜燃料电池的工作电压、输出功率与输出电流的关系曲线

(2) 工作压力的影响。

① 工作压力。从图9.17可知，H_2 与空气压力的比值为 0.3MPa/0.3MPa 下的工作电压及输出功率高于比值为 0.1MPa/0.1MPa 下的工作电压及输出功率。显然，质子交换膜燃料电池反应气体的压力越高，电池性能越好。阴极的反应物（O_2 或空气）压力对质子交换膜燃料电池性能的影响尤为明显。

② 阴阳极压力差。为了减少通过质子交换膜扩散的 H_2，以避免产生氢氧混合物而引发危险，应尽可能减小质子交换膜两侧的压力差。

(3) 工作温度的影响。

质子交换膜燃料电池的温度特性曲线如图9.18所示。从图中可知，当质子交换膜燃料电池的工作温度高时，其在不同电流密度下的工作电压也高。说明工作温度高时，质子交换膜燃料电池的输出功率大，能量效率提高。因为随着温度的升高，反应气体向催化剂层的扩散速度及质子从阳极向阴极运动的速度均提高。

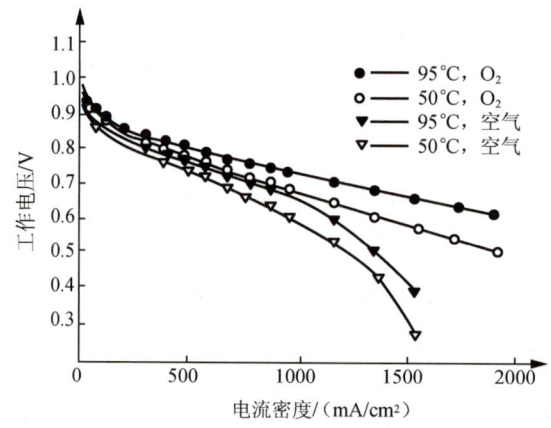

图9.18 质子交换膜燃料电池的温度特性曲线

质子交换膜燃料电池工作时，质子交换膜必须保持适当的湿润状态，以保证质子交换膜具有良好的质子电导率。这就需要反应产物 H_2O 尽量呈液态。因此，在常压下，质子交换膜燃料电池的工作温度不高于80℃，在 0.4～0.5MPa 下的工作温度不高于102℃。

(4) 燃料气中杂质的影响。

燃料气中的主要杂质有 CO、CO_2、N_2 等，其中 CO 对质子交换膜燃料电池性能的影响极大。CO 对质子交换膜燃料电池电压的影响如图9.19所示。燃料气中的气体对质子交换膜燃料电池性能的影响见表9.2。

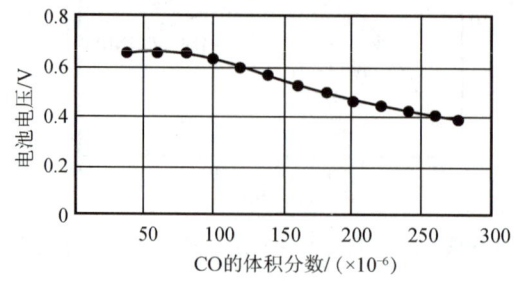

图9.19 CO对质子交换膜燃料电池电压的影响

表 9.2　燃料气中的气体对质子交换膜燃料电池性能的影响

燃料气组成	纯 H_2	75% H_2 和 25% CO_2	75% H_2 和 25% N_2	98% H_2 和 2% CO_2
单体电池电压/V	0.6	0.31	0.58	0.51

注：电流密度为 $1000mA/cm^2$。

从表 9.2 可知，燃料气中的 CO_2 含量越高，对质子交换膜燃料电池性能的影响越大，因为在阳极催化剂——铂上吸附的 H_2 和 CO_2 相互作用而引起 CO 中毒。

(5) 空气对燃料电池的影响。

从图 9.18 可以看出，以空气为氧化剂时，质子交换膜燃料电池的工作电压下降，并在低电流密度下出现电压-电流线性区偏离，其主要是由"氮障碍层效应"和空气中氧分压较低造成的。

3. 燃料电池系统水/热管理的影响

(1) 水管理的影响。

质子交换膜燃料电池工作时，为了同时获得高的能量转换效率及高的比功率，必须使质子交换膜的导电性最佳，需要通过水管理维持燃料电池内部的水平衡，使质子交换膜始终保持在适宜的湿润状态，且阴极不会被水淹渍。影响水管理的主要因素有电流密度、燃料气的增湿程度、工作温度、气室压力、气体流动速度等。

为实现最佳水管理，国内外均开展了大量的研究与试验工作，并提出了以下实现有效水管理的途径。

① 优化膜电极和电堆结构设计。

② 综合调控质子交换膜燃料电池的电流密度、反应气体相对湿度、反应气体流动速度、气室压力、工作温度等工作参数。

③ 选择合适的质子交换膜、炭纸或炭布。

(2) 热管理的影响。

热管理的作用是控制质子交换膜燃料电池的工作温度。质子交换膜燃料电池是低温型燃料电池，但其工作温度仍然高于环境温度。质子交换膜燃料电池工作产生大量热，需要采取适当的冷却措施，并通过适当的控制使电池保持在适宜温度。质子交换膜燃料电池的工作温度为 80~100℃（温度的上限由质子交换膜的特性决定），工作温度过高会影响质子交换膜的热稳定性和其他性能；工作温度过低会使极化增大，导致电池性能下降。

9.3　碱性燃料电池

9.3.1　碱性燃料电池概述

1. 碱性燃料电池概况

碱性燃料电池是最先被研究、开发并成功应用的燃料电池。20 世纪 50 年代，培根研制的 5kW 碱性燃料电池系统是碱性燃料电池技术发展过程中的里程碑。碱性燃料电池最初应用于航空航天领域。60 年代以后，碱性燃料电池陆续在装载机械、交通工具及移动军事装备上得到应用,如用于叉车、小型货车、公共汽车、轿车和潜艇时,通常将燃料电池-蓄电池组合成混合动力电源。

碱性燃料电池以 KOH 水溶液为电解液,其他部件与质子交换膜燃料电池相同, 工作温度为 50~80℃,工作压力为常压。KOH 水溶液的质量分数一般为 30%~45%,最高可达 85%。在碱性电解液中进行氧化还原反应比在酸性电解液中容易。因此,碱性燃料电池具有高的比功率和比能量。

在电动汽车上,碱性燃料电池几乎被质子交换膜燃料电池取代,一个主要原因是以空气为氧化剂时,空气中的 CO_2 与碱性电解质发生反应。解决方法是采用净化装置去除空气中的 CO_2,但会增大设备的体积、增加成本。

2. 碱性燃料电池的工作原理

碱性燃料电池的电解液可循环使用,电池堆多呈单极结构。碱性燃料电池的组成与工作原理如图 9.20 所示。碱性燃料电池电解液的导电离子为 OH^-。在阳极催化剂的作用下,H_2 与电解质中的 OH^- 发生氧化反应,生成 H_2O。

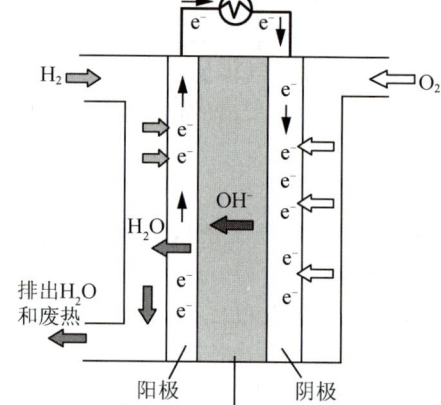

【拓展图文】

图 9.20 碱性燃料电池的组成与工作原理

$$H_2 + 2OH^- \longrightarrow 2H_2O + 2e^- \quad \varphi_1 = -0.828V$$

电子通过外电路到达阴极,并在阴极催化剂的作用下参与氧的还原反应。

$$\frac{1}{2}O_2 + H_2O + 2e^- \longrightarrow 2OH^- \quad \varphi_2 = 0.401V$$

生成的 OH^- 通过电解液迁移到氢电极。

碱性燃料电池的总反应式如下。

$$H_2 + \frac{1}{2}O_2 \longrightarrow H_2O + 电能 + 热量 \quad E_0 = \varphi_2 - \varphi_1 = 1.229V$$

碱性燃料电池工作时,需要等速供应电池消耗的 H_2 和 O_2,并连续、等速地在阳极排出反应产物 H_2O,以使电解液浓度恒定。此外,还要排出电池反应的废热,以维持电池的正常工作温度。

单体碱性燃料电池的工作电压为 0.6~1.0V,一般将多节单体电池串联成电池组,以满足供电电压的需要。碱性燃料电池需要以电池组为核心,构建燃料(如 H_2)和氧化剂

（如 O_2）供给分系统、水/热管理分系统及输出直流电升压/稳压分系统。如果用户需要交流电，还需加入交流-直流转换器。

9.3.2　碱性燃料电池的组成

1. 电极和催化剂

电极作为电化学反应的场所，对反应起到高效催化的作用，它是碱性燃料电池体系的关键部件。对电极的基本要求如下。

（1）具有良好的导电性，以减小欧姆电阻、提高输出电压。

（2）具有较强的机械强度和适当的孔隙率。

（3）在碱性电解液中具有良好的化学稳定性。

（4）电池具有长期的电化学稳定性，包括催化剂的稳定性及与电极集成后的稳定性。

阳极和阴极的类型及制作方式与催化剂有关。催化剂决定了整个碱性燃料电池体系的性能。对于碱性燃料电池，强碱溶液的阴离子为 OH^-，它既是氧化还原反应的产物又是导电离子。因此，在电化学反应中，不存在酸性燃料电池中出现的阴离子特殊吸附对催化剂活性和电极反应动力学产生的不利影响。因为碱的腐蚀性比酸的腐蚀性低得多，所以碱性燃料电池中的催化剂选择较灵活，不仅可以选择贵金属（铂、铑、金、银等）及其合金，还可以选择一些非贵金属（钴、镍、锰等）。

由于催化剂载体的主要功能是做为活性组分的基体、增大催化剂的比表面积、分散活性组分，因此采用多孔结构。它有两类结构形式：一类是比表面积大的骨架镍（raney nickel）金属（通常以镍为基体材料）为阳极，银基催化剂粉为阴极；另一类是高分散性的担载型催化剂，将铂类催化剂高分散性地担载到比表面积大、导电性高的载体（如炭）上。铂类催化剂分散在活性炭颗粒表面，可增大活性表面积，降低对有毒物质的敏感性；同时活性炭为反应产物提供传质通道，可增大散热面积，提高铂催化剂的热稳定性。此外，活性炭本身具有良好的催化作用。

骨架镍是将镍与一种不活泼的金属（通常是铝）混合得到的类似于合金的混合物。如果用强碱溶液处理这种混合物，溶化掉铝，就可以得到一种比表面积很大的多孔材料。这个工艺过程不需要烧结镍粉，可以通过改变两种金属的含量来改变孔的尺寸。

催化剂分散于载体基材上而构成电极。碱性燃料电池工作时，整个电极工作于气相、液相、固相三相的界面。因此，要确保反应高效、平稳地进行，除对电极有上述基本要求外，还对电极材料的亲水性和疏水性有要求。亲水电极通常是金属电极，由于碳基电极通常含有聚四氟乙烯，只有部分电极润湿，以含聚四氟乙烯催化层的适当结构维持其足够的疏水性，对保证疏水电极的使用寿命很重要。此外，还要求电极具有合理的结构模式。在碱性燃料电池的发展过程中，先后研制成功两种气体扩散电极——双孔结构电极和黏结型憎水电极。

（1）双孔结构电极。

双孔结构电极中有粗孔层与细孔层。粗孔层面向气室，细孔层与电解液接触。双孔结构电极的结构如图 9.21 所示。

碱性燃料电池工作时，控制反应气体压力，让电极粗孔层内充满反应气体，细孔层内充满电解液，具有一定的阻气能力并可传导导电离子。细孔层的电解液浸润粗孔层并形成

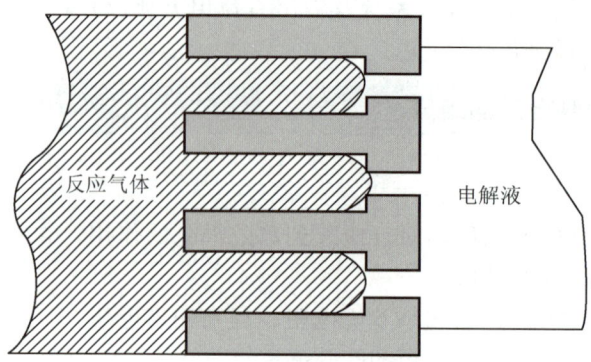

图 9.21 双孔结构电极的结构

弯月状,呈弯月状的电解液浸润层薄膜越靠近气室侧越薄,厚度可达微米级,极大地提高了反应气体的传质效率和极限电流密度。粗孔层中的反应气体先溶解到电解液薄膜内,再扩散至反应点并发生电化学反应。

在双孔结构电极中,电子依靠构成粗孔层和细孔层的骨架镍传导,离子和水在电解液薄膜与细孔层内的电解液中传递。因此,双孔结构电极满足了多孔气体扩散电极的要求,并能使反应界面保持稳定。

为了确保粗孔层内有较大的浸润面积(三相界面,即电极活性面积),除增大电极粗孔层孔隙外,电极还应有一定的厚度(一般为零点几毫米),高活性的催化剂担载在粗孔层内。

Shell 塑料电极属于薄催化层双孔结构电极。其细孔层用微孔塑料膜,充满电解液后起传导离子和阻气作用。微孔塑料膜涂催化层的一侧镀有厚度为 $1\mu m$ 的金层,起集流作用。再在镀金层上利用黏结剂(如聚四氟乙烯)和催化剂(如铂黑与炭)制备几微米厚的催化剂。由于这种电极在催化层与反应气体之间没有起集流和支撑作用的气体扩散层,消除了在气体扩散层内由传质引起的浓差极化,因此特别适合用空气和粗氢作反应剂。但采用这种电极时,电流从电极周边导出受到限制,难以构成大功率碱性燃料电池组。

(2)黏结型憎水电极。

在水溶性电解液中,导电的催化剂(如铂、石墨)可被电解液浸润,可提供电子通道,也可提供液相(如 H_2O)和导电离子通道,但不能为气体气相传质提供通道。黏结型憎水电极含有聚四氟乙烯等憎水剂,除提供反应气体气相扩散的通道外,还具有一定的黏结作用,将催化剂黏结到一起,构成黏结型多孔气体扩散电极。

黏结型憎水电极是由亲水且具有电子传导能力的催化剂(如铂/石墨)与具有憎水作用和一定黏结能力的防水剂(如聚四氟乙烯乳液)按一定比例混合,并采用特殊的工艺(如滚压、喷涂等)制成的。这种具有一定厚度的电极在微观尺度上可被简单地视为相互交错的两相体系。由防水剂构成的憎水网络为反应气体提供了电极内部的扩散通道;由催化剂构成的能被电解液完全浸润的亲水网络提供水与导电离子(OH^-)的通道。同时,催化剂是电的良导体,也为电子传导提供通道。

由于催化剂浸润液膜很薄,因此黏结型憎水电极具有较大的极限电流密度。此外,由于催化剂是一种高分散体系,比表面积大,因此黏结型憎水电极具有较大的反应区(三相界面)。

2. 隔膜

在石棉膜型碱性燃料电池中,饱浸碱性水溶液的石棉膜有两个作用:一是利用其阻气功能分隔氧化剂(氧气)和还原剂(氢气);二是允许电解质通过,为传递 OH^- 提供通道。因此,隔膜是隔膜型碱性燃料电池的关键部件。

石棉的主要成分为氧化镁和氧化硅的水合物($3MgO \cdot 2SiO_2 \cdot 2H_2O$),它是电的绝缘体。长期在强碱性(如 KOH)水溶液中,酸性组分(SiO_2)与碱反应生成微溶物(K_2SiO_3),降低隔膜的透过性,最终导致隔膜解体。为了避免出现这种情况,可以在制膜之前用浓碱处理石棉,或在碱性水溶液中加入少量硅酸盐以避免平衡向不利方向移动。

石棉对人体有害,而且会在强碱中缓慢腐蚀,为提高碱性燃料电池的循环寿命和性能,人们成功研制出钛酸钾微孔隔膜。

3. 电解液

对碱性燃料电池电解液的要求如下。

(1) 相对于反应气体具有良好的化学稳定性,即在碱性燃料电池工作状态下不发生氧化反应与还原反应,不降解。

(2) 具有较高的电导率,以减小碱性燃料电池的欧姆极化。

(3) 阴离子不在催化剂上产生强特殊吸附,以防止覆盖催化剂的活性中心。

(4) 反应试剂(如氧、氢)的溶解度较高。

(5) 对于用聚四氟乙烯等防水剂制备的多孔气体扩散电极,电解液不能湿润聚四氟乙烯,以免降低聚四氟乙烯等防水剂的憎水性,阻碍反应气体在电极憎水孔的气相扩散传质过程。

碱性燃料电池的首选碱性电解液是 KOH 水溶液,KOH 水溶液已在低温碱性燃料电池中得到广泛应用。之所以碱性燃料电池以 KOH 为电解液,是因为 KOH 的使用寿命比 NaOH 的使用寿命长,不易形成溶解度低的杂质,而且溶液蒸气压低,可以在高温下使用。此外,在高温和高浓度下,可以获得高的电流密度。

虽然 NaOH 便宜,但 NaOH 水溶液的性能不如 KOH 水溶液。如果碱性燃料电池采用 NaOH 水溶液作电解液,当 CO_2 进入电池时,NaOH 与 CO_2 反应生成 Na_2CO_3。Na_2CO_3 的溶解度较低且导电性较差,易堵塞电池系统的孔隙,使电池效率降低,并且 NaOH 的使用寿命短,因而碱性燃料电池都以 KOH 为电解液,而不采用 NaOH。

碱性燃料电池采用的 KOH 电解液按流动方式可分为循环电解液和静止电解液两种。

(1) 循环电解液。

① 循环电解液的优点。循环电解液采用循环系统,可使 KOH 水溶液在电池内部循环,主要有以下优点。

a. 循环电解液可以为电池提供一个冷却系统。

b. 电解液被不断地搅拌和混合,解决了由阳极产生水、阴极消耗水导致的电极周围电解液浓度的变化和不均匀问题。

c. 电解液循环可以使产生的水进入循环,而无须在阳极蒸发。

d. 如果电解液与 CO_2 反应过多,则可以由新的溶液代替。

② 循环电解液系统的构成。20 世纪 50 年代,循环电解液系统就被用于燃料电池中。循环电解液碱性燃料电池的基本结构如图 9.22 所示。

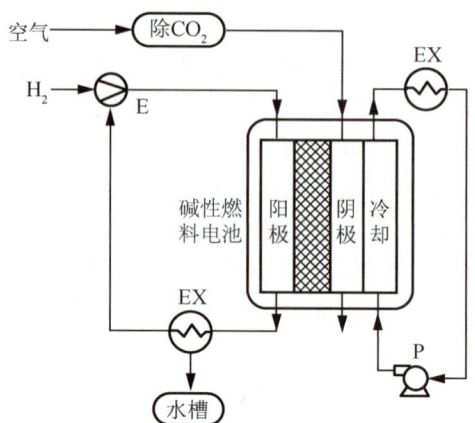

E—射流泵；EX—换热器；P—循环泵。

图 9.22　循环电解液碱性燃料电池的基本结构

由于阳极在反应过程中产生水，因此要循环 H_2，使 H_2 中的水蒸气蒸发，然后在冷却系统中冷却。H_2 被储存在一个压力罐中，通过射流泵使其循环。

碱性燃料电池系统通常使用空气而不使用纯 O_2，空气中的 CO_2 与 KOH 发生反应，生成 K_2CO_3。随着 OH^- 的减少和 CO_3^{2-} 的增加，电池的性能下降。可以通过减少空气中的 CO_2，即在阴极系统中设置一个 CO_2 洗涤器解决该问题。

③ 循环电解液的缺点。采用循环电解液时必须增加一些附加设施，如泵、管道等。由于 KOH 水溶液具有强腐蚀性，管道越多，泄漏的可能性越大，同时要使 KOH 水溶液在所有方向均匀分布，因此增大了碱性燃料电池系统的设计难度。

图 9.22 只给出单体电池的情况，循环电解液系统是一个细长的流通路径，每个单体电池都最好是独立的。如果把一些单体电池的循环电解液系统连起来，就容易导致电池内部"短路"。

（2）静止电解液。

① 静止电解液系统的构成。静止电解液碱性燃料电池的基本结构如图 9.23 所示。将 KOH 水溶液放在一种基体材料（如石棉）中，这种材料具有很好的孔隙率、强度和耐蚀性。

在图 9.23 所示的系统中，阴极输入的是纯 O_2，需循环 H_2，以去除产生的水。在宇宙飞船中，碱性燃料电池产生的水可用来饮用、做饭和为船舱加湿。由于冷却系统也是必需的，因而需要水或其他冷却介质，通常采用乙二醇和水的混合物做冷却介质。

② 静止电解液的优缺点。基体中包含电解液的系统像质子交换膜燃料电池，其主要优点是不需要循环或处理电解液，也就不存在内部"短路"问题。但需要处理产生的水、补充蒸发掉的水，而水又是阴极所需的。

水的问题与质子交换膜燃料电池非常相似，设计电池时必须使阳极的水扩散，使阴极的水的含量足够大。通常这种电池的水问题不像质子交换膜燃料电池的那么严重。原因之一是随着温度的升高，KOH 水溶液的蒸气压不像纯水的蒸气压上升那么快，也就是说，蒸气含量很小。

由于碱性燃料电池的设备相对简单，因此在宇宙飞船等设备中应用较多。然而，在陆

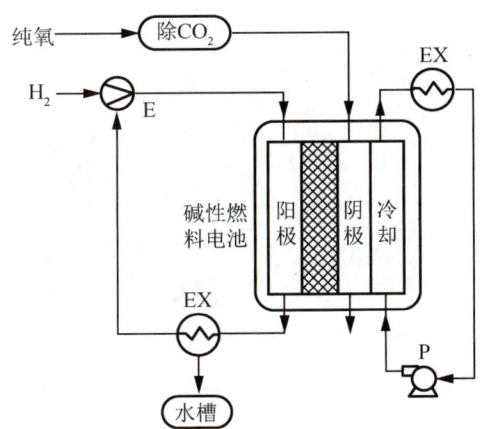

E—射流泵；EX—换热器；P—循环泵。

图 9.23　静止电解液碱性燃料电池的基本结构

地上使用的装置中，CO_2 会污染电解液，从而需要更新电解液，对电解液包含于基体中的燃料电池来说无异于重新制造。此外，石棉对人体有害，在一些国家是被禁止使用的。尽管已有新材料替代石棉，但随着质子交换膜燃料电池等的崛起，对碱性燃料电池的深入研究逐渐减少。

与电池体系中使用的燃料气相同，电解液需要高度纯净，以避免其中的杂质引起催化剂中毒。

4. 双极板和流场

碱性燃料电池中的双极板起集流、分隔氧化剂与还原剂并引导氧化剂及还原剂在电池内电极表面流动的作用，同时用于将相邻两个单体电池串联成电池组，以输出所需电压。对双极板的要求如下。

(1) 双极板应具有阻气功能，不能由多孔透气材料制造。如果采用多层复合材料制造双极板，则至少一层无孔。

(2) 由于双极板具有集流作用，因此双极板的材料必须具有良好的导电性。

(3) 双极板必须具有良好的导热性，以确保电池工作时温度分布均匀，并使电池的废热顺利排出。

(4) 双极板必须具有耐蚀性。

(5) 应在双极板两侧加入使反应气体均匀分布的通道（流场），以确保反应气体在电极各处分布均匀。

碱性燃料电池的双极板如图 9.24 所示。

与质子交换膜燃料电池的双极板相同，碱性燃料电池双极板的流场也是由其两侧的沟槽形成的，也有点状、网状、多孔体、平行槽、蛇形等形式。不同的流场具有不同的优缺点，需根据电池类型及反应气体的纯度选择。

石墨和镍是较低价的材料，由于其在碱性燃料电池工作条件下均较稳定，因此通常用无孔石墨或镍板作碱性燃料电池的双极板材料。石墨板材质脆，用作双极板时厚度需要大于 3mm，从而提高电池的体积比功率。中温氢氧燃料电池可采用镍板作双极板材料；用于宇宙飞船的燃料电池，为提高电池的质量比功率，通常采用镁、铝等密度低的金属作双

图 9.24 碱性燃料电池的双极板

极板材料;可在加工双极板流场后镀镍、镀金等,在防止腐蚀的同时可减小接触电阻,减小电池的欧姆极化。

9.3.3 碱性燃料电池的优缺点

1. 碱性燃料电池的优点

碱性燃料电池的优点如下。

(1) 能量转换效率高。能量转换效率高是碱性燃料电池的突出优点。当碱性燃料电池的输出电压为 0.80~0.95V 时,其能量转换效率为 60%~70%。这是因为在碱性电解液中,氧的还原反应在相同催化剂上的反应速度比其他燃料电池都高。

(2) 可使用非铂催化剂。碱性燃料电池可使用骨架镍、硼化镍等作催化剂,不但可降低成本(碱性燃料电池的成本是质子交换膜燃料电池的 1/5),而且可使燃料电池的发展不受铂资源的限制。

(3) 化学稳定性好。碱性燃料电池中的镍在碱性电解液和电池的工作温度下具有良好的化学稳定性,可采用镍板或镀镍金属板作双电极。

2. 碱性燃料电池的缺点

碱性燃料电池的缺点如下。

(1) 空气中的 CO_2 影响碱性燃料电池的性能。无论是从安全性还是从成本角度考虑,碱性燃料电池都最好用空气作氧化剂,而空气中的 CO_2 与电解液中的 KOH 反应生成碳酸盐,并沉积在多孔状电极附近,使电池性能降低。

(2) 净化 CO_2 增加了碱性燃料电池的成本。无论是空气(氧化剂)中的 CO_2 还是烃类重整燃料气中的 CO_2 都需要专门的 CO_2 净化系统,使得碱性燃料电池系统变得复杂,成本增加。

(3) 排水方法及控制复杂。由于碱性燃料电池以 KOH 水溶液为电解液,工作温度低于 100℃,因此需要采用专门的方法排出电化学反应生成的水和解决回路中的散热问题,以维持热平衡。在这种条件下,其排水方法及控制较复杂。

(4) 使用寿命短且有污染。对于静止电解液系统,由于 KOH 水溶液浸润在隔膜中,电解液被空气中的 CO_2 污染后需要更换电池,因此碱性燃料电池的使用寿命较短。当使用石棉作隔膜基体材料时,石棉会污染环境。

碱性燃料电池的上述缺点限制了其在电动汽车及地面上的其他应用。

9.4 磷酸燃料电池

9.4.1 磷酸燃料电池概述

1. 磷酸燃料电池概况

碱性燃料电池在载人宇宙飞船中的成功应用,证明了燃料电池具有高效性和可靠性。但是,将碱性燃料电池应用于地面并用空气作氧化剂时,必须去除空气中的 CO_2;当采用富氢气体(如天然气重整气等)作燃料时,必须去除其中的 CO_2,从而使电池系统的结构复杂、成本增加。不能除尽的 CO_2 会污染电解液,导致碱性燃料电池的性能下降、使用寿命缩短。

从20世纪70年代开始,世界各国致力于酸性燃料电池的研究与开发,以磷酸为电解液的磷酸燃料电池首先取得突破,并且技术得到了迅速发展。

磷酸燃料电池是以磷酸为电解液的燃料电池,可使用含有 CO_2 的重整气体,阴极通以空气。 对 CO_2 的耐受性好、高效、紧凑、无污染是磷酸燃料电池的主要特征。

磷酸燃料电池的成功应用是作为发电装置提供电力,适合安装在住宅区或用户密集区。由于磷酸易得、反应温和,因此磷酸燃料电池是较成熟和商业化程度较高的燃料电池。很多发达国家建造了试验电厂,功率从数千瓦到数兆瓦,发电效率达40%~50%,可实现热电联供,热电联供时的燃料利用效率达70%~80%。世界各地的运行试验表明,磷酸燃料电池电站可长期运行且高度可靠。磷酸燃料电池也可用作不间断电源,但在电动汽车上的应用不多,主要原因是磷酸燃料电池起动较慢。

与碱性燃料电池相比,在酸性燃料电池中,由于酸的阴离子特殊吸附等,氧的电化学还原速度比在碱性燃料电池中低得多。为减小阴极极化、提高氧的电化学还原速度,不但必须采用贵金属(如 Pt)作催化剂,而且需提高反应温度。磷酸燃料电池的工作温度为190~210℃。此外,由于酸比碱的腐蚀性强得多,因此酸性燃料电池在材料的选择上受到了很大限制。乙炔炭黑做催化剂的担载体和石墨化炭材作双极板材料的研制成功,为酸性燃料电池的研制与开发提供了物质基础。

2. 磷酸燃料电池的工作原理

磷酸燃料电池的工作原理如图9.25所示。阳极和阴极均以负载炭上的 Pt 为催化剂,阳极通以富氢并含有 CO_2 的重整气体,阴极通以空气,H_2 和 O_2 在各自多孔气体扩散电极的气(反应气体)-液(磷酸)-固(Pt 催化剂)三相界面发生电化学反应,分别生成 H^+ 和 H_2O,工作温度约为200℃。其电化学反应式如下。

阳极: $$H_2 \longrightarrow 2H^+ + 2e^-$$

阴极: $$\frac{1}{2}O_2 + 2H^+ + 2e^- \longrightarrow H_2O$$

总反应: $$H_2 + \frac{1}{2}O_2 \longrightarrow H_2O$$

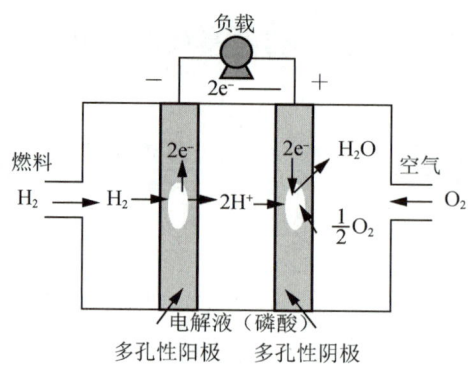

图 9.25　磷酸燃料电池的工作原理

9.4.2　磷酸燃料电池的组成

磷酸燃料电池的主要构件有阳极、阴极、电解液基质（隔膜）、双极板（隔板）、冷却板等。图 9.26 为水冷型磷酸燃料电池电堆的基本组成。在单体电池中，将含有磷酸电解液的基质材料置于阴、阳极之间。隔膜有两个作用：一是承载磷酸；二是防止反应气体进入相应的电极。

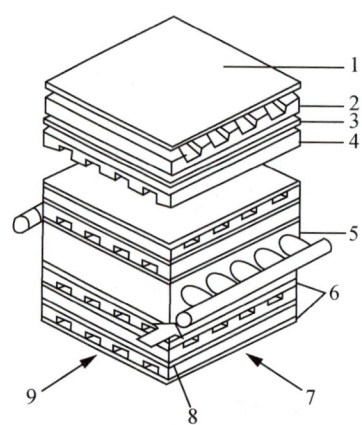

1—双极板（隔板）；2—阴极；3—电解液基质（隔膜）；4—阳极；5—冷却板；
6—单体电池；7—空气；8—水；9—燃料。

图 9.26　水冷型磷酸燃料电池电堆的基本组成

1. 电极和催化剂

多孔气体扩散电极由载体和催化层构成。采用化学附着法将催化剂沉积在载体表面，磷酸燃料电池工作时，在催化层上发生电化学反应。磷酸燃料电池的阴、阳极均以 Pt 为电化学反应的催化剂。载体的主要作用是分散催化剂，并为电极提供大量微孔，同时增强催化层的导电性。磷酸燃料电池电极普遍使用炭载体，其优点是导电性好、耐酸腐蚀、比表面积大、密度低、成本低。这种电极可提高 Pt 的分散度和利用率，降低 Pt 的用量，但 Pt 的用量与炭载体的工艺处理有密切关系。

由于电化学反应发生在电极表面的三相［气相（反应气体 H_2、O_2）-液相（磷酸）-固相（Pt 催化剂）］界面，因此为了增大电流密度，必须对电极采取如下措施。

(1) 尽可能增加反应物接触点，增大反应气体分压，缩短扩散路径。

(2) 催化层需具有较强的导电性，以减小电极的欧姆极化。

(3) 电极的亲水性适当，以获得最高的气体扩散速度及控制电极的湿润性。

三层多孔气体扩散电极的结构如图 9.27 所示。该电极由炭纸层、气体扩散层和催化层组成。这种结构设计能够使气体从大孔径的一侧可控制地在电极板中扩散，从而使催化剂表面电化学反应催化时的效率最高。磷酸燃料电池工作时，阴极生成的 H_2O 可通过多孔电极自然蒸发，随尾气排出电极。

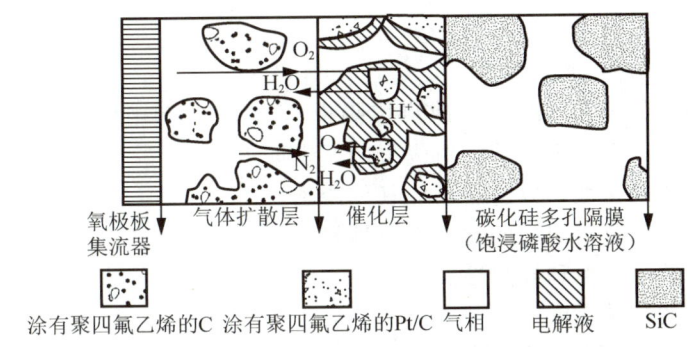

图 9.27 三层多孔气体扩散电极的结构

2. 隔膜和电解质

磷酸在隔膜中，隔膜的作用是靠毛细作用将磷酸吸附在内部。隔膜的厚度为 0.1～0.2mm。对隔膜的基本要求如下。

(1) 对磷酸有良好的毛细作用，能可靠吸附磷酸。

(2) 具有良好的电绝缘性，以防止正、负极漏电。

(3) 具有足够的气密性，防止电池内的反应气体交叉渗透。

(4) 具有良好的导热性。

(5) 在高温工作条件下性能稳定。

(6) 具有足够的机械强度。

最早磷酸燃料电池的隔膜沿用了碱性燃料电池的石棉隔膜，但其中的碱性氧化物缓慢地与磷酸发生反应，使电池性能降低，甚至导致隔膜解体。因此磷酸燃料电池采用由化学性质极稳定的 SiC 和聚四氟乙烯（PTFE）制造的微孔结构隔膜（SiC-PTFE 隔膜），并饱浸浓磷酸做电解质。SiC-PTFE 隔膜上有直径极小的微孔，兼顾了分隔效果和电解液的传输。隔膜与电极紧贴组装后，电解液透过微孔进入氢氧多孔气体扩散电极的催化层，形成稳定的三相界面。

磷酸燃料电池的电解液是浓磷酸溶液，而磷酸溶液是无色、黏稠、有吸水性的液体，在水溶液中易离解出导电离子（H^+）。由于磷酸溶液在常温下的导电性小，只在高温下才具有良好的离子导电性，因此磷酸燃料电池的工作温度约为 200℃。

磷酸的固化温度与质量分数有密切关系，磷酸燃料电池使用的是质量分数为 100% 的磷酸（含 72.43% 的 P_2O_5，20℃ 下的密度为 1.863g/cm³），其具有较高的凝固点（42℃）。

若在环境温度下使用电池堆，则电解质固化，体积增大。当磷酸的质量分数降低时，固化温度迅速下降。通常为避免固化，从工厂到电厂的运输采用质量分数低的磷酸，在输入电池前将其转化为质量分数高的磷酸。

因为电解液固化会对电极产生不可逆的损伤，导致电池性能降低，所以燃料电池电堆一旦启动就必须保持温度。磷酸燃料电池即使不工作也要维持在45℃以上，因此，磷酸燃料电池系统必须配备适当的加热设备，这也是磷酸燃料电池的不足之处。

磷酸电解液被封装在由隔膜围成的腔内，由PTFE黏结的SiC等保持材料吸附。虽然磷酸本身蒸气压低，但在高工作温度下长时间工作时，电解液有较大损耗。通常在多孔极板内储存一定量的磷酸，靠毛细作用迁移到隔膜内来补充由蒸发等造成的损耗，以延长磷酸燃料电池的使用寿命。

3. 双极板

双极板的作用是分隔H_2和O_2（故也称隔板），以及传导电流。双极板两面加工的流场将反应气体均匀分配至电极各处。对隔板的要求如下。

（1）具有足够的气密性，以防止反应气体渗透。

（2）在高温、高压及磷酸中的化学稳定性好。

（3）具有良好的导电性和导热性。

（4）具有足够的机械强度。

由于酸具有腐蚀性，因此磷酸燃料电池的双极板不能由一般的金属材料制造。20世纪80年代初采用石墨粉和酚醛树脂材料，通过铸模工艺制备带流场的双极板。而为了提高耐蚀性和延长电池使用寿命，一些磷酸燃料电池的双极板由纯石墨材料制成。

双极板通常使用玻璃态的炭板，厚度应尽可能小，表面应平整、光滑，以利于与电池的其他部件均匀接触，增强导电性和导热性。具有隔离和集流双重功能的复合双极板的中间一层为无孔薄板，两侧带气体分配孔道的多孔炭板作为流场板（内部可储存一定容量的磷酸）。

4. 冷却系统

为提供所需电压，需要将多个单体电池按压滤机方式组装成磷酸燃料电池组。磷酸燃料电池的工作温度一般为200℃，为保证电池组工作稳定，必须连续排出电池工作时产生的废热。通常在每2~5节单体电池间加入一块冷却板，并在冷却板内通水、空气或绝缘油以冷却电池。水冷是常用的冷却方法，采用水冷时，为降低水的腐蚀性，对水质要求颇高。

水冷分为沸水冷却和加压水冷却。采用沸水冷却时，燃料电池的废热利用水的汽化潜热被带出电池。由于水的汽化潜热很大，因此冷却水的用量较小。采用加压水冷却时，要求水的流量较大，因而水的用量较大。

5. 供气系统

供气系统向燃料电池电堆供应两种反应气体，有内部管路和外部管路两种结构类型。在内部管路系统中，供气管路由垂直于电池平面的、贯穿电池堆元件的孔穴构成；通常将外部管路的管路箱连接在电池堆的侧面。对供气管路的要求如下。

（1）压力降尽可能小。

(2) 绝缘性好。

(3) 具有较好的化学稳定性。

(4) 具有足够的机械强度。

(5) 在任何情况（包括突发事故）下管线的焊接处都必须牢固，并且具有较小的热膨胀系数。

9.5 直接甲醇燃料电池

9.5.1 直接甲醇燃料电池概述

1. 直接甲醇燃料电池概况

(1) 直接甲醇燃料电池（direct methanol fuel cell，DMFC）的发展背景。20世纪90年代，质子交换膜燃料电池的关键技术取得了突破性进展，但在向商业化迈进的过程中，氢源问题异常突出，氢供应设施建设投资巨大，氢的储存与运输技术及氢的现场制备技术等还远远落后于质子交换膜燃料电池本身的发展。因此，氢源问题成为阻碍质子交换膜燃料电池广泛应用和商业化的重要原因。20世纪末，直接以醇类为燃料的燃料电池尤其是直接甲醇燃料电池成为研究与开发的热点，并取得了长足进步。

(2) 直接甲醇燃料电池的特点。直接甲醇燃料电池是一种将甲醇与氧发生反应的化学能直接转换为电能的发电装置。由于它的电解质是质子交换膜，因此通常将直接甲醇燃料电池归类于质子交换膜燃料电池。随着直接甲醇燃料电池技术的发展，逐渐将直接甲醇燃料电池看成一种独立的燃料电池。

与其他燃料电池相比，<u>直接甲醇燃料电池的显著特点是直接使用液态甲醇作阳极燃料</u>。与 H_2 相比，甲醇储存安全、方便。由于直接甲醇燃料电池体积小、质量轻，因而是一种极有发展前途的清洁能源产品，尤其适用于便携式电源和电动汽车。甲醇是最简单的液体有机化合物，可由石油、天然气、煤等制得，有较完整的生产销售网。对于直接甲醇燃料电池电动汽车，可以利用现有加油站补充燃料。

(3) 直接甲醇燃料电池的发展概况。最早的直接甲醇燃料电池研究始于20世纪60年代，当时直接甲醇燃料电池采用酸性或碱性液体电解质，在60℃常压下工作，电极性能很差。

20世纪90年代初，采用全氟磺酸膜（如 Nafion 膜）作电解液，工作温度为室温至100℃，电池性能显著提高。

此后，全世界兴起了直接甲醇燃料电池的研究和开发热潮，直接甲醇燃料电池的性能明显提高。作为便携式移动电源，直接甲醇燃料电池得到了广泛应用，如作为便携式手机充电电源、手机或个人无线设备电源、笔记本计算机电源、移动设备和机器电源、医院检查机器和维持生命机器电源等。此外，作为电动汽车动力源，直接甲醇燃料电池也是值得期待的。

(4) 直接甲醇燃料电池的缺点与需要克服的难题。尽管直接甲醇燃料电池优势明显，但其发展比其他燃料电池缓慢，主要原因是直接甲醇燃料电池的效率低。甲醇比氢的电化学活性至少低三个数量级。此外，甲醇的催化重整反应温度比其他有机物的低，因而在短期内，无论是从技术方面还是从效益方面考虑，使用甲醇重整燃料电池都更合适。

直接甲醇燃料电池的研究和开发面临严峻挑战：在常温下甲醇的电催化氧化速率较低，贵金属电催化剂易被中间产物 CO 毒化，电流密度较低，电池工作时甲醇从阳极至阴极的渗透率较高等。直接甲醇燃料电池发展尚需解决如下难题。

① 开发活性高、稳定性好、使用寿命长、成本低、抗 CO 毒化的阳极催化剂和耐甲醇阴极催化剂材料。

② 开发质子电导率高、甲醇渗透率低、化学稳定性好、机械强度适中、价格易被市场接受的质子交换膜材料。

③ 开发性能高、使用寿命长的电极，以及膜电极和电池电堆制备技术，工作千小时电压降小于 10mV。

④ 系统集成与微型化技术突破。

2. 直接甲醇燃料电池的工作原理

直接甲醇燃料电池基于质子交换膜技术。与标准的质子交换膜燃料电池不同的是，直接甲醇燃料电池直接以气态或液态甲醇为燃料。燃料甲醇先在阳极转换为 CO_2 和 H_2，H_2 和 O_2 再进行氧化还原反应。直接甲醇燃料电池的工作原理如图 9.28 所示。

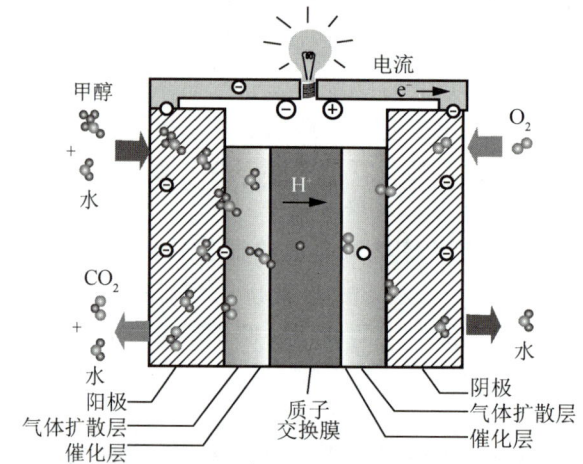

图 9.28 直接甲醇燃料电池的工作原理

电极及总反应式如下。

阳极： $CH_3OH + H_2O \longrightarrow CO_2\uparrow + 6H^+ + 6e^-$ $\varphi_1 = 0.045V$

阴极： $\frac{3}{2}O_2 + 6H^+ + 6e^- \longrightarrow 3H_2O$ $\varphi_2 = 1.229V$

总反应： $CH_3OH + \frac{3}{2}O_2 \longrightarrow CO_2\uparrow + 2H_2O$ $E = \varphi_2 - \varphi_1 = 1.183V$

总反应相当于甲醇燃烧生成 CO_2 和 H_2O，反应的可逆电动势为 1.183V，与氢氧反应的可逆电动势（1.229V）相近。

由阳极反应可知，每消耗 1mol 甲醇，同时需 1mol 水参与反应。依据甲醇与水的阳极进料方式不同，直接甲醇燃料电池可分为气相（甲醇蒸气）直接甲醇燃料电池和液相（甲醇水溶液）直接甲醇燃料电池。

（1）气相直接甲醇燃料电池。气相直接甲醇燃料电池是以气态甲醇和水蒸气为燃料的直接甲醇燃料电池。由于水的汽化温度在常压下为100℃，因此直接甲醇燃料电池的工作温度必须高于100℃。至今，实用的质子交换膜（如Nafion膜）传导质子H^+均需存在液态水，当电池工作温度超过100℃时，反应气体的工作压力必须高于大气压，不但导致电池系统结构复杂化，而且以空气为氧化剂时增加空气压缩机的功率消耗，从而降低电池系统的能量转化效率。因此，气相直接甲醇燃料电池应用较少。

（2）液相直接甲醇燃料电池。液相直接甲醇燃料电池是以不同浓度的甲醇水溶液为燃料的直接甲醇燃料电池。当电池工作温度为室温至100℃时，可采用常压进料系统；但当电池工作温度高于100℃时，为防止水汽化蒸发导致膜失水，必须采用加压系统。

由阳极反应可知，甲醇完全氧化成CO_2涉及6个电子向电极转移的过程，因此，选择性能优良的催化剂和迅速排除CO_2对直接甲醇燃料电池非常重要。此外，当Pt催化剂担载量低（0.05～0.1mg/cm^2）时，质子交换膜燃料电池中氢的电氧化反应是快速反应，但即使使用高担载量Pt-Ru催化剂（2mg/cm^2），甲醇的电氧化速率也比氢的电氧化速率低3～4个数量级。

甲醇氧化过程的可能反应路径和产物如图9.29所示。图中的每一步代表一个电子转移过程，稳定的物种位于斜边上，从左到右发生的是脱氢反应，而沿垂线方向上吸附OH^-发生的是氧化反应。

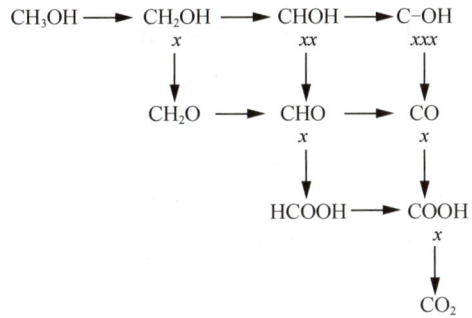

图9.29　甲醇氧化过程的可能反应路径和产物

在阳极反应中生成中间产物CO，致使铂催化剂中毒，极大地降低了甲醇的电氧化速率，由此导致的阳极极化达百毫伏数量级。

在电池工作过程中，甲醇通过浓差扩散和电迁移由膜的阳极侧迁移至阴极侧，在阴极电势与Pt/C或铂催化剂的作用下发生电化学氧化反应，并与氧的电化学还原构成短路电池，在阴极产生混合电势。甲醇经膜的渗透，不但氧电极产生混合电势，使直接甲醇燃料电池的开路电压降低；而且增大氧阴极极化，降低电池的能量效率。

虽然甲醇氧化可逆电势与氢电极的可逆电势只差40mV，但在相近的氧分压和电池温度下，直接甲醇燃料电池的开路电压比质子交换膜燃料电池的开路电压低150～200mV。在90～130℃下，直接甲醇燃料电池的开路电压为0.7～0.9V，而其单位面积的输出功率仅为质子交换膜燃料电池的1/10～1/5。

9.5.2 直接甲醇燃料电池的组成

直接甲醇燃料电池是在质子交换膜燃料电池的基础上研究与发展的。直接甲醇燃料电池的核心组成也是质子交换膜，两侧是微孔性催化电极。直接甲醇燃料电池的结构如图9.30所示。

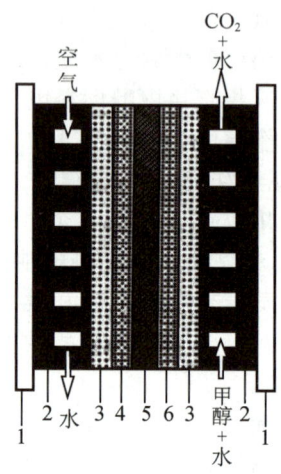

1—双极板；2—石墨极板；3—扩散层；4—阴极 Pt 催化层；5—Nafion 膜；
6—阳极 Pt-Ru 催化层。

图 9.30 直接甲醇燃料电池的结构

1. 电极和催化剂

直接甲醇燃料电池电极的催化剂仍是 Pt/C、Pt-Ru/C 或 Pt 黑、纯 Pt-Ru 黑，广泛应用的是 Pt-Ru/C 或 Pt-Ru 黑，Pt 与 Ru 的原子比为 1:1。

甲醇氧化反应取决于阳极表面适当的 OH^- 与 CO 的覆盖度，与 Pt 成键的 CO 和吸附在 Ru 上 OH^- 之间的表面反应成为反应的控制步骤，只有合理搭配 Pt 和 Ru 的活性中心才能满足吸附中间产物之间的化学反应。制备 Pt-Ru 或 Pt-Ru/C 催化剂时，应尽量扩大纳米级 Pt 与 RuO_xH_y 的接触界面，而不是实现 Pt-Ru 的合金化，以获得高活性催化剂。向 Pt 催化剂中添加 Re、Os、Rh、Mo、Bi、Sn 等元素，可以提高甲醇氧化反应的催化活性，其原因是可以在低的电势下吸附形成含氧物质，而含氧物质是氧化反应必经的中间态吸附物质。

直接甲醇燃料电池的阴极催化剂与质子交换膜燃料电池的相同，至今仍采用纳米级纯 Pt 黑和 Pt/C。PtM/C 催化剂（M 为过渡金属，如 Co、Fe、Cr、Mn 等）可提高氧电化学还原的交换电流密度，增强氧电极的活性。另外，过渡金属的大环化合物（如 Co、Fe 的酞菁和卟啉络合物）对氧电化学还原有活性，而且经高温热解后，作为氧电化学还原催化剂的活性与稳定性均提高。这些对降低 Pt 等贵金属的担载量、提高氧电极的活性等均具有实际意义，值得进一步研究。

直接甲醇燃料电池采用的质子交换膜有一定量的甲醇经膜渗透到阴极。由于到达阴极的甲醇会发生电化学氧化并与氧还原构成短路电池，形成阴极混合电势，大幅度降低电池的开路电压，甲醇电氧化过程中形成的中间产物 CO 毒化 Pt/C 催化剂，导致氧还原极化

1. 纯电动汽车对蓄电池的性能要求

纯电动汽车电能的唯一来源是蓄电池，为延长续驶里程，蓄电池的容量要足够大。但是，蓄电池的容量增大，蓄电池组的体积会增大，质量也会增大，从而影响汽车的动力性能和整车布局。因此，需要根据纯电动汽车的设计目标、道路行驶工况选配蓄电池，具体性能要求归纳如下。

（1）蓄电池的容量要足够大，以满足电动汽车续驶里程的设计目标。此外，蓄电池的容量与能量应保证汽车在特定工况下行驶的供电能力，如保证典型连续放电不超过 $1C$（C 表示蓄电池的容量）、典型峰值放电不超过 $3C$。

（2）蓄电池可实现深度放电（如 DOD＝80％），且不会影响使用寿命。必要时，蓄电池能在满负荷功率状态下工作和实现全放电。

（3）蓄电池的质量比能量和体积比能量尽可能大，以减小蓄电池组的结构尺寸和质量，方便汽车的整体结构设计，保证汽车的动力性能和乘用空间。

（4）蓄电池的可接受充电电流要大。对于有制动能量回收系统的电动汽车，还要求蓄电池的可接受电流大，短时间内可接受高达 $5C$ 的脉冲电流充电，有助于提高汽车制动能量回收效率。蓄电池可接受的充电电流大，还可有效缩短充电时间。

2. 混合动力电动汽车对蓄电池的性能要求

混合动力电动汽车对蓄电池容量的要求较低，但要求蓄电池在必要时提供更大的瞬时功率，即要求短时间内输出大电流的能力强，具体性能要求归纳如下。

（1）蓄电池的峰值功率要大，可实现短时间的大功率充放电。

（2）循环寿命要长，能达到 1000 次以上深度放电或 40 万次以上浅度放电。

（3）蓄电池工作时的荷电状态应尽可能保持为 50％～85％。

3. 插电式混合动力电动汽车对蓄电池的性能要求

插电式混合动力电动汽车可在城市街道以纯电动方式行驶，在高速公路长途行驶时采用混合动力方式，因而对其蓄电池的要求需要兼顾纯电动汽车和混合动力电动汽车两种模式，具体性能要求归纳如下。

（1）在深度放电状态下循环寿命较高。

（2）在低荷电状态下实现大功率电能输出，以使电动汽车在蓄电池深度放电时保持良好的加速性能。

（3）在高荷电状态下能接受大电流充电，以保证汽车制动能量回收效率不受荷电状态的影响。

（4）在保持高荷电状态的情况下，可延长蓄电池的使用寿命。

（5）质量比能量及体积比能量大，以减小蓄电池组的质量和体积。

（6）安全性好。

2.2.6 蓄电池的展望

1. 蓄电池发展的条件与必然性

回顾蓄电池的发展史，新型蓄电池不断出现，蓄电池的性能不断提高。鉴于蓄电池在增大。因此，迫切需要开发一种具有选择催化氧电化学还原并阻滞甲醇电化学氧化的催化剂。

近年来，人们开始研究谢弗雷尔相材料，并将其作为这种氧电化学还原催化剂。这种材料是八面体金属簇化合物，通式为 M_6X_8（图 9.31），M 代表高价过渡金属（如 Mo 等），X 代表硫族元素（如 S、Se、Te 等）。在该金属簇内，电子电导率较高。采用其他过渡金属取代中心原子的方法可优化其电催化性能。

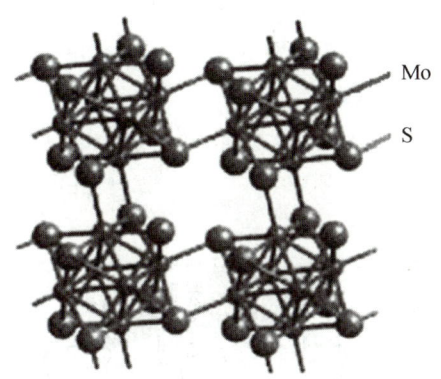

图 9.31 谢弗雷尔相材料 M_6X_8

2. 电极

直接甲醇燃料电池电极均为多孔气体扩散电极，也是质子交换膜燃料电池中广泛采用的厚层憎水电极或薄层亲水电极。对于以甲醇水溶液为燃料的直接甲醇燃料电池，甲醇是以液体传递的方式到达反应区的，依靠亲水通道传递。因此，应在直接甲醇燃料电池的阳极催化层组分中增大 Nafion 含量，以利于传导 H^+ 和传递甲醇，并增强电极与膜的结合能力；也应含有少量 PTFE，以利于 CO_2 的析出。

由于采用甲醇水溶液作燃料，水的电迁移与浓差扩散均由膜的阳极侧迁移到阴极侧，因此直接甲醇燃料电池阴极侧的排水量远大于电化学反应生成的水量。若渗透到阴极的甲醇经短路电流被氧化成水和 CO_2，则阴极排水量更大。因此，选择直接甲醇燃料电池操作条件时，一般氧化剂（如氧或空气）压力高于甲醇水溶液压力，以减少水由阳极向阴极的迁移。

3. 电解质

直接甲醇燃料电池要求电解液具有高的离子电导率和低的甲醇透过性。直接甲醇燃料电池使用 Nafion 系列全氟磺酸膜的主要缺点如下：醇类（如甲醇）经电迁移和扩散从膜的阳极侧迁移至阴极侧，在阴极产生混合电势，降低了直接甲醇燃料电池的开路电压，增加了阴极极化和燃料的消耗，降低了直接甲醇燃料电池的能量转换效率。

要提高直接甲醇燃料电池的性能，就必须克服全氟磺酸膜的上述缺点。与此相关的研究有开发低透醇膜以及可在 100℃ 以上的条件下稳定工作的质子交换膜，主要技术措施如下。

（1）采用丝网印刷法在 Nafion 117 膜表面植入一层薄聚苯并咪唑（polybenzimidazole，PBI）阻挡层来减少甲醇渗透，同时保证质子电导率不降低。

(2) 通过低剂量电子束辐射改变膜的表面结构,形成一层甲醇阻挡层。

(3) 在全氟磺酸树脂中掺杂 SiO_2,虽然不能从根本上解决甲醇渗透问题,但掺杂物提高了膜的耐热温度,可使电池的工作温度超过 100℃。在如此高的温度下,甲醇的反应活性增强,甲醇渗透率降低。

磷酸掺杂的 PBI 膜的突出优点是可在低水蒸气分压下传导质子、水的曳力系数接近零、耐热温度高(可在 150~200℃下工作)等。PBI 膜的机械强度较低,可通过共同混合提高,但是在电池工作中磷酸的流失和 PBI 膜在电池工作条件下的稳定性等是实际应用这种膜的主要技术难点,必须解决。

4. 单体直接甲醇燃料电池的结构

单体直接甲醇燃料电池的结构与单体质子交换膜燃料电池的结构相似,如图 9.32 所示。

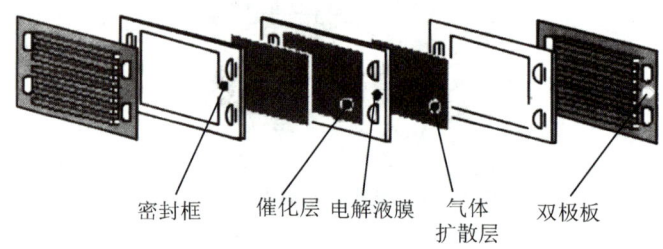

图 9.32 单体直接甲醇燃料电池的结构

直接甲醇燃料电池一般采用 Pb-Ru/C 或 Pb-Ru 黑做阳极催化剂、Pt/C 或 Pt 黑作阴极电催化剂,与 Nafion 树脂(有时加入一定量的 PTFE)制备催化层。以用 PTFE 处理过的炭布或炭纸作气体扩散层组合成电极,直接甲醇燃料电池的贵金属担载量为 2~5 mg/cm^2,约比质子交换膜燃料电池高一个数量级,并与 Nafion 类全氟磺酸膜经热压制备电解液膜。双极板用石墨或金属板制造,流场以蛇形流场或平行沟槽流场为主。

按压滤机方式将直接甲醇燃料电池组装成电池组(图 9.33)。与质子交换膜燃料电池相比,由于可用循环的燃料——甲醇水溶液排热,无须排热腔,因此双极板厚度一般仅为 2mm,利于提高电池组的功率密度。

图 9.33 直接甲醇燃料电池组

设计直接甲醇燃料电池组时，一般取单体电池的平均工作电压为0.5V，比质子交换膜燃料电池约低200mV；工作电流密度取100~300mA/cm^2，仅为质子交换膜燃料电池的1/3~1/2。为减少甲醇由阳极向阴极渗透，甲醇水溶液的浓度一般为1mol/L。在上述工作条件下，直接甲醇燃料电池组的法拉第效率可达80%。

压滤机式结构的直接甲醇燃料电池组必须与氧化剂（如空气、纯氧）和燃料供给等系统组合成一个直接甲醇燃料电池系统，以为用户提供电力。直接甲醇燃料电池组可提供中等功率（如几百瓦到千瓦级）输出和大功率（如几十千瓦）输出。要求小功率（几瓦至几十瓦）输出的直接甲醇燃料电池组（如笔记本计算机电源等）微型化，以方便携带。人们开发了集成式或携带式直接甲醇燃料电池，其采用电池内的甲醇水溶液作燃料，通常由大气供氧，采用自然散热方式。

9.6 燃料电池电动汽车概述

9.6.1 燃料电池电动汽车的组成

燃料电池电动汽车与燃油汽车的外形和内部空间几乎没有什么区别，不同之处在于动力系统。燃料电池电动汽车的动力系统主要包括燃料电池系统、电子控制系统、辅助储能装置、驱动电动机等。燃料电池电动汽车动力系统的布置如图9.34所示。

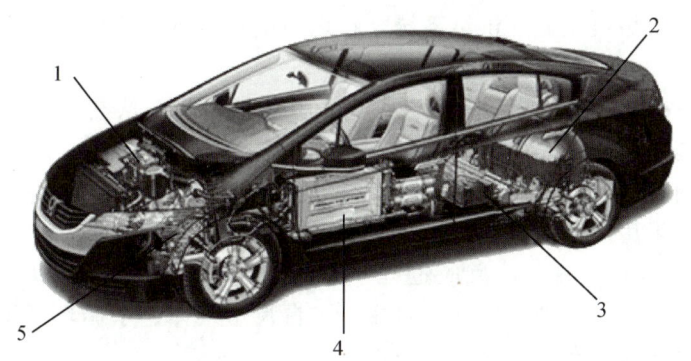

【拓展图文】

1—电子控制器；2—燃料储存装置；3—辅助储能装置；
4—燃料电池电堆；5—驱动电动机。

图9.34 燃料电池电动汽车动力系统的布置

进入实用化阶段的燃料电池电动汽车主要有直接燃料电池电动汽车和重整燃料电池电动汽车。

1. 直接燃料电池电动汽车

直接燃料电池电动汽车动力系统的基本构成如图9.35所示。

（1）燃料电池系统。

燃料电池系统的核心是燃料电池电堆，还配备氢气供给、氧气供给、水循环等系统，以保证燃料电池电堆正常工作。

① 氢气供给系统。氢气供给系统的功能有储存、管理和回收氢。由于气态氢需要采用高压方式储存，因此储气瓶必须具有较高的品质。储气瓶的容量决定了一次充氢的续驶里程，轿车一般采用 2~4 个储气瓶，大客车通常采用 5~10 个储气瓶。

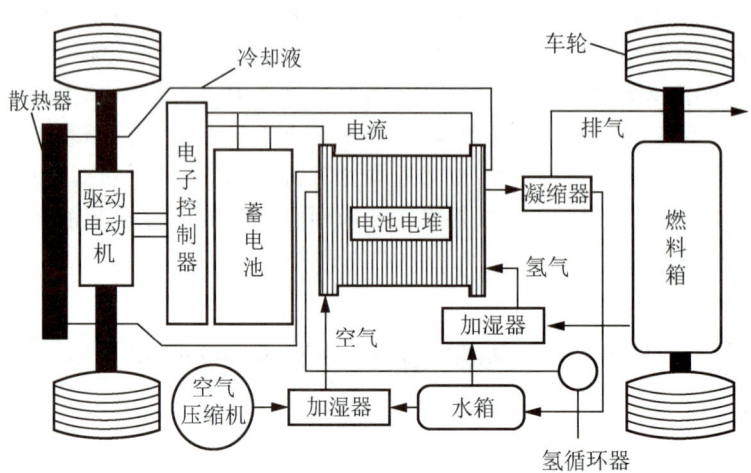

图 9.35　直接燃料电池电动汽车动力系统的基本构成

由于液态氢的储存压力比气态氢的高，而且要保持低温，因此使用液态氢对储气瓶的要求更高，同时需要较复杂的低温保温装置。

储氢压力不同，需要采用相应的减压阀、调压阀、安全阀、压力表、流量表、热量交换器、传感器、管路等组成氢气供给系统。在燃料电池电堆排出的水中含有少量氢，可通过氢循环器回收。

② 氧气供给系统。采用纯氧供给方式需要用氧气罐，而从空气中获得氧气通常需要用空气压缩机来提高压力，以保证供氧量，提高燃料电池反应速度。氧气供给系统除需要体积小、效率高的空气压缩机外，还需要相应的空气阀、压力表、流量表及管路，并对空气进行加湿处理（采用加湿器），以保证空气具有一定的湿度。

③ 水循环系统。在燃料电池反应过程中产生水和热量，需要通过水循环系统中的凝缩器冷凝和进行气水分离处理，部分水可用于加湿反应气体。水循环系统还用于冷却燃料电池，以使燃料电池保持在正常的工作温度。

（2）辅助储能装置。

燃料电池电动汽车还配备辅助储能装置。辅助储能装置可采用蓄电池、超级电容或飞轮电池，组成双电源的"混合动力"系统；或采用"蓄电池＋超级电容""蓄电池＋飞轮电池"的三电源系统。

辅助储能装置的作用如下。

① 汽车起动时，辅助储能装置提供电能，带动燃料电池起动。

② 在汽车行驶过程中，当燃料电池的输出电能大于汽车驱动所需能量时，辅助储能装置可用于储存燃料电池剩余的电能。

③ 当燃料电池电动汽车加速和爬坡时，辅助储能装置可协助供电，以弥补燃料电池输出功率的不足，使电动机获得足够的电能，产生满足汽车加速和爬坡所需的电磁转矩。

④ 向汽车的电子设备、电器提供工作所需的电能。

⑤ 当汽车制动时，通过辅助储能装置实现能量回馈制动。

（3）驱动电动机。

驱动电动机用于将电源提供的电能转换为电磁转矩，并通过传动装置驱动汽车行驶。燃料电池电动汽车用驱动电动机可采用有刷直流电动机、交流异步电动机、交流同步感应电动机、永磁无刷直流电动机、开关磁阻电动机等。

不同类型的驱动电动机具有不同的性能特点，燃料电池电动汽车通常结合整车开发目标，综合考虑不同驱动电动机的结构、性能特点、驱动控制方式与控制器结构特点等，选择合适的电动机。

（4）电子控制系统。

直接燃料电池电动汽车的电子控制系统包括燃料电池系统控制器、DC/DC电源变换器、辅助储能装置能量管理系统、电动机驱动控制系统及整车控制器等，各控制功能模块通过总线连接，如图9.36所示。

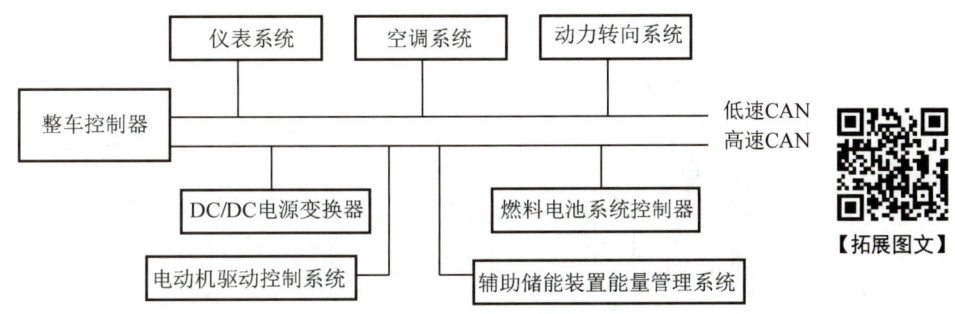

图 9.36　直接燃料电池电动汽车电子控制系统的构成

① 燃料电池系统控制器。燃料电池系统控制器控制燃料电池的燃料供给与循环系统、氧化剂供给系统、水/热管理系统，并协调各系统工作，以使燃料电池能持续供电。

② DC/DC电源变换器。DC/DC电源变换器用于改变燃料电池的直流电压。DC/DC电源变换器由电子控制器控制，电子控制器通过调节DC/DC电源变换器的输出电压，将燃料电池电堆较低的电压升至电动机所需电压。DC/DC电源变换器的作用不仅是升压和稳压，而且可在工作时通过电子控制器的实时调节，使输出电压与蓄电池电压匹配，以协调燃料电池和蓄电池负载，起限制燃料电池最大输出电流和最大功率的作用，从而避免燃料电池因过载而损坏。

③ 辅助储能装置能量管理系统。辅助储能装置能量管理系统监控蓄电池的充电、放电、荷电状态等，使辅助储能装置正常发挥作用，在汽车起动、加速、爬坡等工况下协助供电，储存汽车运行时燃料电池富余的电能和汽车制动时的能量回馈。蓄电池能量管理系统通过监测蓄电池的电压、电流、温度等参数，实现蓄电池的过充电、过放电控制，以及蓄电池荷电状态的估算与显示。

④ 电动机驱动控制系统。不同类型的电动机，电动机驱动控制系统的电路结构和工作原理不同。总体来讲，电动机驱动控制系统的主要控制功能有电动机的转速与转矩调节、转换为发电机工作模式控制、电动机过载保护控制等。

⑤ 整车控制器。整车控制器基于设定的控制策略对各控制功能模块进行协调控制，通常包括如下两方面内容。

a. 整车控制器根据加速踏板传感器、制动踏板传感器、挡位开关输入的电信号判断驾驶人意图,并输出控制信号,通过相关控制功能模块控制汽车行驶。

b. 整车控制器根据相关传感器和开关输入的电信号获取车速、电动机转速、是否制动、蓄电池及燃料电池的电压和电流等信息,判断汽车的行驶工况和动力系统的状况,并按设定的多电源控制策略输出相应的控制信号,通过相应的功能模块分配能量。

此外,整车控制器具有整车电控系统故障自诊断功能。

直接燃料电池电动汽车对储氢装置的要求较高,但与重整燃料电池电动汽车相比,直接燃料电池电动汽车结构简单、质量轻、能量效率高、成本低。

2. 重整燃料电池电动汽车

(1) 动力系统的构成。

与直接燃料电池电动汽车相比,重整燃料电池电动汽车的主要不同之处在于使用汽油、天然气、甲醇、甲烷、液化石油气等燃料,通过重整器产生氢,再将氢提供给燃料电池电堆。重整燃料电池电动汽车动力系统的基本构成如图 9.37 所示。

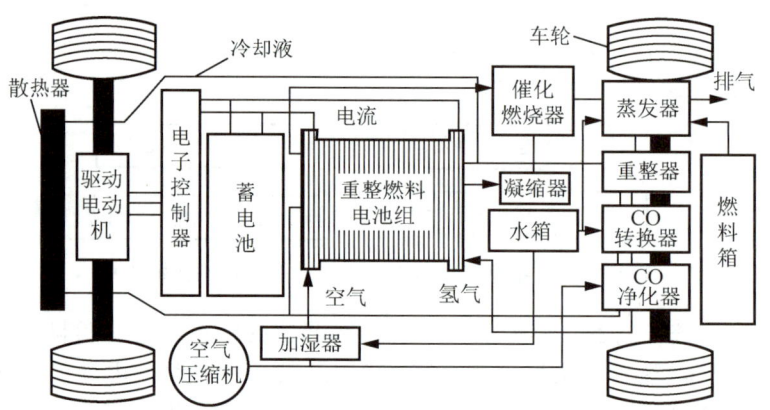

图 9.37 重整燃料电池电动汽车动力系统的基本构成

重整燃料电池系统中的氧气供给及管理系统、反应生成的水和热量处理系统、电力管理系统等与直接燃料电池系统的基本相同,只是增加了重整器、加热器、CO 转换器、CO 净化器等装置,以将汽油、天然气、甲醇、甲烷、液化石油气等燃料转换为纯氢。

(2) 重整燃料电池氢气产生过程。

重整燃料电池电动汽车采用的燃料不同,其制氢过程(重整技术)不同。

① 车载醇类制氢过程。醇类燃料(甲醇、乙醇、二甲醚等)的车载制氢过程大体相同,均需经重整、变换、CO 净化等步骤。以甲醇为燃料的车载制氢过程如图 9.38 所示。

在普通容器中的甲醇在进入重整器之前,用加热器对其加热,使甲醇和纯水的混合物在高温(621℃)下转换为混合气,然后进入重整器分离出 H_2。重整器产生的 H_2 中含有少量 CO,需要通过转换器中的催化剂将 CO 转换为 CO_2 后排出。最终进入燃料电池的 H_2 中的 CO 含量不得超过规定的最低值。

② 车载烃类制氢过程。烃类燃料(汽油、柴油、液化石油气、天然气等)制氢通常包括氧化重整、高温变换、脱硫、低温变换、CO 净化、燃烧等过程。以汽油为燃料的车载制氢过程如图 9.39 所示。

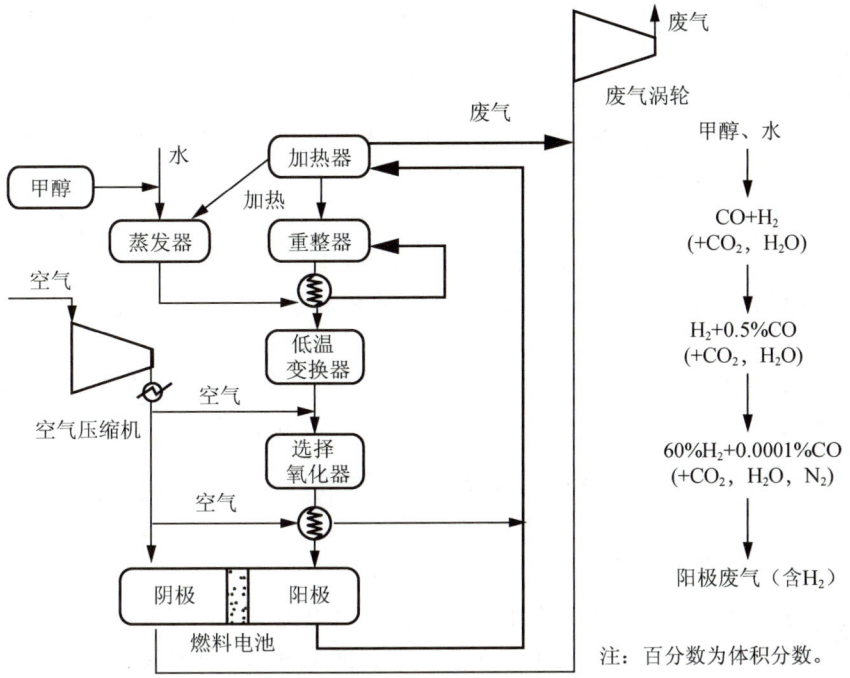

图 9.38　以甲醇为燃料的车载制氢过程

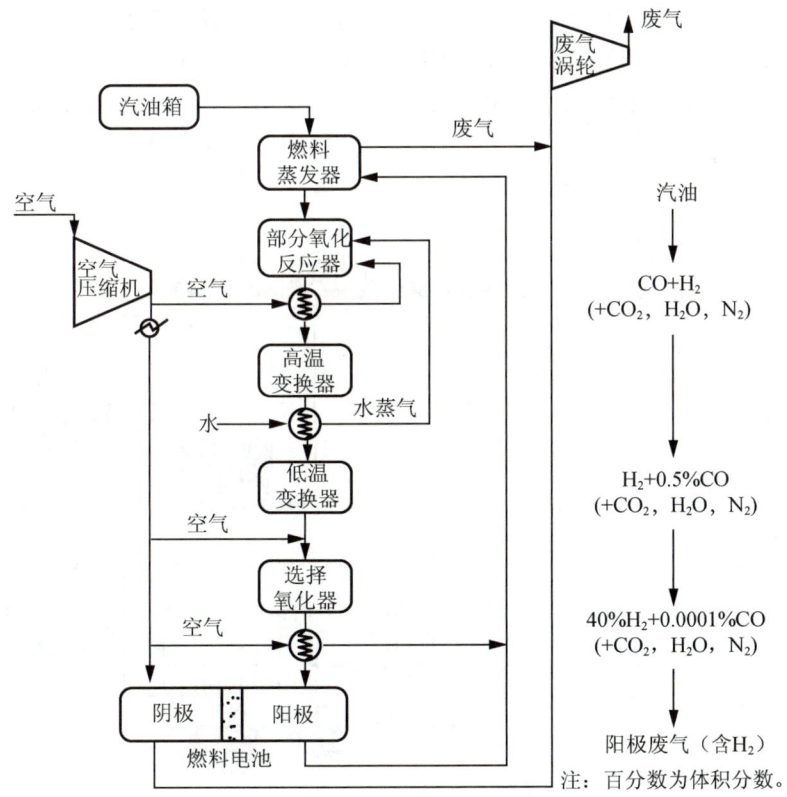

图 9.39　以汽油为燃料的车载制氢过程

由于烃类车载制氢需要高温和脱硫，因此其重整过程比醇类重整过程难度大。由于天然气是气体燃料，储存和运输较困难，因此很少用作燃料电池电动汽车的燃料。

（3）重整燃料电池电动汽车的优缺点。

使用重整器制氢的燃料电池电动汽车的主要优点是燃料存储方便，只需使用普通的容器，无须加压或冷藏。但重整器制氢存在以下缺点。

① 燃料电池系统起动慢，动态响应较慢。当然，对于配备辅助储能装置的重整燃料电池电动汽车来说，辅助储能装置可很好地解决该问题。

② 重整装置不仅需要复杂的控制，而且其体积和质量会减小汽车的可利用空间，能量消耗增加。

③ 当制取的氢气纯度不高时可能引起催化剂中毒，并产生污染。

鉴于上述缺点，已在燃料电池电动汽车中较少采用重整技术。

9.6.2 燃料电池电动汽车的储氢方式与工作方式

1. 燃料电池电动汽车的储氢方式

燃料电池电动汽车大多以纯氢为燃料，为使燃料电池电动汽车达到所需续驶里程，车上需要一定储量的氢。车载储氢主要有压缩氢气、液态氢和金属储氢三种形式。

（1）压缩氢气。

氢气的密度低，需要通过压缩增大储存量。由于压缩氢气的压力为 20～30MPa 甚至更高，因而要求储气瓶承受高压，且质量轻、使用寿命长。储气瓶由铝或石墨制成，通常为环形压力容器，有助于提高容积效率，满足续驶里程要求，而且便于在汽车上安装。

不同类型的燃料电池电动汽车，储气瓶的布置形式不同。燃料电池电动汽车的储气瓶通常安装在后座椅下或后备箱下，而大客车的储气瓶通常安装在汽车顶部或裙部。图9.40所示为燃料电池大客车储气瓶的布置方式。

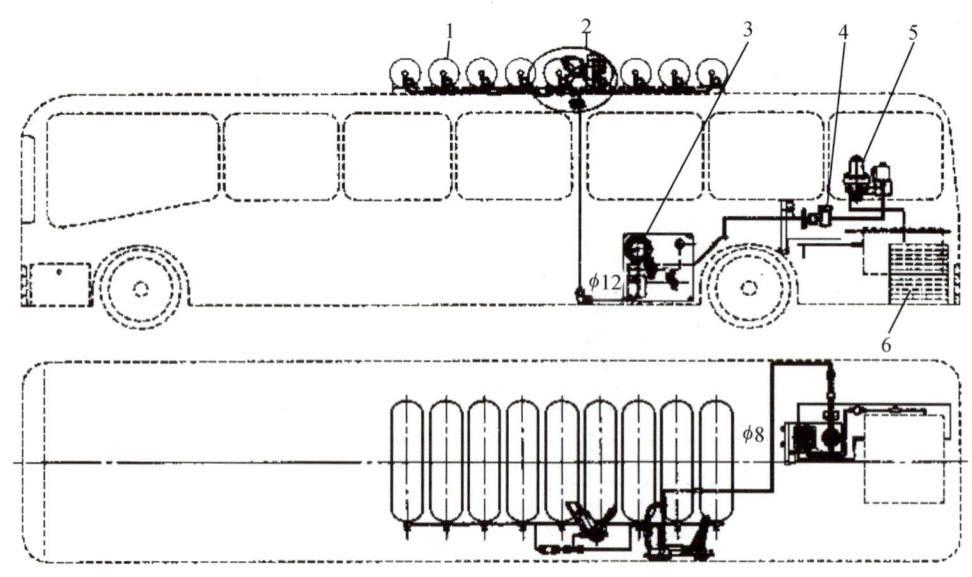

1—储气瓶；2—车顶控制气路；3—压力表；4—滤清器；5—减压阀；6—燃料电池。

图 9.40 燃料电池大客车储气瓶的布置方式

(2) 液态氢。

与气态氢相比，液态氢具有较高的比能量，可显著提高单位容积氢的质量，利于降低运输成本、提高燃料电池电动汽车的续驶里程。但只有将气态氢冷却到－253℃才能得到液态氢，氢气的液化过程时间较长，而且需要消耗较多能量；液态氢难以储存较长时间，只能储存在供应站，而且运输时需要专用运输汽车。

车载液态氢储存罐的结构如图9.41所示。由于液态氢储存罐需要具有良好的绝热性，因此液态氢储存罐外壳通常由绝热材料包裹，而内部设有液位计和压力调节装置（压力仪表）。

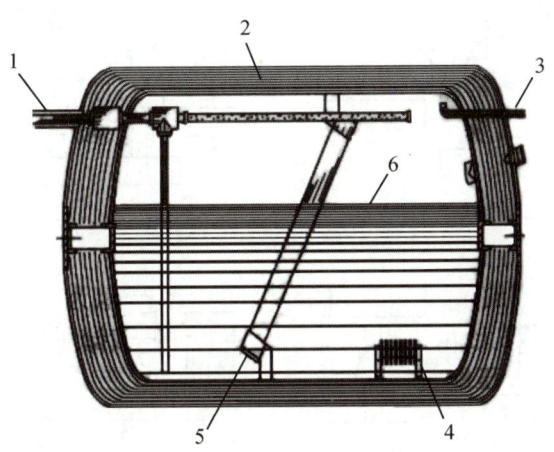

1—液态氢进出口；2—绝热材料；3—安全排气口；
4—压力仪表；5—液位计；6—液态氢。

图9.41 车载液态氢储存罐的结构

只有将液态氢转换为氢气才能提供给燃料电池，而液态氢的气化过程需要吸收热量，因此供氢系统还需要热交换器和压力调节系统。

(3) 金属储氢。

利用金属氢化物储氢，需要将氢气加压至3～6MPa，使进入容器的H_2在高压下附着在金属颗粒上，完成氢与金属的结合，同时放出热量。从金属颗粒中释放氢时，需要吸收外部热量。因此，金属储氢容器不仅要有一定的耐压强度，而且要有足够的换热面积，以满足充氢和放氢时的热量传递。为了尽可能多地储存氢，需要储氢合金表面呈小颗粒状，并能在适当的温度范围和压力范围内储存或释放氢气。

金属储氢通常被认为是最安全的储氢方式。金属储氢的特点如下。

① 单位体积的储氢容量较高，但单位质量的储氢量不高。金属储氢罐包括容器和储氢材料，其单位质量的储氢量低于由高性能材料制成的储气瓶的储氢量。

② 由于储氢的压力较低（1～2MPa），远低于储气瓶的压力，因此安全性较高，降低了对充氢设备的要求，充氢的能耗较少。

③ 由于金属氢化物对氢气中少量杂质（如O_2、H_2O、CO等）的敏感度高于燃料电池电极催化剂的敏感度，因此对氢的纯度要求较高。

④ 金属氢化物的机械强度较低，反复充、放氢后会出现粉碎现象。金属储氢装置的金属氢化物反复充放次数不多，而且价格较高。

总体来看，燃料电池电动汽车采用金属储氢方式的成本较高，因此很少应用。

2. 燃料电池电动汽车的工作方式

燃料电池电动汽车多采用"燃料电池＋蓄电池"的混合动力模式。当燃料电池电动汽车处于起步、加速、匀速、滑行、减速、制动等工况时，动力系统的工作方式不同，大致可分为燃料电池模式、混合动力模式、蓄电池模式、能量回馈制动模式等，如图 9.42 所示。

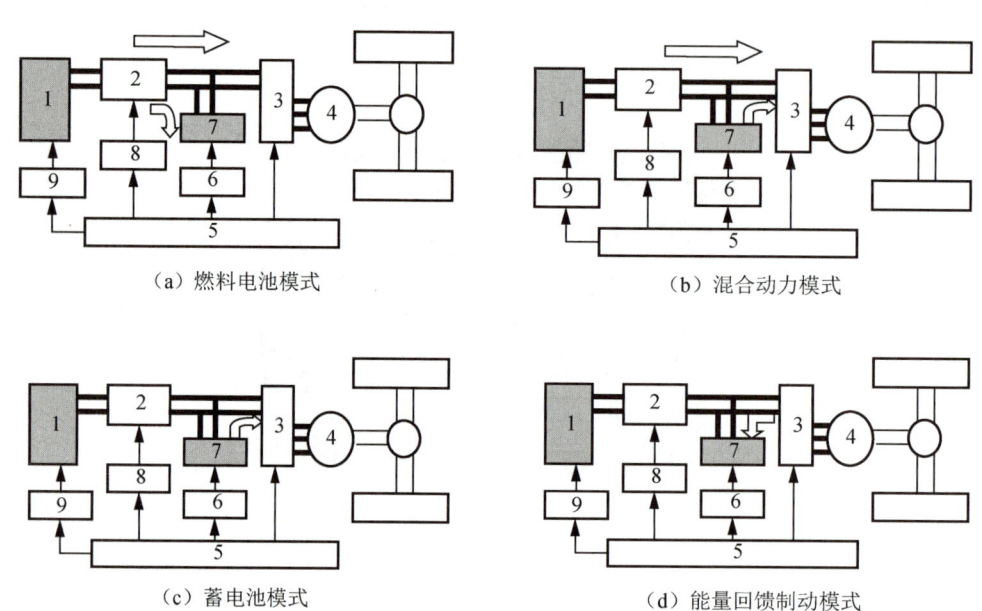

(a) 燃料电池模式　　(b) 混合动力模式

(c) 蓄电池模式　　(d) 能量回馈制动模式

1—燃料电池；2—DC/DC 电源变换器；3—电动机控制器；
4—电动机；5—整车控制器；6—蓄电池能量管理系统；7—蓄电池；
8—DC/DC 电子控制器系统；9—燃料电池控制器。

图 9.42　燃料电池电动汽车的工作模式

(1) 燃料电池模式 [图 9.42 (a)]。燃料电池电动汽车处于燃料电池模式时，电动机的电力全部由燃料电池提供。当蓄电池在非充足电状态（SOC＜1）且燃料电池的电能供给电动机后尚有富余时，燃料电池除向电动机输出电能外，还为蓄电池充电。当燃料电池电动汽车在低负荷、匀速、滑行等行驶工况下时，通常处于燃料电池模式。

(2) 混合动力模式 [图 9.42 (b)]。混合动力模式是指燃料电池和蓄电池共同提供电动机所需电力的工作方式。燃料电池电动汽车在加速、高速、上坡、超车等工况或重载情况下，燃料电池输出的电功率不能满足驱动汽车所需功率时，整车控制器控制蓄电池提供瞬时能量，以弥补燃料电池输出功率的不足，满足汽车加速、上坡瞬时的动力需求；或由蓄电池持续地协助燃料电池供电，满足燃料电池电动汽车在高速或重载工况下对电源持续功率输出的需求。

(3) 蓄电池模式 [图 9.42 (c)]。蓄电池模式是指燃料电池停止输出电能，蓄电池单独为汽车提供电力。当燃料电池未起动，蓄电池的荷电状态值大于最小临界状态值时，由蓄电池提供电动汽车起步所需的全部电能。当燃料耗尽或燃料电池电堆发生故障，而蓄电池的荷电状态值大于最小临界值时，也可由蓄电池短时间单独供电。能在蓄电池模式下工作的燃料电池电动汽车，对蓄电池容量和输出功率的要求较高。

（4）能量回馈制动模式［图 9.42（d）］。能量回馈制动模式是指汽车减速制动时，电动机工作在发电机状态，通过发电将汽车的动能转换为电能，并向蓄电池充电的工作方式。当燃料电池电动汽车在下坡、减速及其他非紧急制动等情况下，蓄电池处于非充足电状态（荷电状态值小于最大临界值）时，控制器控制电动机工作在发电状态，将汽车的动能转换为电能，通过向蓄电池充电实现能量回馈制动。

9.6.3 燃料电池电动汽车的性能与存在的问题

1. 燃料电池电动汽车的性能与关键技术

燃料电池电动汽车的主要性能指标有续驶里程、最高车速、最大爬坡度、最大转矩、最大功率等。这些性能指标除与燃料电池的性能有关外，还与车载储氢技术、辅助储能装置、电动机及其控制技术、动力系统的构成与整车的布置、整车的控制技术等密切相关。

【拓展视频】

（1）燃料电池电动汽车的主要性能。

燃料电池电动汽车的部分性能指标未达到燃油汽车的水平。表 9.3 列出了燃料电池电动汽车的主要性能指标，可大体了解燃料电池电动汽车的性能状况。表 9.4 列出了采用不同燃料的燃料电池电动汽车的性能比较。

表 9.3 燃料电池电动汽车的主要性能指标

性能		丰田 FCHV	本田 FCX	FCHV-BUS2
长度×宽度×高度/(mm×mm×mm)		4735×1815×1685	4165×1760×1645	10515×2490×3360
汽车质量/kg		1860	1680	—
乘员数/人		5	4	60
续驶里程/km		300	355	250
最高车速/(km/h)		155	150	80
燃料电池	种类	质子交换膜燃料电池	质子交换膜燃料电池	质子交换膜燃料电池
	功率/kW	90	78	90×2
电动机	种类	永磁同步电动机	永磁同步电动机	永磁同步电动机
	最大转矩/(N·m)	260	272	—
	最大功率/kW	80	60	80×2
燃料	种类	纯氢	纯氢	纯氢
	储存方式	压缩氢气	压缩氢气	压缩氢气
	储气压力/MPa	35	34.4	35
辅助储能装置		镍氢电池	超级电容	镍氢电池

表 9.4 采用不同燃料的燃料电池电动汽车性能比较

燃料		品牌	型号	FC 功率 /kW	最高车速 /（km/h）	续驶里程 /km	辅助储能装置
氢气	25MPa	丰田	FCHV-4	90	>150	>250	蓄电池
		丰田	FCHV-BUS1	90	>80	>300	蓄电池
		本田	FCX-V3	60	130	180	超级电容
		大发	Move FCV-K-II	30	105	120	蓄电池
		福特	Focus FCV	67（电动机）	>128	160	蓄电池
	30MPa	戴姆勒-克莱斯勒	NeCar 1	50	90	130	无
	35MPa	丰田	FCHV	90	>155	300	蓄电池
		本田	FCX-V4	78	140	315	超级电容
		本田	FCX	85	150	355	超级电容
		戴姆勒-克莱斯勒	Citaro	>200	80	>200	无
		戴姆勒-克莱斯勒	F-Cell（A 级）	85	140	145	蓄电池
	70MPa	铃木	MR WAGON-FCV	38	110	200	—
液态氢		通用	HydroGen 1	80	140	400	蓄电池
		通用	HydroGen 3	94	150	400	无
		大众	Hymotion	75	140	350	无
		戴姆勒-克莱斯勒	NeCar 4	70	145	450	无
金属氢化物		马自达	Demio	20	90	170	超级电容
		戴姆勒-克莱斯勒	Natrium	40	129	483	蓄电池
		丰田	FCHV-3	90	150	300	蓄电池
甲醇		戴姆勒-克莱斯勒	NeCar 5	85	150	450	无
		马自达	PREMACY FC-EV	65（电动机）	124	—	无
汽油		丰田	FCHV-5	90	—	—	蓄电池
		通用	Chevrolet 5-10	25	102	386	蓄电池

(2) 燃料电池电动汽车的关键技术。

① 燃料电池系统。燃料电池是燃料电池电动汽车的关键技术。燃料电池堆的输出功率、耐久性、低温起动性、成本等直接影响燃料电池电动汽车的性能和发展。降低燃料电池的成本是燃料电池电动汽车研究的重要目标，而控制燃料电池成本的有效手段是降低燃料电池关键材料（如电催化剂、电解液膜、双电极等）的成本和加工（如膜电极制作、双电极加工、系统装配等）费用。在降低燃料电池成本的同时，提高燃料电池的性能是燃料电池电动汽车技术研究的重点。此外，还有许多需要攻克的燃料电池系统工程技术问题，如系统的启动与关闭时间、系统的能量管理与变换操作、电堆水/热管理模式、成本低且性能高的辅助装置（空气压缩机、传感器及控制模块）等。

② 车载储氢装置。车载储氢装置对燃料电池电动汽车的动力性及续驶里程影响很大。如前所述，常见的车载储氢装置有储气瓶、液态氢储存罐及金属储氢罐，除液态储氢方式外，车载储氢装置的质量储氢密度和体积储氢密度均较低；而液态储氢需要很低的温度，其成本和能耗都很高。有效提高体积储氢密度和质量储氢密度是研究车载储氢装置的关键问题。

储气瓶采用质量轻、机械强度高的材料，通常通过降低储气瓶的质量和提高氢气的压力来提高储氢装置的体积储氢密度和质量储氢密度。另一个比较理想的方案是采用储氢材料与高压储氢复合的车载储氢新模式，即在高压储氢容器中装填质量较轻的储氢材料。这种储氢装置与纯高压（大于 40MPa）储氢方式相比，既可以降低储氢压力（约为 10MPa），又可以提高储氢能力。复合式储氢装置的技术难点是开发出吸放性能好、成形加工工艺好、质量轻的储氢材料。

③ 辅助储能装置。由于辅助储能装置的性能、能量控制策略等对燃料电池电动汽车的动力性和经济性影响很大，因此研究与开发高性能的辅助储能装置是燃料电池电动汽车发展所必需的。

燃料电池电动汽车用辅助储能装置主要有蓄电池、超级电容和飞轮电池。燃料电池电动汽车用蓄电池需具备功率密度高、短时间大电流的充放电性能强等特点。燃料电池电动汽车采用镍氢电池较多，由于锂离子电池具有比能量大、比功率高、自放电少、无记忆效应、循环特性好、可快速放电等特点，因此被一些燃料电池电动汽车用作辅助储能装置。与蓄电池相比，超级电容具有短时间内大电流充放性能好、充放电效率高、循环寿命高等许多优点，其作为唯一的辅助储能装置或辅助储能装置之一，在燃料电池电动汽车上的应用逐渐增加。

④ 电动机及其控制技术。电动机产生驱动车轮转动的电磁转矩，其性能对燃料电池电动汽车的动力性和经济性影响极大。与工业用电动机相比，对燃料电池电动汽车用电动机的最大输出功率、最大转矩、工作效率、调速性能等均要求较高。燃料电池电动汽车主要使用永磁无刷直流电动机、交流异步电动机、交流同步感应电动机、开关磁阻电动机等。研究与开发功率更高、更高效且体积小、质量轻的电动机，并配以更先进、可靠的电动机控制技术是燃料电池电动汽车发展要解决的关键技术。

⑤ 系统管理策略与电子控制技术。整车动力系统的优化设计、能量管理策略、整车热管理、整车电子控制（动力控制、能量管理、热管理、能量回馈制动等自动协调控制）等对燃料电池电动汽车的动力性、经济性有关键作用。因此，整车动力系统参数的选择与最优化设计、多动力源的能量管理策略与最优化控制、整车热管理的最优化控制、整车控制系统的协调控制等均是燃料电池电动汽车发展必须面对的关键问题。

2. 燃料电池电动汽车存在的问题

燃料电池电动汽车具有燃油汽车无法比拟的优势。但是，由于燃料电池电动汽车的性能、成本、燃料的供给配套设施等问题尚未解决，因此完全替代燃油汽车尚需时日。

（1）燃料电池电动汽车的性能有待提高。

与燃油汽车相比，燃料电池电动汽车的动力性、耐久性、起动性能（起动时间及低温起动）、续驶里程等均需提高。

燃料电池是燃料电池电动汽车的核心部件，必须提高其功率密度、耐久性和起动性能。重整器是燃料电池电动汽车能使用纯氢以外燃料的关键部件，提高重整器的工作可靠性、起动性能和负荷响应性,延长使用寿命,以及小型化和轻量化是重整燃料电池电动汽车必须解决的问题。此外,因为汽油重整器在燃料电池电动汽车上大规模使用时,燃料电池电动汽车的燃料供给基础设施可与燃油汽车共用,所以开发实用型的汽油重整器具有极重要的意义。

储氢技术提高是解决以纯氢为燃料的燃料电池电动汽车续驶里程问题的关键,目标是一次加氢的续驶里程超过500km。

(2) 制造成本和运行成本过高。

制造成本和运行成本过高是制约燃料电池电动汽车商用化的最大障碍,而燃料电池电动汽车制造成本居高不下的主要原因是燃料电池价格高。

在燃料电池中,无孔石墨双极板的成本(包括石墨板材料价格和流场加工费用)占整个燃料电池系统成本的50%以上。石墨板的优点是导电性好、质量轻、耐腐蚀;缺点是机械强度低、不易加工且难以薄片化。全世界正在研究改用金属板或复合板作双电极,不仅可降低材料的费用,而且可减小双极板厚度,降低流场加工的难度,实现大批量生产,从而较大幅度降低燃料电池的成本,提高燃料电池的比功率。

质子交换膜的费用较高,其成本排在燃料电池系统的第二位。目前广泛采用的质子交换膜的工作温度极限是85℃,为保证燃料电池正常工作,必须消耗燃料电池51%的能量来转移燃料电池工作产生的热量,从而降低燃料电池的比能量。提高质子交换膜材料的工作温度极限、减小膜的厚度是提高燃料电池的比能量、降低成本的有效途径。

催化剂Pt是昂贵的金属,降低其使用量可有效降低燃料电池的成本。但现在燃料电池催化剂Pt的使用量已减至很低水平,单纯通过减少Pt的使用量来降低燃料电池成本较困难。提高Pt的回收技术水平或寻求Pt的替代品成为降低燃料电池成本的有效措施。

对于氢燃料电池电动汽车而言,氢气的制备、储存、运输成本远高于汽油和柴油,因而燃料电池电动汽车的运行成本较高。降低氢燃料的成本或研究与开发高效的重整器是研究燃料电池电动汽车的新方向。

(3) 燃料供给体系的建立尚需时日。

燃料电池电动汽车的燃料供给体系尚未建立,加氢站、加甲醇站等基础网络设施建设有待完善,全世界投入使用的加氢站较少。燃料电池电动汽车要想实现商用化,氢燃料的供应及燃料供给基础设施建设必须同步进行。

当大规模地使用燃料电池电动汽车时,较经济地获取氢成为必须解决的首要问题。虽然可通过重整技术将天然气、汽油等转换为燃料电池所需的氢燃料,但会消耗较多能量,而且不能摆脱对有限资源的依赖,也不能完全消除对环境的污染。采用热分解或电解方法可从水中获取氢,但需要消耗较多能源,不具备实用性。利用太阳能制氢是较有前途的制氢方法,通过太阳能发电后电解水制氢、利用太阳能直接分解水制氢等技术均处于研究与开发阶段。此外,生物制氢技术也是获取氢源的有效途径。只有实现利用太阳能或其他再生能源获取低价氢燃料,燃料电池电动汽车的燃料问题才算根本解决。

由于气态氢密度低,需要通过高压储存,液态氢又需要低温储存,因此氢燃料生产基地的储存设备、运输装备、充氢站等比汽油和柴油复杂得多。加氢站的技术要求和费用比加油站高得多,需要国家给予政策扶持。

只有当燃料电池电动汽车的性能及成本能与燃油汽车抗衡,且具有完备的燃料供给体系,燃料电池电动汽车才能真正实现商用化。

小　结

本章介绍了燃料电池的发展历史，并总结了燃料电池的特点及类型。本章在分析燃料电池基本组成原理的基础上，着重介绍了质子交换膜燃料电池的组成、原理及特点，并对碱性燃料电池、磷酸燃料电池及直接甲醇燃料电池作了简单介绍，使读者全面了解燃料电池的构成、原理及特点。本章还介绍了燃料电池电动汽车的特点、类型及工作方式等，并总结了燃料电池电动汽车的性能和存在的问题，使读者认识到发展燃料电池电动汽车的意义及需要解决的关键问题。

1. 燃料电池是储能装置还是发电装置？燃料电池可应用于哪些领域？
2. 燃料电池与蓄电池有什么异同？燃料电池与辅助动力装置有什么异同？
3. 燃料电池提供电力的装置具有哪些特点？
4. 按工作温度分类，燃料电池分为哪几类？
5. 按燃料的来源分类，燃料电池分为哪几类？
6. 按电解质分类，燃料电池分为哪几类？不同类型的燃料电池具有什么特点？
7. 氢氧燃料电池是如何发电的？其正、负极各发生什么反应？
8. 质子交换膜具有哪些特性？对质子交换膜有哪些要求？
9. 质子交换膜燃料电池膜电极的构成是怎样的？其双极板起什么作用？
10. 为什么质子交换膜燃料电池要用催化剂？其催化剂通常是什么？
11. 为什么质子交换膜燃料电池要匹配燃料电池系统？
12. 影响质子交换膜燃料电池工作特性的因素有哪些？
13. 碱性燃料电池与质子交换膜燃料电池有什么不同？碱性燃料电池具有什么性能特点？
14. 碱性燃料电池对电解质有什么要求？按工作方式分类，碱性燃料电池的电解液分为哪几类？
15. 碱性燃料电池双极板的作用是什么？对双极板有哪些要求？
16. 磷酸燃料电池的结构特点是什么？与碱性燃料电池相比，磷酸燃料电池的工作条件有什么不同？
17. 磷酸燃料电池对隔膜和电解液各有什么要求？
18. 为什么磷酸燃料电池电堆要加装冷却板？水冷通常采用哪两种方式？
19. 直接甲醇燃料电池与质子交换膜燃料电池有什么异同？
20. 直接甲醇燃料电池有什么优势？其发展缓慢的原因是什么？
21. 直接燃料电池电动汽车有哪些组成部分？
22. 重整燃料电池电动汽车如何在汽车上产生氢气？
23. 混合型燃料电池电动汽车的工作方式有哪几种？
24. 燃料电池电动汽车的储氢方式有哪几种？各具有什么特点？
25. 燃料电池电动汽车发展面临哪些问题？

参 考 文 献

边耀璋，2003. 汽车新能源技术［M］. 北京：人民交通出版社．
蔡信，李波，汪宏华，等，2015. 基于神经网络模型的动力电池 SOC 估计研究［J］. 机电工程，32（1）：128－132．
陈军，陶占良，2006. 镍氢二次电池［M］. 北京：化学工业出版社．
陈军，陶占良，苟兴龙，2006. 化学电源：原理、技术与应用［M］. 北京：化学工业出版社．
陈启宏，全书海，2014. 燃料电池混合电源检测与控制［M］. 北京：科学出版社．
陈全世，仇斌，谢起成，等，2005. 燃料电池电动汽车［M］. 北京：清华大学出版社．
陈全世，2013. 先进电动汽车技术［M］. 2 版．北京：化学工业出版社．
陈涛，耿利群，任岳，等，2014. 全固态薄膜锂离子二次电池的制备及性能分析［J］. 电源技术，38（4）：618－620，626．
崔胜民，2009. 新能源汽车技术［M］. 北京：北京大学出版社．
桂长清，2012. 动力电池［M］. 2 版．北京：机械工业出版社．
郭炳焜，李新海，杨松青，2009. 化学电源：电池原理及制造技术［M］. 长沙：中南大学出版社．
胡信国，2009. 动力电池技术与应用［M］. 北京：化学工业出版社．
胡信国，王殿龙，戴长松，等，2013. 动力电池材料［M］. 北京：化学工业出版社．
李红辉，2013. 新能源汽车及锂离子动力电池产业研究［M］. 北京：中国经济出版社．
李连成，叶学海，李星玥，2014. 锂离子二次电池电解液研究进展［J］. 无机盐工业，46（9）：7－12．
李相哲，苏芳，林道勇，2011. 电动汽车动力电源系统［M］. 北京：化学工业出版社．
麻友良，陈全世，2001. 铅酸电池的不一致性与均衡充电的研究［J］. 武汉科技大学学报：自然科学版，24（1）：48－51．
麻友良，陈全世，齐占宁，2001. 电动汽车用电池 SOC 定义与检测方法［J］. 清华大学学报：自然科学版，41（11）：95－97，105．
麻友良，陈全世，齐占宁，2003. 硅盐电池快速充电的试验与研究［J］. 武汉科技大学学报：自然科学版，26（2）：126－128．
麻友良，罗明胜，陈全世，2010. 电动汽车用电池智能化快速充电研究［J］. 武汉科技大学学报，33（2）：218－221．
麻友良，严运兵，2012. 电动汽车概论［M］. 北京：机械工业出版社．
其鲁，等，2010. 电动汽车用锂离子二次电池［M］. 北京：科学出版社．
王林山，李瑛，2005. 燃料电池［M］. 2 版．北京：冶金工业出版社．
吴宇平，万春荣，姜长印，等，2002. 锂离子二次电池［M］. 北京：化学工业出版社．
曾新一，刘军，2013. 动力电池技术：电动汽车核心技术［M］. 天津：天津大学出版社．
张庭芳，郭伟春，付艳恕，等，2015. 车载动力电池组温升特性仿真及实验研究［J］. 电源技术，39（1）：43－46．
朱松然，2002. 铅蓄电池技术［M］. 2 版．北京：机械工业出版社．
朱智超，罗马吉，张超，2015. 基于卡尔曼增益动态修正的动力电池 SOC 估算［J］. 电源技术，39（1）：101－104．

附录　AI 伴学内容及提示词

AI 伴学工具：生成式人工智能工具有 DeepSeek、Kimi、豆包、通义千问、文心一言、ChatGPT 等。

序号	AI 伴学内容	AI 提示词
1	第 1 章　电动汽车与动力电池概述	相比于燃油汽车，电动汽车的优势体现在哪几个方面
2		电动汽车发展的关键技术
3		新能源汽车的定义及发展方向
4		纯电动汽车的构成（各组成部分的功能）、工作原理及特点（2000 字）
5		混合动力电动汽车（按发动机和电动机连接和能量流动关系分）的类型及性能特点
6		增程式电动汽车的结构与性能特点
7		燃料电池电动汽车（按燃料电池与蓄电池的连接关系分）的类型及性能特点
8		动力电池的性能特点（相比于燃油汽车用起动型蓄电池）
9		出一套电动汽车与动力电池概述的自测题
10	第 2 章　蓄电池概述	举例说明电池的类型（化学电池、物理电池、生物电池）
11		构成化学电池的必要条件及化学电池的基本组成
12		电池与电解池的定义及主要区别
13		化学电池的类型，一次电池与二次电池的定义及特点
14		不同电动汽车对动力蓄电池的要求
15		蓄电池的性能参数、常用术语及其作用与含义
16		纯电动汽车和混合动力电动汽车对动力电池的要求
17		现代汽车动力电池技术的现状与发展（1000 字）
18		出一套蓄电池概述的自测题
19	第 3 章　铅酸蓄电池	铅酸蓄电池的基本组成及工作原理（电动势建立、充放电原理）
20		铅酸蓄电池的组成部件及其作用
21		铅酸蓄电池的类型（按电池的荷电状态、电解液和维护情况分）
22		铅酸蓄电池的密封方式及密封原理
23		阀控式铅酸蓄电池的结构形式及其性能特点
24		铅酸蓄电池极板硫化的定义及极板硫化影响和极板易产生硫化的原因
25		铅酸蓄电池容量的定义、影响容量的因素及性能特点
26		出一套铅酸蓄电池的自测题

续表

序号	AI 伴学内容	AI 提示词
27	第 4 章 镍氢电池	镍氢电池的基本组成及充放电原理
28		镍氢电池过充电、过放电时的内部反应及对镍氢电池的意义
29		镍氢电池的正极反应及常用正极材料（晶型结构、制备、性能特点）（2000 字）
30		镍氢电池的负极反应及储氢合金的类型和性能改善措施（2000 字）
31		镍氢电池的充放电特性、充电时有峰值电压的原因及值的影响因素
32		镍氢电池储存寿命的影响因素及延长使用寿命的措施
33		镍氢电池的性能特点
34		出一套镍氢电池的自测题
35	第 5 章 锂离子电池	锂离子电池的基本组成及充放电原理
36		锂离子电池对正极材料的要求、类型及其性能特点
37		锂离子电池碳负极材料的类型、特点、提高性能的措施
38		锂离子电池的其他负极材料的性能特点
39		锂离子电池的电解质及其要求
40		锂离子电池的性能特点
41		刀片电池的概念、构成、结构与性能特点（2000 字）
42		出一套锂离子电池的自测题
43	第 6 章 其他蓄电池	镍镉电池的基本组成、充放电原理及性能特点
44		镍锌电池的基本组成、充放电原理及性能特点
45		镍铁电池的基本组成、充放电原理及性能特点
46		金属空气电池的活性物质及充放电原理
47		锌空气电池的基本组成、充放电原理及性能特点
48		铝空气电池的基本组成、充放电原理及性能特点
49		钠离子电池的基本组成、充放电原理及性能特点（3000 字）
50		出一套其他蓄电池的自测题
51	第 7 章 辅助储能装置	超级电容的储能方式、充放电原理、性能特点、结构类型（3000 字）
52		超级电容储存容量远大于普通电容器的原因
53		超级电容充放电电流大、使用寿命长的原因
54		飞轮电池的储能方式、充放电原理、性能特点、结构类型（3000 字）
55		飞轮电池的基本组成及其作用
56		出一套辅助储能装置的自测题

续表

序号	AI伴学内容	AI提示词
57	第8章 蓄电池的使用	蓄电池充电可接受电池的定义及快速充电的机理
58		蓄电池各检测项目的检测意义和检测方法（3000字）
59		蓄电池管理系统的基本功能、组成与工作原理（3000字）
60		出一套蓄电池使用的自测题
61	第9章 燃料电池	燃料电池的定义、与蓄电池和辅助动力单元的异同点（2000字）
62		燃料电池的工作原理及类型（2000字）
63		质子交换膜燃料电池的组成、工作原理及性能特点（3000字）
64		燃料电池电动汽车的工作方式（1000字）
65		出一套燃料电池的自测题